JOSEPH CALMETTE

DIE GROSSEN HERZÖGE VON BURGUND

PRISMA VERLAG

Die Originalausgabe erschien in den Editions Albin Michel, Paris. Aus dem Französischen übertragen von Eleonore Seitz und Hermann Rinn.

Sonderausgabe für Prisma Verlag GmbH,
Gütersloh, 1987

Gedruckt und gebunden bei
Printer Portuguesa, Lda. - Sintra/Portugal

ISBN 3-570-09931-8

EINFÜHRUNG

Wir hoffen, daß der Titel des vorliegenden Buches keinem Leser rätselhaft oder mißverständlich vorkommen wird. Die Berühmtheit der vier Herzöge aus dem Hause Valois, die von 1364–1477 den Herzogstuhl in Burgund innehatten, ist so offenkundig, daß vorbehaltlos nur ihnen allein diese rühmende Qualifikation »Die großen Herzöge« zukommt. Vielleicht auch möchte man den Ausdruck »große Herzöge des Abendlandes« vorziehen oder jenen anderen, gleichwertigen und besser verbürgten, »große Herzöge des Ponant«[1], da ja manche ihrer Zeitgenossen und später dann auch Historiker jene imposanten Herrscher, ohnegleichen in der christlichen Welt, manchmal mit diesen Worten bezeichnet haben. Aber diese Benennungen hatten niemals, weder im 15. Jahrhundert noch seither, offizielle Geltung. Daher schien es uns richtiger und klüger, ihnen keine Bestätigung zu geben, die irreführend sein könnte.

Anderseits wird niemand bestreiten, daß die von König Johann dem Guten abstammenden Herzöge von Burgund wirklich »groß« waren. Sie waren es durch ihre Macht, durch den Glanz ihres Hofes, durch die von ihnen und ihren Staaten ausgehende geistige und künstlerische Strahlkraft. Froissart schon bezeichnet den ersten der vier Herzöge als »Grand Sire«.

Es bedürfte mehrerer Bände, um ihr Leben und ihre Taten gründlich zu erforschen. Eine so breitangelegte Untersuchung, bei der die ganze, weit verstreute und sehr reichliche Dokumentation heranzuziehen wäre, lohnte die Mühe eines Versuchs, ist aber noch nicht vorhanden. Es existiert nicht einmal eine Gesamtgeschichte dieses Fürstenhauses seit derjenigen von G.-P. Brugière de Barante, deren

Erstauflage vor etwas über hundert Jahren einen so durchschlagenden Erfolg hatte und deren etwas verspätete, heute vorliegende achtbändige Ausgabe in unserem Text oder den Fußnoten hin und wieder zitiert werden wird, ein nunmehr ziemlich veraltetes Werk, das sich fast ausschließlich auf die erzählende Darstellung beschränkt und auffallend unkritisch Quellen von unterschiedlichstem Wert auf die gleiche oder fast gleiche Ebene stellt. Der gute Wille und das schriftstellerische Talent des Autors, der im besten historischen Stil der Epoche Louis-Philippes schreibt, reichen nicht aus, dieses Manko auszugleichen, um so weniger, als zahlreiches, seither entdecktes oder richtiger erfaßtes archivalisches Material die Vorstellung, welche man sich von der Rolle, welche die Herzöge in Burgund inner- oder außerhalb Frankreichs spielten, machen muß, merklich verändert hat.

Unser Vorhaben kann es nicht sein, in unserem Rahmen die gelehrte und detaillierte Geschichte der vier Regierungszeiten zu schreiben, sondern bloß in großen Zügen die Physiognomie eines jeden der Herzöge, ihre politische Konzeption, die glanzvollen Taten und Wechselfälle ihres Werkes, das kulturelle Verdienst der individuellen oder kollektiven Kräfte zu zeichnen, die unter ihrer ruhmreichen Ägide sich entfaltet haben. Wir weisen ausdrücklich darauf hin, daß wir die vier Herzöge vornehmlich als französische Fürsten würdigen, wie sie selbst es ja auch immer gewünscht haben. Das heißt, daß man hier nicht eine fortlaufende Geschichte Belgiens und der Niederlande im 14. und 15. Jahrhundert erwarten darf, die überdies von ausgezeichneten belgischen und holländischen Historikern geschrieben worden ist und deren Umfänglichkeit den angemessenen Rahmen des vorliegenden Werkes überschritten hätte.

Erstes Kapitel

VOM KÖNIGREICH ZUM HERZOGTUM

Der Name Burgund ruft nicht, wie die meisten der historischen Provinzen Frankreichs, die unmittelbare Vorstellung einer fest umrissenen bekannten Gestalt mit unverrückbar in die Karte von Frankreich eingezeichneten Kontur wach. Unter den französischen Provinzen haben fast alle eine klar geformte Struktur, deren Bild uns vertraut ist. Die eine stellt sich dar als eine Halbinsel, ein mit einem relativ jungen Kontinent zusammengewachsenes Stück der alten Welt, die andere als Plateau, jene als ein spindelförmig langgezogenes oder breit ausladendes Tal, wieder eine andere ist ein kleiner Erdenwinkel, eingefaßt von schützenden Höhenzügen. Burgund dagegen ist zugleich Flachland und Gebirge, Tal und Hochebene, uralter Boden und jüngeres Schwemmland, nach allen Seiten auf die vier Wasserscheiden Frankreichs geöffnet.

Offensichtlich hat nicht die Natur Burgund vorgezeichnet; sie hat lediglich eine Achse angedeutet, von der sich Straßen verzweigen. Um einen Kranz zusammenlaufender Hochtäler, deren Gewässer sich sodann in alle Richtungen ergießen, entstand eine teils dünne, teils dichte menschliche Besiedlung. Die Menschen haben Burgund erschaffen, die Geschichte, verschiedenartig in den verschiedenen Epochen, hat aus den geographischen Gegebenheiten wiederum ihre Auswahl getroffen.

Die ursprünglich gallische, dann tiefgreifend latinisierte Heimat der Haeduer, Lingonen und Sequaner – um nur die Hauptstämme der Kelten anzuführen – wurde anläßlich der großen germanischen Invasionen im 4. und 5. Jahrhundert von dem Volk besetzt, von dem dieses Land seinen Namen bekommen und beibehalten hat, von den Burgunden, »Burgundi« oder »Burgundiones«. Skandinavischer Herkunft, waren die Burgunden ursprünglich auf der Insel Bornholm ansässig, wechselten dann auf das Festland über und hielten sich im heutigen Hinterpommern auf. Im Lauf der Jahrhunderte, in langsamem und wechselvollem Vordringen zum Oberrhein, nach mancherlei Schicksalsschlägen, deren berühmtester die ihnen von den Hunnen 437 zugefügte blutige Niederlage war, die im germanisch-deutschen Heldengedicht, dem Nibelungenlied verherrlicht wird, ließen sie sich im Raum um den Genfer See nieder. Von dort dehnten sie sich weiter aus längs der Rhône, an beiden Ufern der Saône, im Jura- und Alpengebiet, im Morvan-Massiv, im Hochtal der Seine und in den Tälern ihrer oberen Nebenflüsse. So taucht »Burgundia« — oder besser die »Bourgogne« — in den Quellentexten auf und wird in der Terminologie der historischen Geographie heimisch; deutlicher greifbar seit der Zeit des großen Königs Gundobad, des Sohns von Gundowech.

Burgund, Königreich der Burgunden, »regnum Burgundionum«: hier haben wir es gewiß mit einer ganz konkreten, neuen Wirklichkeit zu tun, die gerade in jener Zeit ihren ersten Höhepunkt erreichte, als anderseits unter Chlodwig, einem Zeitgenossen Gundobads, der einer der Oheime der fränkischen Heiligen Klotilde war, das Frankenreich, »regnum Francorum«, sich konstituierte.

Aber ebensowenig wie das Frankenreich wesentlich von Franken bevölkert wurde, bestand die Kernbevölkerung des Burgundenreichs aus Burgunden. Die »Barbaren«, d. h. die germanischen Völker, denen auf dem Boden des römischen Imperiums gemäß dem System der sogenannten »hospitalitas« Gastrecht gewährt wurde, waren nicht sehr zahlreich. Zum größten Teil waren Burgunden wie Franken in der Masse der Millionen von Gallo-Romanen aufgegangen, die sie aufgenommen hatten. Sie haben zwar einen eigenwertigen rassischen Faktor hinzugebracht, der aber die allgemeine ethnographische Beschaffenheit des zukünftigen Frankreich nicht wesentlich verwandelt hat.

Dank der Siege der Söhne und Enkel Chlodwigs dem Königreich der Merowinger einverleibt, erweist sich Burgund als eine der lebenskräftigsten Landschaften Galliens im 6., 7. und 8. Jahrhundert.

Vor allem hat die Assimilation der burgundischen Einwanderer an die Einheimischen der Gegend, die sie eine Zeitlang politisch beherrscht haben, insbesondere jenem Teil, der sich nach Dijon, Chalon-sur-Saône, Mâcon, Autun und sogar gen Châtillon-sur-Seine erstreckt, ein besonderes Kolorit gegeben. So geschah es, daß sich dort ein »gallo-burgundischer« Volksstamm gebildet hat, wie sich anderwärts eine gallo-fränkische und eine gallo-gotische Bevölkerung bildete. Diesen unleugbaren und unverrückbaren rassischen Faktor hat die aufgeklärte Gesetzgebung Gundobads, des »modernen Solon«[1], wie ihn der zeitgenössische Zeuge der Barbareninvasionen, Sidonius Apollinaris, genannt hat, um das Fortleben eines fest umrissenen Rechts bereichert: nämlich die »Lex Gundobada«, so genannt nach dem Eigennamen ihres Schöpfers, das humanste, fortschrittlichste unter den germanischen Volksrechten, dessen Spuren sich in der »Coutume de Bourgogne« verfolgen lassen. Schließlich ist es angebracht, einiger hervorragender Persönlichkeiten aus der Ära der Merowinger zu gedenken, deren Wirksamkeit für Burgund überaus bedeutsam war: des Königs Guntram, der Königin Brunhilde, des Königs Dagobert und des Märtyrer-Bischofs von Autun, St. Leodegar. Alle diese Elemente zusammengenommen erklären die fundamentale und für unsere Untersuchung festzuhaltende Tatsache der Herausbildung einer burgundischen Wesenheit. Damit wollen wir sagen, daß es von jeher, seit den ersten Jahrhunderten des Mittelalters, innerhalb des Rahmengebildes Frankreich im politischen wie geistigen Sinn des Wortes einen burgundischen Regionalismus gibt.

*

Burgund war zuerst ein von Stammesherrschern regiertes Königreich, und diese Herrscher haben es nach allen Seiten hin ausgeweitet, Marseille war z. B. eine Zeitlang ein burgundischer Hafen. Dann wurde dieses Königreich politisch der fränkischen Monarchie einverleibt. Die gallo-burgundische Völkerschaft hat sodann unter der Ägide ihrer Beherrscher auf verschiedenen Gebieten, insbesondere dem landwirtschaftlichen und militärischen, sich betätigt. Sie hat Weinberge und Felder bestellt, Wälder gerodet und Ödland kultiviert. Sie hat sich gegen die Langobarden verteidigt, die in der Po-Ebene ansässig waren und danach strebten, ihren Herrschaftsbereich zu erweitern. Unter Guntram schlugen die »patricii« Amat und Mummol diese für ihre Wildheit bekannten Barbaren und warfen sie in zwei siegreichen Feldzügen zurück. Dann wendet sich das Blatt, und die Gefahr droht aus dem Süden. Die Sarazenen brandschatzen Mâcon, Chalon, Autun und stoßen in einem wütenden Raubzug bis nach Sens und Langres vor. Karl Martell, Hausmeier der Merowinger, Bezwinger der Muselmanen vor Poitiers 732, bemächtigt sich Burgunds im weitesten Begriffssinn. Er gliedert das ehemalige »regnum« und die abhängigen Gebiete in vier Befehlsbezirke: Burgund um Arles, Burgund um Vienne, ein alemannisches Burgund und ein fränkisches Burgund. Über letzteres setzt er als Statthalter seinen Halbbruder mit dem Heldennamen Childebrand.

Das viergeteilte Burgund des furchterregenden Hausmeiers war gleichsam der Nebelfleck, aus dem die Burgunderreiche des Mittelalters hervorgegangen sind: das sogenannte Königreich Burgund oder Arles mit Einschluß der Provence, der Dauphiné und mit Savoyen; das Herzogtum Burgund; die Grafschaft Burgund oder die Freigrafschaft (Franche Comté).

Karl Martell gehörte zu jener austrasischen Familie der Pippiniden, die sich, wie bekannt, in die Rechte der von Merowech abstammenden Königsfamilie einsetzte und diese schließlich verdrängte. Karl Martell ist, genau genommen, der erste Karolinger. Der zweite war sein Sohn Pippin der Kurze, der das Königtum der »zweiten Wurzel« gründete. Auf diese Weise nimmt Burgund, von starker Hand aufs neue formiert, am Leben des Imperiums Karls des Großen teil, das dieser Sohn Pippins um 800 mit machtvollem Arm zusammengeschmiedet hat.

Skizzieren wir nur kurz dieses karolingische Burgund, mit dessen Schicksal sich der Übergang vom Königreich zum Herzogtum vollzog.

Der neuen Dynastie war es sehr bald gelungen, geordnete Zustände zu schaffen, und die Regierungszeit Karls des Großen war im wahrsten Sinne des Wortes eine Ära des inneren Friedens. Die Quellen bezeugen eine Prosperität, welche die an ein Erdreich, auf dem die Wirtschaftskultur gedeiht, verwendete Mühsal belohnt: Ordnung und Disziplin begünstigen den gesteigerten Bodenertrag. Karolingisches Wesen, grundlegend anders geartet, triumphiert über das Merowingertum. Kraftvolles Streben nach Zentralisation kennzeichnet das neue imperiale Werk[2]. Die von einigen der umsichtigsten Persönlichkeiten der Merowingerzeit ausgesetzte Reichsidee verdichtet sich bei Karl Martell; mit dem großen Karl erreicht sie ihren Höhepunkt. Mit einem Schlage hat sich alles gewandelt. Wenn auch manche Texte noch von »Burgundia« oder vom »regnum Burgundiae« sprechen, so darf dies nicht mißverstanden werden. Diese Begriffe haben nur mehr geographische Bedeutung. Burgund im eigentlichen Sinne gibt es nicht in dem erneuerten Kaisertum des Westens; hingegen gibt es burgundische Grafschaften, was etwas ganz anderes ist. Die einstigen »civitates« der gallo-romanischen Zeiten sind in den »pagi« aufgegangen. Sie sind lediglich Verwaltungsbezirke. Der »Graf«, welcher an der Spitze eines jeden steht, ist seinem Nachbarn, seinem Amtsbruder gleichgestellt. Alle Grafschaften hängen unmittelbar vom »palatium«, d. h. von der Zentralgewalt ab. Diese Grafschaften, mit einer merklich geringeren Ausdehnung als die heutigen Departements, lassen sich auf der Karte aneinandersetzen wie die Stücke eines Puzzlespiels. Das Staatsgebilde Gundobads war in »comitatus« zerstückelt worden[3].

Es handelt sich hier um ein Stadium von allergrößter Bedeutung, denn das Herzogtum Burgund wird, wie man deutlich sieht, keineswegs aus dem burgundischen oder merowingischen Königreich hervorgehen, obwohl es deren wesentliches Herzstück in sich weiterträgt; das künftige Herzogtum geht aus den »pagi« des 8. Jahrhunderts hervor. Mit anderen Worten: zwischen das Königreich der Vergangenheit und das Herzogtum der Zukunft schiebt sich unüberwindlich das Mosaik der karolingischen Grafschaften.

*

Wie kam es dazu, daß einige der zum einstigen großburgundischen Raum gehörigen Grafschaften sich miteinander verbinden und, im Besitz einer Familie zusammengruppiert, das Herzogtum hervorgebracht haben? Dies ist das Geheimnis des 9. und 10. Jahrhunderts, dieser ereignisreichen, zukunftsträchtigen, aber ausnehmend dunklen Jahrhunderte. Der Zerfall des Karolingerreiches hat sein geschichtliches Werk getan. Der Niedergang des Königshauses trug seinen Teil dazu bei, aber mehr noch der Aufstieg der Feudalherrschaft, wurzelnd in verflochtenen Zufallskräften und vielfältigen

Zeitbedrängnissen. Die autarke Wirtschaft dieser Zeit hat dabei eine wahrscheinlich entscheidende Rolle gespielt[4].

In solch wirren Zeitläuften sind beherzte Persönlichkeiten sehr gesucht. Machthungrige Grafengeschlechter drängen sich in den Vordergrund. So erklärt es sich, daß die kluge Aktivität eines Warin, Graf von Mâcon, unter Ludwig dem Frommen soviel für die Zukunft bedeuten sollte. Anläßlich der inneren Zwistigkeiten, welche die uneinheitliche Regierungszeit des zweiten Karolingerkaisers kennzeichnen, ist er hervorgetreten. Beim Tode Ludwigs des Frommen bezieht er Stellung im Bruderkrieg, der die Söhne des Verstorbenen gegeneinander aufbringt. Er schließt sich Karl dem Kahlen an und hat entscheidenden Anteil am Sieg dieses Fürsten und seines Bruders Ludwig des Deutschen in der Schlacht von Fontenoy-en-Puisaye. Somit wird durch den Vertrag von Verdun, in welchem dem verstümmelten Frankreich Maas und Saône als Grenzen aufgezwungen werden, dieser aufstrebende, tatkräftige Magnat mit einem Auftrag als Bewacher und Beschützer betraut, der sehr wohl geeignet ist, seine Absichten zu begünstigen und sein Ansehen zu erhöhen.

Das nicht fest umrissene Burgund aus der Zeit der Reichseinheit war zusammengedrängt und dann durch den Vertrag von Verdun 843 in zwei Teile geteilt worden. An der Grenze des Frankenreiches Karls des Kahlen zeichnet sich ein französisches Burgund ab. Ein kaiserliches Burgund ist im Staate Lothars mit eingeschlossen: damit ist praktisch die doppelte Gestalt des Herzogtums Bourgogne und der Freigrafschaft oder Franche-Comté für die Zukunft vorgezeichnet.

Im französischen Burgund, das sich in dieser Weise abgegrenzt fand, spielte Warin, Graf von Mâcon, auf Grund seiner geleisteten Dienste die erste Geige. Nunmehr läßt eine freundliche Duldung es zu, daß mehrere Grafschaften unter einem Haupt kumuliert werden können, unbeschadet, daß der solchermaßen reichlich bedachte Inhaber des Amtes sich von Vizegrafen (»vicomtes«) vertreten lassen darf: eine für die Könige gefährliche Verfahrensweise, für die Vasallen jedoch besonders ermutigend und vorteilhaft. Warin gehört zu jenen, die sich darauf verstehen, Titel und Würden zu häufen; er erwirbt alle nur möglichen. Er hat nicht nur Mâcon in der Hand, sondern auch Chalon und Nevers. Als Graf ist er überdies Laienabt einer stattlichen Anzahl von Klöstern, insbesondere der Abtei Flavigny. Mehrere Texte geben diesem Verwalter zahlreicher »pagi« den klingenderen Titel »Herzog«.

Allerdings ist zu beachten, daß der Herzogstitel zu dieser Zeit noch auf eine mehrere Grafschaften umfassende militärische Befehlsgewalt anspielt und daß deren seit 843 durch die Saônefront angenommener Grenzlandcharakter die militärische Aufgabe rechtfertigt, auf die sich diese Titulierung zu beziehen scheint.

Dennoch kann man nicht umhin, in jenem Warin, »comes et dux« – Graf und Herzog – eine Vorausnahme des Herzogs von Burgund von morgen zu sehen. Entspricht seine nicht scharf abgrenzbare Vormachtstellung nicht haargenau jenem Zustand der Unbestimmtheit, in dem sich die burgundische Mark, der erste Umriß des bald erstehenden Herzogtums, noch befindet?

Schon Richard der Gerechte, Herzog und Markgraf, repräsentiert das Bild eines Herzogs von Burgund auf einer weiterentwickelten Stufe. Ein Schritt voran war getan, und das Vorhandensein eines den Grafen übergeordneten Stellvertreters des Königs ist damit endgültig sanktioniert. Der Herzog vereinigt in seiner Hand zahlreiche Grafschaften; in jeder von diesen ist er Graf, sofern er nicht seine Grafenbefugnisse auf Vizegrafen überträgt, und über den unmittelbar oder mittelbar verwalteten Grafschaften schwebt eine wachsende herzogliche Autorität. Das Wort »ducatus« – Herzogtum – hat zwei Sinngehalte, die ursprünglich gleichbedeutend waren, nämlich Herzogswürde und Territorialbereich, in dem diese Würde wirksam wird.

Die gerade zu diesem Zeitpunkt allenthalben rascher fortschreitende Entfaltung des Feudalismus baut eine Hierarchie der Lehnsabhängigkeiten auf, bindet die Menschen durch die engen Bande der Vasallität und verstrebt die Herrschaftsgewalt mit Grund und Boden. Amtsgewalt und Grundbesitz werden in Form von »Benefizien« verliehen[5]. Daher gebraucht die Geschichtsschreibung den Ausdruck »ducs bénéficiaires«, d. h. Benefizialherzöge oder Lehnsherzöge, um die ersten Herzöge zu bezeichnen, nämlich jene, die, im Prinzip Amtswalter des Königs, ihren hohen Titel von einer schwächer werdenden Zentralgewalt erhielten. Aber die Verleihung des herzoglichen Benefiziums liegt immer weniger im Belieben des obersten Lehnsherrn. Meistens setzt sich der Herzog von selber durch, und seine immer mehr zunehmende Machtfülle konsolidiert das Herzogtum.

Solcher Art ist der Prozeß, der das 9. und 10. Jahrhundert durchzieht. Eine Reihe von »pagi« findet sich in einem Lehnsverband zusammen: das Autunois, Beaunois, Avalois (Avallon), Lassois (Bar-sur-Seine und Châtillon-sur-Seine), Dijonnais, Mémontois (Mâlain), Attuyer (mit der Vingeanne), Oscheret (mit der Ouche), Auxois (mit Alesia, jetzt Alise-Ste-Reine), Duesmois (Duesme), Auxerrois, Nivernais (Nevers), Chaunois (Chalon-sur-Saône) und schließlich das Mâconnais oder Massois.

Während Boso, der Schwager Karls des Kahlen, der sich in zweiter Ehe mit Bosos Schwester Richilde verheiratet hatte, Herr im südburgundischen Raum ist, werden die Grafschaften, die wir eben aufzählten, von Bosos Stiefbruder Richard beherrscht, der seinen Herrschaftsbereich gegen jenen behauptet. Er bleibt König Karl treu und hält es in der Folgezeit mit dessen Nachfolgern Ludwig dem Stammler, Ludwig III., Odo und Karl III., dem Einfältigen: eine Zusammenarbeit, die keineswegs umsonst ist, denn sie wird durch die Vergabung zahlreicher Benefizialgüter belohnt.

Richard der Gerechte überspannt den Bogen. Im Autunois, Avalois und Duesmois hat er alles an sich gebracht, was er nur bekommen konnte. Manassès, sein ergebener Vasall und »grand ami«, wie es in einer Chronik heißt, war nicht Graf von Dijon, wie der alte Historiker André Duchesne schrieb, nach dem das Haus der Vergy von diesem abstammen soll; aber sicher ist, daß er seine Autorität auf das Chaunois, Oscheret und Attuyer ausgedehnt hat. Aufs engste vereinigt, hielten der Lehnsherr und der Vasall, Richard und Manassès, also den besten Teil des zukünftigen Herzogtums Burgund in Händen. Sie hatten an manchen Stellen über diesen Raum sogar hinausgegriffen, denn Richard hatte seine Lehnsherrschaft dem Grafen von Troyes aufgezwungen; er regierte für kurze Zeit das Tonnerrois (Grafschaft Tonnerre) und hielt eine gewisse Zeit die »civitas« (»cité«) Langres, den Sitz der Diözese, von der Dijon kirchlich abhängig war und noch für Jahrhunderte abhängig bleiben sollte, in Besitz. Im Jahr 894 sieht man den »Herzog« sogar einer anderen bischöflichen »civitas«, Sens, sich bemächtigen: er hat dessen Bischof widerrechtlich einsperren lassen, der damals den

Primat in Gallien innehatte, und ließ sich in dem Festungsbereich von einem ihm ergebenen Vizegrafen vertreten.

Die starke Persönlichkeit Richards ist indes nicht hinreichend charakterisiert mit diesem kühnen Ehrgeiz, dieser mit Verhandlungsgeschick gepaarten Energie, die ihn zu einem der großen Feudalherrn seiner Generation machten. Er ist »der Gerechte«. Er sorgt dafür, daß Ordnung und Disziplin herrschen, soweit es die Epoche erlaubt. Er verschafft sich die Achtung der Könige, seien sie legitim oder nicht. Er versperrt den normannischen Eindringlingen den Weg. Er macht sein »Herzogtum« zu einer Zuflucht der vertriebenen Mönche; er beschützt die monastischen Zentren, die in den von ihm beaufsichtigten Grafschaften gegründet worden waren. Sein Burgund sticht von den unruhigen, schwer heimgesuchten Ländern ringsumher ab: es ist ein verhältnismäßig bevorzugtes Land – insgesamt schon eine Vorahnung der späteren glücklichen Zeiten.

Richard starb um den 1. September 921. Nichts zeigt den Aufstieg seiner Familie besser als die Erhebung seines Sohns Rudolf auf den Königsthron Westfranziens am 13. Juli 923. Es handelt sich übrigens um eine sehr bewegte Regierungszeit, welche gerade die Bedeutung des Herzogtums Burgund zum Zeitpunkt seiner Konsolidierung ins Licht der Geschichte treten läßt, denn aus seinem herzoglichen Erbland zog dieser vom ersten Augenblick an heftig umstrittene König die nötigen Mittel, die es ihm erlaubten, seinen zahlreichen und mächtigen Feinden die Stirn zu bieten.

Die Regierung des Bruders und Nachfolgers Rudolfs, Hugos des Schwarzen, markiert den Zusammenstoß zwischen Benefizialrecht und Erbrechtsgedanken. Die Familie der Robertiner oder Herzöge von Franzien, die den letzten Karolingern das Königtum streitig machte, wollte sich in Burgund festsetzen. Sie trachtet danach, Burgund der Souveränität des »ducatus Franciae« zu unterstellen, doch gelingt ihr dies nicht. Als diese Familie glaubte, ihrem Ziel nahe zu sein, war sie gezwungen, sehr schnell darauf zu verzichten; sie sieht sich genötigt, ein scharf abgegrenztes Herzogtum wiederherzustellen: Otto, und später Heinrich der Ehrwürdige, die Brüder Hugo Kapets, herrschen nacheinander über Burgund. Das burgundische Herzogtum wird also weder dem »ducatus Franciae« noch der Krondomäne eingegliedert.

Was soll man nun aus all dem schließen, wenn nicht, daß jene eigenständige Wesenheit Burgund, deren Geburt wir miterlebten, tatsächlich vorhanden ist und mit zäher Lebenskraft bleiben wird? Die individuelle Eigenart, welche auch die wirre Geschichte der Herrscherhäuser durchsteht, erinnert uns daran und wird uns immer wieder vor Augen führen, was einstmals das Königtum Gundobads in seiner Substanz war und was in der Folge das Herzogtum der »großen Herzöge« sein wird.

Zweites Kapitel

DAS WERK DER KAPETINGER IN BURGUND

Am 15. Oktober 1002 starb Heinrich der Ehrwürdige in Pouilly-sur-Saône ohne männliche Nachkommenschaft. Sein Neffe und sein Stiefsohn, den er anscheinend adoptiert und zu seinem Erben eingesetzt hatte, stritten sich um sein Lehen. Der Neffe war kein anderer als König Robert der Fromme von Frankreich; der Adoptivsohn war Otto-Wilhelm, Graf von Burgund, und in dieser Eigenschaft Vasall des Heiligen römischen Reiches deutscher Nation.

Der bewaffneten Auseinandersetzung, die sich alsbald zwischen den beiden Bewerbern entspann, kommt hohe Bedeutung zu. Otto-Wilhelm zog es im wesentlichen in das Rhônetal und nach Südburgund. Sein Sieg wäre eine Revanche für den Vertrag von Verdun, eine Richtungsänderung der Geschichte gewesen. Die Vereinigung von Herzogtum und Grafschaft Burgund, der zukünftigen Freigrafschaft, unter seiner Ägide am Beginn des 11. Jahrhunderts, hätte zweifelsohne zur Folge gehabt, daß die Gebiete von Dijon, Autun, Chalon und Auxerre dem Einfluß der Kapetinger, dem eigentlichen französischen Herrscherhaus, entrissen worden wären, daß vielleicht sogar das noch im Fluß befindliche Herzogtum Warins, Richards des Gerechten und der Brüder Hugo Kapets dem Einflußbereich des Deutschen Reiches zugeführt worden wäre, wie es mit der Grafschaft für so lange Zeit geschah. In der Tat, ohne daß es von den beiden Akteuren dieses bedeutenden Dramas beabsichtigt gewesen wäre – die Geschichte braucht nicht von denjenigen verstanden zu werden, die sie machen –, wurde das künftige Geschick des westfränkischen Burgund zum Spielball zwischen den beiden Rivalen König Robert und dem Grafen Otto-Wilhelm.

Der Streit zwischen ihnen war hart, lang und erbittert. Was auch immer geschah, Robert verlor niemals den Mut. Er mußte dreizehn Jahre mit mühseligen Feldzügen gegen seinen hartnäckigen Gegner drangeben, aber er überwand ihn. Es gelang ihm, die verschiedenen Grafschaften des rechten Saône-Ufers und selbst die Stadt Dijon zu besetzen, die der Bischof von Langres, Bruno, der sich der gegnerischen Partei angeschlossen hatte, unter allen Umständen dem Thronprätendenten erhalten wollte. Der endliche Sieg König Roberts zerstörte den Traum von einer neuen »Burgundia«, den Traum, der sehr viel später einem anderen Herzog und Grafen von Burgund, dem letzten der großen Herzöge, Karl dem Kühnen, zur Versuchung wird.

Somit wurde die wider Erwarten erneut in Frage gestellte Grenze von 843 etwa um das Jahr 1000 endlich festgelegt. Das Herzogtum Burgund hat den Herrscher des »regnum Francorum« zum obersten Lehnsherrn. Ist damit das Ziel der Herzöge von Franzien, mit einer Verzögerung zwar, erreicht? Das Königtum hat noch nicht das Format, um einen derartigen Riesenschritt in dauerhafter Weise zu tun.

Man hat oft gesagt, daß Robert der Fromme das westfränkische Burgund seinem zweiten Sohn Robert »geschenkt« habe. Es ist nicht sicher, daß der König die Herzogswürde auf seinen jüngeren Sohn übertragen hat. Auf jeden Fall erhielt dieser sie beim Tod des Vaters. Heinrich I., der unter schwierigen Bedingungen auf den Thron gelangte, räumte das Herzogtum 1031 seinem Bruder als Gebieter ein, mit dem Recht, es seinen natürlichen Erben zu vermachen[1]. Diesmal besteht kein Zweifel: auf das Zeitalter der Benefizial- oder Lehnsherzöge folgt das der Erbherzöge. Eine Seitenlinie der Kapetinger herrscht von nun an in Burgund. Doch mehr noch: jünger und zudem überaus zäh, wird sie die königliche Linie überleben, denn die Lebenskraft der burgundischen Linie erschöpft sich erst 1361, während der Zweig der direkten Kapetinger bekanntlich auf dem Thron von Frankreich bereits 1328 erloschen ist.

*

So ausgedehnt die von Heinrich I. seinem Bruder Robert gemachte Konzession räumlich auch war[2] – die diesem Fürsten übertragene Regierungsgewalt war mehr theoretisch als tatsächlich. Die verworrene Zeitspanne zwischen Richard dem Gerechten und Otto-

Heinrich und vor allem der erbitterte Erbfolgekrieg, der nach dem Tod des letzteren ausgebrochen war, bewirkten, daß die Herzogswürde immer mehr an konkretem Gehalt verlor. Die vervielfachten Unterbelehnungen zur Entschädigung geleisteter Waffenhilfe hatten einen jeden Herzog des größten Teils seiner Domänen beraubt. In diesem Jahrhundert, da die Feudalisierung unaufhaltsam fortschreitet und da infolgedessen der Boden die Grundlage jeglicher politischen Machtposition ist, gibt es kaum ein drückenderes Manko, als arm an Grundbesitz zu sein. Dem Haus Kapet in Burgund genauso wie auch dem Haus Kapet in Franzien fehlte im Anfang seines Aufstiegs ein sicheres Sprungbrett, der Rückhalt an ausreichendem eigenen Landbesitz und die Stütze einer Lehnshierarchie mit starker Ausprägung der herrschaftlichen Seite. Könige und Herzöge standen damals vor derselben Situation. Um jeden Preis mußte eine kompakte Domäne erworben werden, denn es galt, eine Autorität, die zerbröckelt und sozusagen ausgehöhlt war, wieder aufzurichten und neu zu stärken. (Vgl. Stammtafel Kapetinger und Valois.)

Gerade darin bestand die historische Sendung der Kapetinger in Burgund, sich diesem doppelten Werk der notwendigen Wiederherstellung zu widmen. Die Kapetinger in Franzien haben das Königtum geschaffen. Die Kapetinger in Burgund haben, in ähnlicher Aufbauarbeit, das Herzogtum geschaffen.

Es ist nun aber nicht so, daß etwa besonders ausgeprägte Persönlichkeiten diese schwere Aufgabe übernommen hätten. Ebensowenig wie die Kapetinger der älteren Linie haben die Kapetinger der jüngeren Linie in ihrem Stammbaum einen jener überragenden Männer zu verzeichnen, welche Genies genannt werden und welche, die widerstrebenden Kräfte meisternd, den Geschehnissen ihren persönlichen, unauslöschlichen Stempel aufdrücken[3]. Wie die Könige, waren auch die Herzöge fleißige, dem gemeinsamen Werk ergebene Arbeiter; ausdauernd und realistisch denkend, gingen sie methodisch vor, rasch bereit, die günstigen Gelegenheiten zu ergreifen. Ihre Eigenschaften sind, so möchte man gerne sagen, vorwiegend negativ zu umschreiben. Selten haben sie Glanzleistungen vollbracht, aber sie haben fast immer die Fehler vermieden, die sie hätten begehen können. Sie haben ihre Chancen nicht durch die Jagd nach Hirngespinsten oder durch Abenteuerlust verspielt, sondem sie waren auf der Hut, waren haushälterisch mit ihren Mitteln, Stand und Lage der Dinge klar erkennend, ähnlich jenen verschlagenen und emsigen, beharrlichen und bedächtigen Bauern, die von Generation zu Generation ihren Besitz vermehren und von Sprosse zu Sprosse auf der gesellschaftlichen Leiter emporklettern. Die Erben des ersten Kapetingerherzogs sind zu Reichtum gekommen, unmerklich zuerst, dann jedoch mit mehr Glanz. Durch welches Wunder wurde das Werk der burgundischen Kapetinger zu solch gutem Ende geführt?

Es sei zunächst bemerkt, daß der Herzog, hatte er im Herzogtum einmal die Stelle des Königs eingenommen, in den Genuß des wertvollen Heimfallrechtes kam. Wenn ein Lehen keinen direkten Erben mehr hatte, so fiel dieses Lehen automatisch dem Herzog zu. Auf diese Weise kamen tatsächlich zahlreiche Erbschaften an den Kapetingerherzog, wie sie gleichermaßen an den Kapetingerkönig zurückfielen. So gingen, ihren Historikern zufolge, auf dem Wege des Heimfalls insbesondere das Auxois und Duesmois um die Mitte des 11. Jahrhunderts in die Hände des Herzogs über.

Ein anderer, den Herzögen offenstehender Weg war der Kauf. Sie bedienten sich dessen auf zweierlei Arten: Kauf von Grundeigentum im eigentlichen Sinne und käuflicher Erwerb eines Lehnsverhältnisses. Der Grunderwerb versteht sich von selbst. Der Erwerb eines Lehnsverhältnisses ist etwas komplizierter: hierbei handelt es sich um Vorgänge, die im Feudalrecht als Wiederaufnahme und Erweiterung eines Lehens bekannt sind; sie bestehen darin, das Lehnsverhältnis eines Vasallen auf einen neuen Grundbesitz auszudehnen oder einen neuen Vasallen zu gewinnen, indem man sich den Lehnseid für einen Boden leisten ließ, der bis dahin vom »homagium« frei gewesen war. Die Aufnahme und Erweiterung eines Lehens sind, wie man sieht, zwei eng beieinander liegende und zudem höchst ergiebige Verfahren.

Im übrigen wurde die Lehnserbfolge in Burgund gewöhnlich nicht durch Anwendung des Erstgeburtsrechts, sondern durch die sogenannte »parage« (»paragium«) geregelt: hinterließ ein Vasall bei seinem Tod mehrere Söhne, so wurde das Lehen geteilt; der älteste Sohn, der sogenannte »chef-parageur«, vertrat seine Brüder vor dem Lehnsherrn, und diese wurden seine Vasallen. Folglich entstanden mit jeder Generation neue Grade der Lehnshierarchie; die Pyramide der Lehensbindungen wurde um weitere Stufen bereichert. Die nicht gestufte Feudalität hingegen, nämlich die jener Herrn (»seigneurs«), die auf Grund der Herleitung ihrer Domäne aus Immunitätsrecht von jeder Vasallität frei waren, breitete sich nicht weiter aus, da die Immunität der Vergangenheit angehörte[4].

Auf diese Weise blieb die Zahl der Lehnsherrn ohne Oberherrn unveränderlich, während die vasallitisch gebundenen »seigneurs« sich vermehrten, so daß es von ihnen nur so wimmelte. Diese Situation des Lehnsherrn, der von seinem Grundbesitz niemandem die Lehnshuldigung schuldete, wurde zu einer Ausnahme, ungewöhnlich und um so eigentümlicher, als die gleiche Person oft gleichzeitig solche Ländereien besaß, auf denen die Pflicht des »homagium« lag, und andere, die davon ausgenommen waren; dabei wußten sie selber nicht einmal warum, denn das Urprinzip dieser Regelwidrigkeit war verlorengegangen. Eine derartige Absonderlichkeit war höchst verwunderlich. Man konnte deren Rechtmäßigkeit anfechten, wenn kein Rechtstitel vorhanden war. Gibt es denn nicht jenes Sprichwort, das da heißt: »Nulle terre sans seigneur!« Um wieder zur Ordnung zurückzukehren, huldigt der Grundherr ohne anderweitige Huldigungspflicht selbstverständlich dem Herzog. Diese Reintegration ins gemeine Recht vollzog sich oft gegen bares Geld, wie zahlreiche Urkunden bezeugen.

Durch den käuflichen Erwerb von Land schafft sich der Herzog eine Domäne. Durch den Erwerb von Lehnsverhältnissen bringt er die Grundherrn des Herzogtums, deren Huldigung ihm nicht zustand, in seine Abhängigkeit. Aber welches auch immer das Erwerbsobjekt sei, der Kauf setzt die Verfügung über Kapitalien voraus. Wie hat der Herzog sich das notwendige Geld beschaffen können? Nicht nur durch Anleihen bei Juden oder Lombarden, sozusagen den Bankiers des Mittelalters, sondern ebenso durch wache, aufmerksame Handhabung der Feudalrechte, insonderheit durch Einzug der vasallitischen Leistungen, Verkauf von verschiedenen Exemptionen, Einnahmen aus dem Kanzleiwesen oder Erträgnisse aus der Gerichtsbarkeit – und schließlich durch verschiedene Mittel, unter denen die Abgaben der Kommunen an erster Stelle stehen dürften.

*

Unter den ersten Herzögen anfangs noch langsam, beschleunigt sich der Fortschritt rasch. Bereits Robert II., Gemahl der Tochter Ludwigs des Heiligen von Frankreich, Agnes, gibt der Entwicklung einen lebhaften Auftrieb. Das Gedeihen des Herzoghauses war oft durch die zugunsten der jüngeren Söhne und Töchter erfolgten Grundbesitzveräußerungen gehemmt worden. Robert II. bricht mit diesem unseligen Brauch. Er vermacht seinem ältesten Sohn Hugo und dessen Erben testamentarisch »alle zum Herzogtum gehörenden ... Lehen, Afterlehen, Seigneurien und Gerechtsame«. Die nachgeborenen Söhne und die Töchter erhalten lediglich Renten; und wenn der zweitälteste Sohn, Odo, seine Rente auf liegende Güter fixiert sieht, so gilt als selbstverständlich, daß er seinem älteren Bruder die »ligische« Treue (»homagium ligium«) schuldet. Im übrigen hat er die Chance, beim Tode dieses älteren Bruders selbst Herzog zu werden.

Von nun an ist die Dynastie fest begründet. Sie belebt aufs neue den Staatsbegriff zu ihrem Nutzen; sie geht einer glänzenden Zukunft entgegen.

Hugo V. wurde König von Thessalonike, Odo IV. war eine Zeitlang Fürst von Morea. Doch überschätzen wir nicht die Bedeutung eines solchen Nimbus! Die orientalischen Abenteuer waren nicht viel mehr als Episoden am Rande; sie gefährdeten die innerstaatlichen Aufgaben nicht mehr, als die Kreuzzüge der Kapetingerkönige deren Geist von den nationalen Belangen ablenkten, deren Last und Verantwortung auf ihnen ruhte. Die Heldentaten in der Levante oder in Spanien hinderten sie keineswegs daran, den Zusammenschluß der anwachsenden Domäne weiterzuverfolgen, der den Aufstieg der Dynastie sicherte und beschleunigte. Odo IV. fühlte sich in erster Linie als Herzog von Burgund und französischer Fürst. Er heiratete eine Kapetingerin, Johanna, die Tochter Philipps V. des Langen und Enkelin Philipps des Schönen. Schwiegersohn eines Königs von Frankreich, war er auch Schwager zweier Könige von Frankreich, da seine Schwestern Margarete und Johanna von Burgund die Gemahlinnen Ludwigs X. bzw. Philipps VI. von Valois geworden waren. Auf der anderen Seite verband sich Odos Sohn Philipp mit Johanna von Boulogne, die, verwitwet, König Johann den Guten heiratete. Hinter diesen sorgfältig ausgeklügelten Verbindungen tritt eine Heiratspolitik in Erscheinung, die sich schon vorher bei drei charakteristischen Expansionsversuchen abgezeichnet hat: Hugo III. hatte es dabei auf die Dauphiné abgesehen, Odo III. auf das Nivernais und Hugo IV. auf das Bourbonnais, Nivernais, Tonnerois und Auxerrois. Diese Tradition, die nicht mehr aufgegeben werden wird, fügt sich zu der beharrlich verfolgten Erwerbspolitik hinzu, um aus dem Herzog von Burgund einen der größten, der am meisten mit Glücksgütern gesegneten unter den Lehnsfürsten des französischen Feudalismus zu machen.

Fast könnte man sagen, Odo IV. verkörperte bereits den Typ des »großen Herzogs«. Das Herzogtum befindet sich fest in seiner Hand. Die niedere Aristokratie der Vasallen, die den Boden der alten Grafschaften westlich der Saône unter sich aufgeteilt hat, steht ganz in seiner Abhängigkeit. Und unter den übrigen Lehen, die ihm durch seine Heirat zugefallen sind, figuriert sogar die Franche-Comté, jene Grafschaft Burgund, die Otto-Wilhelm einst so sehnlich mit dem Herzogtum zu vereinigen gewünscht hatte und die nun Odo zufällt, obgleich sie in Lehnsabhängigkeit vom Reich bleibt. Es bahnt sich die Wiederherstellung eines Großburgund unter dem Zepter des mächtigen Kapetingerherzogs an, der anderseits den Wechsel des Herrscherhauses in Frankreich und den ersten Waffengang im Hundertjährigen Krieg miterlebt.

*

Allein es genügt nicht, von den Herzögen zu sprechen, auch das Herzogtum selbst muß gewürdigt werden. Die Kapetinger haben nicht nur Grundbesitz und Vasallen kumuliert und vorteilhafte Ehen geschlossen, sondern sie haben einen Feudalstaat aufgebaut, der von Jahrhundert zu Jahrhundert an Beständigkeit gewonnen hat und durch ihre Bemühungen ausgestaltet wurde. Um die Herzöge hat sich ein Hof gebildet, der, mit traditionellen Ämtern ausgestattet, im kleinen ein Abbild des Königshofs darstellt. Die »Jours généraux« (Hoftage), welche in Beaune tagen, sind ein Prototyp des »Parlements«. Die Herzöge haben in Nachahmung der Könige auf dem Gebiet der Lokalverwaltung den ursprünglichen »prévôts« oder »châtelains« die »baillis« (obere Verwaltungsbeamte) übergeordnet, eine noch junge Einrichtung der benachbarten Monarchien[5], und fünf »bailliages« (Amtsbezirke), nämlich die von Dijon, Autun, Montcenis, Auxois, Chalon und Montagne (Châtillon-sur-Seine), haben ihr dichtes Netz über das Herzogtum ausgebreitet.

Die Parallelentwicklung von herzoglichem und königlichem Staatsbau ist hier geradezu frappierend. Die herzöglichen »baillis« arbeiten ebenso eifrig und durchgreifend wie die königlichen. Als festbesoldete Verwaltungsbeamte, wie diese in ihren flinken Händen alle Gewalten vereinigend, durchdrungen von einer sich festigenden Tradition und von rechtlichen Prinzipien, welche die Erfahrung geschmeidig den wechselnden Zeitumständen anpaßt, haben sie das herzogliche Lehen zu einem festgefügten Körper umgeformt und aus den herzoglichen Rechten alles herausgeholt, was man davon erwarten konnte. Gerade die gedrängte, organische Einheit der fünf »bailliages« ist es, die das Herzogtum der Kapetinger, das im Herzen des alten »regnum Burgundiae« über den Grafschaften der Karolinger lagert, endgültig lebensfähig gemacht hat.

Mit einem Wort: eine Kraft zur Einigung und Zentralisation hat hier ganze Arbeit geleistet. Und darin waren die Herzöge allerdings die Rivalen der Könige, ihrer älteren Brüder.

Diese Zentripetalkraft war aber um so notwendiger, als Zentrifugalkräfte in entgegengesetzter Richtung wirkten: Kräfte des Lehnsrechts und der Kirche.

In lehnsrechtlicher Hinsicht hatten sich verschiedene Länder, die sich zuerst dem Herzogtum wieder anzuschließen schienen, seinem Zugriff entzogen, z. B. das Nivernais und das Auxerrois, zumindest für seinen größten Teil; ebenso das Mâconnais, das einst Otto-Wilhelm verblieben und nur durch ein sehr lockeres, zudem angefochtenes Lehnsverhältnis, das wiederholt vom Königtum direkt ausgeübt wurde, mit dem Herzogtum verbunden war.

Anderseits hatte das religiöse Leben in Burgund eine einzigartige Intensität erlangt, und kirchliche Gewalten hatten ihre Macht in einem solchen Grade entwickelt, daß selbst die Herzogsgewalt ins Wanken geriet und bisweilen ernstlich bedroht wurde.

Nicht daß etwa nun ganz besonders reiche oder ausgedehnte Bistümer auf dem Boden Burgunds plötzlich entstanden wären, sondern den Mönchsorden war dort ein ungewöhnlich üppiges Gedeihen beschieden. Eines der auffallendsten Merkmale des mittelalterlichen Burgund war es in der Tat, das Land der bedeutenden Klöster zu sein. Sind nicht die beiden berühmtesten Mönchsorden mit der größten Strahlkraft des Mittelalters – Cluny und Cîteaux – burgundische Orden?

Cluny, im Jahr 909 in der Diözese Autun von dem Grafen Wilhelm dem Frommen von Mâcon zusammen mit dem Abt Berno gegründet, hat die gesamte Christenheit erobert, indem es überallhin zu Tausenden seine Tochterklöster ausstreute und das westliche Europa mit einem Glanz ohnegleichen überstrahlte. Und dann, als Clunys Stern im Verblassen war, kam die Reihe an das strenge Cîteaux, eine Gründung des heiligen Robert von Molesmes, das wiederbelebt und zu unvergleichlicher Höhe geführt wurde von dem größten Kanzelredner zwischen Johannes Chrysostomos und Bossuet, dem heiligen Bernhard, dem Asketen, dem »Mann Gottes«, wie man sagte, diesem erstaunlichen Meister der Menschenführung, der, in Fontaine-lès-Dijon geboren, zweifellos die bedeutendste Gestalt der Kirche im 12. Jahrhundert war. Den alten Abteien in der Nähe der Tochterklöster von Cluny und Cîteaux war ein glänzender Frühling beschieden: Luxeuil, Moutiers-Saint-Jean, Bèze, Saint-Seine, Saint-Bénigne in Dijon, Sainte-Madeleine in Vézelay und noch vielen anderen, die ehrwürdige Abtei von Tournus nicht zu vergessen, in der die Reliquien des heiligen Philibert eine Heimstätte gefunden hatten nach so vielen Irrfahrten, die sie von einem Refugium zum andern, von der Insel Noirmoutier bis an die Ufer der Saône geführt hatten. Cluny und Cîteaux – Zentren der theologischen Wissenschaften, Zentren der Kunst, Zentren der Reformidee, aber auch Institutionen wirtschaftlich-sozialer Aktivität von ungeheurer Wirksamkeit und unschätzbarem Wert. Burgund, das deren Mutterklöster beherbergt, ist – durch eben diese geistlichen Orden, deren Heerscharen in alle Welt hinausgehen – ein Lebenszentrum im eigentlichen Sinne, das Herz, dessen Pulsschläge sich dem ganzen Organismus der »Christiana Respublica« mitteilen: eine einzigartige Stellung, die das Herzogtum der Kapetinger, abgesehen von der domanialen und politischen Entwicklung, in den Mittelpunkt von Kultur und Geschichte rückt.

Unbestreitbar führte das hohe Ansehen der Geistlichen, der burgundischen Abteien zu einer Beeinträchtigung der Macht der Herzöge; aber das gesamte Herzogtum strahlte wider von ihrem weitleuchtenden Ruhm, und alles in allem resultiert aus jenen verschiedenartigen Sammlungs- und Expansionskräften dieses harmonische Gleichgewicht, durch das sich das Burgund der Kapetinger in der Stunde, da es seiner endgültig selbst bewußt wird, auszeichnet.

Gewiß, es handelt sich um ein burgundisches Selbstbewußtsein, aber auch um ein »französisches«. Dies ist der letzte Charakterzug, den es noch herauszuarbeiten gilt.

Denn dadurch, daß das Herzogtum Burgund in Verdun in die Randzone Frankreichs, an die Grenze des Königreiches gerückt wurde, ist ihm die Sendung zugefallen, das Königtum und die »Francia« zu verteidigen, und es war infolgedessen von patriotischem Geist erfüllt. Gegen Otto-Wilhelm hat Robert, mag er sich dessen bewußt gewesen sein oder nicht, ein patriotisches Werk vollbracht: scheuen wir nicht den scheinbaren Anachronismus dieses Wortes, wenn es den Tatsachen entspricht. Die Erbherzöge ihrerseits haben – als Kapetinger – sozusagen mit ihren Händen nicht nur den Leib des Herzogtums gebildet, sie haben ihm vielmehr auch eine Seele eingehaucht, und zwar naturnotwendig eine französische Seele.

Darum hat auch der Hundertjährige Krieg, an sich angelegt, Burgund und Frankreich zu entzweien, beide enger aneinandergefesselt als je zuvor. Ein neues Herrscherhaus, das der Valois, hat die Krone erhalten. Aber – wir sahen es bereits – Odo IV. wurde der Schwager des ersten Valois, des gegen Eduard III. von England gewählten Königs. Und noch mehr: unter Johann II. dem Guten, Gemahl einer Adoptiv-Burgunderin, dem zweiten Valois-König, leidet Burgund für Frankreich. Ist Leid nicht die moralische Feuerprobe, in der große Schicksale geschmiedet werden?

Wir sagten: Burgund leidet für »la France«. Es leidet für seine große Schwester. Das ist die Lehre aus dem letzten englischen Feldzug der Herrschaft Johanns des Guten, die unmittelbar dem Vertrag von Brétigny im Jahre 1360 vorausging: ein grausamer Feldzug, bei dem das Kriegsvolk Eduards III., nach der Landung in Calais auf dem Marsch gen Reims, das man nicht anzugreifen wagt, zum Überwintern in die Gegend von Flavigny und Saulieu kommt und sie erbarmungslos verwüstet, Städte und Dörfer plündert, als hätte es nur im Sinn, das Herzogtum zu einem Zentrum des Engländer-Hasses zu machen.

Wohl französisch, doch ebenso traditionell von der eigenen Individualität durchdrungen, ist die Wesenheit Burgunds: von der Vergangenheit geschmiedet, ist es gerüstet, die glänzendste Epoche seiner Geschichte anzutreten. Das Zeitalter der großen Herzöge naht. Der Familienzweig Roberts I. wird aussterben. Könnte man nicht sagen, daß ein geheimnisvolles und unverbrüchliches Gesetz ihm eine längere Dauer als der Linie der Kapetingerkönige versagt? Der Tod des Enkels von Odo IV. im Jahr 1361 macht jedenfalls Philipp dem Kühnen die Bahn frei.

Drittes Kapitel

DAS ERBE PHILIPPS VON ROUVRES

Unter den Tatsachen, die das Werk der Kapetinger in Burgund gefördert hatten, darf der glückliche Umstand nicht unterschätzt werden, der es dem Herzogtum gleichwie dem Königtum für beinahe gleich lange Zeit ermöglichte, die Regierungsgewalt von Generation zu Generation in direkter Linie weiterzugeben. In Burgund von 1031 bis 1361 wie in Frankreich von 987 bis 1328 war bei jedem Todesfall ein erbfähiger Nachfolger vorhanden. Die Herzogskrone war also vom Vater auf den Sohn, vom Großvater auf den Enkel oder vom Bruder auf den Bruder ohne Unterbrechung übergegangen. Ein gütiges Geschick hatte dem Herrscherhaus das vorzeitige und unheilvolle Aussterben erspart, das so oft ein glücklich begonnenes Werk zunichte macht. Doch der scheinbar so haltbare Faden riß am 21. November 1361, an dem Tag, als Philipp von Rouvres, der Enkel und Nachfolger Odos IV., starb. Das Erlöschen eines seit Jahrhunderten an der Macht befindlichen Herrschergeschlechts ist für die Untertanen stets ein Grund zu ernstester Besorgnis. (Vgl. Stammtafel Philipps von Rouvres.)

Philipp von Rouvres war ein junger Mann von siebzehn Jahren. Geboren auf Schloß Rouvres, seinem späteren Lieblingsschloß, wo er auch sein Leben beenden sollte und das ihm seinen Beinamen gab, war er mit Margarete von Flandern, der Tochter des Grafen von Flandern Ludwig II. von Maele, verlobt: eine geschickt eingefädelte, nahe bevorstehende Verbindung, die dem Herzogshaus für die Zukunft glänzende Aussichten zu eröffnen schien.

In dieser Situation verschied der letzte Nachfahr Roberts I., so reichlich er auch mit Glücksgütern gesegnet war, ohne Nachkommenschaft. Nach wenigen Tagen Krankenlager starb er an der Pest, die Frankreich und Burgund verheerte.

Bis zum 11. November, dem Tag, da der junge Herzog sein Testament machte, schien der Zustand des Kranken keinen Anlaß zur Besorgnis zu geben. Zehn Tage später starb er. Diese Aufzählung der Daten erfordert sogleich zwei Bemerkungen. Einmal: weil Philipp von Rouvres an einer kurzen, schweren Krankheit gestorben war, verlobt, aller Wahrscheinlichkeit nach zu einer normalen Laufbahn bestimmt, von der man den Fortbestand seines Geschlechts erwarten konnte, kam das Erlöschen der herzoglichen Dynastie unvermutet, war es verwirrend und weitschauenden Planungen der Politik abträglich. Sodann: wenn auch die Krankheit kurz war, trat der Tod doch nicht plötzlich ein wie bei jenem unseligen Sturz vom Pferde, den sein Vater, Sohn Odos IV., erlitten hatte. Da es sich bei dem jungen Herzog um die Pest handelte, die damals so gefürchtete Geißel, besteht kein Zweifel, daß man, sobald die Diagnose feststand – die zu stellen für die ziemlich junge medizinische Wissenschaft des 14. Jahrhunderts leichter war als die Behandlung –, in der Umgebung des jungen Herzogs den tödlichen Ausgang als möglich, sagen wir besser als wahrscheinlich ansehen mußte. Am Ausstellungstage des Testaments, dem 11. November, hat jedenfalls die nahe bevorstehende Vakanz des Herzogsthrones in Erwägung gezogen werden können, ja müssen.

Daher ist die Katastrophe, obgleich unerwartet und nicht vorauszusehen, nicht urplötzlich wie ein Blitz aus heiterem Himmel hereingebrochen. Zwar hatte man wenig Zeit, aber immerhin hatte man einige Tage, um sich über die Erbfolge in Burgund Gedanken zu machen.

Nun, diese Bemerkungen haben Interesse für denjenigen, der sich über den Gang der Ereignisse klar werden will. Wenn es stimmt, daß die Umstände, unter welchen sich der Tod Philipps von Rouvres der Geschichte darstellt, so waren, daß die Erbfolge die politische Welt nicht lange Zeit im voraus beschäftigt hat, dann stimmt es auch, daß man vor seiner Todesstunde den Konsequenzen aus seinem Hinscheiden gelassen entgegensehen konnte. Ebenso gilt es als erwiesen, daß der König von Frankreich, Johann der Gute, genauestens über die Krankheit des jungen Herzogs auf dem laufenden gehalten wurde. Langfristige, umfassende Kombinationen waren durch die drängenden Ereignisse ausgeschlossen worden; dennoch sind die Erben nicht ganz unvorbereitet gewesen.

Da der Verstorbene ein Testament gemacht hatte, mußte man sich selbstverständlich darauf beziehen. Im Hauptteil las man folgende Worte: »Item, ordonnons et instituons nos hoirs en nostres paiis et biens quelqu'ils seront ceux et celles qui par droit ou coustume du paiis le devent ou puent estre.« Der Wortlaut dieses Textes, der überhaupt keine letztwillige Verfügung darstellt, konnte einer gesetzlichen Erbfolge nicht entgegenstehen. Wenn man das Testament des jungen Herzogs wörtlich auslegte, hatte es den Wert, kein solches zu sein. Die Lage war die einer Nachfolge ohne Testament. Nichtsdestoweniger war das Vorhandensein des Testaments nicht ganz umsonst. Diese Urkunde hatte den Vorzug, den Rückgriff auf die lehnsrechtlichen Prinzipien verpflichtend zu machen. Sie unterband jegliche Auslegung. Sie machte es unmöglich zu bestreiten, daß von den Nachlaßgütern, woraus sie auch immer bestanden, jedes einzelne seiner Bestimmung folgen mußte. Mit anderen Worten: niemand war berechtigt, sich als Nachfolger Philipps von Rouvres zu bezeichnen oder unter irgendeinem Rechtstitel einen Anspruch darauf geltend zu machen, sei es im Namen rechtlicher Prinzipien oder aus staatspolitischen Gründen.

So also findet sich das Verfahren festgelegt, was mit den verschiedenen, vom Verstorbenen hinterlassenen Besitztümern zu geschehen habe. Was den Landbesitz und die Lehnsrechte angeht, so darf allein ihre Herkunft in Betracht gezogen werden. In jedem einzelnen Falle muß bis auf den letzten Inhaber mit legitimen Erben zurückgegangen werden, indem man die auf einen jeden anwendbaren Gesetze befolgt und sich streng an das geschriebene Recht oder an das Gewohnheitsrecht hält: so und nicht anders müssen die Worte aus dem Testament »par droit ou coustume du paiis« verstanden werden. Soll man glauben, daß diese höchst eindeutige Formulierung von der Furcht vor dunklen Machenschaften und Besitzgier eingegeben war, von der Besorgnis um eine Einziehung von hoher Hand, sei es durch Anwendung eines einförmigen Rechtssatzes auf die Gesamtheit der Besitzungen, sei es durch ärgerliche Mitbewerbungen oder willkürliches Vorgehen? Der Verdacht ist nicht ausgeschlossen, aber nichts erlaubt uns, darauf zu verharren.

In der Tat rechtfertigte die Erbschaft Philipps von Rouvres durch ihre komplexe Struktur die Vorsichtsmaßnahmen des Testaments. Diese Erbschaft bestand in einem Nebeneinander, einem Konglomerat heterogener Bestandteile wie die Stücke eines Mosaiks, deren jedes seine bestimmte Herkunft hat.

Da gab es vor allem das Herzstück, Burgund, das Herzogtum der Kapetinger. Es war – wir sahen es bereits – das Werk der Vorfahren des Toten. Wir kennen seine Verwebung, seinen Zusammenhalt; mehr noch: wir haben seine Seele zu ergründen gesucht.

Weiterhin gab es noch eine Reihe von Anhängseln, die alle in jüngerer Zeit erworben waren. Zum Beispiel besaß der Herzog die beiden Grafschaften Boulogne und Auvergne. Sie waren von seiner Mutter Johanna von Boulogne, der Tochter Wilhelms XII. von Auvergne, auf ihn gekommen. Johanna, die König Johann den Guten als Witwer zurückließ, hatte als nächsten Verwandten ihren Onkel Johann von Boulogne, den richtigen Bruder ihres Vaters, wie es die Stammtafel Kapetinger und Valois zeigt. Demzufolge war der Großonkel des jungen Herzogs der Erbe der beiden Grafschaften.

Außer dem Herzogtum Burgund hatte Philipp von Rouvres von seinem Großvater väterlicherseits, von Odo IV., bekommen: 1. die Grafschaft Burgund, oder, wie das Mittelalter sagte: »La Comté«; 2. die Grafschaft Artois; 3. das Territorium der Champagne. Ging man der Herkunft dieser drei Lehen im einzelnen nach, so stieß man auf eine Prinzessin aus königlichem Geblüt, nämlich Margarete von Frankreich, die Tochter Philipps V. Sie hatte diese »seigneuries« von ihrer Mutter Johanna geerbt und war die Witwe des vormaligen Grafen Ludwig von Flandern und Nevers; ihr Sohn, Ludwig von Maele, regierte in Flandern.

Was nun das Herzogtum selbst anging, so hatte König Johann der Gute, Enkel Karls von Valois und Sohn Johannas von Burgund und damit zugleich Repräsentant der älteren und der jüngeren Linie der Kapetingerdynastie, Anrechte, die allein der König von Navarra, Karl der Böse, aufwiegen konnte. Karl, Enkel der Margarete von Burgund und Urenkel Herzog Roberts II., berief sich auf das burgundische Gewohnheitsrecht. Vielleicht mit guten Gründen. Er repräsentierte, wie er sagte, die Nachkommenschaft Margaretes, und diese mußte vor ihrer jüngeren Schwester Johanna, auf die sich der König von Frankreich berief, den Vorrang haben; aber er behauptete, um einen Grad näher verwandt zu sein. Der König von Navarra machte nicht bloß dem Valois das Herzogtum, sondern auch Margarete von Frankreich die Champagne streitig.

Nun kam es aber so, daß die Erben sich ohne Karl den Bösen und gegen ihn einigten. Das Überraschendste dabei war, daß niemand den König von Navarra, ob er nun der Anwärter im streng rechtlichen Sinne war oder nicht, ernsthaft unterstützte. Seine Unbeliebtheit war zu jener Zeit allzu offenkundig. Er war der heimliche und tückische Verbündete der Engländer. In der durch die Gefangenschaft des Königs ausgelösten Krise nach der Katastrophe von Poitiers hatte er eine zweifelhafte Rolle gespielt, die, schließlich aufgedeckt, bei allen Franzosen, die das Herz auf dem rechten Fleck hatten, einen Sturm der Entrüstung hervorrief[2]. Wir wissen nun, daß Burgund zu jener Zeit, als es seinen neuen Herrscher erwartete, sich zutiefst Frankreich zugehörig fühlte. Die allgemeine Abneigung, die sich in Burgund gegen Karl den Bösen verfestigt hatte, hatte sich auf die während der Regentschaft des Dauphin tagenden Stände übertragen. Sie schadete der Sache des Königs von Navarra und nützte jener des Königs Johann. So spielten in dieser Angelegenheit jene Imponderabilien eine Rolle, von denen Bismarck in drei Reden gesprochen hat und die so manche Politiker in ihre Berechnungen nicht miteinbeziehen, ohne zu bedenken, daß das von ihnen außer acht Gelassene in der Waagschale des Schicksals bisweilen schwerer wiegt als die fleißigsten Kombinationen, ausgeklügeltsten Listen und gewagtesten Verbrechen.

Wie hätte man kurz nach der englischen Plünderung von Flavigny und Saulieu daran denken können, einen Freund Eduards III., einen geschworenen Feind des Königs von Frankreich zum Herzog von Burgund zu machen? Praktisch stand Karl der Böse nicht zur Diskussion. Außerdem wurde durch die Einigung der anderen Bewerber, die sich nicht als Rivalen, sondern als Partner verhielten, der ganze Rechtshandel plötzlich abgebrochen. Diese Partner waren drei: Johann der Gute, Margarete von Frankreich und Johann von Boulogne.

Zu diesem Übereinkommen war man rasch gekommen, doch war es durch kein ausdrückliches Protokoll festgehalten worden; zumindest blieb keine Spur davon in Form einer offiziellen Urkunde zurück. Man besitzt nur ein nachträglich in Cîteaux am 16. Januar 1362 ausgefertigtes Schriftstück, das Möbel und Schulden betrifft[3]. Diese Urkunde ist offensichtlich aber sehr viel später ausgestellt als die den Kernpunkt der Erbfolge berührende Abmachung der drei Erben.

In Wirklichkeit wurde alles zwischen Johann dem Guten und Johann von Boulogne ausgehandelt. Margarete von Frankreich beschränkte sich darauf, ihrer Übereinkunft beizutreten. Mit der Ausschaltung Karls des Bösen hatte die Koalition der drei Erben jeglichen Unruhefaktor aus dem Weg geräumt, und die Verteilung der Mosaikstücke ging mit größter Leichtigkeit vonstatten; man kann sagen: ohne Komplikationen und Schmerzen.

*

Sie ging mit so erstaunlicher Reibungslosigkeit vor sich, daß man bei dem Gedanken an die Ausdehnung und Vielschichtigkeit dieses zusammengewürfelten Erbes überrascht sein muß. Diese Reibungslosigkeit erklärt sich aber gerade aus der Natur der geltend gemachten Rechtsansprüche. Alle Benefizialerben und Johann der Gute selber rechneten mit Sicherheit auf Eigenrechte. Auch der König von Frankreich handelte nicht als solcher, sondern als Sohn Johannas von Burgund und als Enkel des Herzogs Robert. Im 14. Jahrhundert konnte man solchen Argumenten nur mit Argumenten gleicher Art entgegentreten. Karl der Böse, der einzige, der solche Argumente hätte beibringen können, war unerwünscht, und niemand wollte ihm Gehör schenken. Seine Rechtsgründe, die, wären sie von einem andern gekommen, vielleicht überzeugend gewirkt hätten, hatten bei ihm keine Glaubwürdigkeit.

Die Aufgabe war also für jene, welche die Partie gespielt haben, verhältnismäßig einfach. Übrigens war die Sache ausgezeichnet geführt worden, und es wäre sehr ungerecht, wollte man nicht am Rande die bemerkenswerte Geschicklichkeit hervorheben, mit der der Hauptakteur, Johann von Boulogne, zu Werke gegangen ist.

Gerade in dem Augenblick, als sich die Frage der burgundischen

Erbfolge eröffnete, fand sich auch der vortrefflich dazu geeignete Mann, der die Dinge überblickte und zu dirigieren wußte: dieser Mann war Johann von Boulogne, Großonkel Philipps von Rouvres und Vorsitzender des herzoglichen Staatsrats. Johann der Gute konnte von vornherein auf diesen schlauen, durchtriebenen »seigneur« rechnen, sowohl auf Grund ihrer persönlichen Beziehungen als auch infolge der Übereinstimmung ihrer Interessen.

Johann von Boulogne war ein langjähriger Freund von König Johann. Er war seinerzeit mehr oder weniger mit in die Beseitigung des Grafen von Eu verwickelt, eines noblen Konnetabel, den der eifersüchtige Herrscher preisgegeben hatte, weil er ihn für den Liebhaber der Königin, seiner ersten Frau, Bonne von Luxemburg, hielt. Und als der König Witwer geworden war, hatte Johann von Boulogne die Verstorbene an der Seite des Königs durch seine eigene Nichte Johanna von Boulogne ersetzt. Dank seiner Bemühungen war diese Prinzessin, die Witwe Philipps, des Vaters Philipps von Rouvres, Königin von Frankreich geworden. Daraus wird ersichtlich, in welchem Maße seit langem zwischen den beiden Johann gemeinsame Sache gemacht wurde.

Nun fügte es sich, daß jener gleiche Johann von Boulogne als Bruder des jüngst verstorbenen Wilhelm XII. von Auvergne Miterbe in der Nachfolge seines Großneffen war. Alles brachte die beiden schlauen Füchse einander näher. Ihr gutes Einvernehmen konnte wirksam werden. Im vorliegenden Fall haben die Ereignisse die Vorausberechnungen Lügen gestraft.

Wenn Johann der Gute über die Krankheit seines Stiefsohnes Philipp von Rouvres, dessen Vormund er war, genauestens auf dem laufenden gehalten wurde, so verdankte er dies Johann von Boulogne. Nachdem der junge Mann erst einmal in eine bessere Welt hinübergegangen war, ist es wiederum Johann von Boulogne, der das Verhalten des Königs von Frankreich bestimmt und der in Burgund die zweckmäßigsten Maßnahmen anordnet: Maßnahmen, die ohne weiteres die Regelung der gerade eröffneten Erbfolge im voraus entscheiden. Von Rouvres aus, wo sich das Haupt des Rates aufhält, wird alles erwogen. Wissentlich hält man vor dem Volk den Tod des letzten Kapetingers geheim. Der Beweis dafür, daß Johann der Gute hingegen davon raschestens unterrichtet wurde, geht aus den »Lettres Patentes« (für die Öffentlichkeit bestimmte Rechtsverordnungen aus der Kanzlei) hervor, durch welche die Wiedervereinigung des Herzogtums mit dem Königtum verkündet wurde[4].

Dadurch ist das Manöver Johanns von Boulogne offenkundig geworden. Alles wurde mit seiner Hilfe, aber in aller Heimlichkeit vorbereitet. Im übrigen geht aus den strengen Anweisungen an die Burgvögte und Städte hervor, daß er ganz offensichtlich für den König arbeitet. Von den Dokumenten, die seine Taktik verraten, zitieren wir nur das Rundschreiben vom 24. November, wodurch jedermann mit Ausnahme der königlichen Bevollmächtigten das Betreten Burgunds untersagt wurde.

Johann von Boulogne scheint durch diese und ähnliche Maßnahmen sehr schnell jeglicher Opposition gegen den König von Frankreich den Wind aus den Segeln genommen zu haben. Des weiteren hatte Johann, der bei dem jungen verwaisten Herzog fast Vaterstelle vertreten hatte, durch seine Geschenke, sein chevalereskes Auftreten und durch sein Mißgeschick sich beim burgundischen Adel lebhafte Sympathien erworben. Die Abneigung, die sein einzig möglicher Rivale, der König von Navarra, einflößte, erhöhte noch den Wert dieser Gefolgstreue. In dieser Stunde sprachen Patriotismus und Sentimentalität für den Besiegten der Schlacht von Poitiers.

Dieser verließ sich indes nicht auf Imponderabilien, von denen er nie etwas gehalten hatte; für alle Fälle hatte er Streitkräfte im Nivernais mobilisiert. Handelte er so von sich aus oder auf Vorschlag seines Helfershelfers, des anderen Johann? Tatsache war jedenfalls, daß sich bei Corbigny Kampfwillige sammelten, die bei den Truppen des berühmten Führers der »Grandes Compagnies«, Arnaud de Cervole, »Erzpriester« genannt, ausgeliehen worden waren. Es war übrigens eine überflüssige Vorsichtsmaßnahme, denn alles ging zum besten und ohne Zwischenfall vonstatten.

*

Johann von Boulogne hatte die Ereignisse außerordentlich beschleunigt. Sein Eifer kannte keine Ruhe. Mit jedem neuen Kurier stieß er buchstäblich den König vorwärts. Es war offensichtlich sein

Plan, sobald als möglich Bevölkerung und Prätendenten auf einen Schlag vor vollendete Tatsachen zu stellen. Augenscheinlich kam es ihm vor allem darauf an, dem König von Navarra zuvorzukommen und ihn hinters Licht zu führen.

Dieser beherrschende Gedanke, die entscheidenden Schritte zu beschleunigen, verrät sich insbesondere in der Einberufung der Vasallen des Herzogtums, die unerwartet plötzlich für den Weihnachtstag erging. An jenem Tage sollten dem neuen Gebieter des Herzogtums die Huldigungseide geleistet werden.

In diesem Fall zeigte allerdings das Oberhaupt des herzoglichen Staatsrats eine solche Eile, daß er das Maß überschritt, denn es stellte sich heraus, daß er die Tatkraft des Königs von Frankreich überschätzt hatte. Die Versammlung mußte verschoben werden. Sie fand erst am 28. Dezember statt. Die Stände von Burgund hielten bei dieser Gelegenheit eine feierliche Sitzung ab. Sodann begab sich Johann der Gute nach Cîteaux, wo die Zusammenkunft der drei Miterben und die Unterzeichnung der Urkunde vom 16. Januar 1362, deren Gegenstand wir bereits kennen, erfolgte. Nach einem Besuch in Beaune kehrte der König von Frankreich schließlich in sein Königreich zurück und überließ einem seiner Getreuen, dem Grafen Tancarville, die Regelung der Angelegenheiten seiner neuen Krondomäne.

So hat sich die Erbfolgefrage des Herzogtums reibungslos erledigt. Keine mißtönende Stimme hat sich erhoben. Und trotzdem hat der Chef des Hauses Valois während des kurzen Aufenthaltes bedeutungsvolle Informationen sammeln können. Die im Dezember 1361 einberufenen Stände waren als eifrige Anwälte eines selbstbewußten Burgund mit ehrerbietigen, aber ebenso bestimmten Willensäußerungen aufgetreten, die sich auf die kurze Formel bringen lassen: das Herzogtum wünscht, Herzogtum zu bleiben; es will nicht zu einer Provinz werden, die der Krondomäne zugeschlagen wird; in der Verwaltung darf nichts geändert werden; auf Grund personalen Rechts vereinigt, kann Burgund nicht mit dem Königreich verschmelzen; es kann und darf keine Einverleibung, sondern allein Gleichstellung geben, und da der Erbe der König ist, muß die Erbfolge in Form einer Personalunion entschieden werden.

Eine solche Auffassung kommt keineswegs von ungefähr, denn

die »Charte aux Bourguignons« aus dem Jahr 1315 unter Ludwig X. hatte eine Haltung an den Tag gelegt, in der man bereits die Anlage für die Erklärungen von 1361 sehen kann. Die Abgeordneten, welche Johann den Guten empfangen hatten, machten die Bestrebungen ihrer Vorfahren zu ihren eigenen. Sie wuchsen über sich selbst hinaus in dem Gefühl, das historische Burgund zu verkörpern, dessen Existenz sie proklamierten. In ihnen hallte die entschlossene Stimme des kapetingischen Herzogtums wider, das mit einer zu lebenskräftigen Individualität ausgestattet war, um nicht Achtung vor sich selbst zu fordern. Nichts beweist besser die Existenz einer »burgundischen Wesenheit«, den Keim einer geschichtlichen Potenz, die zu tief eingewurzelt war, um nicht emporzuwachsen und zu blühen, als die Bekräftigung dieser Individualität, wie wir sie in der dunkelsten Stunde beobachten, als der Valois mit gleichsam allgemeiner Zustimmung die Erbschaft des Herzogtums antrat, als durch die kurz zurückliegenden Ereignisse der französische Patriotismus in Burgund aufgelebt war.

Laut zu verkünden, daß eine Annexion nicht in Frage komme, sondern ausschließlich Gleichstellung und Personalunion, heißt, den lokalen Strebungen Ausdruck geben. Diese können in ihrer vollen Tragweite aber nur verstanden werden, wenn man sie mit dem Wortlaut der »Lettres Patentes« vom November 1361 konfrontiert. König Johann hatte darin das Problem unter einem völlig anderen Aspekt dargestellt. Nach der Feststellung, daß er nicht auf Grund des Regalien-Rechts in den Besitz des Landes gelangt sei, sondern als persönlicher Nachfolger des Herzogs, hatte er sogleich hinzugefügt, daß er Burgund der Krone zuteilen und es untrennbar mit ihr verbinden werde[5]. In wenigen Zeilen enthüllt sich die ganze politische Konzeption: das Königtum hat hintenherum den kühnen Vorstoß versucht, vom Erbrecht zur Annexion zu schreiten.

Der König, welcher dieses Experiment gewagt hat, wird später dasselbe Herzogtum seinem Sohn, Philipp dem Kühnen, als Apanage verleihen.

Zwischen den »Lettres Patentes« von 1361 und der Vergabung der Apanage klafft ein Abgrund. Warum dieser Wechsel in der Politik? Warum dieser plötzliche Umschwung?

Der wahre Grund muß im Verhalten der Burgunder gesucht werden. Dem Gedanken einer Annexion, wie er in der Urkunde vom November eingeschlossen war, stellen sich die stolzen und kategorischen Worte der Stände im Dezember entgegen. Die Stände waren es, die das letzte Wort behielten. Was bedeutet das? Die »Lettres Patentes« scheiterten am burgundischen Selbstbewußtsein. Im vorliegenden Fall allerdings war dieser burgundischen Wesenheit in doppelter Weise gedient worden: einmal durch die Ungeschicklichkeit Johanns des Guten und zum andern durch die Geschicklichkeit seines Sohnes Philipp des Kühnen.

Man hat vergebens versucht, den zweiten der Valois-Könige zu rehabilitieren[6]. Seine Leichtfertigkeit, sein Mangel an politischem Spürsinn sind während seiner unglücklichen Regierung nur allzu offenkundig geworden. Unter den gegebenen Umständen auf einem einzigen Pergamentblatt eines der großen Lehen, jenes Herzogtum Burgund, das die Charta von 1315 erhalten hatte, verschwinden zu lassen, war eine unverzeihliche Utopie. Es hätte des Feingefühls und der Zeit zum Gelingen eines solchen Manövers bedurft, um Burgund, ohne daß es dessen gewahr werde, im Schoße der französischen Staatseinheit aufgehen zu lassen. Ein solcher Gewaltstreich lag nicht im Vermögen Johanns des Guten. Er hat einen zu schwierigen Eingriff riskiert, und er ist ihm mißglückt. Sogleich stellte sich das Ziel, das selbst eine fein abgestimmte Taktik und große Wendigkeit kaum gemeistert hätten, als unerreichbar heraus. In einem ersten Anlauf, mit einer bemerkenswerten Brutalität und mit einer erstaunlichen Ungeschicklichkeit hatte Johann der Gute die richtige Lösung des heiklen Problems, vor welches das Königtum durch die Vakanz des kapetingischen Herzogthrones gestellt war, verfehlt.

Zu welchem Zeitpunkt tauchte im wirren Kopf Johanns des Guten der Gedanke auf, wieder einen eigenen, vom König von Frankreich unterschiedenen Herzog von Burgund einzusetzen? Schwierig, es genau zu sagen; aber aus der Tatsache, daß der Valois von seinem Schwager Kaiser Karl IV. von Luxemburg die Geheimnoten vom 15. Januar 1363 erhielt, wodurch Philipp dem Kühnen die Investitur mit der vom Deutschen Reich lehensrührigen Freigrafschaft zugesichert wurde, kann man ohne irgendwelche Unbesonnenheit schließen, daß die Einsetzung des jungen Prinzen in das Herzogtum beschlossene Sache war[7].

Zudem war Philipp der Kühne in jeder Weise geradezu dafür geschaffen, aus solchen Geschenken Vorteil zu ziehen. Seit der Schlacht von Poitiers im Jahr 1356 war seine Stirn von einem außergewöhnlichen Nimbus umgeben. Dieser 19. September, so unheilvoll er für viele andere gewesen war, für ihn war er ein Glückstag. Es war allgemein bekannt, mit welch beispielhafter Tapferkeit er, ein Knabe von vierzehn Jahren und acht Monaten, auf dem blutigen Schlachtfeld erschienen war, um seinem Vater im Moment der denkwürdigen Heldentaten beizustehen, die dem Augenblick zur Übergabe vorausgingen. Jedermann hatte noch die Worte des Jünglings im Ohr, mit denen dieser die letzten Schwertstreiche des vorbildlichen Ritters lenkte und die uns der italienische Chronist Villani so farbig überliefert hat: »Vater, sehen Sie sich vor ... rechts ... links ...« In diesem glanzvollen Moment seiner beginnenden Laufbahn war es dem jüngsten Sohn König Johanns gelungen, für immer sein Liebling zu bleiben. Nun sollte die Stunde der Belohnung schlagen.

*

Philipp verband mit seiner Tapferkeit, seiner Gutmütigkeit und diesem so bezaubernd einnehmenden Wesen, das wir so oft an ihm bemerken, einen bewundernswerten gesunden Menschenverstand. Im Schutz der innigen Vertrautheit, mit der ihn sein Vater beehrte, versteht er es meisterhaft, die Chancen seines Geschicks wahrzunehmen.

Seine Gewandtheit offenbart sich vortrefflich bei den Ereignissen, die seine Erhebung auf den Herzogsthron vorbereiten. Alles vollzieht sich unauffällig und, wenn man es so sagen darf, hinter den Kulissen. Philipp beabsichtigt nicht, auch nur das geringste dazuzutun, um sich Burgund anzueignen: er möchte, daß es ihm gewissermaßen von selbst zufällt. Anscheinend befürchtet er, aus dem Hinterhalt überrascht zu werden, und darum hält er sich sorgsam im Verborgenen. Solche Zielsicherheit des Vorgehens entspräche nicht der Handlungsweise eines einfältigen Politikers von der Art eines Johann des Guten; dies ist nicht mehr die Manier der »Lettres Patentes«, des plumpen und brutalen Tricks. Das Kennzeichen eines klugen Geistes, eines Schlaukopfes ist hier greifbar – und dies sieht sich an wie die Handschrift Philipps des Kühnen. Kurz gesagt,

Philipp der Kühne – kühn auf dem Schlachtfeld, in der Politik jedoch einer der vorsichtigsten Männer – erweist sich vor seinem Regierungsantritt von solchem Scharfsinn, daß sogar die Geschichtsschreibung bisweilen den subtilen Faden seiner Winkelzüge verliert.

Die Persönlichkeit, welche nun die burgundische Politik lenkt, hat das erforderliche Fingerspitzengefühl für die unendlich heikle Situation, deren Elemente wir bereits analysiert haben. Der Zustand des Herzogtums erklärt und rechtfertigt die behutsam-vorsichtige Spielart, auf deren Rhythmus sich Philipp so gut versteht. Die gereizte Empfindlichkeit der einen, das aufgepeitschte Interesse der andern, das allgemeine Elend der Zeiten nach den Plünderungen der Engländer und Wegelagerer, die Erschütterungen, unter denen das Land in diesen wirren Tagen leidet, da der Hundertjährige Krieg alle Leidenschaften und Begierden entfesselt – eine solche Häufung von Schwierigkeiten würden einen weniger selbstbeherrschten und weniger auf seinen Stern vertrauenden Staatsmann entmutigen. Aber in diesem wohlbedachten Valois wirken unerschöpfliche Reserven an Scharfsinn und Erfindungsgeist. Geduldig richtet er seine Handlungen nach den Zielen aus, die er im Sinn hat, und er weiß den richtigen Augenblick abzuwarten, um seine Karten aufzudecken.

Nach der kaiserlichen Urkunde vom Januar 1363, die uns indirekt die Hoffnungen des jungen Prinzen und die Pläne, die er seinem Vater eingegeben hat, erkennen läßt, macht Philipp sechs Monate nicht von sich reden; während dieser Zeit bleibt er ständig an der Seite des Königs. Wie könnte man daran zweifeln, daß er die Fäden seiner Politik in der Hand hält? Am 27. Juni tritt er plötzlich aus seiner Reserve heraus und geht einen Schritt weiter. An Stelle von Tancarville wird er Statthalter von Burgund. Der Graf hatte sich unbeliebt gemacht, hatte Fehlschläge erlitten und ist in Ungnade gefallen. Ausgestattet mit dem Titel eines »lieutenant général«, erscheint Philipp im Herzogtum als der Bevollmächtigte seines Vaters[8]. Am 3. Juli fand in Dijon eine Versammlung der Stände statt; es war ein feierlicher Augenblick: die entscheidende Kontaktaufnahme zwischen dem zukünftigen Herzog und seinen künftigen Untertanen, und die Stände von 1363 bewilligten Philipp die Subsidien, die sie Tancarville verweigert hatten. Es geschah also nach dem Willen der Stände, und niemand konnte sich einer Täuschung hingeben: die Philipp anvertraute Statthalterschaft war nur ein durchsichtiges und provisorisches Deckmäntelchen, unter dem sich bereits der Herzog von morgen erkennen läßt.

*

Das Merkwürdigste an der ganzen Angelegenheit, was sich verschieden deuten läßt, ist, daß das »Geheimnis« sich noch gehalten, daß sich das Versteckspiel während der ganzen ausgehenden Regierungszeit Johanns des Guten fortgesetzt hat. Am 6. September macht der König Philipp zum Herzog von Burgund, aber die Urkunde wird nicht publik gemacht. Erst die von Karl V. nach dem Tode seines Vaters ausgestellten »Lettres Patentes« vom 2. Juni 1364 verleihen der Konstituierung eines burgundischen Herzogtums der Valois endgültigen Charakter[9].

Man kann sich die Frage stellen: warum so viel Geheimniskrämerei, warum so viele Vorsichtsmaßnahmen?

Sollte durch die Aufrechterhaltung einer Fiktion, über die niemand mehr im unklaren war, dem feierlichen Akt von 1361 eine würdigere Note verliehen werden? Wollte man den Anschein von Reue vermeiden? Galt es, ein besseres Einvernehmen zwischen dem Dauphin und seinem jüngeren Bruder herzustellen? Letztere Notwendigkeit dürfte bei den Fristverschiebungen, deren Beharrlichkeit uns in Erstaunen setzt, kaum unbeteiligt gewesen sein; dennoch muß man wohl zugeben, daß wir nichts von den internen Familienverhandlungen wissen, zu welchen die Burgundische Frage Anlaß geben konnte seit dem Tage, da die Vereinigung mit der Krone wie ein eitles Trugbild aufgetaucht war, bis zu jenem Tag, da ein offizieller Rechtsakt einen neuen Titular an die Spitze des Herzogtums stellte, damit die kapetingische Union ausschloß und neben dem in Frankreich regierenden älteren Zweig der Valois die jüngere Linie des Geschlechts in Burgund als Inhaberin des Herzogtums und dessen lehnspflichtiger Gebiete schuf. Wie dem auch sei, Philipp der Kühne, der Nutznießer dieses herrlichen Geschenks, steht seitdem in amtlicher Funktion: der erste unserer vier großen Herzöge.

Viertes Kapitel

PHILIPP DER KÜHNE – DER POLITIKER

Philipp der Kühne, der jüngste der Söhne Johanns des Guten, wurde am 17. Januar 1342 geboren; er erblickte am Tag des heiligen Antonius das Licht der Welt. Daher liebte es der Herzog später, das Fest dieses Heiligen, für den er eine tiefe Verehrung hegte, besonders feierlich zu begehen; mit Vorliebe opferte er ihm so viele Mastschweine, wie es lebende Mitglieder seiner Familie gab.

Nachdem Philipp einige Zeit über keine eigenen Ländereien verfügt hatte, hatte er zunächst einmal die Touraine als Apanage erhalten. Die Könige von Frankreich pflegten im allgemeinen ihren Söhnen, wenn sie ein bestimmtes Alter erreicht hatten, zur Bestreitung ihrer Lebenshaltungskosten ein ansehnliches Lehen zu geben[1], das ihnen zu Erbrecht verliehen wurde, jedoch mit dem Vorbehalt des Heimfalls an die Krone, falls die männliche Linie des ursprünglichen Empfängers aussterben sollte. Zu den gleichen Bedingungen tauschte Philipp Burgund gegen die Touraine ein. Am 26. November 1364 hielt er seinen feierlichen Einzug in Dijon und bestätigte dort in der Kirche Saint-Bénigne die Privilegien der Stadt und des Herzogtums.

Von hohem Wuchs, kräftig und gut proportioniert, von massigem Körperbau, ist der neue Herzog von Burgund, wie berichtet wird, ein dunkelhäutiger Mann und häßlich (»noir homme et laid«). Wir dürfen das wohl so verstehen, daß er einen dunklen Teint und scharfgeschnittene Gesichtszüge hatte. Die untere Gesichtspartie zeigt bereits das vorstehende Kinn, das anscheinend über ihn als Zeichen seines Geschlechts dem Hause Österreich vererbt wird. Sein für gewöhnlich freundlicher Gesichtsausdruck erhält Glanz vom

Feuer der Augen: ihre Lebhaftigkeit drückt in besonderer Weise eine scharfe und geschmeidige Intelligenz aus. Der Herzog ist leutselig, aufgeschlossen, bezaubernd. Scharfblick, Sinn für das Zweckmäßige und rasche Entschlußkraft sind seine hervorstechendsten Eigenschaften. Er »war weitschauend«, sagt von ihm Froissart. »Er war von überlegenem Verstand und Rat«, bestätigt Christine de Pisan. Er war »der klügste Fürst unter dem Lilienwappen«, versichert der Mönch von Saint-Denis. Die Porträts, die wir von ihm besitzen, bekräftigen diese kurzen und einprägsamen Elogen, und mehr noch als die anderen Bildwerke die Statue des knienden Herzogs, die der große Bildhauer Claus Sluter am Portal der Chartreuse von Champmol errichtet hat und die wir zu gegebener Zeit näher beschreiben werden.

Obwohl Philipp, tief durchdrungen von seinen staatsmännischen Pflichten, unablässig mit politischen Aufgaben beschäftigt war, widmete er dennoch dem Vergnügen die ihm zukommende Zeit.

Er liebte Komödianten und Possenspieler. Er spielte gern Federball, würfelte auch und war ein leidenschaftlicher Jäger. Die Pflege des Familienlebens lag ihm sehr am Herzen. Für seine Gemahlin, die keineswegs schön war, hatte er wenn schon nicht eine große Liebe, so zumindest eine echte und treue Zuneigung. Stets war er seinen Kindern herzlich zugetan. Sogar seine Neffen profitierten von seinen Aufmerksamkeiten. Einmal schenkte er seinem zehnjährigen Neffen Karl VI. eine kupferne, verzierte und bemalte kleine Flöte[2]. Anderseits war er ein Freund von festlichem Prunk, begeistert für das glanzvolle fürstliche Leben seiner Zeit und sehr darauf bedacht, sich mit einem seiner Macht würdigen Rahmen zu umgeben. Großmütig, manchmal sogar verschwenderisch, hatte er, wie seine Brüder Ludwig und Johann, eine souveräne Verachtung für Sparsamkeit; die Folgen dieser Haltung werden verschiedentlich in seinem Leben und schließlich in der Stunde seines Todes nur allzu offenkundig.

Er war ein passionierter Sammler und ein Kunstfreund mit Kennerblick; als Mäzen hat er eine so bedeutende Rolle gespielt, daß wir dieser einen Seite seiner Aktivität ein eigenes Kapitel widmen müssen.

Als Philipp im Herzogtum Burgund Fuß gefaßt hatte, strebte er in erster Linie danach, die Freigrafschaft anzugliedern. Hatte diese sich doch bereits in den Händen seiner beiden Vorgänger befunden! War sie nicht 843 zu Verdun künstlich abgetrennt worden? Dieses Lehen gehörte nun Margarete von Frankreich. Wie konnte es zurückgewonnen werden? Karls V. Diplomatie arbeitet dafür; aber sehr bald stellt sich heraus, daß der Weg über eine Heirat der beste sei. Das war einer der Gründe, die für eine Vermählung Philipps mit der Enkelin Margaretes von Frankreich sprachen, also der Tochter des Grafen von Flandern, Ludwigs von Maele, jener Margarete, welche Erbin der belgischen Lande und so mancher verlockender Lehnsherrschaften war und der wir als der Verlobten Philipps von Rouvres bereits begegnet sind.

Enttäuscht von dem unerwarteten Tod des ersten Verlobten seiner Tochter, hatte der Graf von Flandern in der Zwischenzeit die Annäherungsversuche eines anderen Prinzen, Edmunds von Langley, des Sohnes Eduards III., freundlich aufgenommen. England hatte schon seit langem aus Tradition ein Auge auf das zukünftige Belgien geworfen. Dieses Land mit dem höchstentwickelten Gewerbe Europas gehörte zum französischen Lehnsbereich, stand jedoch in wirtschaftlicher Abhängigkeit von Großbritannien. Ganz auf die Textilindustrie eingestellt, benötigte Flandern den Rohstoff Wolle, und es war die englische Schafzucht, die ihm diesen lieferte. Die englischen Herrscher konnten mit einem Ausfuhrverbot dieses unentbehrlichen Rohstoffes das flämische Gewerbe zum Stillstand bringen. Eduard III. hatte von diesem Druckmittel Gebrauch gemacht. Nicht zu Unrecht hat man von einer »Wollpolitik« gesprochen.

Die Heirat zwischen Margarete und Edmund von Langley, dem Grafen von Cambridge und zukünftigen Herzog von York, hätte es England erlaubt, Flandern zu gewinnen: eine schwere Bedrohung für Frankreich.

Da die junge Flämin nicht nur ihren Vater, sondern auch ihre Großmutter beerben sollte, wären durch diese Heirat zahlreiche Lehen in die Hände des Hauses Plantagenet gefallen: das Artois, das Nivernais, Rethel, die Freigrafschaft und zahlreiche kleinere Lehnsherrschaften. Wie hätte man es zulassen sollen, daß ein solch geschlossener Block einem Sohn Eduards III. zufalle?

Karl V. geht folgerichtig zu Werke. Er wendet sich an den Papst von Avignon, Urban V., da der Klerus bereits seine Zustimmung erteilt hat, welche die anglo-flämische Heirat ermöglichen soll, denn Margarete und Edmund sind ja bereits verlobt.

Doch der Papst macht einen Strich durch die Rechnung. Die beiden jungen Leute sind Vetter und Cousine, zwar nur entfernt, aber gleichwohl in einem für die Ehe kirchlich verbotenen Grade. Der Heilige Stuhl ist der Ansicht, daß man sich darüber nicht hinwegsetzen kann. Urban widerruft die bereits ausgesprochene Dispens; er verbietet dem Klerus sowohl in Frankreich als auch in England, zum Sakrament zu schreiten.

Vor solch entschlossener Haltung sehen sich Ludwig von Maele und Eduard III. gezwungen, sich zu beugen. Das Projekt wird fallengelassen. So wird Margarete ein zweites Mal um ihre Verlobung gebracht.

Indes, Karl V. gab sich mit dieser negativen Lösung nicht zufrieden. Seine gesamte Politik stand damit auf dem Spiel. Als Hauptaufgabe seiner Regierung hatte er sich die Rache am Engländer, die Sühne für die Philipp VI. und Johann dem Guten zugefügten Niederlagen und die Revision des Vertrags von Brétigny vorgenommen. Welch bessere Vorbereitung der französischen Rache gab es, als Philipp den Kühnen zum Erben Margaretes von Frankreich und Ludwigs von Maele zu machen? Das Mittel liegt auf der Hand: man muß die ehemals Philipp von Rouvres versprochene Tochter Margarete von Flandern zur Frau des Nachfolgers ihres ersten Verlobten machen.

Auf dieses Ziel hin arbeitet im Einvernehmen die Diplomatie der beiden Brüder.

Ludwig von Maele sträubt sich allerdings lange. Zweifellos wird von London nach bestem Wissen ein nachhaltiger Druck ausgeübt und das neue Heiratsobjekt bekämpft. Ist dies nicht ganz offenkundig ein direkter Schlag gegen England?

Offenbar hat die Intervention Margaretes von Frankreich, der Großmutter der jungen Prinzessin, die Entscheidung herbeigeführt. Die Kapetingerin Margarete, eine gute und loyale Französin, spielte die Sache des Königtums geschickt aus, und es gelang ihr schließlich doch, ihren Sohn zu überzeugen.

Manche Chronisten gefielen sich darin, die Episode dramatisch und sogar romanhaft auszuschmücken. Pro memoria geben wir die Erzählung wieder, die der Historiker G.-P. Brugière de Barante zur Freude seiner Leser verfaßt hat und die zum klassischen Bestand gehört: »Mehr als sieben Jahre wurde bereits wegen dieser Heirat verhandelt, ohne daß sie zu einem Abschluß kam; der König von Frankreich war bis nach Tournay gekommen, um alles daranzusetzen, dort besseren Erfolg zu haben; und der Graf von Flandern hatte abgelehnt, dorthin zu kommen unter dem Vorwand, krank zu sein. Schließlich suchte Madame Margarete ihn auf, erzürnt ob der geringen Macht, die sie über ihren Sohn hatte. Da dieser aber auf seiner Weigerung bestand, riß sie plötzlich ihr Kleid auf, entblößte ihre Brust und sagte zornentbrannt zu ihm: ›Weil Ihr absolut nicht dem Willen Eures Königs und Eurer Mutter gehorchen wollt, werde ich zu Eurer Schande diese Brust abschneiden, die Euch genährt hat, Euch und keinen anderen, und ich werde sie den Hunden zum Fraß vorwerfen. Wisset ferner, daß ich Euch enterbe, und daß Ihr niemals meine Grafschaft Artois haben werdet.‹ Der Graf, bewegt und tief erschrocken, warf sich seiner Mutter zu Füßen und versprach, die Erbtochter von Flandern dem Herzog von Burgund zu geben.«[3]

In Wahrheit verhält es sich so, daß dem Abschluß der französisch-flämischen Verhandlungen ein zähes Feilschen vorausgegangen war und daß Karl V., um Genugtuung zu erlangen, gezwungen war, ein unendlich schmerzliches Opfer zu bringen: nichts Geringeres als die Wiederabtretung der seinerzeit von Philipp dem Schönen so mühsam erworbenen Annexionen in Flandern. Der dritte Valois fügte sich darein, dem Grafen das wallonische Flandern zurückzugeben: die Burgvogteien von Lille, Douai und Orchies, welche von dem letzten der großen Kapetingerkönige mit der Krone vereinigt worden waren.

So hat der »weise König«, um den Engländern den Zugang zur belgischen Küste zu verriegeln, entgegen aller Voraussicht das Glück seines jüngsten Bruders schmieden müssen. Das gesamte Erbe Margaretes von Frankreich nebst demjenigen, das Ludwig von Maele von seinen Vorfahren väterlicherseits erhalten hat, fällt in seine Hände. Die Grafschaft Burgund, die Grafschaften Rethel, Nevers, Artois und Flandern, um die drei der Krondomäne entrissenen Burgvogteien erweitert – dies sind, um nicht von einer Reihe kleinerer Baronien zu reden, die glänzenden Aussichten, die sich dem scharfen Blick des Herzogs von Burgund eröffnen. Vor ihm steigt leuchtend die Vision eines weiten und reichen Staates auf, wie er unter seinen kapetingischen Vorgängern bereits vorgebildet war. Karl V. hat dem neuen Herrscherhaus im ersten Anlauf zu den ausgedehntesten Erweiterungen verholfen. Er konnte sich unmöglich vorstellen, daß aus einer derartig in die Wege geleiteten Expansion, die nach seinem Tode gründlich ausgebaut wurde, gerade an der Flanke des Königreichs der Valois eine Macht von so großer Bedeutung entstehen würde, daß seinen Nachfolgern eines Tages daraus Gefahr erwachsen könnte.

Die Hochzeit Philipps und Margaretes war im wahrsten Sinne des Wortes eine große Hochzeit[4]. Sie wurde mit überwältigendem Pomp begangen. Die kirchliche Trauung fand am 19. Juni 1369 in St. Bavo zu Gent statt. Philipp hatte mit solcher Gründlichkeit gefeiert, daß er bei drei Bürgern von Brügge wertvolle Geschmeide verpfänden mußte, um den Genter Honoratioren ein Abschiedsbankett geben und die Kosten für seine Rückreise bestreiten zu können. (Vgl. Stammtafel Flandern und Burgund.)

*

Nun hatte für das Frankreich Karls V. die Schicksalsstunde geschlagen. Der Vertrag von Brétigny war aufgekündigt worden[5]. Du Guesclin war aus Spanien, wo er einen Frankreich verbündeten König, Heinrich II. von Trastamara, auf den Thron von Kastilien gebracht hatte, abberufen worden und übernahm als Konnetabel die Leitung des Großen Krieges. Die Brüder Karls V., die Herzöge Ludwig von Anjou, Johann von Berry und Philipp von Burgund tun ihre Pflicht als Prinzen aus königlichem Geblüt und arbeiten mit dem großen Soldaten zusammen, der die Sache zum höchsten Ruhme des Lilienwappens führt.

Philipp, der die Regierung Burgunds seinem Getreuen Odo von Grancey gegen drei Gulden pro Tag anvertraut hat, setzt alle seine Kräfte im Kampf gegen die Engländer ein, mit Ausnahme zeitweiliger Aufenthalte im Herzogtum.

Verfolgen wir also von 1369 bis 1390 den Weg des jüngsten Bruders Karls V. im Dienste Frankreichs!

Unser Herzog nimmt an jeder Kampfhandlung dieser Periode teil, aber ganz besonders tut er sich im Feldzug von 1373 hervor. Johann von Gent, Herzog von Lancaster, war von seinem Vater Eduard III. an die Spitze einer großen Reitermacht gestellt worden. Starke Kontingente wurden am 25. und 26. Juli in Calais gelandet. Ein Kreis imposanter Persönlichkeiten begleitete den Prinzen, der sich unter Berufung auf die von seiner Frau Konstanze, der Tochter Peters des Grausamen, hergeleiteten Ansprüche »König von Kastilien« nennen läßt. Überdies hat Eduard seinen Bevollmächtigten mit den Titeln eines »lieutenant spécial et capitaine général tant au royaume de France qu'au duché d'Aquitaine« ausgestattet. Dem stolzen Lancaster stehen die Grafen Thomas von Warwick und Wilhelm von Suffolk sowie der mit der englischen Politik wieder ausgesöhnte Herzog Johann IV. von der Bretagne zur Seite.

Von Calais aus marschieren die Eindringlinge über Hesdin nach Doullens; am 19. August wird zwischen Corbie und Bray die Somme überschritten.

Der Herzog von Burgund war in Amiens postiert. Um Paris zu decken, schwenkt er von dort aus auf die rechte Flanke des Gegners und verwehrt ihm den Marsch auf die Hauptstadt. Lancaster ist gezwungen, sich in Richtung auf das Laonnais zu begeben und das dortige Gebirgsmassiv zu umgehen. Johann von Vienne und Johann von Bueil, welche ihre Truppenbewegungen nach denen Philipps des Kühnen ausrichten, fügen den Engländern da und dort eine Niederlage zu, insbesondere die blutige Lektion von Oulchy-le-Château.

Lancaster versucht darauf, nach der Loire zu entkommen. Philipp richtet es so ein, daß er sich auf der linken Flanke des Feindes befindet, um das Loire-Tal zu decken; auf diese Weise nötigt er ihn, gegen das Limousin und Périgord hin abzuschwenken. Nach einem kräfteverschleißenden Marsch beenden die Engländer in stark angeschlagenem Zustand den Ansturm auf die Gironde. Infolge der Erschöpfung der beiden Gegner nach so vielen Anstrengungen gelang es der Intervention des Papstes, 1375 die Konferenzen von Brügge eröffnen zu lassen. Philipp der Kühne wurde an die Spitze der französischen Delegation gestellt. Am 25. März, am Fest Mariä Verkündigung, gab er ein großes Bankett und trug das Seine zum Zustandekommen des Vertrages bei. Der Waffenstillstand von Brügge erlaubte Frankreich aufzuatmen. Aber 1377 wurde der Kampf wieder aufgenommen.

Der Herzog von Burgund hatte dem großen Feldherrn Karls V. so guten Beistand geleistet, daß ihm die Ehre zuteil wurde, dieses sein Werk fortzuführen. Da du Guesclin vor den Mauern von Châteauneuf-de-Randon (Lozère), das er belagerte, einer ungeklärten Krankheit erlag, übertrug der König dem jüngsten seiner Brüder, Philipp dem Kühnen, die Befehlsgewalt gegen die Reitertruppe des jüngsten Sohnes Eduards III., des Grafen Thomas von Buckingham.

Das englische Reiterheer von 1380 startete wie jenes im Jahre 1373 von Calais aus; am 22. Juli, dem Tag der heiligen Magdalena, setzte es sich in Bewegung. Der Plan war, Frankreich schräg zu durchqueren, alles in Schutt und Asche zu legen, um dann die Bretagne zu besetzen. Unser Herzog wendet bei der britischen Offensive die von du Guesclin so erfolgreich eingeführte Taktik an: ja keine Schlacht, andauernde Beunruhigung des Feindes, Abnutzung seiner Kräfte und Ablenkung von jeglichem lohnenden Ziel.

Von Philipp dem Kühnen in Schach gehalten, umgeht Buckingham Laon, überschreitet bei Condé die Marne und erreicht Troyes.

Philipp hat sich in diesem festen Platz verschanzt. Der Plantagenet bietet ihm die Schlacht an; selbstverständlich wurde sie abgelehnt. Enttäuscht macht sich der Sohn Eduards nach dem Westen davon. Er durchquert das Sénonais, das Gâtinais, die Beauce und Anjou. Der Herzog von Burgund begleitet ihn in angemessener Entfernung. Er setzt das fort, was Froissart »die Verfolgung der Engländer« nennt. Diese Strategie erfordert große Kaltblütigkeit. Sie besteht darin, die Truppenbewegungen des Feindes zu beobachten, ihn mit sporadischen Überfällen zu überrumpeln, seine Verbindungswege zu stören, seine Verproviantierung zu erschweren und dabei jeden ernsthaften Zusammenstoß zu vermeiden.

So standen die Dinge, als im Lager des Herzogs sehr schlechte Nachrichten über die Gesundheit des Königs von Frankreich eintrafen. Philipp befand sich anscheinend gerade in Saurs bei Chartres. Er brach mit seinen Brüdern nach Paris auf. Buckingham nutzte die günstige Gelegenheit, um sich bis in die Bretagne durchzuschlängeln.

Schon hatte in England, wo Richard II. Eduard III., seinen Großvater, beerbte, die Regierung eines Minderjährigen begonnen. In Frankreich stand gleichfalls die Herrschaft eines Minderjährigen bevor: seltsamer Parallelismus der innerpolitischen Geschichte der beiden miteinander im Kampf liegenden Monarchien.

*

Am 16. September 1380 starb Karl V., dessen Gesundheit schon immer schwach gewesen war, mit 44 Jahren an einem Herzanfall. Bei Niederlegung seiner letztwilligen Verfügungen hatte er wieder einmal seinen Beinamen »der Weise« bewiesen. Sein Testament hat in der Tat die Rollen peinlich genau verteilt und eine ausgewogene Regierung für die Dauer der Minderjährigkeit organisiert. Da Karl VI. erst zwölf Jahre alt war, sollten die Prinzen und die alten Ratgeber seiner Regierung, die »Marmousets« (Laffen), wie sie verächtlich von den Baronen genannt wurden, sich nach einem im Testament bis in kleinste ausgetüftelten Plan in die Befugnisse teilen. Doch diese Verfügungen wurden über den Haufen geworfen, und die Prinzen teilten sich, nicht ohne Reibungen und Schwierigkeiten, in die Pflichten und Rechte, wenngleich sie die Räte des Verstorbenen als Fachleute mit beratender Stimme neben sich duldeten.

Zeigte sich auch der Onkel Karls VI. mütterlicherseits, Herzog von Bourbon, verträglich und gemäßigt, so wollte von den drei Onkeln väterlicherseits – Ludwig von Anjou, Johann von Berry und Philipp von Burgund – keiner dem andern gegenüber nachgeben. Jeder von ihnen war ganz im Gegenteil entschlossen, so viel Vorteile als möglich für sich herauszuschlagen[6].

Sobald Karl V. die Augen geschlossen hatte, »brachte der älteste der Prinzen des Lilienwappens, Ludwig, alle Kleinodien seines königlichen Bruders, deren dieser eine Unzahl besaß, in seinen Besitz und ließ sie als Pfand für sich selbst an einen sicheren Ort schaffen«, wie Froissart berichtet. Er trieb es noch ärger. Er ließ sich 32 000 Goldfranken, die der verstorbene König gespart und im Schloß von Melun aufbewahrt hatte, ausliefern. Gleichzeitig legte er sich den Titel eines Regenten zu und signierte in dieser Eigenschaft Urkunden.

Doch der unvermutet rasch herbeieilende Herzog von Burgund protestierte dagegen. Er verlangte die Ausführung des königlichen Testaments, nicht etwa aus Achtung vor Karl V., sondern aus taktischen Gründen. Unter den Herzögen sei zwar der Anjou der älteste, aber der Burgunder sei der mächtigste. Um Paris sammelte sich bewaffnetes Volk. Wird man schon zu den Waffen greifen? Man vergleicht sich, um einen Zusammenprall zu vermeiden. Ludwig wird Regent sein, jedoch nur bis zur Krönung des jungen Königs; die Zeremonie wird ohne Aufschub stattfinden. Nach der Salbung wird Karl VI. trotz seines jugendlichen Alters die Herrschaftsgewalt ausüben. Auf diese Weise wird Zwietracht in der Regentschaft vermieden. Allerdings noch bis zu dem Zeitpunkt, da diese Herrschergewalt des königlichen Kindes etwas anderes wird als ein nominelles Attribut, werden die Staatsgeschäfte von den Prinzen gelenkt.

Man sieht, wie unter dem Deckmantel einer souveränen Autorität gänzlich theoretischer Natur – der König spielt faktisch überhaupt keine Rolle – die Regentschaft der Oheime organisiert wird. Johann von Berry übernimmt eine Art Prokonsulat. Er wird die Statthalterschaft über das Languedoc und die Guyenne zu seinem Vorteil nutzen. Ludwig von Anjou wird Präsident des Staatsrates, kann aber keine wichtige Entscheidung treffen ohne diesen Staatsrat, welcher sich aus zwölf Mitgliedern zusammensetzt und eine regelrechte Polyarchie darstellt. Es ist keine Täuschung möglich: Philipp hat seinem älteren Bruder die Zügel angelegt. Außerdem überwacht er aus unmittelbarer Nähe dessen Verwaltung der Geschäfte des Königtums. Und wenn Ludwig von Anjou Kniffe anwendet, um im Hinblick auf seine Ambitionen in Italien Geld zu scheffeln – denn er begehrt das Königreich Neapel –, so bemüht sich Philipp, schnellstens bei den Streitkräften des königlichen Frankreich die notwendige Unterstützung für eine flämische Politik zu finden.

Ludwig von Maele sieht sich in der Tat einer sehr kritischen Situation gegenüber, mit der er sich nach besten Kräften, jedoch erfolglos herumschlägt.

In den belgischen Landen, mit ihrem ungemein regen Gewerbeleben ist das Bürgertum reich, sind die kommunalen Freiheiten in gefährlichem Aufsteigen; ein Proletariat von Webern kommt in

Bewegung, und diese ganze städtische Welt erträgt mit wachsender Ungeduld die Feudalherrschaft alter Ordnung, die der Graf mit stolzem Trotz personifiziert. Gent, Brügge und Ypern gelten als die wohlhabendsten und am fortschrittlichsten gesinnten Städte.

Schon während der Regierung Philipps VI. wäre eine Revolution der Kommunen fast geglückt und hätte aus Flandern nach dem Vorbild der großen Seerepubliken Italiens eine Handelsrepublik gemacht. Jakob van Artevelde war der Anführer dieser Erhebung; allein sein Tod führte zu einer Beruhigung. Aber seitdem war es zu einer neuen Aufwallung gekommen. Ein Bund, den Ludwig von Maele vergebens niederzuhalten oder aufzulösen versucht hat, die Liga der sogenannten »Chaperons blancs«, hat umstürzlerische Ideen entwickelt und die Gefahren eines offenen Konflikts mit der Lehnsherrschaft vervielfacht.

Dieses Mal nun steht die flämische Agitation wohl oder übel mit einer weitergreifenden Bewegung in Beziehung, die zur gleichen Zeit alle Länder Europas aufrüttelt. Gewiß wäre es illusorisch – und einige Zeitgenossen haben sich darüber täuschen lassen –, an eine ausgedehnte, die Christenheit umfassende Verschwörung zu glauben. Die Erhebungen sind jeweils spontan gewesen; dennoch ist die zeitliche Übereinstimmung bestürzend. Sie erklären sich aus einem allgemeinen Unmut. Durch Steuer-Verweigerung ausgelöste Aufstände tragen die Wirrnisse in die meisten Städte Frankreichs und nach Paris hinein, wo die »commotion des Maillets« losbricht[7]. In Florenz bemächtigen sich die Ciompi, Arbeiter ohne politische Rechte, der Macht und richten nichts Geringeres als eine Diktatur des Proletariats auf. Die englischen Arbeiter berufen sich auf Kommunismus und bringen den Tower von London in ihre Gewalt. Man verzeichnet Erschütterungen gleicher Art in Deutschland und in Böhmen. Der Süden Frankreichs bleibt nicht zurück: er wird von den Krafttaten der »Tuchins«, d. h. genaugenommen von Freischärlern, mit Blut befleckt. Doch die Hauptpartie wird in Flandern geliefert. Ein Zwischenfall hat 1375 die Krise ausgelöst.

Die den Einwohnern von Brügge vom Grafen erteilte Erlaubnis, einen Kanal zu eröffnen, der dazu bestimmt war, die Lys mit dem Hafen von Brügge zu verbinden und damit zum Schaden der Genter den Verkehr vom Fluß abzog, ließ die Genter Volksherrschaft in

Waffen aufstehen. Der gräfliche »bailli« wurde getötet. Das Schloß von Wondelghem ging in Flammen auf.

Ypern nahm die Partei der Genter. Sogar Brügge, wo die Weber plötzlich Hand an die Macht legten, indem sie die »lignage« (die Geschlechter), d. h. die hohe Händlerschicht, eine Art Bürgeradel, enteigneten, ging in das gleiche Lager über. Dies waren nun die gegen Ludwig von Maele geeinten »drei Glieder Flanderns«. Das Heer der Handwerker erhob sich, setzte sich in Bewegung und das »platte Land« leistete wohl oder übel Folge. Ganz Flandern befand sich in einem Zustand des Siedens.

Ludwig von Maele sah sich überrannt. Nicht aus noch ein wissend, gab er nach. Am 1. Dezember erklärte er, daß er alle Freiheiten bestätige und in die Konstituierung einer Kommission von sechsundzwanzig Mitgliedern einwillige, von denen neun aus Gent, acht aus Brügge und neun aus Ypern sein sollten, um die Mißstände, über die man sich beklagte, zu untersuchen. Dadurch gelang es dem Grafen, Zeit zu gewinnen. Er hoffte, daß die zwischen den Städten häufigen Interessenkonflikte die gegen ihn gebildete Volksfront brechen und auf diese Weise die Rivalitäten für ihn arbeiten würden. Die »lignage« gewann tatsächlich in Brügge wieder die Oberhand, und die Partei der Weber, in den beiden anderen Städten aus dem Konzept geraten, zog gelindere Saiten auf.

In Gent dauert die Unzufriedenheit nichtsdestoweniger an, und die Arbeiter bleiben die Herrn. Der Graf bricht mit der Versöhnungspolitik und marschiert gegen Ypern, bemächtigt sich seiner, läßt die Haupträdelsführer aufknüpfen oder verbannen, und nimmt denjenigen, die sich unterwerfen, die Waffen ab. Dann schickt er sich an, Gent zu belagern.

Indes, Gent allein ist Manns genug, um dem Grafen die Stirn zu bieten. Obwohl die Bürgerwehr 1381 bei Nivelles eine Niederlage erlitten hatte, begnügt sich die Stadt nicht mit dem Widerstand, sie greift an. Die Ausfälle sind so heftig, daß man sich fragen könnte, wer von beiden, die Stadt oder der »seigneur«, der Angreifer ist. Die Leidenschaften steigern sich; ein Belagerungsfieber ergreift die aufgebrachte Menge. Auf beiden Seiten wird der Kampf grausam; die Gefangenen werden niedergemacht. Zweimal aufgehoben, wird die Blockade 1382 ein drittes Mal aufgenommen.

Die Genter stellen daraufhin den Bierbrauer Philipp van Artevelde an ihre Spitze, der die Heldentaten seines Vaters Jakob van Artevelde, des großen Volkstribunen aus der Zeit Philipps VI., zu erneuern versucht[8].

Philipp van Artevelde verfügt über rednerische und strategische Begabung. Er geht kühn vor. Mit erstaunlicher Verwegenheit greift er die durch Milizen aus Brügge verstärkte Armee des Grafen an und erringt dank einem Überraschungsmanöver nicht weit von jener Stadt einen vollständigen und glanzvollen Sieg.

Die Bürgermilizen aus Brügge sind anscheinend schnellstens zurückgewichen und haben damit das Zeichen zur Flucht gegeben. »Die Ritter konnten nicht einmal versuchen, sie wieder zu sammeln, noch sich dem Feind entgegenzustellen; sie wurden von den in Auflösung befindlichen Truppen mitgerissen. Selbst der Graf von Flandern wurde von seinem Pferd geschlagen und mit knapper Not aus dem Gewühl und der Gefahr gerettet. Panische Angst hatte alle ergriffen, man floh Hals über Kopf, der Sohn wartete nicht auf den Vater, und der Vater nicht auf den Sohn.«[9]

Der Graf stürzte nach Brügge. Er wollte die Stadttore schließen, konnte es aber nicht rechtzeitig genug. Die Genter drängten zugleich mit den Flüchtenden in die Stadt hinein. Dann versuchte der Graf, auf dem Marktplatz beim Schein der Laternen – denn die Nacht brach schon herein – seine Leute zu sammeln. Aber man bedeutete ihm warnend, daß seine Gegner auf der Suche nach ihm seien, um sich seiner zu bemächtigen. Er ließ unverzüglich die Dochte löschen, eilte in ein Gäßchen, tauschte hastig seine Kleider mit denen eines Knechts und irrte durch die Straßen, wobei er sich nur mit großer Mühe verbergen konnte. Kurz nach Mitternacht glückte es ihm, bei einer alten Frau ein Asyl zu finden, der er sich zu erkennen gab und die gewillt war, ihn zu verstecken. Es gelang ihm darauf, unerkannt aus der Stadt zu entkommen und nach Lille zu flüchten[10]. Währenddessen waren die »Chaperons blancs« die Herrn in Brügge und ließen es merklich spüren.

Das Blutbad unter den reichen, arbeiterfeindlichen Kaufherrn und die Plünderung ihrer Wohnungen waren das unmittelbare Lösegeld für den Triumph des Proletariats. Schloß Maele, die eine halbe Meile von Brügge entfernt gelegene Stammburg des Grafen, wurde verwüstet; die Wiege, in der er in seiner Kindheit geschlafen hatte, wurde geraubt und eingeschmolzen. In ganz Flandern war der Pöbel obenauf.

Wahrlich, nie hatten sich die unteren Schichten des flämischen Volkes in solch günstiger Lage befunden. Für die legalen Obrigkeiten war die Situation überaus bedrohlich.

Wie konnte man sich darüber hinwegtäuschen? Das ganze soziale Gefüge war in Gefahr. Wenn sich eine von den »mécaniques« (den Führern der Handarbeiter) dirigierte Politik in den belgischen Landen installierte, würde dann nicht überall die Stabilität des auf die Feudalhierarchie und auf die Vorrechte des Adels gegründeten politischen Systems entwurzelt? So dachte man in den Schlössern, in den Kreisen der »gentillesse«, um die Sprache von Jean Froissart zu gebrauchen.

In seiner Not nahm Ludwig von Maele Zuflucht zu seinem Schwiegersohn, und dieser wieder wandte sich an seinen Neffen Karl VI. um Beistand. Auf diese Weise wurde die französisch-burgundische Intervention eingefädelt. In dieser Schicksalsstunde ließ die verängstigte Regierung der Oheime die Sache des Feudalwesens von allen Hilfsmitteln der »Fleurs de Lis« profitieren.

Und nicht nur das Königtum, sondern auch das Papsttum wurde um Beistand angerufen. Seit 1378 wütete das große Schisma. Zwei Päpste, in Rom Urban VI., in Avignon Clemens VII., standen sich gegenüber. Flamen wie Engländer waren für Urban, der König von Frankreich für Clemens. Dieser exkommunizierte die Aufständischen, so daß die gegen sie geführte Kampagne den Charakter eines Kreuzzuges annahm.

So viele Bedrohungen sich auch häuften, Philipp von Artevelde ließ sich nicht schrecken. Man unterstellt ihm – vielleicht grundlos, denn unsere für die Schloßherren und -herrinnen schreibenden Chronisten haben den Hang, die Geschichte romanhaft auszumalen – die anmaßenden Worte: »Was untersteht sich dieser Schattenkönig überhaupt? Er ist noch ein Jahr zu jung, um uns mit seinem Haufen von bewaffneten Leuten Furcht einzujagen. Auf welchem Weg gedenkt er denn nach Flandern zu kommen?«

Mit der Absperrung der Landenge zwischen der Lys und dem Meer und dem Abbruch der Brücken beabsichtigte der Anführer der

»Chaperons blancs« dem König und den Seigneurs den Zugang zu dem Territorium zu verwehren, in dem er selbst sich als Herr aufspielte; er nannte sich stolz »Regent von Flandern«; er ließ bis zum Überdruß die Trompeten vor sich blasen, und an seiner Tafel gebrauchte er das herrschaftliche gräfliche Geschirr, das er sich angeeignet hatte.

Artevelde setzte große Hoffnungen auf die Hilfe Englands. Eine von ihm nach London geschickte Gesandtschaft erbat den Beistand der britischen Armee und für die Wartezeit die Abzahlung einer Schuld von 140 000 Pfund, die Eduard III. seinerzeit in Gent aufgenommen hatte.

Unterdessen aber ist auch die Gegenseite nicht untätig: Franzosen und Burgunder sind ins Feld gezogen. Marschall Louis de Sancerre und Olivier de Clisson, Konnetabel von Frankreich, begleiten den König. Zahlreiche Barone sind mit von der Partie, insbesondere Bretonen, denn der Herzog der Bretagne ist der Schwager Ludwigs von Maele.

Der Vormarsch ging indessen nicht ohne Schwierigkeiten vonstatten. Die Reimser versuchten den Marschall von Burgund, Gui de Pontailler, daran zu hindern, seinen Weg nach Arras fortzusetzen. Laon verweigerte dem König die Beistellung von dreißig Armbrustschützen. Rouen lieh 5500 Pfund, aber nur sehr widerwillig. Die Städte fühlten, daß ein Sieg des Feudalismus, gelänge er, eine fürchterliche Unterdrückung zur Folge hätte und sich gegen die städtische Autonomie selbst richten würde.

Trotz sichtbarer oder auch getarnter Widerstände setzt die französisch-burgundische Armee ihren Weg fort. Es ist Oktober. Eine Kompagnie von Truppen im Dienst des Grafen unter Führung eines seiner Bastarde versucht als erste die Offensive; sie wird umzingelt und niedergemacht. Dieser Erfolg setzt dem Selbstvertrauen Arteveldes und der Begeisterung der »Chaperons blancs« die Krone auf.

Der Konnetabel Olivier des Clisson und der Marschall Louis de Sancerre merken, daß das von ihnen begonnene Spiel ernst ist und hart werden wird. Sie sind sich über den Punkt, wo der Durchbruch geschehen soll, nicht schlüssig. Clisson erwägt, sich an der Lys flußaufwärts zu bewegen; man rät ihm jedoch davon ab, denn die Gegend sei sumpfig. Schließlich überquerte Sancerre, beraten vom Sire de Saimpy, einem Seigneur aus dem Hennegau, mit den Bretonen, unter ihnen dem Sire von Rohan, dem Sire von Laval und dem Sire von Malestroit, bei Comines den Fluß. Ihnen schloß sich der Sire de Rieux an, ein Neffe des Konnetabel und Bretone wie jener. Man schlug eine Brücke, und im Schutz der Nacht setzten die Verstärkungen über. Die Flamen, welche den Operationsbezirk überwachten, wurden von ihrem Kapitän Dubois befehligt. Gleich zu Beginn des Angriffs wurde der Mann, der Artevelde in den Sattel gehoben hatte, verwundet, seine Truppen waren bald in die Flucht geschlagen, das Städtchen Comines wurde geplündert. Der König, froh über diesen ersten Erfolg, begab sich höchstselbst dorthin.

Man schrieb November. Artevelde belagerte die dem Grafen treu gebliebene Stadt Oudenaarde. Die Franco-Burgunder nahmen sich Ypern zum Ziel. In diesem Moment hatte der flämische Volkstribun die Wahl: sich entweder zurückzuziehen und einen Angriff in einer starken, vernünftig gewählten Stellung abzuwarten oder dem Gegner zuvorzukommen und das Schicksal auf freiem Feld zu versuchen. Verblendet durch die unlängst errungenen Siege, entschied er sich für die zweite Lösung. Er meinte – und vielleicht nicht zu Unrecht –, daß die Republik der Handwerker Flanderns auf unzerstörbaren Fundamenten begründet sei, wenn es ihm gelänge, nach dem Schwiegervater auch den Schwiegersohn zu schlagen und obendrein noch den obersten Lehnsherrn von beiden.

Das Schicksal löste das Problem auf ganz andere Weise, als er es erhofft hatte. Sei es, daß interne Uneinigkeiten, deren Bedeutung er unterschätzte, seine Macht schon zu sehr geschwächt hatten[11], sei es, daß einzig und allein strategische Fehler dafür verantwortlich gemacht werden müssen, jedenfalls beendete Philipp van Artevelde seine kurze Laufbahn mit einem kläglichen Mißerfolg.

Der Schicksalsschlag erfolgte am 29. November bei Roosebeke zwischen Ypern und Kortrijk. Dichter Nebel lagerte über beiden Heeren. Artevelde, der die Gesamtheit der »Chaperons blancs« befehligte, befand sich selbst an der Spitze der Genter Kontingente. Jede Stadt hatte ihr eigenes Banner und ihre jeweiligen Soldaten trugen die entsprechenden Farben. Man wandte die Taktik eines massierten Angriffs an. Auf französischer Seite kämpften die Reiter unter dem Zeichen der Oriflamme von Saint-Denis, die Karl VI. am

18. April mit großer Feierlichkeit aus den Händen des Abtes der hochprivilegierten Abtei hatte holen lassen. Eine Legende erzählt, daß eine weiße Taube die Oriflamme umflog, ein günstiges Omen für den Sieg. Gerade durch den beharrlich romantisierenden Zug der Quellen hinsichtlich dieses Krieges kommt die Intensität der Leidenschaft, mit der auf beiden Seiten gekämpft wurde, gut zum Ausdruck. Es standen sich zwei Welten gegenüber; das Schicksal der Gesellschaftsordnung des 14. Jahrhunderts sollte sich entscheiden.

Als der Marschall von Sancerre die feindliche Front wie einen angreifenden Eber schwerfällig vorrücken sah, traf er die notwendigen Maßnahmen für ein Umzingelungsmanöver von zwei Seiten. Sancerre war gleich Clisson ein gelehriger Schüler von du Guesclin: dafür lieferte er an diesem Tage den einwandfreien Beweis.

Während das Heereszentrum, wo sich der junge König befindet, erschüttert unter dem ersten Zusammenprall, etwas nachgibt und ein taktisches Zurückweichen erkennen läßt, vollzieht sich der Angriff der beiden Flügel und zeitigt eine niederschmetternde Wirkung. Artevelde hatte völlig versäumt, seine Flanken zu sichern.

Als die Milizen sich unversehens umzingelt sehen, verlieren sie den Kopf und nehmen Reißaus.

Den Tapfersten von ihnen blieb nichts, als sich auf der Stelle niederhauen zu lassen, unter ihnen Artevelde selbst. Louis de Sancerre, der Held des Tages, wurde später für würdig befunden, in der Abtei Saint-Denis, der königlichen Nekropole, an der Seite seines Lehrmeisters du Guesclin beigesetzt zu werden.

Die Chronisten berichten, daß Karl VI., sieggeschwellt, die Einäscherung von Kortrijk wünschte. Sie erzählen weiter, der Graf von Flandern habe sich vor seinem jungen Lehnsherrn auf die Knie geworfen, ohne damit zu erreichen, daß die Stadt verschont blieb.

Sie wurde tatsächlich in Schutt und Asche gelegt. Unter den Trophäen, die der Herzog von Burgund von seinem Feldzug mitbrachte, befand sich der »Jacquemart«: die weltberühmte Turmuhr von Kortrijk, wo Jacques Marc und die Mitglieder seiner Familie in Trachten des 14. Jahrhunderts die Stunden durch Hammerschläge auf die Glocken schlagen. Noch heute ist diese Uhr an dem Glockenturm der Notre-Dame-Kirche in Dijon zu sehen und erinnert mitten im 20. Jahrhundert an den Sieg von Kortrijk.

Der Tag von Roosebeke war entscheidend, und ganz Flandern war nunmehr der Gnade oder Ungnade der Sieger ausgeliefert. Die Revolution von 1382 war gescheitert.

Sie war nicht nur in den belgischen Landen gescheitert, sondern überall, insbesondere aber in Frankreich. Die Briefe, die den Zusammenbruch der Genter bekanntgaben, wurden in Paris am 12. Dezember vom »prévôt«, auf dem »Marmortisch« stehend, verlesen. Ein Sendschreiben Clissons berichtete dem Papst in Avignon die große Neuigkeit. Clemens VII. ernannte den Überbringer zum Türhüter. Philipp der Kühne bestellte bei einem Teppichwirker in Arras, Michel Bernard, »l'hystoire de la bataille de Roosebecque«, eine riesige Tapisserie von 56 Ellen Länge und 5 Ellen Breite, deren er sich als Teppich zu bedienen pflegte. Es gefiel ihm, zu seinen Füßen jenen Philipp van Artevelde liegen zu sehen, dessen Tod ihm so große Erleichterung gebracht hatte.

Jetzt kommt in den ganzen belgischen Landen die Reaktion zum Durchbruch; nur Gent widersetzt sich noch heftigst. Sein Kapitän, niemand anderer als der unzugängliche Pierre Dubois, will von Frieden nichts wissen, es sei denn, die Stadt werde unter unmittelbare Lehnshoheit des Königs gestellt: eine für den Grafen wie für den Herzog unannehmbare Bedingung. Wird die Hilfe der Engländer, die zur Rettung Arteveldes nicht rechtzeitig gekommen war, auf die aber die Genter noch hoffen, die Krise im Frühjahr 1383 wiederaufleben lassen?

Unterdessen beginnt Paris die Nachwirkungen der Niederlage der »Chaperons blancs« zu spüren.

Vergebens hat die Bourgeoisie, die hohe Bürgerschicht, versucht, sich mit den königlichen Interessenvertretern zu verständigen, indem sie von den »Maillets« abrückte. Alle bisher erfolgten Übereinkünfte wurden aufgehoben. Auch vor den Gemäßigtsten machte eine furchtbare Unterdrückung nicht halt. Obzwar die Pariser und Flamen gemeinsame Interessen hatten, bestand doch zwischen ihnen keinerlei Allianz oder Bündnis. Man hatte durchaus keine Bedenken, Paris in die Verantwortung für die Angelegenheit der »Chaperons blancs« hineinzuziehen. Es waren, so sagte man, in Flandern Beweise für geheime Abmachungen entdeckt worden. Bei der Rückkehr von Roosebeke und Kortrijk hat die königliche Armee feierlich die Oriflamme, die sie zum Siege geführt hat, nach Saint-Denis zurückgebracht. Am Sonntag, dem 11. Januar 1383, nähert sie sich in einer Stärke von 18 000 Mann Paris. Eine halbe Meile vor der Stadtmauer trifft sie auf einen Zug von Bittstellern: den »prévôt des marchands«, Jean de Fleury, die Stadtschöffen und 500 Bürger, alle in Staatsgewändern, darauf brennend, den Herrscher zu begrüßen. Dieser beschränkt sich darauf, sie in barschem Ton vor sein Gericht zu zitieren. Um den Charakter der Vollstreckungsgewalt zu unterstreichen, reißen die Soldaten die Torflügel der Porte Saint-Denis aus den Angeln und treten darüber, um sich als Eroberer zu demonstrieren.

Karl VI. hatte bei sich drei seiner Oheime, die Herzöge von Berry, Bourbon und Burgund. Karl ritt hoch zu Roß ein, jene hinter ihm, gefolgt von zahlreichen Seigneurs. Immerhin war Paris nicht das Schicksal von Kortrijk beschieden. Nach einem zu Notre-Dame zelebrierten Te Deum wurde die Stadt militärisch besetzt. Die Oheime führten ein strenges Regiment, Todesstrafen wurden verhängt. Zudem wurde die »prévôté des marchands« beseitigt und die ganze Macht dem »prévôt« von Paris, dem Polizeipräfekten der Monarchie, erteilt.

Mit seiner Zustimmung zu diesen Maßnahmen hatte Philipp der Kühne, wie man glauben kann, weniger die Hauptstadt des Königreichs im Auge als seine Untertanen in Flandern, deren unbelehrbare und unruhestiftende Dreistigkeit er vollends brechen wollte.

*

Würde jedoch ein, wenn auch verspätetes Eingreifen Englands nicht die teuer erkauften Erfolge in Frage stellen?

Karl VI. hatte seinem Feldzug von 1382 den Anstrich eines Kreuzzuges unter der Ägide des Papstes Clemens gegeben. England gab seinem Gegenfeldzug den Anschein eines Kreuzzuges Papst Urbans. Er wurde von dem Kardinal von Ravenna, Pileo de Prata, gestartet[12]. Die Seele des Ganzen war der eigenwillige Bischof Henry Despenser von Norwich. Dieser kämpferische Prälat hatte in seiner Jugend in Italien gegen Barnabò Visconti Krieg geführt und von Urban V. im Jahr 1370 das Bistum Norwich erhalten. Vor kurzem hatte er aktiven Anteil an der Unterdrückung der »Arbeiter Englands« genommen und er schrieb sich gern die Talente eines Strategen zu. Urban VI. vertraute ihm die Funktionen eines Nuntius während des Feldzugs an und gab ihm mit der Bulle »Dignum censemus« vom 17. September 1382 völlig freie Hand. Im Grunde kam es nach seiner Meinung der englischen Regierung weniger darauf an, dem Papst in Rom zu dienen, als sich der belgischen Lande zu bemächtigen, die Auswirkungen der flämisch-burgundischen Heirat zu annullieren, Brügge mit Calais zu verbinden und die absolute Vorherrschaft in der Wollindustrie zugunsten Londons zu erlangen. Der religiöse Vorwand dient einem zugleich politischen wie merkantilen Unternehmen als Bemäntelung.

Eine buntscheckige Armee wurde gebildet, in der sich fanatische Söldner, geldgierige Schmarotzer und junge Abenteurer tummelten. Am 17. April 1383 landet sie bei Calais, vereinigt sich mit den Stadtmilizen, stürmt Gravelingen, dann Dünkirchen, schlägt am 25. Mai vor dieser Stadt einige Truppenkontingente Ludwigs von Maele, bemächtigt sich der Orte Cassel, Nieuwport, Bourbourg und Veuren und eröffnet schließlich am 9. Juni die Belagerung von Ypern. Zahlreiche Genter nehmen an dieser Belagerung teil.

Philipp der Kühne hatte in richtiger Erkenntnis der Gefahr aufs neue an Karl VI. um Hilfe appelliert. Eine Versammlung der Prinzen und der großen Barone zu Compiègne hatte beschlossen, daß ein erneutes Eingreifen mit bewaffneter Hand unumgänglich sei. Die Vereinigung der Truppen war für den 15. August in Arras festgesetzt worden. Der Herzog der Bretagne entsandte 2000 Lanzenreiter.

Ypern jedoch verteidigte sich. Gewalttätigkeiten jeglicher Art, wie sie die Etappen des »Kreuzzuges« bezeichnet hatten – Niedermetzelung Unschuldiger, Menschenraub und Brandschatzung –, versteiften den Kampfeswillen. Angesichts des Herannahens der französisch-burgundischen Truppen stürmte Despenser am 10. August zum letzten Mal gegen die belagerte Stadt. Der Angriff mißlang. So zogen sich die Engländer auf Bergues zurück; die Franco-Burgunder drangen in diese Stadt ein, welche ihre Gegner übereilig geräumt hatten. Die Stadt wurde eingeäschert.

Der Rückzug der Engländer konzentrierte sich auf Bourbourg, aber die zahlenmäßige Überlegenheit der königlichen Armee vereitelte das Unternehmen. Das Ende dieses Abenteuers war äußerst verwirrt. Bourbourg wurde von den Bretonen geplündert. Die Engländer ihrerseits steckten Gravelingen in Brand. Der Bischof von Norwich war nichtsdestotrotz zu Verhandlungen gezwungen, um seine Einschiffung zu erreichen. Er tat es ohne jede Eleganz[13]. Der englische »Kreuzzug« war nicht von langer Dauer gewesen.

Der König von England, Richard II., neigte persönlich zum Frieden. Wenn auf die Eskapade des Bischofs von Norwich kein Friedensvertrag folgte, der die englisch-französischen Streitigkeiten endgültig beilegte, so wurde wenigstens ein Waffenstillstand geschlossen, in den die Genter miteinbezogen waren.

Diese Versöhnungsmaßnahme scheint Ludwig von Maele sehr verstimmt zu haben, allein er starb am 30. Januar 1384 und hinterließ Philipp dem Kühnen sein imposantes Erbe: die Grafschaften Flandern, Artois, Rethel und Nevers, die Baronien (Seigneurien) Mecheln und Salins, die Ländereien von Isle in der Champagne, von Villemaur und Jully. Diese umfangreichen Erwerbungen verhinderten nicht, daß es sehr schlecht stand um die Finanzen des Herzogs, denn man sieht ihn gerade damals kurz hintereinander vom König 100 000 Franken und darauf 120 000 Franken erbitten, sowie die Erhöhung der Pension, die er von ihm erhielt, deren Summe sich von monatlich 1000 Franken auf 1500 erhöhte und schon bald 3000 erreichte.

Es lag daran, daß für ihn im Zusammenhang mit dem Zuwachs an Macht wegen seiner Prunkliebe Ausgaben entstanden. Im Mai 1384 nahm er Besitz von seinen neuen Domänen, und das geschah mit der gewohnten Prachtentfaltung, besonders in Flandern. Seine großzügigen Geschenke brachten ihm nicht, wie er hoffte, die belgischen Städte zurück. Brügge und Ypern verbanden sich mit Gent, der unbezähmbaren Stadt, um den Kampf für die gefährdeten kommunalen Freiheiten weiterzuführen. Die unterzeichneten Waffenstillstandsverträge galten nur für zwei Jahre. Beiderseits bereitete man sich auf ihren Ablauf vor. Ein flämischer Baron, der Sire von Escournay, wartete diesen Zeitpunkt nicht ab, um unversehens Oudenaarde in die Hand zu bekommen. Philipp der Kühne, von den Gentern auf den Zwischenfall aufmerksam gemacht, ließ Escournay fallen, aber jener redete lange herum und behielt Oudenaarde schließlich doch.

Unter diesen Umständen war es nicht schwer, einen neuen Konflikt vorauszusehen. Philipp versicherte sich zum dritten Mal nun der Mithilfe Karls VI. Der Nachfolger Arteveldes an der Spitze des Genter Volksregiments, Frans Ackermann, empfing Subsidien von Richard II. Aber dem neuen Inhaber der Grafschaft Flandern lag nichts daran, das herrliche Lehen, das für ihn das Kernstück eines umfangreichen, im Entstehen begriffenen Staatsgebildes wurde, zu verwüsten. Er rückte mit einer starken Armee an; um seine Macht offen zu zeigen, schritt er zu einigen Hinrichtungen und stellte dann sein Wohlwollen zur Schau. Der persönliche Zauber des Herzogs verfehlte seine Wirkung nicht. Die allgemeine Kriegsmüdigkeit kam hinzu. Die Kriege schadeten den Geschäften, das Bürgertum ersehnte den Frieden. Darüber hinaus erwies sich Philipp als gewiegter Politiker, indem er gegenüber den Anhängern des Papstes größte Toleranz an den Tag legte. Seine versöhnliche Haltung in der Sache des Schismas sprach in ganz Flandern beredt zu seinen Gunsten. Gleichzeitig – nicht minder geschickt – zeigte er sich hinsichtlich der lokalen Empfindlichkeiten sehr entgegenkommend. So ging er z. B. so weit, die von der Kanzlei des Königs auslaufenden Briefe ins Flämische übersetzen zu lassen[14].

Die politische Wendigkeit kann uns von seiten dieses »weitblickenden« Herzogs nicht mehr überraschen. Zudem sollte sie belohnt werden. Der Friede von Tournai vom 18. Dezember 1385 besiegelte die Versöhnung zwischen der Stadt Gent einerseits und dem Grafen und Herzog anderseits. Die alten Privilegien der rebellischen Stadt wurden bestätigt, und durch eine allgemeine Amnestie gelang es, die Gemüter vollends zu beruhigen. Zugleich wurde den Engländern ein für Frankreich sehr gefährliches Einfallstor verschlossen.

*

Ausgerechnet in diesem Augenblick tauchte ein verwegener Plan auf, nämlich der einer französisch-burgundischen Landung in Großbritannien. Dieses Projekt einer Offensive ließ in Wahrheit eine Karl V. liebgewordene Idee neu aufleben, die der »weise König« schon in großen Umrissen entworfen hatte. Um 1386 schienen die Umstände ganz besonders günstig zu sein. »Der Mann ohne Bart«, wie ihn der Herzog von Burgund in seiner Geheimsprache nannte, sah sich in seinem Inselreich von wachsenden Schwierigkeiten, den Vorboten seines Sturzes, bedrängt. Warum sollte es nicht möglich sein, gegen Richard II. genauso vorzugehen, wie einst Wilhelm der Eroberer gegen Harold vorgegangen war? Der Plan war ganz dazu angetan, um einen Philipp »den Kühnen« zu locken. Der Chronist Cabaret d'Orville erzählt, daß Philipp Karl VI. riet, das System der »ganz kleinen Unternehmen« – man möchte sagen der »kleinen Fische« – aufzugeben, um einen großen Coup zu starten und den »großen Hochmut der Engländer« zu demütigen. Um die Kriegsbegeisterung anzufachen, ermahnte der Dichter Eustache Deschamps in einer seiner Balladen die Fürsten[15]:

»Princes passez sans tant de demourée.
Vostres sera le pays d'Angleterre,
Autre foiz l'a un normand conquesté:
Vaillant cuer peut en tout temps faire guerre.«

Der Aufruf fand Gehör. Die Soldaten, Armbrust- und Bogenschützen, strömten so zahlreich herbei, daß die Kriegsschatzmeister nicht wußten, wo ihnen der Kopf stand. Wie sollten so viele Leute transportiert und bezahlt werden? Die Einschiffung war in Sluis, dem Hafen von Brügge, vorgesehen. Als Karl VI. im September Paris verließ, um das Kommando dieser Invasionsarmee zu übernehmen, sah er zu seiner größten Überraschung, daß von Arras an alle Dörfer mit Truppen überfüllt waren, die aus allen kleinen Nestern Frankreichs, vom Comminges bis zur Picardie, von der Bretagne bis zum Hennegau herbeigekommen waren. Man mußte für diese Menge Menschen, die sich in Flandern zur »Fahrt übers Meer« zusammengefunden hatten, verbieten, Standquartier in den Städten zu beziehen, um sie nicht zu »erdrücken«.

In Sluis wurden Versorgungsdepots angelegt. Alle Lehen einschließlich Burgunds hatten ihren Beitrag leisten müssen, beträchtliche Anleihen waren aufgenommen worden. Nichts fehlte, weder Lebensmittel noch Ausrüstungsgegenstände: Zwieback in Tonnen, Schinken und Pökelfleisch, Räucherlachs, Salzheringe, Bohnen und Erbsen, Salz und Traubenmost, sogar 25 Handmühlen, um das Korn an Bord zu mahlen. Was die Ausrüstung betrifft – Wurfgeschosse und Geschütze –, bewegte sich auf den Straßen ein endloser Zug von Wagen, welche Rüstungen, Harnische, Schilde, Pfeile, Pulver, Brander und Kanonen transportierten. Man hatte sogar in der Normandie auf einer Werft in der Nähe von Rouen von kräftigen Stämmen aus dem Wald von Romare eine transportierbare, sechs Meter hohe Holzumwallung gebaut mit Pfählen und Schilderhäuschen, die alle zweiundzwanzig Meter mit Wehrtürmen verstärkt worden war. Diese riesige »hölzerne Stadt«, deren Umfang angeblich sieben englische Meilen betrug und mit der ein vierhundert Hektar großes Gelände eingezäunt werden konnte, war ein verschanztes Lager aus zerlegbaren Einzelteilen. Man benötigte nicht weniger als zweiundsiebzig Transportschiffe, um dieses gigantische Befestigungswerk von Rouen bis Sluis zu befördern.

Nicht weniger groß als der militärische Aufwand war der Aufwand an Schiffen. Der Anlegeplatz für die Kriegsgaleeren zu Rouen, der von Philipp dem Schönen geschaffen und von Karl V. 1373 umgestaltet worden war, hatte den Auftrag bekommen, die Transportschiffe zu bauen, mit Kielen zu versehen, auszubessern und auszurüsten. Es gab Galeassen und schwere Lastschiffe, außerdem auch leichte Barken, die für Ordnung und Sicherheit des Küstengebietes sorgen sollten. Der König hatte so viele Schiffe bauen lassen, schrieb ein Italiener aus Avignon an seinen Korrespondenten in Florenz, »daß es das trefflichste Ding sei, das man je gesehen hat«. Von überallher holte man Schiffe zusammen. Von Sevilla bis nach Preußen, schreibt Froissart, »blieb kein großes Schiff auf dem Meer, das die Franzosen nicht mit Beschlag belegten und das nicht für den König und seine Soldaten festgehalten wurde«. Es gab deren genügend viele, erzählte man sich, um daraus eine Brücke von Calais nach Dover zu bilden. Während der letzten Monate des Jahres 1386 machte der Hafen von Sluis den Eindruck eines Waldes von Masten. Ein Florentiner, der an den Vorbereitungen teilhatte, schätzte die Flotte auf 1200 Schiffe, von welchen 600 mit einer Art von Käfigen, d. h. an der Spitze des Fockmastes mit Holzhäuschen versehen waren, um die Armbrustschützen zu decken. Die Schiffe waren alle in lebhaftesten Farben gestrichen, wie z. B. das Schiff des Königs in Purpurrot, um deutlicher zu zeigen, daß der König zum Blutvergießen bereit war, wie ein englischer Chronist, der Mönch von Malmesbury, boshaft bemerkt. Alle Schiffe führten Wappen, Banner aus

Leinen und Standarten aus Serge, auf die namhafte Maler das königliche Wappen von Frankreich, die Wappen der Prinzen oder das persönliche Emblem Karls VI., den Hirschkäfer mit den goldenen Flügeln, gezeichnet und mit Ölfarbe gemalt hatten.

Während man auf den Aufbruch wartete, vergnügten sich die Prinzen mit Regatten. Karl VI. war ganz stolz darauf, nicht von Seekrankheit befallen zu werden. Er wünschte nichts weiter, als in See zu stechen. Indes, das Signal zum Segelsetzen wurde niemals gegeben. Muß man den Herzog von Berry dafür verantwortlich machen, daß das große Vorhaben seines Bruders von Burgund nicht zur Ausführung kam? Die Chronisten scheinen dieser Ansicht zu sein: sie beschuldigen den Herzog Johann, daß er die Vorbereitungen verzögert, aus Bosheit auf sich habe warten lassen und dann den Winterbeginn vorgeschützt habe, um das Projekt zu Fall zu bringen. Es stimmt, daß es sich um einen simplen Aufschub handelte; die Ausfahrt hätte von Honfleur, nicht von Sluis aus im Sommer 1387 geschehen sollen. Tatsächlich aber fand die Expedition niemals statt. Philipp der Kühne besann sich zu diesem Zeitpunkt anders; er suchte eher auf die Angst der Engländer zu spekulieren, um mit ihnen zu verhandeln, wenn nicht über einen endgültigen Friedensschluß, an den man bei der Verschiedenheit der Standpunkte schwerlich denken konnte, so doch zumindest über eine Entspannung und über verlängerte Waffenstillstandsverträge, die als Äquivalent gelten konnten.

*

Da man nun einmal auf die Eroberung Englands verzichtet hat, nimmt eine Ausdehnung zu Lande konkretere Formen an.

Bereits vor dem Abenteuer der »hölzernen Stadt« wies die Zukunft des werdenden burgundischen Staates nach dem Osten. Als Gebieter von Mecheln und Antwerpen war der Herzog der Nachbar zweier mächtiger Dynastien geworden, der bayerischen Wittelsbacher und der Luxemburger, die im Heiligen römischen Reich deutscher Nation eine führende Rolle spielten und sich den Vorrang streitig machten. In jenem geschichtlichen Augenblick ist das Haus Luxemburg im Besitz der Kaiserkrone. Für denjenigen, der gegen Osten vorrücken will, handelt es sich darum, zwischen diesen beiden mächtigen Herrscherhäusern unter Berücksichtigung ihrer Rivalität zu lavieren. Philipp der Kühne kann der Versuchung nicht widerstehen, im Bereich des deutschen Lehnseinflusses vorzudringen, wobei er seine Präponderanz im Norden des französischen Lehnsbereichs aufrecht erhält; sein Bemühen darum ist offensichtlich, indem er sich weigert, dem König Lille, Douai und Orchies[16] zurückzugeben, und geltend macht, daß seine Heirat, die von diesem Geschenk abhängig war, im Interesse Frankreichs geschlossen worden sei. Er besitzt bereits die vom Reich lehensabhängige Freigrafschaft. Auf diese Weise entsteht ein Kosmopolitismus, der sich unaufhörlich weiter entfaltet und der allmählich bei dem ersten der großen Herzöge und vor allem dann bei dessen Nachfolgern dem Ehrgeiz die Waage hält, in zweifacher Hinsicht Pair von Frankreich zu sein – eine Tatsache, die dem Herzog von Burgund den Ruf einbringt, »doyen des Pairs« und demzufolge dazu bestimmt zu sein, im Königreich der »Fleurs de Lis« feudalrechtlich eine Rolle erster Ordnung zu spielen. Es zeichnet sich also ein künftig folgenschwerer Dualismus ab.

Herzog Wenzeslaus von Brabant aus der Familie der Luxemburger war tot. Seine Witwe Johanna, die ihm Brabant eingebracht hatte, hatte zur natürlichen Erbin ihre Nichte Margarete von Flandern, Herzogin von Burgund. Eine Anwartschaft auf das Herzogtum, die Wenzeslaus dem Hause Luxemburg gewährt hatte, barg die Gefahr in sich, zugleich das Erbrecht, die Absichten Johannas und die Interessen Margaretes zu durchkreuzen. Um die Erfolge hinsichtlich ihrer Besitzungen besser zu sichern (d. h. gegen die Luxemburger), legte es die Herzogin-Witwe im Einverständnis mit Philipp darauf an, Schutz gewährende Heiraten zu stiften. Es ging darum, die Kinder des Herzogs Albrecht I. von Bayern mit den Kindern des Herzogs von Burgund zu verbinden. Graf Johann von Nevers, der älteste Sohn und Erbe des Herzogs von Burgund, sollte sich mit Margarete von Bayern vermählen, Wilhelm von Bayern mit Margarete von Burgund. (Vgl. Stammtafel Bayern–Burgund–Frankreich.)

Die bayerisch-burgundischen Hochzeiten wurden mit ungeheurem Prachtaufwand am 12. April 1385 in Cambrai, die Hochzeit des Königs am 17. Juli in Amiens gefeiert. Um die treffenden und vielsagenden Worte Pirennes, des Belgien-Historikers »par excellence«

zu gebrauchen, hatten diese Heiraten zur Folge, »die Stellung Philipps in den Niederlanden unüberwindlich zu machen«.

Im übrigen wurde die Heiratspolitik zu einer ausgesprochenen Spezialität des Hauses Burgund, wie sie es ja schon die des kapetingischen Herzogshauses gewesen war. 1393 verheiratete Philipp der Kühne seine Tochter Katharina mit Leopold IV. von Österreich und seine Tochter Maria mit Amadeus VIII. von Savoyen.

Seit den Jahren 1386/87 unterstützten diese Heiraten ganz ausgezeichnet die nach dem Osten orientierte Politik des Herzogs. Deren erste bedeutende Manifestation war der Feldzug nach Geldern.

Es handelte sich dabei darum, Johanna von Brabant zu verteidigen, deren Erbin — wie wir bereits sahen — Margarete von Flandern war, und die der Herzog von Geldern als Vorkämpfer der luxemburgischen Interessen bedrohte. Da England auf Seiten Gelderns stand, zog Philipp der Kühne wieder einmal Karl VI. mit hinein, den der Herzog von Geldern zudem ungeschickt und frech herausgefordert hatte. Dieses also war »le voyage d'Allemagne«.

Zur Schonung des brabantischen Hoheitsgebietes nahm die französisch-burgundische Armee trotz der Schwierigkeiten einer solchen Marschroute ihren Weg quer durch die Ardennen und die Eifel. Guy de La Trémoille und der Graf von Saint-Pol waren an der Seite Karls VI. und seines Onkels Philipp. Da die Unternehmung von 1388 ohne große Taten und reichlich mühsam vonstatten ging, wurde in Frankreich viel darüber gemurmelt. Aber vom burgundischen Aspekt war sie ganz besonders einträglich: nicht nur, daß ganz Deutschland stark beeindruckt war, sondern Johanna von Brabant, vom Gemahl ihrer Nichte aus einer beängstigenden Gefahr errettet, war hinfort ganz für die Interessen dieses Ehepaares gewonnen; es war kein Zweifel mehr möglich: Burgund hatte in Brabant gegen Luxemburg gewonnenes Spiel. (Vgl. Stammtafel Burgund und Luxemburg.)

Wie hätte Johanna von Brabant in der Wahl zwischen dem trägen und nichtswürdigen Wenzeslaus von Luxemburg einerseits und dem aktiven und energischen Gemahl Margaretes von Flandern anderseits schwanken können? Die Herzogin-Witwe stellt sich entschlossen unter die burgundische Schutzherrschaft, ohne sich um die von ihrem leichtsinnigen Gemahl hinterlassenen Verträge zu kümmern, die den Luxemburgern zugute gekommen wären. Mit dem Vertrag vom 28. September 1390 überläßt sie ihre Landesherrschaft Philipp zu bloßem Eigen, indem sie sich selbst nur für die Dauer ihres Lebens die Regierungsgewalt vorbehält.

Philipp aber hatte im höchsten Grade das Gefühl für Maßhalten und den Instinkt für das Mögliche. Er hütet sich wohl, seine rechtlichen Vorteile bis zu einer persönlichen Annexion Brabants auszunutzen. Um die Brabanter nicht zu kränken, schlägt er 1393 vor, daß das Erbe Johannas nicht auf Margarete von Flandern, sondern auf seinen zweiten Sohn Anton übergehe. Johanna stimmte zu. 1396 reiste sie nach Paris, denn sie wollte, wie sie sagte, noch vor ihrem Tode die »princes des Fleurs de Lis« sehen. Dann bat sie Philipp, Anton zu ihr zu schicken, damit sie ihn besser kennenlerne. Auf ihrer Reise hatte die alte Herzogin Limburg an Philipp als Schenkung überlassen. Alle burgundisch-brabantischen Abkommen wurden 1403 von den Ständen Brabants gebilligt. In der ganzen Brabanter Angelegenheit hatte Philipp der Kühne »das Spiel vollkommen beherrscht«, wie es H. Laurent und F. Quicke sehr gut gezeigt haben. Nirgends sonst hat Philipp die Lobeserhebungen von Froissart und Christine de Pisan so meisterlich gerechtfertigt.

Im »Somnium super materia schismatis« wendet sich ein zu seiner Zeit sehr bekannter Schriftsteller, Honoré Bonet, mit folgenden Worten an den ersten unserer großen Herzöge: »Als ich jung war, habe ich erlebt, daß man dich Philipp Ohne-Land nannte. Jetzt hat der großmütige Gott dir einen großen Namen an der Seite der Mächtigen dieser Welt gegeben«[17]: ein vielsagendes Zeugnis. Die Zeitgenossen waren sich darüber im klaren, daß von nun an vor ihren Augen ein Gebäude mit imposanten Dimensionen der Vollendung entgegenging.

Gleichlaufend mit dieser seiner Ostpolitik verfolgte Philipp sehr aufmerksam eine Politik als Oheim des Königs von Frankreich und als Prinz vom Geblüte der Valois.

Just bei der Rückkehr von der Geldern-Expedition waren die Aussichten am Hof von Frankreich durch ein völlig unerwartetes Ereignis über den Haufen geworfen worden. Am 3. November 1388 hatte Karl VI. in Reims seine Oheime verabschiedet und erklärt, er wolle in Zukunft ohne Vormünder regieren. Nachdem die Herzöge von

Berry und Burgund bei der Rückkehr nach Reims ihren Neffen nicht dazu bringen konnten, seine Meinung zu ändern, ihr ältester Bruder Ludwig von Anjou 1384 verstorben und sein Sohn Ludwig II. vollauf mit seinen Angelegenheiten in Italien beschäftigt war, hatten sie resigniert. Der Herzog von Burgund beruhigte Berry, der sehr aufgebracht war: »Bruder, wir müssen leiden. Der König ist noch jung. Wenn er auf jungen Rat baut, wird er sich täuschen. Es wird die Zeit kommen, da jene, die ihn beraten, es bereuen werden, und der König auch.« »Es kommt die Zeit« – war dies nicht der Wahlspruch des Herzogs von Berry? Philipp der Kühne nahm ihn dieses Mal für sich in Anspruch. Er wußte, wenn nötig, seine eigene Devise: »Es wird mir zu lang«, zu vergessen.

Die Überraschung in Reims war in Wirklichkeit das Ergebnis einer Konspiration zwischen dem Bruder des Königs, dem jungen Herzog von Orléans, und den ehemaligen Ratgebern Karls V., den »Marmousets«. Eine nicht vorgesehene Gewaltenteilung gab diesem seltsamen Dualismus in der Regierung einen zweideutigen Anstrich: den Fachleuten das langweilige Geschäft der Rechnungslegung und der Verwaltung, Orléans die Freuden des Hoflebens und die Führung der auswärtigen Angelegenheiten, soweit ihnen etwas Abenteuerliches anhaftete. Die Aktivität des Herzogs von Burgund im Osten war teilweise der Preis für seine Zurücksetzung im Jahre 1388. Vier Jahre waren verstrichen, und sie waren dank der Heirats- und Brabant-Politik gut genutzt.

Der Wahnsinn Karls VI., der, wie es heißt, am 5. August 1392 im Wald von Mans zum Ausbruch kam, setzte dem Regime von 1388 eine Ende. Die »Marmousets« fielen in Ungnade, und Ludwig von Orléans mußte sich mit seinen Oheimen abfinden.

Da der Herzog von Berry die einträgliche Statthalterschaft des Languedoc wieder übernommen hatte, standen sich die Herzöge von Burgund und Orléans im Staatsrat allein gegenüber. Philipp überläßt Ludwig die Lustbarkeiten des höfischen Lebens, die dieser wie toll betreibt zusammen mit der Königin Isabeau von Bayern, deren Liebhaber er sei, wie manche bösen Zungen behaupten. Ludwig ist aber ehrgeizig und habgierig. Er mißbraucht die schlecht beratene Gutherzigkeit seines Bruders, des wahnsinnigen Monarchen, der seinen jüngeren Bruder in den Zeiten der Ruhe und fiebrigen

Gefühlsduselei mit Landbesitz und Geld überhäuft. Der Herzog von Orléans verfolgt gleichermaßen eine doppelgleisige Politik der territorialen Ausdehnung: einmal in Italien, wo er als Mitgift seiner Frau Valentine Visconti Asti erhalten hat und nach der Herrschaft über Mailand trachtet, zum anderen in Richtung auf die Ardennen und auf Luxemburg, woraus er als Herr von Coucy, das er gekauft hat, das Kernstück eines lebenskräftigen Staates machen wollte. Auf allen Seiten bremst der Herzog von Burgund[18], und schon zeichnet sich der Streit ab, dessen spätere Auswirkungen schwer auf dem Geschick des Königreiches lasten werden[19].

Der bezeichnendste Zug dieser Rivalität trat im Hinblick auf Genua zutage.

Ludwig von Orléans hatte in Asti, der Mitgift seiner Frau, als seinen Stellvertreter einen tatkräftigen und weltklugen Mann, Enguerrand de Coucy. Enguerrand ergriff die notwendigen Maßnahmen, um dem Herzog von Orléans die Lehnsoberherrschaft über Savona zu sichern: ein Vorgehen, das dazu bestimmt war, einer Unterwerfung Genuas den Weg zu bereiten. Nun waren aber die flämischen Zünfte am Hafen von Genua interessiert, das der Knotenpunkt für die Industrie- und Handelszentren Italiens und der belgischen Lande war, und die Beschlagnahme dieses Mittelmeerhafens durch den Herzog von Orléans hätte dem Grafen und Herzog Philipp dem Kühnen empfindlich geschadet. Man versteht daher, daß dieser Fürst durch die Dreistigkeit des Sire de Coucy alarmiert war, der in dieser Sache den Vater Valentines, den skrupellosen, tückischen Gian Galeazzo Visconti hinter sich hatte. Sogleich wurde ein politisches Scheinmanöver aufgezogen. Genua erbat dringend den Schutz Karls VI. Nach langen und stürmischen Debatten brachte Philipp der Kühne den königlichen Rat dazu, das Angebot der Genuesen anzunehmen, und nun wehte über den Toren der Marmorstadt neben der Fahne mit dem kaiserlichen Doppeladler das Lilienbanner. Etwas später ging der Marschall Boucicaut, aus der Gefangenschaft in Nikopolis zurückgekehrt, als Vertreter des Königs von Frankreich an diesen bedeutenden Mittelmeerhafen. Ludwig von Orléans hatte nachgegeben. Von Karl VI. ließ er sich reichlich für seinen Verzicht auf Genua und Savona entschädigen. Der Visconti selbst mußte, nicht ohne Bitterkeit, vor den Valois weichen.

Der Herzog von Burgund hatte gesiegt. In der Tat, er behielt immer, wenn er es der Mühe für wert befand, das letzte Wort gegen den Herzog von Orléans.

Wir haben soeben in bezug auf den Marschall Boucicaut »Nikopolis« erwähnt. Diese Orient-Expedition, bei welcher der Marschall einer der Vorkämpfer gewesen war, hatte dem Hause Burgund viel Ruhm, aber auch große Betrübnis eingebracht. Der »Nikopolis-Kreuzzug« war auf dringende Bitten des Königs von Ungarn unternommen worden, um die vom türkischen Sultan, dem furchtbaren Bajesid, »dem Blitz«, überfallenen Grenzen der Christenheit im Donaugebiet zu schützen. Der Anführer dieses Feldzuges war Graf Johann von Nevers, der spätere Johann ohne Furcht. An der Seite Johanns sah man die Grafen d'Eu, Konnetabel von Frankreich, den Admiral von Frankreich, Jean de Vienne, den Marschall Jean Le Meingre, genannt Boucicaut, die beiden Vettern des Königs, den Sire de Bar und den Grafen de la Marche, den Sire de Saimpy, Guillaume de la Trémoille und seinen Sohn Pierre. Das Gefolge des Grafen von Nevers war prunkvoll ausgestattet. Sein Emblem, die Hopfenranke, war überall in seinem persönlichen Umkreis zu finden. Die großen und kleinen Zelte, die er mit sich führte, waren aus Atlas in seiner Lieblingsfarbe Grün. Der schimmernde Zug war am 8. April 1396 in Paris aufgebrochen, passierte Dijon, wo herrliche Feste stattfanden, bevor er die französische Grenze überschritt und Deutschland betrat. Die Donau wurde erreicht und Nikopolis belagert. Unter den Mauern dieser Stadt lieferte man sich die Schlacht. In der ersten Kampfesphase war der künftige Herzog, unbezwingbar durch das Feuer seiner Begeisterung, Sieger, erlitt aber am Ende des 25. September eine entsetzliche Niederlage. Gewiß gab es auf der Seite der Christen bewundernswerte Heldentaten; besonders Johann von Nevers, der Admiral und der Marschall zeichneten sich nach dem Urteil der Zeitgenossen in hohem Maße aus. Aber die Verluste waren grausam, Philippe de Bar und die beiden La Trémoille blieben unter den Toten. Johann von Nevers, Boucicaut, Henri de Bar und der Graf de la Marche gerieten in Gefangenschaft. Zu den immensen Ausgaben für einen kostspieligen Feldzug, der in eine Katastrophe mündete, kamen noch die hohen Lösegelder für die Gefangenen. Johann konnte nur zu dem ungeheuren Preis von 200 000 Gulden freigekauft werden. Ein Geldverleiher aus Lucca, Dino Rapondi, streckte die nach und nach fällig werdenden Summen vor. Johann wie der Marschall kehrten zurück, und der Glanz ihrer Taten, die ausgiebig gefeiert wurden, löschte für die Augen der ritterlichen Gesellschaft jener Zeit die Bitterkeit der Niederlage und der Opfer aus[20].

Philipp der Kühne war so wenig entmutigt, daß er, den Fürsten seines Jahrhunderts nacheifernd, just in diesem Augenblick einen neuen Ritterorden gründete; er ist nur eine Vorwegnahme des von seinem Enkel gegründeten berühmten Ordens vom Goldenen Vlies. Es handelt sich um den »Arbre d'Or«, dessen Emblem aus einem »arbre d'or et ung aigle et ung lion esmaillés de blanc« besteht. Die Insignien wurden an Verwandte und Freunde verteilt. Sie brachten derartige Verausgabungen mit sich, daß der Herzog, erschrocken über die Gesamtsumme, sein eigenes Ehrenzeichen dem Goldschmied zurücksandte, um den Betrag der Rechnung zu vermindern.

*

Das Hauptwerk des ersten Valois-Herzogs während seiner letzten Lebensjahre war der Abschluß und die Aufrechterhaltung eines »modus vivendi« mit England. Er arbeitete mit Ausdauer und Geschicklichkeit an der Realisierung eines Abkommens, das seines Erachtens für Frankreich ebenso nützlich war wie für den burgundisch-flämischen Staat, dessen wirtschaftlichen Interessen er damit in richtiger Erkenntnis diente.

Es würde den Rahmen des vorliegenden Werkes sprengen, wollte man den komplizierten Gang der französisch-englischen Verhandlungen unter Karl VI. nachzeichnen. Es ist jedoch unerläßlich, die wichtigsten Etappen der Annäherung kurz zu streifen.

Bereits am 18. Juni 1392 war in Leulinghen ein Waffenstillstandsvertrag zwischen Frankreich und England unterzeichnet worden. Richard II. gibt am 21. Januar 1394 Cherbourg zurück; am 19. April 1396 heiratet er Isabella, die Tochter Karls VI. Der anläßlich der Verlobung am 11. März unterschriebene Waffenstillstand auf achtundzwanzig Jahre trat an die Stelle des Abkommens von Leulinghen und leitete die Friedensperiode im Hundertjährigen Krieg ein, wenn sie auch vor Ablauf der Frist gebrochen werden mußte.

Der dramatische Sturz Richards II. 1399 und die stürmische Thronbesteigung seines Vetters Heinrichs IV. von Lancaster bewirkten jedenfalls keine radikale Veränderung, denn Heinrich bestätigte den Waffenstillstand für achtundzwanzig Jahre. Er hatte innenpolitisch so viele Hindernisse zu überwinden, daß vorerst nicht an außenpolitische Abenteuer zu denken war. Philipp der Kühne, für den sich der Friede in einem wachsenden Wohlstand seiner flämischen Besitzungen auswirkte, konnte bis zu seinem letzten Tage das Gefühl haben, daß der Große Krieg, den er seinerzeit an der Seite des ruhmreichen Bretonen du Guesclin geführt hatte und der nun unterbrochen war, für immer der Vergangenheit angehörte.

Unterdessen fing Philipp der Kühne langsam an zu altern.

Kinder und Enkel weckten jetzt mehr und mehr seine Zärtlichkeit als Familienvater. Die Verheiratung seiner Töchter und Enkelinnen war eine seiner Hauptsorgen.

Wie wir bereits sahen, hatte er seine Tochter Maria mit Amadeus von Savoyen vermählt; weil jedoch noch in zartem Alter, blieb das junge Mädchen einstweilen am väterlichen Hof. 1403 wurde sie nach Savoyen gebracht. Die Enkelin Margarete war dem Dauphin Karl versprochen, hatte aber als Kind diesen ersten Verlobten verloren. Sie wurde dann dazu ausersehen, die Frau des Dauphin Ludwig zu werden, der als präsumtiver Erbe des Königreiches der »Fleurs de Lis« der Nachfolger seines Bruders war. Man versteht, daß die Beharrlichkeit, mit welcher der Herzog seine Enkelin zu einer zukünftigen Königin machen wollte, einem wohlüberlegten Plan entspringt.

Alle diese Familienereignisse waren von großer Freigebigkeit begleitet. Die vielen luxuriösen Toiletten der Prinzessinnen, auf die wir noch aus Anlaß des höfischen Lebens zurückkommen werden, waren ganz dazu angetan, sowohl in Frankreich als auch in Savoyen eine hohe Meinung von der burgundischen Macht zu erwecken.

Die nun auch alternde Herzogin von Brabant hatte den Wunsch geäußert, daß ihr Großneffe Anton, der sie beerben sollte, komme, um tatsächlich und für dauernd die Verwaltung seines zukünftigen Staates anzutreten. Anton, den sein Vater, in Erwartung von noch Besserem, zum Grafen von Rethel erhoben hatte, machte sich auf den Weg zu seiner Tante. Sie empfing ihn in Brüssel; der Herzog von Burgund gab aus diesem Anlaß dort großartige Feste. Aber am

Ende seines Aufenthaltes holte er sich die Grippe, eine infektiöse Grippe, die gerade zu jener Zeit überall im Lande große Verheerungen anrichtete. Er fühlte, daß er schwer krank war und ließ sich in das benachbarte Schloß Hal bringen, wo er am 27. April 1404, im dreiundsechzigsten Lebensjahr, starb.

Sein ganzes Leben lang war er auf der Suche nach Geldquellen gewesen. Ein plötzlicher, unvorhergesehener Tod hatte ihn in einem jener häufigen Momente seines Lebens überrascht, da er aller Mittel entblößt war. Er hinterließ weder das nötige Geld zur Deckung der Kosten seines Begräbnisses noch für die Begleichung der laufenden Ausgaben. Die Geldnot war an einen Punkt gelangt, daß die Herzogin Margarete befürchtete, die Aktiva der ehelichen Gütergemeinschaft seien nicht ausreichend zur Abfindung der Gläubiger, und das tat, »was die armseligsten Bürgerfauen, nicht ohne sich zu schämen, tun: sie verzichtete rechtskräftig auf die Gütergemeinschaft und legte als sichtbares Zeichen dieses Verzichts, sagt man, wie es der Brauch gebot, ihre Börse, ihren Schlüsselbund und ihren Gürtel auf den Sarg ihres Gemahls«[21].

Dies war übrigens eine reine Formalität. Was die Ehre einer Frau aus dem Volke beflecken konnte, tastete nach den Begriffen der damaligen Rittergesellschaft auch nicht im geringsten die Macht und den Ruf einer Herzogin von Burgund an.

Am Tag nach dem Tod des Herzogs gingen seine Söhne beherzt zu einem Geldverleiher und versetzten sein Silberzeug, damit die notwendigsten Bestattungskosten bezahlt werden konnten. Ein benachbartes Kloster lieh die Kutte eines Kartäusermönchs, mit der Philipp auf seinem Totenbett bekleidet sein wollte. Es bildete sich ein Leichenzug, der den Toten mit dem erforderlichen Pomp in Tagesmärschen von dem Sitz in Brabant, den das Schicksal zu seinem letzten Aufenthalt auf Erden bestimmt hatte, bis zur herzoglichen Hauptstadt brachte. Die Trauerfeierlichkeiten fanden in Champmol statt, wo der unter so dürftigen Umständen verstorbene Fürst während vieler Jahrzehnte in einem der prunkvollsten Gräber ruhen durfte. Dieses Grabmal wurde zum nämlichen Zeitpunkt gerade in der Werkstatt des großen Claus Sluter ausgeführt und bildet heute noch, obwohl stark restauriert und leer, den berechtigten Stolz des herrlichen Museums von Dijon.

Fünftes Kapitel

PHILIPP DER KÜHNE ALS MÄZEN

Ein Blick auf das Grabmal Philipps des Kühnen liefert den natürlichen Übergang von seiner Rolle als Staatsmann zu seiner Rolle als Mäzen und Förderer der Kunst[1].

Zu dieser Bezeichnung muß sofort gesagt werden, daß der Herzog damit keineswegs allein steht in seiner Generation. Ganz im Gegenteil. Sein Bruder Karl V. war ein hervorragender Förderer der zeitgenössischen Kunst. Er sammelte unermüdlich Bücher, seltene Handschriften und wertvolle Kunstgegenstände. Seine »Librairie« im Louvre war ein Wunderwerk, und die Kataloge, die man von ihr besitzt, überraschen durch die Fülle und Auswahl der Werke, die darin aufgezählt werden[2]. Die Pariser »Bibliothèque nationale«, die Erbin der »Librairie du Louvre« nach der »Bibliothèque royale« des Ancien Régime zeugt nachdrücklich von dem Geschmack und der Freigebigkeit des »Weisen Königs«.

Ludwig und Johann haben die Neigungen ihres jüngsten Bruders Philipp geteilt. Ludwig von Anjou hatte vor allem Interesse für Kleinodien und Tapisserien[3]. In seiner Schatzkammer hatte er mit dem Löwenwappen verzierte Pokale, Wandbehänge, auf denen Karl der Große mit Gottfried von Bouillon, Lancelot mit König Artus und die »Neuf Preux« mit der Apokalypse des heiligen Johannes gute Nachbarschaft hielten. Johann von Berry, der große Bauherr – ihm ist die Errichtung und insbesondere die Innenausstattung des herrlichen Schlosses Mehun-sur-Yère zu verdanken, des Meisterwerks André Beauneveus, wo nach ihm sein Neffe, der »roi de Bourges« Schutz suchen sollte –, war im wahrsten Sinne des Wortes ein Kenner und Liebhaber von Kunst und kostbaren Bibelots, während er zugleich den Kleiderluxus bis zum Extrem trieb und sich damit vergnügte, in den Regalen seiner Bibliothek, eben in Mehun, einige der berühmtesten illuminierten Handschriften jener Zeit aufzustellen, wie etwa die »Très riches heures du duc de Berry«, die heute, nachdem sie in den Besitz des Herzogs von Aumâle gerieten, das Prunkstück von Chantilly sind[4].

Der Neffe dieser großen Sammler, Ludwig von Orléans, stand seinen Oheimen nicht nach[5]. Es herrschte ein regelrechter Wettstreit unter ihnen, wer die prächtigsten Geschenke machte. Der Kunsthandel konnte unter dem Antrieb unaufhörlicher Bestellungen nur gedeihen, deren Fortgang auch von den aufregendsten Ereignissen der Innen- und Außenpolitik nicht aufgehalten werden soll, denn die Käufer machten, um ihrer Lust zu frönen, Schulden, ohne sich um die Zukunft zu kümmern. Die Sammelleidenschaft war für die abenteuerlichsten und sogar für die oberflächlichsten der Valois der noble Ausgleich für ihre peinlichen Fehler.

Die Besonderheit und das Verdienst Philipps wie Karls V. besteht darin, daß sie diese Leidenschaft mit einem politischen Talent ersten Ranges verbunden haben, daß sie prunkliebende Mäzene waren, ohne ihre staatsmännischen Pflichten zu vernachlässigen.

Philipp hatte Karl V. eines vor allem voraus: er förderte nicht nur aufs wirksamste das künstlerische Schaffen seiner Zeit, sondern er rief auch eine unvergleichliche Schule ins Leben, die ihm ihr Aufblühen und ihre Ausstrahlung zu verdanken hat. Damit hat das Mäzenatentum des ersten der großen Herzöge von Burgund eine einzigartige Würde erlangt. Es war bedeutend, geschichtlich vielleicht noch bedeutender als der ungeheure Aufschwung, der durch seine Initiative dem burgundischen Staat mitgeteilt wurde. Der Staat der Herzöge, wie er sich nach der Zeit Philipps entwickelte, hat sicher einen strahlenden Glanz verbreitet, aber er endete in einer Katastrophe, bevor er den Beweis für eine dauernde Leistung erbracht hatte, während die burgundische Kunst bestehen blieb. Im Umkreis der von Philipp gegründeten Chartreuse von Champmol geboren, hat sie unter seinen Nachfolgern Meisterwerke hervorgebracht, und diese Meisterwerke erwiesen sich als eine unvergängliche Saat, von der die nachfolgenden Generationen ausgiebig zehrten.

*

Wir wollen zuerst der Bibliothek des Herzogs, die von seinem Barbier eifersüchtig behütet wird, einen Besuch abstatten. Was finden wir da? In erster Linie Gebetbücher, Missale, Breviere, Psalter und Stundenbücher, Bibeln in erzählender und kommentierender Form, sei es in Latein, Französisch oder Flämisch, und einige seltene Werke der Patristik, z. B. die »Dialoge« von Papst Gregor dem Großen. Aber diese Abteilung mit frommen Büchern ist nicht die reichhaltigste. Die profane Literatur reizt den Fürsten mehr als die Theologie. Das Altertum ist vertreten mit einem herrlichen Titus Livius in goldenen Lettern, »mit Bildern ausgeschmückt«, ein Geschenk des Luccheser Financiers Dino Rapondi an seinen treuesten Kunden. Mehrere Abhandlungen von Aristoteles nehmen einen bevorzugten Platz ein, und wenn die griechischen Manuskripte auch fehlen, wird Griechenland doch auf dem Umweg über die römische Poesie in jenem »Hector de Troie« auftauchen, in dessen Text die Heldentaten der homerischen Epen wiedergegeben und paraphrasiert werden. Das ritterliche Mittelalter kommt reichlich zu Worte. Französische Chroniken und Chroniken der Grafen von Flandern bilden die wohlversehene Abteilung für Geschichte. Die »chansons de geste«, damals als versifizierte Geschichte angesehen, schließen sich an: der Roman von Oger dem Dänen, Balduin von Jerusalem, Saladin und von der Eroberung Konstantinopels, die »Fleur des Ystoires d'Orient«. Muß nicht das Heilige Land den ihm gebührenden Platz in der Lektüre desjenigen einnehmen, der den Helden von Nikopolis zum Sohn und Erben hat? Bestiarien und Weltkarten geben dem Phantastischen Raum, Fabliaux, Sprichwörtersammlungen und Monatsbilder der unmittelbaren Wirklichkeit. An die aus der Mode kommenden Hervorbringungen des 13. Jahrhunderts, »Roman de Renard« und »Roman de la Rose«, reihen sich die letzten Neuerscheinungen: »Ballades et Virelais« von Eustache Deschamps (mit richtigem Namen Eustache Morel), »Cent Ballades« und die »Mutacion de Fortune« jener vielgerühmten Schriftstellerin, die Christine de Pisan genannt wird und die eben dabei ist, just auf herzoglichen Befehl, »Le Livre des faits et bonnes moeurs du Sage Roi Charles le Quint« zu schreiben. Aus der gleichen Feder stammt eine andere bestellte Arbeit, diesmal in Versen: »Epître et Ditiés.« Verzeichnen wir zum Schluß noch ein Exemplar des damals sehr verbreiteten Sammelwerkes »Le Livre des Propriétés des Choses«, einer Art praktischer Enzyklopädie der Natur. Das Werk stammt von Barthélemy l'Anglais aus dem 13. Jahrhundert und ist am Ende des 14. Jahrhunderts immer noch hochaktuell. Fast hundert Jahre später findet man in der Bibliothek König Eduards IV. von England ein in Zierschrift ausgeführtes Exemplar in der Übersetzung von Corbechon, was einen dauerhaften Erfolg beweist[6].

Die Tapisserien stehen in engem Zusammenhang mit den Büchern, denn ihre Bilderwelt erklärt auf ihre Weise die Werke auf Papier und Pergament. Philipp ist ein unermüdlicher Sammler von kostbaren Wandbehängen. Die Werkstätten von Arras, dem Zentrum dieses künstlerischen Gewerbes unter den Ländern des Herzogs – das Land der »arrazi« – werden mindestens ebenso beschäftigt wie diejenigen in Paris. Eine prunkvolle Serie, die sich über die Zeit der vier Regierungen erstrecken wird, beginnt mit den Teppichen aus Arras, die »aus Gold von Zypern gearbeitet sind«, und zwar muß für die Konservierung dieser Sammlungen ein besonderes Amt eingerichtet werden unter Führung des Mannes, der in den Rechnungsbüchern der »Gambier« oder der »petit Cambillon« genannt wird, zweifelsohne ein Hinkfuß.

Wie die Bibliothek, wollen wir auch die Wandbehänge besichtigen. Eine große Folge von Stücken religiösen Inhalts lenkt unsere Aufmerksamkeit an erster Stelle auf sich: Szenen aus dem Leben Christi und dem Leben der Jungfrau, das »Credo« der Apostel, die Apokalypse des heiligen Johannes, ein Werk von Robert Poinçon aus Paris. Die Hagiographie wird nicht vernachlässigt. Die in der Familie verehrten Heiligen nehmen die ersten Plätze ein: an der Spitze der heilige Ludwig, denn das französische Königtum ist weiterhin stolz auf denjenigen, dem es das Beste seines Ansehens verdankt. Gleich nach ihm kommt der heilige Denis, dessen Fahne in den Schlachten hochgehalten wird. Darauf folgt der heilige Johannes, der dem Vater und dem ältesten Sohn unseres Herzogs seinen Namen gab, und schließlich der heilige Antonius, für den Philipp, wie wir schon wissen, eine besondere Verehrung hatte. Er vergißt seinen Geburtstag nie und schließt selbstverständlich die Heiligen der Herzogin Margarete und Katharina mit ein, erstere infolge des traditionellen Kults der Grafen von Flandern, letztere durch das

Patronat der Erbin, die den burgundischen Valois so viele herrliche Ländereien eingebracht hat.

Neben dieser prächtigen Galerie von Heiligen findet man die nicht minder kostbare und gut ausgestattete Galerie der Ritter. An erster Stelle kommt die Illustrierung der »chansons de geste«: der Zyklus der Tafelrunde Karls des Großen und seiner Paladine, Karl der Große in Jerusalem, Wilhelm von Orange, Renaud de Montauban, König Artus, Lancelot vom See, Perceval le Gallois, Tristan, die »Neuf Preux« und »Neuf Preuses«, sodann selbstverständlich der »dixième Preux«, der ruhmreiche du Guesclin, der bereits in das Repertoire der Kunst eingegangen ist, wie er bei Lebzeiten in die Legende einging. Im übrigen wird die Serie bis zu einer zeitgenössischen Episode fortgesetzt. Den bei Michel Bernard bestellten Wandteppich, die Schlacht von Roosebeke, haben wir bereits erwähnt. Von den Heldentaten, die der Sagenwelt angehören, gehen wir zu jenen von gestern und vorgestern über und wollen nicht die Tapisserie mit Gottfried von Bouillon vergessen, dem Helden des ersten Kreuzzuges, dessen Schwert der Herzog am 13. März 1393 erworben hat. Diese ruhmreiche Waffe hätte dem Grafen von Nevers am Tag der Schlacht von Nikopolis eigentlich mehr Glück bringen sollen, als sie es tat. Ist dies das Zeichen für ihre zweifelhafte Echtheit?

Eine Tapisserie mit Jason bildet das Vorspiel zu dem künftigen Orden vom Goldenen Vlies, ohne daß unser Herzog dessen gewahr wird. Daneben finden wir den Troer Hector wieder, sodann Semiramis von Babylon, »la destruction de Troie la grant«, die Eroberungen Alexanders, die Sieben Weisen, »Octavien de Rome«, Octavius und die Sybille, ja sogar »Pharao und die Geburt Moses« und »Die Geschichte Mohammeds«. Es folgt nach diesem schönen Eklektizismus, dem Zeichen einer allen Denkformen offenen Kultur, die Serie, welche man die literarische nennen könnte: alle zweitrangigen Helden der Ritterromane kommen an die Reihe, ebenso auch die bei den Redekünstlern beliebten Abstraktionen. Hier finden sich: »Deduit et plaisance« sowie die »Donaiements« und »Souhaits d'Amours«, »l'Amant et l'Amie«, die »Dame entre deux amants«, der »Verger de souffisance« und der »Verger de la Nature«. Nicht ganz ohne Grund wurden diese ländlichen Themen von einem

I *Claus Sluter, Philipp der Kühne*

II *Claus Sluter, Moses-Brunnen*

klugen Kritiker[7] mit dem Fresko Orcagnas im Campo Santo von Pisa verglichen, auf dem sich die Liebenden am Rand eines heiligen Hains unterhalten. Kein Zweifel: die Renaissance kündigt sich an.

Dieselbe ländliche Note wiederholt sich mit einem mehr pastoralen Akzent in der Gruppe der persönlichen Tapisserien der Herzogin. Hier haben die Margeriten einen bevorzugten Platz, und man könnte nach dem Dekor, an dem sie Gefallen hat, meinen, daß die Dame, die den Namen der reizenden Blumen trägt, irgendwo ihr Trianon hat. Weiße und schwarze Lämmer, Schäfer und Schäferinnen bevölkern die frische Landschaft. Zu den Margeriten gesellen sich Veilchen, Rosen, Vergißmeinnicht, Weißdorn und viele andere Zierden der Felder und Gärten. Das ist der Rahmen, in dem sich das Gefühlsleben der Fürstin abspielt, das der Wahlspruch erhellt: »pour là me tient le mal d'aimer!« Die Erbin von Flandern geht jedoch nicht völlig im ländlichen Idyll auf, und ihre Sammlung ist der ritterlichen Überlieferung ihres Herrscherhauses nicht verschlossen, denn Aimery de Narbonne und seine sechs Söhne, der »preud'hom« König Tristan und »Manfred déconfit par Charles d'Anjou« nehmen einen ehrenvollen Platz ein. Wenn aber die Mythologie der Antike nur ein einziges Thema liefert, ist es ein für die geheimsten Neigungen der Dame sehr charakteristisches, nämlich das Urteil des Paris.

Allein, Philipp erwidert die Gefühle Margaretes. Ein von Claus Sluter gemeißeltes, aber leider abhanden gekommenes Relief im Schloß von Germolles, stellte den Herzog und die Herzogin unter einer Ulme inmitten von Schafen dar. Überall sind Margeritensträuße und die verschlungenen Initialen P und M verstreut. Das schönste, denkwürdigste Beispiel der beiden beziehungsvollen Buchstaben kann man an der Chartreuse von Champmol als Zeichen der Stifter sehen.

*

Der Herzog und die Herzogin umgeben sich überall mit Kunst, in ihrer Kleidung, im modischen Beiwerk, in den Möbeln und im Geschirr. Die Wäsche Margaretes ist mit dem Weißdornblatt gezeichnet. Die Fürstin wechselt häufig die Toiletten, und die Rechnungsbücher enthüllen uns, daß es recht prächtige gewesen sein müssen. Auch der Herzog erschien bei allen wichtigen Gelegenheiten neu gekleidet. Agraffen, das heißt Schließen, werden mit Pflanzenmotiven verziert, Salbei, Lilie, Veilchen, Ginster und vielen anderen, auch mit Tiermotiven wie Adler, Löwen, Bären, Affen, Pfauen, Falken usw. Der Falke erinnert an die Jagdleidenschaft. Zur Jägerei gehört auch der Hund, die Lerche, der Fasan, das Rebhuhn und die Turteltaube. Häufig kommen Jagdszenen bei der Ornamentierung vor: der Adler, ein Kaninchen raubend, der Falke, der einen Goldreiher schlägt, ein ertrinkender Hirsch, und wenn man uns von »porcs sauvaiges, hommes et arbres« spricht, erraten wir leicht, daß es sich um eine Wildschweinjagd handelt.

Die Legenden und Erholungen des Feudallebens inspirieren Darstellungen wie die »Dame mit dem Einhorn« oder ballspielende Kinder.

Salzfässer werden gern mit der Sirene verziert. Bei den Schmuckstücken werden alle Edelsteine benutzt, vornehmlich der Ballas-Rubin, der Lieblingsstein unseres Fürsten. Eines Tages schenkte er dem Herzog von Anjou einen goldenen Becher in Form einer Getreidegarbe aus hohlen Halmen mit geflochtenen Bändern und ziselierten Ähren, auf dessen Boden ein an der Brust verletzter Schwan, auf dem Wasser inmitten von bourbonischen Lilien und grünem Blattwerk schwimmend, in Email dargestellt war, der Deckel war mit Ähren übersät, der Deckelknopf eine Granatblüte[8].

Das Gold- und Silbergeschirr war unvorstellbar kostbar, und darum griff man vertrauensvoll darauf zurück, wenn es eine Anleihe aufzunehmen galt, denn es war Millionen wert. Das eigentliche Tafelsilber stimmte mit dem übrigen überein. Unter den Goldschmieden, die vom ersten Herzog Bestellungen erhielten, verdient der Goldschmied des Königs, Hennequin du Vivier, an erster Stelle genannt zu werden. Doch hatte Philipp der Kühne seinen eigenen Goldschmied, Jean de Brabant. Aber man gab Aufträge auch an Henriet Orlant und Benedict du Gal, die beide in Paris wohnten.

Die Bankiers aus der Familie Rapondi dienen als Mittelsmänner für Ankäufe in Italien, die Balducci besonders für Erwerbungen in Venedig. Auf diese Weise werden nicht nur die Künstler des französischen oder burgundischen Lehnsbereiches, sondern auch Künstler des ganzen Westens beschäftigt. Deutschland wird keineswegs ausgeschlossen. Hermann und Venantius von Köln liefern auf Bestellung und auch der bekanntere Goldschmied Hermann Ruissel, desgleichen ein Landsmann Sluters, Rollequin de Haarlem, der sich allerdings erst 1383 in Paris niedergelassen hat.

Von den Schmuckstücken der Herzogin sei nur eines genannt, auf dem zwei Lämmer einen Wolf festhalten: der Triumph der Sanftheit über die Roheit ist ein Wunschbild der empfindsamen Fürstin.

Die herzoglichen Gemächer sind verschiedenartig ausgestattet, oft eigentümlich, doch immer geschmackvoll, eines zum Beispiel mit Astwerk der Weiß- und Roteiche, das einen Tiger umgibt, der aus einer Quelle trinkt. Das Gemach des Herzogs war golden in Dijon, rot in Montbard und grün in Rouvres.

Der Herzog liebt es, seine Kleider mit Lämmern und Schwänen zu übersäen, und manchmal sind dies nach der Mode »klingelnde Tiere«, d. h. sie haben kleine Glöckchen um den Hals. Manchmal gehören sogar echte Schellen zum Kostüm. Was opfert man nicht alles für die Mode? Selbstverständlich trägt man Schnabelschuhe mit reichen Schnallen verziert. Das kostbarste Pelzwerk schmückt die Mäntel, die während des ganzen Mittelalters im wahrsten Sinn des Wortes die Prachtkleidungsstücke der feudalen Welt waren. Brokate und Seiden aus Lucca, golddurchwebte Damaste, Tuche aus Arras, Douai, Leinen aus Lille, Mecheln, Dendermonde usw. wechseln in der Kleiderkammer ab, stets in erlesener Zusammenstellung, gewählter Ausstattung und kunstvollem Schnitt. Die Hüte und Kappen sind gleichfalls Kunstwerke, und sehr wertvolle Juwelen finden dort ihren Platz[9]. Tag für Tag lebt der Herzog inmitten einer Märchendekoration. Wie könnte man bei diesem Lebensstil – dessen bestürzender Zuschnitt uns noch im Kapitel vom höfischen Leben beschäftigen wird – darüber erstaunt sein, daß der steinreiche Valois trotz seiner gewaltigen Stellung und seines Ruhmes so oft ohne einen blanken Heller, mit schlappem Beutel dastand und den Wucherern ausgeliefert war?

*

Es gibt noch ein anderes Kapitel, der Aufwand für die »hohen Künste«, für die kostspieligste von allen, die Architektur und die sie begleitende Plastik und Malerei.

Der Herzog von Burgund hat selbstverständlich mehrere Residenzen, aber er hat drei Hauptwohnsitze: als Prinz von Geblüt gehört ihm in der Ile-de-France das Schloß Conflans und das Hôtel d'Artois in Paris. Als Graf von Flandern und Artois besitzt er Schlösser in Arras, Lille, Gent, Brügge und in der Umgebung der großen Städte, als Herzog das »hôtel« in Dijon, die Landsitze in Rouvres, Talant, Montbard und im Châtillonnais die »séjours« für die Jagd. Persönliche Bedeutung hat für ihn Schloß Agilly und für die Herzogin Schloß Germolles.

Diese zahlreichen Residenzen sind Gegenstand unentwegter Pflege, von Verschönerungen, Vergrößerungen, rastlos veränderten und bereicherten Ausstattungen. Sprechen wir nicht von der Einrichtung der herzoglichen Gemächer – wir hörten bereits von ihrer Mannigfaltigkeit. Vermerken wir jedoch, daß jedes Schloß seine »chambre du poêle« hat, jenen Raum, in dem sich ein Betthimmel aus kostbarem Gewebe befand. Dieses Prunkgemach war für einen Gast von höchstem Rang bestimmt. Der Thronsaal stellt das vor, was man später »Empfangsraum« nennen wird. Bäder, eine gedeckte Galerie für Regentage und einen Ballspielplatz gibt es auch. Modern sind bunte Fensterscheiben, die mit historischen Figuren verziert sind. Die Kapelle ist die Miniaturausgabe einer Kirche, eine erlesene Verkleinerung der schönsten Monumente der Kirchenkunst. Die Gotik hat ihren Gipfelpunkt erreicht und endet in dem wundervollen »Flamboyant«, in dem man bisweilen sehr zu Unrecht einen Verfall sieht, wo man doch darin eher ein Aufblühen sehen sollte.

Die großen Baumeister, Bildhauer und Maler des Jahrhunderts werden in Lohn und Brot gesetzt. Der Wiederhersteller des Louvre unter Karl V., Raymond du Temple, erster Meistersteinmetz des Königs, trifft sich am 30. April 1384 in Rouvres mit André oder Drouet de Dammartin, dem Generalmeister der Bauvorhaben des Herzogs, und mit Jacques de Neuilly, dem Steinmetz der Chartreuse von Champmol. Man kann sich wohl vorstellen, daß diese Zusammenkunft mit den geplanten gewichtigen Arbeiten in Beziehung steht. Einige Jahre später findet sich im gleichen Schloß der Maler Jean de Beaumetz ein, um dort die Ausführung der Malereien zu leiten.

Beaumetz' Leute arbeiten vom 20. März 1389 bis 31. Oktober 1391 in Argilly, und wir wissen aus einem zuverlässigen Dokument, daß der Kamin im großen Saal dieses Schlosses das Werk eines Steinmetzen aus Reims, Jean Herbelay, ist, der den Kamin in dem Schloß kopiert hat, das der König in Creil besitzt. Ebenso holt man sich in Corbeil Anregungen für Germolles, wo der bereits genannte Dammartin und jener Jean de Marville arbeiten, der sich beim Bau der Chartreuse so sehr hervorgetan hat. Um diesen Abschnitt abzukürzen, wollen wir die unzähligen Wiederherstellungs- und Verbesserungsarbeiten gar nicht im einzelnen beschreiben, die den anderen Residenzen, insbesondere Montbard und dem Herzogspalast in Dijon, zugute gekommen sind sowie den Schlössern in der Ile-de-France und den Grafschaften[10].

*

Zum Schluß kommen wir zu jener Chartreuse von Champmol, welche die eigentliche Gründung des ersten unserer Großen Herzöge ist und die ihm schon für sich allein in der Geschichte der Kunst einen Ehrenplatz sichert. Hier handelt es sich nicht darum, diese bedeutende Leistung vom ästhetischen Standpunkt zu bewerten, denn dieser Aspekt wird in einem anderen Kapitel noch zur Sprache kommen. Hier geht es allein um eine Würdigung der Tatsache, wie großzügig das herzogliche Mäzenatentum bei dieser Schöpfung verfahren ist, der nicht einmal die Könige etwas Gleichwertiges an die Seite zu stellen haben. Denn die königliche Abtei von Saint-Denis, die allein zum Vergleich herangezogen werden könnte, war das Werk von Jahrhunderten, nicht das einer einzelnen Persönlichkeit. So viel die französischen Könige für die von ihnen erwählte Begräbnisstätte aufgewendet haben, bei keinem haben sich Schicksal und Name so eng verbunden wie in Champmol.

Philipp, der in der Kutte eines Kartäusers begraben werden wollte, hat schon zeitig an die Gründung eines Ordenshauses gedacht. Bereits 1375 lieferte er den Beweis seiner Liebe, indem er zur Instandsetzung der Grande Chartreuse beitrug, die erst kurz zuvor einem Brand zum Opfer gefallen war. Als Schenkung für die Chartreuse von Lugny sind mehrere Bilder bestimmt, die bei Jean de Beaumetz 1378 bestellt wurden, im gleichen Jahr, in dem Philipp eine Altardecke, »peint a ymaiges«, einem Mönch aus dem gleichen

Orden zum Geschenk gemacht hat. Nun wird der Plan für eine Kartause ausgearbeitet, die sich in der Nähe von Dijon erheben und 24 Zellen, einen kleinen und großen Kreuzgang, eine Kapelle und die Begräbnisstätte der Herzöge beherbergen soll. Die Ausführung folgt der Fertigstellung des Plans auf dem Fuße. Am 20. August 1383, dem Tag des heiligen Bernhard, werden der erste und zweite Grundstein des Gebäudes feierlich gelegt. Der erste Stein wurde von der Herzogin »par sa main mesme« gelegt, der zweite vom Erben des herzoglichen Paares, dem zwölfjährigen Johann. Raymond du Temple und Drouet de Dammartin sind die Architekten des berühmten Bauwerks, die Bildhauerarbeiten werden von so großen Meistern wie Jean de Marville und Claus Sluter ausgeführt. Wir werden diesen Namen im Kapitel über die burgundische Kunst wiederbegegnen. An dieser Stelle sei lediglich vermerkt, daß der Bau der Chartreuse und die hervorragenden Kunstwerke, die sie barg, dem Herzogshaus beträchtliche Summen gekostet hat. Die Rechnungsbücher in den burgundischen Staatsarchiven sind buchstäblich übersät mit Bemerkungen, welche die Ausgaben für die Steine und deren Transport betreffen oder für die von den Steinmetzen, Malern und Bildhauern geleisteten Arbeiten[11]. Da die Kartause eine Nekropole ist, schließt sich der Auftrag für das herzogliche Grab an und bringt uns damit wieder an den Ausgangspunkt dieses Kapitels zurück. Das Grabmal war noch wenig fortgeschritten, als ein vorzeitiger Tod der Laufbahn des Begründers der Dynastie ein Ende setzte. Es sollte unter der Leitung des zweiten Herzogs, Johanns ohne Furcht, weitergeführt und die Reihe der Herzogsgräber von einer Regentschaft zur anderen fortgesetzt werden, als demonstratives Wahrzeichen des Mäzenatentums, das nie wieder so glänzend war wie unter Philipp dem Kühnen, das aber, von Generation zu Generation sich vererbend, den großen Herzögen mindestens ebensosehr zum Ruhme gereicht wie Kriege oder Diplomatie.

Sechstes Kapitel

JOHANN OHNE FURCHT

Der zweite unserer Herzöge hat bei der Taufe den Namen seines Großvaters, des Königs Johann erhalten, dem das Herzogshaus sein Glück verdankt. Man berichtet uns, er sei ein »kleiner dunkler Mann mit blauen Augen, vollem Gesicht, festem Blick und hartem Kinn« gewesen, »mit massigem, eingedrücktem Schädel; er hat kein feines Benehmen und keine Grazie, das Sprechen fällt ihm schwer, er versteht nicht aufzutreten und vernachlässigt seine Kleidung«, wenn er sich nicht, um zu paradieren, ostentativ in Gewändern zeigt, die mit Schmuck überladen sind. Er ist »ein Flame, der das Blut vom Hennegau in sich hat«. Er schlägt seinem Vater nach, aber mehr noch seiner Mutter. Er ist tapfer, wagemutig, listig und von grenzenlosem Ehrgeiz[1]. Sein unelegantes Auftreten und seine derben Manieren sind dazu angetan, vor allem das gemeine Volk zu beeindrucken. Durch die Entschlossenheit und den energischen Willen, der sich in ihnen ausdrückt, erzwingt er sich trotzdem Achtung. Obschon unansehnlich und unbeholfen, von einer virilen Häßlichkeit, robuster und gesunder Schwerfälligkeit, verleugnet das Äußere nicht den großen Herrn. Hinter diesem reizlosen Äußeren steckt eine starke Persönlichkeit. Sein Adlerprofil fasziniert, er mißfällt und hat zugleich etwas Bestechendes. Sein Gesichtsausdruck hat irgend etwas Seltsames, etwas Beunruhigendes. Die »Furcht«, die er selbst nicht kennt, andern aber mit diebischer Freude einzujagen liebt, wird eines der wesentlichen Mittel seiner Politik sein. Ein anderes, das ihm nicht minder zu Gebote steht, ist die Schmeichelei. Sein Schicksal wie seine Person sind voller Kontraste. Er wird seinem Jahrhundert eine starke, aber zweideutige

Prägung geben, zweideutig wie seine Gesichtszüge, zweideutig wie die Stimmungsumschwünge seiner rätselhaften Psyche.

Am 28. Mai 1371 geboren, hatte er vor allem in Flandern gelebt. Er sprach Flämisch, das sein Vater nie beherrscht hatte. Sein Erzieher war ein Flame, Balduin van der Nieppe, Propst von St. Donat in Brügge. Zum Grafen von Nevers ernannt, wurde er mit fünfundzwanzig Jahren an die Spitze des Kreuzzuges gegen Nikopolis gestellt. Nach Aussage von Froissart bemerkte er bei dieser Gelegenheit »Je ai grant desir de moy avancer«. Voranzukommen wird immer seine Maxime bleiben und seine flämische Devise »Ic houd« ist bezeichnend für seine Beharrlichkeit im Handeln[1a]. Das orientalische Abenteuer war total mißlungen. Wenn es auch dem Chef des Herrscherhauses und seinen Untertanen die enorme Belastung eines Lösegeldes von 200000 Gulden auferlegte, so hatte es dem Erben den unauslöschlichen Ruf größter Tapferkeit eingebracht[2]. Hat er seinen Beinamen von jenem 25. September 1396 erhalten, wie manche glaubten, oder von der Schlacht von Othée, wie der Chronist Monstrelet behauptet? Jedenfalls ist der Nachfolger Philipps des Kühnen, dadurch daß er die mit dem Namen seines Vaters verbundene Auszeichnung noch überbot, für die Geschichte der Herzog ohne Furcht geblieben.

*

Die Gebräuche des Feudalwesens erheischten die ersten Amtshandlungen. Am Tag nach den in der Chartreuse von Champmol begangenen Beisetzungsfeierlichkeiten fand der feierliche Einzug in Dijon statt, begleitet von der üblichen Bestätigung der Privilegien und Ämter[3]. Sodann begab sich der neue Herzog auf die »cour royale«, um die Verlobung seiner Tochter Margarete mit dem Dauphin Ludwig, dem Herzog von Guyenne, zu feiern, welche der Urheber dieser Verbindung, Philipp der Kühne, nicht mehr offiziell bekanntzugeben vermochte. Unter den Auspizien dieser neugeknüpften Familienbeziehung fand sich Johann, ob er wollte oder nicht, dem einzigen Bruder seines Souveräns gegenüber: Ludwig von Orléans. (Vgl. Stammtafel: Die Valois von Frankreich und Burgund.)

Der schon am Ende der Herrschaft Philipps des Kühnen mehr als deutlich hervortretende Gegensatz zwischen Orléans und Burgund sollte unter der Herrschaft Johanns ohne Furcht sehr schnell zur Mittelachse der ganzen Politik werden.

Der Tod des Onkels, der ihm so oft Ungelegenheiten bereitet hatte, gab Ludwig von Orléans die Gelegenheit, mit dem Staatsrat und der königlichen Gunst mehr denn je nach Belieben umzuspringen. Während der letzten Jahre hatte Philipp der Kühne sich die größte Mühe gegeben, den Eifer von Valentines Gemahl zu bremsen, der darauf brannte, den Krieg mit den Engländern wieder zu entfachen, während doch die flämischen ebenso wie die französischen Belange einen Bruch der bestehenden Waffenstillstandsverträge nicht ratsam erscheinen ließen. Ludwig war, vielleicht im Glauben, die Rolle des »weisen Königs« weiterspielen zu müssen, jedoch ohne Besonnenheit handelnd, soweit gegangen, Heinrich IV. von Lancaster persönlich herauszufordern, indem er ihm einen Fehdebrief sandte, der von dem englischen Monarchen hoheitsvoll zurückgewiesen wurde.

Den Krieg mit den Engländern wieder aufleben zu lassen und dem König soviel Geld wie möglich abzuknöpfen, das schien das Programm des Herzogs von Orléans zu sein. Dem Anwachsen der Steuern Einhalt zu gebieten, um sich beliebt zu machen, und den für die Interessen des burgundischen Staates schädlichen Bruch des französisch-englischen Waffenstillstands zu verhindern – solcherart war das Programm auf der Gegenseite, dasjenige Johanns ohne Furcht.

Johann setzte die von den naheliegenden Bedürfnissen der belgischen Lande diktierte väterliche Politik fort und war in diesem Punkt um so fester entschlossen, als Verhandlungen über wichtige englisch-flämische Handelsabkommen im Gange waren, die von Philipp dem Kühnen eingeleitet worden waren. Jean de Thoisy und ein anderer getreuer Diener des Herzogshauses, Thierry Gherbode, arbeiteten unter der obersten Leitung des Kanzlers Jean Canart am Zustandekommen dieser Abmachungen. Nach dem Tode Canarts 1405 setzte sein Nachfolger, Jean de Saulx, Seigneur de Courtivron[4], das Werk fort, so daß im Dezember 1406 ein Vertrag abgeschlossen und am 20. April 1407 publiziert werden konnte.

Die immer mehr zunehmende Annäherung zwischen England und Burgund, die auf Grund der Richtlinien des ersten Herzogs unter seinem Nachfolger stattfindet, kompensiert und unterbindet somit die Torheiten des Herzogs von Orléans und die Streiche seiner Freunde, die es anscheinend darauf angelegt haben, immer wieder ein paar Funken sprühen zu lassen, aus denen die Wiederaufnahme des Großen Krieges hervorgehen könnte.

Gleichlaufend mit dieser Meinungsverschiedenheit im Hauptpunkt der Außenpolitik wirft sich Johann zum Beschützer des französischen Steuerzahlers auf, der infolge der kriegshetzerischen Pläne und der Verschwendung Ludwigs regelrecht ausgebeutet wird. Ludwig hat in seiner Schwägerin Isabeau immer mehr die erwählte »Partnerin« für ein stets kostspieligeres und hemmungsloseres Luxusleben[5]. Johann verlangt vor dem versammelten Staatsrat laut und sehr deutlich Erklärungen über die Verwendung der Gelder. Das Volk, sagt er, wird von Steuern erdrückt. Ohne das Ende des Rechnungsjahres abzuwarten, schlägt man eine neue »taille« vor, weil sich die »taille« des laufenden Jahres in Luft aufgelöst hat. Johann widersetzt sich dieser neuen Einkommensteuer. Wenn man sie beschließt, wird er ihr nicht zustimmen. Auf jeden Fall weigert er sich, sie in seinen Lehnsgebieten zu erheben. Wenn das verfügbare Saldo aus der letzten »taille« nicht reicht, dann erbietet sich der Herzog von Burgund, das Fehlende eher aus seiner persönlichen Kasse zu zahlen, als das Volk aussaugen zu lassen.

Das ist eine Sprache, die noch nie ein Fürst geführt hat, die man am liebsten eine Sprache »für den Wähler« nennen möchte und die sehr gut geeignet ist, demjenigen, der solche Wendungen gebraucht, die spontane Gunst des Volkes einzubringen. Der Herzog wäre in größte Verlegenheit geraten, wenn er sich in die Lage der Masse der Untertanen versetzt hätte, aber seine Ausdrucksweise gehört zu jenen, bei welchen der kleine Mann zu allen Zeiten applaudiert. Der demagogische Fürst beginnt sein Talent zu enthüllen, das Talent eines Spezialisten in der Kunst, Stimmen zu fangen.

Vor versammeltem Rat dergestalt Stellung zu nehmen, bedeutet selbstverständlich, sich den Zorn des Herzogs von Orléans zuzuziehen. Die Rivalität zwischen den beiden Vettern ist von nun an offenkundig. Sie wird sich künftig immer mehr verschärfen.

*

Johann nimmt die zusätzliche Lehnshuldigung, zu der ihn der am 21. März 1405 erfolgte Tod seiner Mutter verpflichtet, zum Anlaß, sich nach Paris zu begeben. Dieser Aufenthalt erlaubt ihm, »seine Geschäfte besser zu erledigen und zu führen«, vertraut uns der Chronist Enguerrand de Monstrelet an. Ein fast überflüssiges Geständnis, denn der Herzog ist an der Spitze von 5000 Lanzenreitern eingetroffen. In Louvres-en-Parisis, einer seiner Etappen, vernimmt er, daß sein Herannahen Ludwig und Isabeau zum Verlassen der Hauptstadt bewogen hat. Sie haben zwar den kranken König in Paris zurückgelassen, sind aber nach Melun geflohen und haben dem Dauphin und der Dauphine befohlen, sie dort zu treffen. Die beiden reisten im Schutz einer unter dem Kommando von Isabeaus Bruder, Ludwig von Bayern, stehenden Eskorte. Johann braust wie ein Wirbelwind am 19. August durch Paris und macht sich ohne Aufenthalt an die Verfolgung der Flüchtlinge. Der Führer seiner Vorhut, Guillaume de Vienne, Seigneur de Saint-Georges, erreicht die Wagenkolonne des Dauphin in Juvisy und zwingt sie zum Halten. Der Herzog kommt, kanzelt Ludwig von Bayern ab, jagt seine Soldaten davon, ersetzt eigenmächtig die orléanistische Eskorte durch eine burgundische und bringt den Dauphin und die Dauphine nach Paris zurück, wo das Volk das Prinzenpaar und seinen Retter mit vielsagender Begeisterung empfängt.

Dieser erste Erfolg wird ohne Aufschub ausgenutzt. Am 26. August wird von Johann, und, soweit es ihn berührt, vom Grafen Anton von Rethel der Huldigungseid für die Erbfolge Margaretes von Flandern geleistet. Noch am gleichen Tage werden beim »Parlement«, der »Chambre des Comptes« und der Universität Remonstrationen vorgelegt. Indem sie sich an den König wenden, legen die burgundischen Herrn vor den Mitgliedern dieser großen staatlichen Körperschaften dar, »was man zu ihrem Schaden« — das zielt auf den König ab — »und des Königreiches tut«. Monstrelet, ein sehr burgundisch gesinnter Autor, verhehlt uns nichts über diese erste Anklageschrift, der noch viele folgen werden. Darin wird über das Verhalten des Herzogs von Orléans geklagt, über die schweren Belastungen, die das Volk zu Boden drücken. Reformen sind nötig. Die Entführung des Dauphins und der Dauphine ist ein unerhörter, unentschuldbarer Gewaltstreich. Der Herzog wird die Truppen, die er herangeführt hat, nicht verabschieden, wenn der unerträglich gewordenen Situation nicht abgeholfen wird. Kurz und gut: eine regelrechte Anklageschrift gegen den Herzog von Orléans.

Orléans antwortet am 2. September, und damit hat die Polemik bereits ihren Höhepunkt erreicht. Ein wahres Wortgefecht entspinnt sich. Damit, daß die junge Königin das junge Paar aus Paris fortgeschickt habe, habe sie ja nur ihre Pflicht getan. Sei sie nicht dazu verpflichtet, für die »Ernährung und Erziehung ihrer Kinder« zu sorgen? Hingegen sei es empörend, den Thronerben festzunehmen und ihn im Louvre gefangenzuhalten. Am 8. September widerlegt der Herzog von Burgund diese Verteidigung. Auf beiden Seiten werden Truppen zusammengezogen. Bürgerkriegsstimmung beginnt aufzukommen, und ihre Giftstoffe verwirren die Gemüter.

Kein Zweifel mehr, es ist passiert: der große Krach ist da. Die beiden Vettern erheben sich gegeneinander in tragischer Weise. Jeder will das große Wort führen, jeder trachtet danach, den Rivalen auszuschalten. Zwei widersprüchliche politische Zielsetzungen stehen sich gegenüber. Ein tiefer persönlicher Haß, der bei jedem Zwischenfall noch anschwillt, gibt dieser Gegnerschaft den eindrucksvollen Verlauf eines Dramas.

Johann ohne Furcht hat schon zu seinem ersten Emblem, der Hopfenranke, ein zweites, die Brennessel, dazugenommen. Das ist ein deutlicher Fingerzeig. Wer sich daran wagt, sticht sich. Ludwig von Orléans aber wählt den Knotenstock mit der Devise »Je l'ennuie«. Johann nimmt darauf als Abzeichen den Hobel, der den Knüttel glätten soll, und fügt die Devise »Ic houd« hinzu. Zum Hobel kamen die »Hobelspäne«. Es waren silberne, oft edelsteinverzierte Späne, die man sichtbar als Zeichen der Zustimmung zu den burgundischen Ideen trug und die der Hof von Burgund als Schmuckstück an Freunde und Gleichgesinnte verschenkte.

Denn die burgundischen Ideen, liberale, reformerische Ideen, breiten sich aus. Die vom Herzog bezogene Stellung läßt keinen von denjenigen gleichgültig, die unter den Mißständen zu leiden haben. Seine Art, Heilmittel gegen die allzu offensichtlichen Zeitkrankheiten anzupreisen, die Vorschläge zur Beseitigung der Schäden im staatlichen Gefüge müssen auf jene, die nach einer neuen Regierung lechzen, bestechend wirken. Sie sind Legion, und wer von ihnen hat nicht den »Songe véritable« gelesen? Es ist ein bitterböses Pamphlet, bei dem es nicht auf sachliche Darlegungen ankommt, sondern auf eine erbarmungslose Kritik an den zeitgenössischen Lastern. Entnehmen wir ihm einige wesentliche Punkte, so wird die Popularität Johanns ohne Furcht besser verständlich.

Schonungslos geht der Autor mit jenen ins Gericht, die das Frankreich des wahnsinnigen Königs zu Fall bringen, dieses kläglichen Herrschers, der ein jämmerliches Leben führt und angeblich »chapifol«, d. h. Blindekuh, spielt. Eine ganze Armee von Schmarotzern umgibt ihn, bestiehlt ihn und beutet ihn aus. Auf sie saust die Geißel der Satire nieder. Keiner wird geschont, von den Küchenjungen und Vorschneidern bis zum Oberbrotmeister und Mundschenken, von den Kastellanen des Schlosses Beauté-sur-Marne und der Pariser Paläste bis zum höchsten Beamten der königlichen Forsten und Gewässer, von den Schreibern, Notaren und den mit der Durchsicht der Briefe aus der Kanzlei beauftragten Visitatoren bis zum Requetenmeister im königlichen Palast und den Räten am Pariser »Parlement«. Aber in diesem Schwarm von Parasiten dunkler Herkunft und niedriger Geburt, die durch Günstlingswirtschaft in die höchsten Stellungen gelangt sind, werden die Funktionäre des Finanzwesens besonders aufs Korn genommen, der Großschatzmeister, der Kriegsschatzmeister, Steuereinnehmer und -räte, Generalsteuerpächter, weltliche und außerordentliche Räte und Vorsteher am Rechnungshof, der Vorsteher der Münze, die Schatzmeister des Königs und der Königin, die Geldwechsler des Staatsschatzes, die Verwalter des königlichen Schatzes, die Hüter der Währung und des Staatsschatzes, der Juwelen und des Gold- und Silbergeschirrs, die im Louvre, der Bastille Saint-Antoine, im Wald von Vincennes und in Saint Germain-en-Laye deponiert sind.

Alle Mitglieder dieser »großen Bande«, die »dessus la dune que gouverne dame Fortune« sitzen, bekommen nicht nur als Zuwendung und Geschenk das Tuch für ihre Livree, Zelter und Lastpferde, pelzgefütterte Stiefel, Straußenfederbüschel zur Garnierung ihrer Kleider und vergoldetes Tafelgeschirr. Sie wissen sich den Staatssäckel belastende Pensionen zu verschaffen. Das ginge noch an, wenn sie wenigstens Erfahrung und Kenntnisse im Finanzwesen hätten. Aber die meisten sind überhaupt nicht kompetent und haben nur zwei Leidenschaften: Macht und Geld. Außerdem verstehen sie nur als sündenteure Quacksalber den pekuniären Krankheiten abzuhelfen und die Löcher in ihrem persönlichen Vermögen zu stopfen. Sie »raffen und schnappen«. Sie stehlen Teile des Goldgeschirrs, in dem sie dem König die Speisen auftragen. Sie entwenden seine Tapisserien, sogar seine Kleider. Sie scheuen vor nichts zurück. Ein Generalsteuereinnehmer, Alexandre le Boursier, die »Geschlossene Faust« genannt, verkauft Wein. Ein Wechsler des Schatzamtes leitet ein Handelshaus, ein Kammerherr verkauft auf dem schwarzen Markt unversteuertes Salz. Alle säckeln nach Kräften ein. Alle leihen dem König und den Prinzen zu Wucherzinsen das Geld, das sie aus dem Staatsschatz entwendet haben. Alle kaufen sich schöne Palais in der Stadt, d. h. in Paris, in guten Gegenden, Rue Sainte-Croix-de-la-Bretonnerie, Rue Vieille-du-Temple, Rue de la Parcheminerie, Rue de la Heaumerie, Rue Bourg-Tibourg, wie jener Sänger und Schatzmeister Milet Baillet, der in der Rue de la Verrerie ein Palais besitzt, in dem es so viele Glasscheiben gibt wie Tage im Jahr. Alle haben für einen Besitz »im Freien« gesorgt, d. h. in der Nähe der Stadt Paris, entweder in der kleinen oder alten Bannmeile, in Clichy, Saint-Ouen, Bry-sur-Marne und Romainville oder in der weiteren Umgebung, Luzarches, Meaux, Corbeil, Palaiseau, Rambouillet und Pontoise. Der Vorsteher der Kasse des königlichen Haushalts, Raymond Raguier, hat genügend beiseite gebracht, um sich in Orsay ein prächtiges Schloß zu bauen. Der Chef des Hofpersonals, Jean de Montagu, »général gouverneur sur le fait de la dépense de l'hôtel« hat in seiner Baronie Marcoussis eine von den Cölestinern versehene Kirche bauen lassen, die 600 000 Francs gekostet hat, Goldfranken natürlich. Und das sind nur einige Beispiele.

Kurz: es regiert die Unordnung, überall gibt es Skandale, die Gaunerei in der Verwaltung ist auf dem Höhepunkt. Der Herzog von Burgund hat mit seiner Erklärung, er wolle diesen Mißständen ein Ende machen, empfindliche Saiten angeschlagen. Er ist sicher, die Masse für sich zu haben. Außerdem beschränkt er sich nicht auf Worte. Er erreicht, daß den Bürgern von Paris das Recht zurückgegeben wird, auf den Straßen Ketten zu spannen, um nachts die Sicherheit zu gewährleisten, ein Recht, das bei der Unterdrückung des Aufstands von 1382 aufgehoben worden war. Das bedeutet, der

Dankbarkeit des »kleinen Mannes«, der sehr empfänglich für diese Wiedergutmachung ist, entgegenzukommen.

Sollte der Sohn desjenigen, der gegen die »Chaperons blancs« gekämpft hat und ein Anhänger der reaktionären Maßnahmen war, die auf die Schlacht von Roosebeke folgten, Anwärter auf die Rolle eines französischen Artevelde sein? Man möchte es fast meinen, wenn man sieht, wie eifrig Herzog Johann die Sympathie der Pariser pflegt, die immer sofort bereit sind, demjenigen Beifall zu spenden, der mit der Regierung unzufrieden ist.

Aber: gibt es kampflustige Leute, welche drohende Zusammenstöße und sogar Revolutionen keineswegs schrecken, so gibt es auch Gemäßigte, Friedliebende, die in ihrer Ruhe von einer schon zu hitzig gewordenen Polemik gestört werden. Man findet sie vor allem in der Umgebung des Königs. Besonders die Herzöge von Bourbon und Berry machen sich Sorgen darüber, daß ihre Neffen sich gegenseitig die Stirn bieten. Wenn sie Waffengeklirr hören, packt sie das Grausen.

Am Hof wird es unruhig. Auf die beiden Vettern wird eingewirkt. Sie werden am 16. Oktober 1405 zum ersten Male versöhnt, man bringt sie dazu, daß sie zusammen essen und trinken. Man erreicht, daß jeder seine Soldaten entläßt. Der erste Schrecken ist vorbei. Bald jedoch fangen die Provokationen wieder an. Die Oheime werden durch die hin- und hergehenden Herausforderungen immer verstörter und versuchen die beiden Widersacher auszusöhnen. Man lädt sie zusammen ein. Man läßt sie gemeinsam kommunizieren, sie müssen sich umarmen. Diese geheuchelten Szenen versprechen nichts Gutes[6]. Man versucht, Isabeau zur Regentin zu erheben – sie laviert, machtlos, unschlüssig, unbeständig[7]. Frankreich hält den Atem an: welcher der beiden Gegner wird die Oberhand gewinnen?

Johann war es, der Ludwig von Orléans aus dem Wege räumte. Das berühmte und aufsehenerregende Attentat wurde am Mittwoch, dem 23. November 1407 begangen.

An jenem Abend hatte Ludwig sich in das Hôtel Barbette im Marais begeben, wo die Königin wohnte, die eben mit ihrem zwölften Kind niedergekommen war, jenem Philipp, dem man gerade noch die Nottaufe geben konnte, bevor er starb. Die vom Herzog von Burgund gedungene Bande hatte sich in einem Gasthof mit dem Namensschild »l'imaige Notre-Dame« nahe der Porte Barbette einquartiert. Der Schlag war bis ins kleinste vorbereitet. Der Kammerdiener des Königs, Thomas Courteheuse, war mit im Komplott. Er sucht den Bruder Karls VI. bei der Königin auf und sagt zu ihm: »Monseigneur, der König bittet Euch, Ihr möget unverzüglich zu ihm kommen, denn er hat eiligst mit Euch über eine wichtige Sache zu sprechen, die ihn und Euch betrifft.« Das ist die Falle.

Ohne sich über die Unwahrscheinlichkeit einer Verabredung zu einer solchen Zeit Gedanken zu machen – es ist ungefähr acht Uhr, und der Tag geht zur Neige – besteigt der Herzog von Orléans seine Mauleselin und macht sich auf den Weg. »In dieser Nacht war es ziemlich finster«, schreibt Monstrelet, der die Szene aufgezeichnet hat. Nur zwei berittene Junker mit fünf oder sechs fackeltragenden Dienern zu Fuß begleiten den Fürsten.

Plötzlich treten 18 oder 20 Männer aus dem Dunkel hervor. Als sie über ihn herfallen, ruft Ludwig: »Ich bin der Herzog von Orléans!« Man antwortet ihm: »Den wollen wir ja gerade.« Und man schlägt wütend drauflos. Nachdem zwei Diener sowie der deutsche Junker des Fürsten getötet und die übrigen in die Flucht geschlagen sind, stürzen sich die Mordgesellen auf ihr Opfer. Ludwig fällt mit zerschmettertem Schädel, der rechte Arm ist gebrochen und zerfetzt, die linke Hand abgehackt. Das Hirn war in der Gosse verspritzt. Dann war der kurze Befehl zu vernehmen: »Löscht alle Lichter. Gehen wir. Er ist tot. Seid guten Muts.« Den Leichnam ließ man an Ort und Stelle liegen. Er wurde noch während der Nacht in die Kirche der Mönche vom Orden Wilhelms von Malavalle gebracht und blieb dort bis zur Beerdigung, die bei den Cölestinern stattfand.

Der Anführer der Mörderbande, die der Herzog von Burgund übrigens für ihren Erfolg sehr großzügig belohnte, war einer seiner ständigen Diener, Raoulet d'Anquetonville. Die Königin Isabeau hatte ihn kurz vorher wegen Betrugs verurteilen lassen, und er wußte nicht aus noch ein vor Schulden. Wie Raoulet stand eine ganze Reihe von handfesten Kerlen bereit, seine Weisungen bis zum Mord auszuführen, in des Herzogs Diensten. Johann gehörte in der Tat zu jenen vom Ehrgeiz besessenen Staatsmännern, für die der Zweck die Mittel heiligt und die sich nicht scheuen, in einer angespannten Lage bis zum Verbrechen zu gehen.

III *Hubert van Eyck, Johann ohne Furcht*

IV *Flämische Schule, Margarete von Bayern, Gemahlin Johanns ohne Furcht*

Als der Herzog von Burgund sich einen Tag nach dem Tod seines Vetters Orléans zum Begräbnis begab, nahm er ungeniert seinen Platz ein und heuchelte die Gefühle, welche die Verwandtschaft mit dem Verstorbenen vorschrieb.

Unvermeidlich jedoch ergaben die von dem gewissenhaften und scharfsinnigen »prévôt« von Paris, Guillaume de Tignonville, angeordneten Recherchen in kürzester Zeit, daß die Spuren in die nächste Umgebung der Herzöge führten[8]. Schon wurde getuschelt, und zwei Tage nach der Tat gestand Johann am Ende einer Sitzung des Staatsrats den Herzögen von Anjou und Berry seine Beteiligung an der Geschichte. Er sagte ihnen, der Teufel habe ihn zu diesem Mord verleitet. Am nächsten Morgen, einem Samstag, verließ er Paris und begab sich nach Flandern.

*

Man täusche sich nicht über die Tragweite dieses Geständnisses oder die Bedeutung der Abreise, die nicht als Flucht ausgelegt werden darf. Der Mörder hat mit seiner Erklärung gegenüber den Prinzen bewiesen, daß er nicht erst das Ergebnis der polizeilichen Untersuchungen abzuwarten gedachte, die – davon ist er überzeugt – sicher auf die richtige Spur führen würden. »Ohne Furcht« will nur einen Vorsprung gewinnen, und wenn er in seine Länder reist, so bedeutet dies, daß er der Überraschung Zeit lassen will, sich zu beruhigen, den verschiedenen Meinungen, sich offen zu zeigen, Freunden, Feinden und Zauderern die Muße, einen Standpunkt zu beziehen – während er abwesend ist. Er ist sich darüber im klaren, daß die Reaktion sich sehr schnell entwickeln wird, daß er zurückkommen kann, nicht etwa um sich zu entschuldigen, sondern um sich mit der vorsätzlich begangenen Tat zu brüsten und ihre Früchte zu ernten.

Das Verbrechen von 1407 hat in der Tat erst einmal gegensätzliche Regungen hervorgerufen, und es konnte ja auch nicht anders sein. Entsetzen und offenbar aufrichtiger Schmerz bemächtigten sich des Hofes. Ludwig von Orléans hatte bestimmt große Fehler. Aber er war freigebig, großmütig, ein guter Kerl und lustiger Lebemann. Trotz seiner dummen Streiche, seiner Vergeudung öffentlicher Gelder bewahrte ihm die Welt der Ritter und Lehnsherrn ihre Sympathie. Dagegen verabscheuten ihn Bürgertum und Volk. Der Bürger sah in ihm den Verschwender der Staatsgelder, das Volk den Schuldigen an der Last der Abgaben, der direkten und indirekten Steuern. Die ihn nicht kannten, hielten ihn für bösartig. Sie machten aus diesem lustigen Gesellen einen Trübsinnigen, aus dem Oberflächlichen einen Duckmäuser, aus dem Leichtfuß einen kalt berechnenden Erfinder übler Streiche. War Valentine nicht eine Hexe? Braute sie nicht Zaubertränke, die den armseligen König krank machten? In den Augen der großen Menge war Ludwig von Orléans der verhaßte Tyrann, Johann ohne Furcht hingegen die Säule der freiheitlichen Ideen. Da nur das Schwert den Streit der beiden feindlichen Vettern entscheiden konnte, war es dem Mann von der Straße lieber, daß Ludwig von Orléans das Opfer gewesen war[9]. Daß der »Knotenstock« vom »Hobel« »abgehobelt« worden war, war ganz dazu geeignet, jene zu trösten, die ihre Hoffnung auf die Reformen setzten — und diese waren in der Überzahl.

Sobald sich Johann im Schutz seiner Territorien befand, versicherte er sich der Zustimmung seiner Untertanen. Bei ihnen kommen die Lügen leicht an. Der Herzog versammelt in Lille seine Barone und Geistlichen, erklärt ihnen auf seine Art seine Handlungsweise, und hält zum gleichen Zweck in Gent eine Sitzung der flandrischen Stände ab. Mit gründlichem Verständnis für das, was man durch Propaganda erreichen kann, läßt dieser Fürst, dessen Gerissenheit die geschicktesten Kniffe politischer Umtriebe übertrifft, tendenziöse Gerüchte verbreiten, die das Verbrechen entweder als eine Maßnahme zum Wohl des Volkes oder als rechtmäßige Sühne darstellen. Der Herzog von Orléans wird angeklagt, die Ermordung des Herzogs von Burgund im Schilde geführt zu haben, so daß folglich jener letzten Endes nichts anderes tat, als sich zu verteidigen. Aber man schlägt noch andere Saiten an. Man beschuldigt Orléans, er habe die Herzogin von Burgund entehren wollen[10], und folgert daraus, daß der am 23. November geführte Schlag nur die gerechte Strafe für eine unverzeihliche Beleidigung war. Hinzu kam noch alles, was man sich über Ludwigs Ambitionen erzählte, seine Tyrannei, sein Trachten nach der Krone, seine Zaubereien im Einverständnis mit seiner Frau Valentine, um Karl VI. zu behexen oder zu vergiften, damit er seine Stelle einnehmen könnte, seine

Verachtung für das Volk und seine Verschwendungssucht auf Kosten der mit Steuern und Abgaben überlasteten kleinen Leute. Mit unbeschreiblicher Geschicklichkeit verkehrte der Schuldige seine Tat in die Hinrichtung eines Nichtswürdigen, in einen Akt der Befreiung und Gerechtigkeit, und diese Umdeutung der Tatsachen war so geschickt ausgeheckt, daß sie sich in Flandern, Burgund und Paris mit einer Leichtigkeit durchsetzte, an der man die tiefe geistige Verwirrung dieser Zeit ermessen kann, in der die Begriffe von Gut und Böse sich immer mehr verwischen.

Der Herzog ohne Furcht ist wahrhaft ein Virtuose der Verleumdung und der politischen Taktik. Er hat sich in seiner Umgebung eine Camarilla zweierlei Art herangezogen, die bei seinen Vorhaben die besten Dienste leistet: nicht nur handfeste Kerle von der Art des Raoulet d'Anquetonville, die bereit sind, jeden, der sich den Plänen ihres Herrn in den Weg stellt, aus dem Wege zu räumen, sondern auch Männer der Feder – wie jener Jean Petit, dessen Unverfrorenheit wir bald zu würdigen haben –, welche, aus zweifelhaften Kreisen der Universität hergeholt, eine Flugschrift auf die andere, ein Plädoyer auf das andere folgen lassen und damit die Gedanken und Spuren verwirren, so daß der Durchschnittsfranzose, völlig aus der Fassung gebracht, nicht mehr zu unterscheiden weiß, was erlaubt und was nicht erlaubt ist.

Auch wenn man mit Thomas Basin[11] nicht annimmt, daß Johann den Mord an seinem Vetter von langer Hand geplant hatte, ist man zu der Feststellung gezwungen, daß er jedenfalls mit vollendeter Geschicklichkeit, mit einem vollkommenen Verständnis für die Denkart der Umwelt den Toten auszuspielen weiß. Johann ist vom Hof und aus der Stadt verschwunden. Er weiß, daß der Ermordete, wenn er auch unbeliebt war, im ersten Augenblick die Sympathien für sich haben wird, daß aber im Fall des »Tyrannen« Orléans diese Sympathien nur ein Strohfeuer sind. Man muß nur abwarten. Das Strohfeuer erlischt von selbst. Außerdem kann man noch nachhelfen, indem man es unter der Asche erstickt.

Die Tatsachen erweisen die Richtigkeit dieser Berechnung. Zuallererst sprach eine gewisse Erregung zugunsten Valentines, der Witwe Ludwigs, die sich nach Château-Thierry und dann nach Blois geflüchtet hatte. Sie überließ sich dort mit ihren Kindern einem etwas theatralischen Schmerz, der aber nicht ohne Echo blieb. Dann kam sie, die Abwesenheit des Mörders nutzend, nach Paris. Mit ihrem ältesten Sohn Karl, dem Grafen von Angoulême, und ihrer Schwiegertochter Isabelle ist sie im Hôtel Saint-Pol abgestiegen. In Trauerkleidern, deren prächtiger Ernst Aufsehen machte, haben sie und Isabelle sich dem König tränenüberströmt zu Füßen geworfen und Gerechtigkeit verlangt. Dem Staatsrat wurde eine Bittschrift vorgelegt. »Alle Umstände des Mordanschlags, alle Einzelheiten des Verbrechens des Herzogs von Burgund, die Ungeheuerlichkeit seines eigenen Bekenntnisses wurden in Erinnerung gebracht. Die Bittschrift berichtet auch, wie er dazu kam, in Flandern eine beleidigende und niederträchtige Schrift gegen die Ehre des Herzogs von Orléans zu veröffentlichen[12].« Der König hob die vor ihm zusammengebrochene Valentine Visconti auf und auch seine eigene in Tränen schwimmende Tochter Isabelle und tröstete sie beide, so gut er konnte, indem er ihnen versprach, daß die Bittschrift an die Justiz weitergeleitet werde.

In Paris jedoch wurde die Menge immer mehr von der burgundischen Propaganda beeindruckt. In der Vorstellung der Masse verband sich der Gedanke einer Reform mehr und mehr mit der Machtergreifung des Herzogs. Wer außer ihm konnte schon regieren? War er nicht der einzige Staatsmann des Hauses Valois? Im Hôtel Saint-Pol lebt man in der Angst vor der Zukunft. Man weiß, daß der Herzog von Burgund Streitkräfte mobilisiert. Wer könnte ihm in der Verwirrung, die auf den Gemütern lastet, Widerstand leisten? In der Umgebung der Herzogin von Orléans und ihrer jungen Kinder gibt es nur Schwachheit und Unentschlossenheit. Johann ist ohne Frage der starke Mann, für den die Stunde gekommen ist. Er ist sich dessen voll bewußt. Kein Wunder, daß er sich unverschämt aufführt!

Der Herzog spricht eine immer anmaßendere Sprache. Seine Oheime raten ihm, Paris zu meiden. Er setzt sich darüber hinweg. Er weiß, daß seine Propagandaleute die Wirkung der Sentimentalität niedergekämpft haben, welche die Niedergeschlagenheit Valentines und die Argumente ihres Advokaten Guillaume Cousinot erzeugt hatten. Man hat das Gerücht verbreitet, die Herzogin-Witwe habe anläßlich ihres Aufenthaltes in der Hauptstadt den König von neuem behext. Die schöne Mailänderin kann sich kaum noch etwas erwarten von den allzu vagen Versprechungen des Königs. Sie zieht sich nach Blois zurück. Im gleichen Augenblick gibt die Ansammlung burgundischen Kriegsvolks unverhohlen ein Vorspiel zu einem bewaffneten Aufmarsch. Die Truppenkonzentration fand in Arras statt. Der Marschall von Burgund, Jean de Vergy, leitete sie in eigener Person. Angsterfüllt ruft Isabeau die Bretonen zu Hilfe. Aber ihr Schwager hat gemeint, »estre le plus fort se mestier estoit«[13]. Er rückt vor, er nähert sich der Hauptstadt. Am 28. Februar ist er in Saint-Denis. Drei Tage später zieht er unter dem Freudengeschrei der Menge in Paris ein. Damit ist er im Louvre, wo er seinen Schwiegersohn, den Dauphin, und seine Tochter, die Dauphine, wiedertrifft. Er diniert im Hôtel de Nesle, dem eleganten Wohnsitz seines schönen Oheims, dessen Übellaunigkeit nur von kurzer Dauer war; schließlich läßt er sich zu Hause, im Hôtel d'Artois, gemächlich nieder. Es ist kein Zweifel möglich: er hat mit seiner Unverfrorenheit die erste Runde der Partie gewonnen.

*

Denn es ist eine Partie, die der Herzog ohne Furcht spielt, eine Partie, deren Einsatz nichts Geringeres als die Regierung Frankreichs ist. Daß der verantwortliche Urheber des Verbrechens im Barbette-Viertel von den Parisern derartig mit Beifall empfangen wird, ist wirklich das Zeichen für eine in die Irre geleitete öffentliche Meinung, für einen jener geschichtlichen Augenblicke, in denen man auf ein Menschenleben nicht viel gibt, wo der Dolch und die Streitaxt – in anderen Zeiten das Maschinengewehr – als die normalen Mittel der Polemik erscheinen, wo die Macht dem gehört, der sie an sich zu reißen wagt. Mit dieser ehrgeizigen Unerschrockenheit ist unser Herzog in reichlichem Maße ausgestattet. Sein Talent, »dem gemeinen Volk« zu schmeicheln, hat sich bereits herausgestellt und überflügelt noch seine Unverschämtheit. Als Herr der Hauptstadt wird er seinen wahren Charakter zeigen.

Das Paris, welches ihm zujubelt, ist im übrigen ein seltsames Paris. Es wird von einer Massenpsychose ergriffen, welche genau beschrieben werden muß, weil ohne sie von den noch folgenden Ereignissen vieles nicht verständlich wäre.

Die Fehler eines Regimes, bei dem alles im Zeichen der Günstlingswirtschaft und Korruption steht, reichen zu einer Erklärung der Stimmung in diesem spannungsgeladenen Augenblick nicht aus. Tatsächlich verhielt es sich so, daß die Aufstände, die für die Minderjährigkeitsregierung Karls VI. bezeichnend sind, die Keime zu neuen Unruhen hinterlassen hatten. Die Bevölkerung der Großstadt, von den Oheimen als Besiegte behandelt, mutwillig ausgebeutet, war Zeuge der Zänkereien unter den Fürsten und der Dummheiten am Hofe und hatte davon nichts vergessen. Eine angespannte Wirtschaftskrise, die das Leben verteuert und schwierig macht, Nahrungsmittelknappheit und Preistreibereien hervorruft, soziale Unordnung erzeugt – alles trägt zur Verwirrung der Gemüter bei. Während der Unterdrückung des Aufruhrs von 1382 haben die Oheime Karls VI. die Torheit begangen, die bürgerliche Oberschicht ebenso hart zu behandeln wie das gemeine Volk, das die Straßen mit Blut befleckt hatte. Dadurch war die Elite in die Opposition gedrängt worden. Die Universität ist auf dem Siedepunkt angelangt. Sie glaubt an die Wirksamkeit und auch an die Unumgänglichkeit gründlicher Reformen. In allen Kreisen hofft man auf »etwas Neues«. Die bürgerliche Oberschicht, die ein halbes Jahrhundert zuvor Karl V., der »weise König«, geschickt für die Regierung gewonnen hatte, neigt nun zu einer Art von Radikalismus. Und was noch schlimmer ist: umstürzlerische Ideen haben für diese Generation eine krankhafte Anziehungskraft. Wie zu Zeiten von Étienne Marcel beurteilen viele die Regierung der Valois als von Grund auf schlecht. Reform oder Revolution? Das war die dramatische Situation.

Nun ist aber das Paris Johanns ohne Furcht nicht mehr das Paris Étienne Marcels. Es ist eine Stadt mit demokratischen Ideen. Die Achse der öffentlichen Meinung, wenn man es so nennen will, hat sich verschoben. Indem die Oheime Karls VI. 1382 die »prévôté des marchands« auflösten, wie wir sahen, glaubten sie für die Ordnung zu wirken. Sie arbeiteten jedoch tatsächlich für die Unordnung. Die ungebärdigsten Zünfte hatten sogleich die Oberhand gewonnen. Mehr als alle andern die gewalttätige Zunft der Fleischer, flankiert von noch gefährlicheren Zünften, die um sie herumwirbeln, insbesondere den Abdeckern. Die Welt der Schlachthöfe schickt sich an, die amorphe und unzufriedene Masse anzuführen. Gewalttaten, Straßenkämpfe, es gibt nichts, wovor diese Männer haltmachen würden, die mit dem Messer so spielend umzugehen verstehen. Sprechende Tatsachen werden den Beweis dafür erbringen.

So sieht es in dem Paris aus, in das Johann ohne Furcht gerade zurückgekehrt ist. Er hat der Stadt die Ketten zurückgeben lassen, die nachts gespannt werden, um die Straßen zu sichern. 600 Ketten sind von den Pariser Schlossern geschmiedet worden. Aber wenn unter allgemeiner Beteiligung Unruhen ausbrechen, kann eine solche Maßnahme eher Gewalttaten erleichtern als verhindern. Eine Atmosphäre von höchster Angst hüllt die Masse von 300 000 Menschen ein, die nachts ohne Beleuchtung, ohne ausreichenden Polizeischutz, in gefährlicher Wallung ist.

Zu diesem Zeitpunkt kümmert sich der Herzog noch nicht um diese Gefahr. Er ist vollauf damit beschäftigt, den Sieg zu seinem Vorteil zu nutzen. Er hat ihn durch Dreistigkeit errungen und setzt den Weg der Dreistigkeit fort. Er hat sich zum Freund der Gerechtigkeit aufgeworfen, und das treibt ihn weiter. Er gibt daher einer Gruppe von Politikern an der Universität den Auftrag, eine Verteidigungsschrift seines Verbrechens zu verfassen, und seine zu allem bereiten Männer der Feder machen sich unverzüglich ans Werk.

An diesem sonderbaren Unternehmen haben teil: der Abt von Moutier-Saint-Jean, Simon de Saulx, André Colin, Nicolas de Savigny, Pierre de Marigny, Guillaume Euvrie und schließlich Pierre aux Bœufs, der bereits in die Polemiken des Schismas verwickelt war. Ein weiterer Doktor der Sorbonne ist dabei, der Verfasser der »Complainte de Dame Église«, und spielt hier die Rolle des Hauptverfassers. Es ist Jean Petit, der verantwortliche Autor der berühmten »Justification«.

Schon am 17. Januar 1408 hatte ein in der Kanzlei Johanns ohne Furcht fabriziertes Manifest beweisen wollen, daß Frankreich nur durch den Mord an Ludwig von Orléans hatte gerettet werden können[14]. Diese These wird von Jean Petit wieder aufgegriffen. Er entwickelt sie nach allen Regeln einer scholastischen Abhandlung, aufgebaut nach dem Modus Barbara, der ersten aristotelischen Schlußfigur, mit umständlicher Präambel, Obersatz, Untersatz,

Konklusion, das Ganze aufgeputzt mit Beispielen, Zusätzen und Zwischensätzen, gespickt mit Zitaten, glasiert mit Beleidigungen. Es ist erlaubt, einen Tyrannen zu töten. Orléans war ein Tyrann. Er ist zu Recht getötet worden. Die Staatsräson begründet und legitimiert den Mord. Des Autors Unverschämtheit und Wortgewandtheit schmücken diese Behauptungen von schneidender Schärfe mit endlosen Varianten aus. In den weit verbreiteten Abschriften, von welchen es sogar Luxusausfertigungen gab, ist auf einer mehrfach abgewandelten Miniatur ein Wolf dargestellt, der mit seinen Fangzähnen und Krallen nach der Krone greift, während ein Löwe ihm einen Prankenhieb versetzt, daß das Blut hervorströmt:

»Par force le leu rompt et tire
A ses dents et gris la couronne
Et le lyon, par très grant ire,
De sa patte grand coup lui donne.«

Bild und Legende fassen die Verteidigungsschrift kurz zusammen. Johann hat aus Loyalität und Patriotismus seinen Vetter verhindert, nach der Krone zu greifen, und ihn beseitigt. Der Wolf (französisch »loup«) ist ein Wortspiel mit dem Namen Ludwig und bedeutet Orléans. Der Löwe war das Hauptstück im Wappen des Herzogs von Burgund und Grafen von Flandern. Kurz: eine rückhaltlose Lobrede auf den Tyrannenmord. Eine offizielle Lobrede, feierlich verlesen von ihrem Autor, der sich geschlagene vier Stunden über sein Thema verbreitete vor einer am 8. März 1408 in größter Pracht abgehaltenen Versammlung im Großen Saal des Hôtel Saint-Pol und in Anwesenheit einer formell und geziemend geladenen zahlreichen, auserlesenen Zuhörerschaft.

An Stelle des Königs, der durch einen Anfall mehr als entschuldigt ist, thront sein ältester Sohn, der Dauphin Ludwig, Herzog von Guyenne, und vertritt seinen Vater. Ihm zu Seiten haben sich der König von Sizilien, Ludwig II. von Anjou, die Herzöge von Berry und der Bretagne, die Grafen von Alençon und Tancarville niedergelassen. Ein ganzer Kranz von Baronen, Würdenträgern und Offizieren nimmt an diesem Schauspiel teil. Der große Regisseur Johann ohne Furcht ist auf seinem Platz. In seiner Vorstellung ist diese Demonstration dazu bestimmt, die burgundische Auslegung der

Geschehnisse der öffentlichen Meinung, dem Bürgertum, der Universität aufzuzwingen. Einschüchterung und Drohung unterstützen die der Logik entnommenen Argumente. Der Herzog trägt eine purpurrote, mit Goldblättern besäte Samtrobe, mit Grauwerk gefüttert und mit offenen Ärmeln, dazu einen langen, pelzgefütterten Mantel, eine in Form zugeschnittene Mütze, und ist sehr darauf bedacht, wenn er den Arm hebt, den Brustpanzer, den er darunter trägt, sehen zu lassen.

Bestimmt gingen nicht alle Anwesenden diesem widersinnigen Geschwätz auf den Leim, bei dem ohne jegliche Scham der Dolch als das gängige Instrument der Politik dargestellt wurde. Die Lobrede auf das Verbrechen überzeugte nur jene, die bereits vorher davon überzeugt waren. Aber niemand wagte zu widersprechen oder auch nur ahnen zu lassen, daß er nicht einverstanden war. Ein Augenzeuge, Jouvenel des Ursins, bürgt dafür: »il n'y eust si hardy qui en eust osé parler au contraire.«

Und nun erleben wir noch die Sanktionierung dieser verwirrenden Inszenierung. Sobald der König sich wieder beruhigt hat, werden die »lettres royaux de rémission« ausgestellt. Das Verbrechen ist »niedergeschlagen«. Die ergreifende Bittschrift der Damen Orléans lief also auf eine Amnestie des Schuldigen hinaus. Die nach Blois geflüchtete Valentine konnte die Bitterkeit dieser durch die Verbindung von Unverschämtheit und Gewalt durchgesetzten Rechtsverweigerung auskosten.

Der allzu eifrige und allzu scharfsichtige »prévôt« Guillaume de Tignonville wurde unter dem fadenscheinigen Vorwand, er habe bei einer Verhaftung die Privilegien der Universität verletzt, seines Amtes enthoben und durch eine Kreatur Johanns ohne Furcht, Pierre des Essarts, ersetzt. Ein weiterer berüchtigter Bourguignon, Charles de Châtillon, Seigneur de Dampierre, wird Admiral von Frankreich und tritt nun an die Stelle des seinerzeit von des Herzogs von Orléans Gnaden ernannten Cliquet de Brébant.

*

Die Dinge waren an diesem Punkte angelangt, als ganz plötzlich die Szene wechselte. Eine Unterbrechung tritt ein. Die Ereignisse im Norden veranlassen den Herzog von Burgund, in aller Eile von

Paris in seine Lande abzureisen. Überraschend rücken die flandrischen Angelegenheiten wieder in den Vordergrund. Zwingende Umstände beweisen dem Sohn Margaretes von Flandern, daß er nicht nur Prinz aus dem Königshaus Frankreichs ist, sondern daß ihm andere Pflichten obliegen, daß er andere Aufgaben hat, als im Hôtel Saint-Pol seinen Willen durchzusetzen.

In den burgundischen Niederlanden, die bereits Gestalt annehmen, stellt das geistliche Fürstentum Lüttich eine Enklave dar. Als Industriestadt ähnelt Lüttich zwar – hinsichtlich der Zünfte und demokratischen Tendenzen – durchaus den anderen Industriestädten der flämischen Lande, es hat aber die Besonderheit, daß der Bischof Landesherr ist. Er ist um so mächtiger, als der Kaiser, sein oberster Lehnsherr, dessen Einfluß ohnehin im Schwinden ist, seinen Vasallen praktisch in einem Zustand vollkommener Unabhängigkeit beläßt.

Nun hatten aber im Zuge des Genter Aufstands von 1382/84, der sich auch auf Lüttich ausdehnte, die Zünfte dieser Stadt den Großkaufleuten die Vorherrschaft entrissen. Das Rathaus, »la Violette« genannt, war in die Hände der Handwerker gefallen. Die zweiunddreißig Zünfte waren hier durch eine Versammlung von zweihundert fast ununterbrochen und oft mit großem Tumult tagenden Mitgliedern vertreten. Die Lütticher Arbeiter hatten sogenannte »Kammern« – wir würden sie heute Clubs nennen. Hier führte die hitzige und umstürzlerische Jugend das große Wort, und die – sozial betrachtet – kleinen Leute schanzten sich gern die besten Posten zu. Man konnte es erleben, daß ein Straßenpflasterer, Jacquemin Badut, sich 1407 als Gesandter zum Papst in Avignon, Benedikt XIII., schicken ließ.

Zwischen dieser aufstrebenden Volksherrschaft und dem Fürst-Bischof mußte es unvermeidlich zu einem Zusammenstoß kommen. Seit 1390 war der Fürst niemand anderer als Johann von Bayern, der Bruder der Herzogin Margarete von Burgund, der Frau Johanns ohne Furcht. Vergebens bekennt der stockkonservative Chronist Jacques de Hemricourt, daß »une université ne peut faire plus grant folie que de faillir et de suppédier son seigneur naturel«. Es besteht kein Zweifel darüber, daß die »université«, d. h. die Gesamtheit der Lütticher danach trachtet, dem wenig gottesfürchtigen Prälaten die

Herrschaft zu entwinden. Dem Kirchenfürsten Zügel anzulegen, darauf haben es die Zunftleute abgesehen.

Johann von Bayern versucht sich zu wehren. Der 1394 ausgebrochene und seitdem andauernde Konflikt wird vom Jahr 1406 ab besonders heftig. Am 26. September erklären die Lütticher Johann für abgesetzt. Sie gehen noch weiter: sie verlangen die Nominierung eines neuen Bischofs, Thierry de Perwez. Diese Wahl geht unter totaler Mißachtung des kanonischen Rechts vonstatten. Nur zwei Domherren von Sankt Lambert haben für Perwez gestimmt. Das macht nichts, denn in solchen Sachen erlaubt das Schisma alle nur erdenklichen Einfälle. Johann von Bayern hat dem Pontifex maximus in Rom Obedienz geleistet. Es genügt, sich an den Papst in Avignon zu wenden, um gegen diesen Anhänger Urbans einen dem Anschein nach ordnungsgemäßen Bewerber aufzustellen. Benedikt XIII. ist über einen unverhofften Gewinn nur allzu glücklich und deckt das — gänzlich politische — Vorgehen der Lütticher. Plötzlich jedoch erreicht der Streit seinen Höhepunkt.

Der Fall Lüttich läßt sich wie eine Machtprobe an. Die Geistlichen sind eingeschüchtert und rühren sich nicht. Mehrere Domherren von Sankt Lambert, die protestiert haben, werden hingerichtet. Die örtliche Ritterschaft ist schwach. Sie interessiert sich nicht für diesen Streit, in dem sie nicht gebraucht wird. Auch für das Landvolk besteht kein Grund, sich einzumischen. Der Bischof hat niemanden, der ihn verteidigt. In Maastricht, wo er Asyl gesucht hat, eingeschlossen, sieht er sich nahe daran, in die Hände seiner Feinde zu fallen. In diesem Augenblick richtet er einen verzweifelten Hilferuf an seinen Schwager Johann ohne Furcht. Die von Philipp dem Kühnen zustande gebrachte Familienunion zwischen den Wittelsbachern und den Valois von Burgund sollte nun im Lütticher Land überraschende Folgen haben.

Der um seine Beliebtheit in Paris so besorgte Herzog konnte es nicht zulassen, daß der Pöbel von Lüttich seinen Bischof verdrängte. Es war ihm außerdem klar, daß er durch die Rückgabe des Fürstentums an Johann von Bayern dem im Werden befindlichen burgundischen Staat zu einem wichtigen Schritt nach vorne verhalf.

Die dringliche Gefahr, in der sich der Prälat befand, zwang also den Herzog, trotz der schwerwiegenden Folgen, die seine Abreise mit sich bringen konnte, Paris zu verlassen, und so marschierte er im September 1408 mit einer Armee stracks auf Maastricht los. Er dringt über die Hesbaye-Hochebene in das Fürstentum ein. Zur gleichen Zeit marschiert der Bruder des Bischofs, Wilhelm von Bayern, über das Condroz ein und zieht noch dazu die verfügbaren Streitkräfte des Grafen Wilhelm von Namur an sich. Diese verschiedenen Truppenkörper vereinigen sich in Montenaeken. Mit dieser Verstärkung kommt der Herzog in der Ebene von Russon bei Othée, nicht weit von Tongern, am 23. September 1408 in Berührung mit den Lütticher Milizsoldaten.

Es wurde ein zweites Roosebeke. Die Lütticher machten trotz der Ratschläge des Vaters ihres sogenannten Bischofs, des Sire de Perwez, den gleichen Fehler wie Artevelde und begingen die Unvorsichtigkeit, sich zum Kampf zu stellen. Im Vertrauen auf ihre zahlenmäßige Überlegenheit stürmten sie vor und ließen sich einschließen. Sie gingen in die gleiche Falle wie die Genter, weil sie glaubten, daß sie durch das Zurückweichen des feindlichen Zentrums gewonnenes Spiel hätten, und sahen plötzlich, wie beide Flügel des Feindes sich auf sie warfen. Der heldenhaftere Widerstand von Othée hatte ein noch größeres Blutbad zur Folge.

Angeblich blieben achttausend Milizsoldaten auf der Strecke, darunter der sogenannte Bischof und sein Vater.

Unfähig, weiteren Widerstand zu leisten, wie Gent nach der Schlacht von Roosebeke unter Philipp dem Kühnen, mußte das besiegte Lüttich sich bedingungslos ergeben.

Der Herzog kannte keine Schonung. Zwei Tage nach dem Zusammenbruch erschienen die Bürger zu Paaren, barfuß, eine Fackel in der Hand, um vor den drei Schwägern, Wilhelm und den beiden Johann, niederzuknien und um Erbarmen zu flehen.

Der nicht sehr gnädige Bischof Johann von Bayern hörte nur auf die Stimme der Rache. Er ließ die von Perwez in ihr Amt eingesetzten Domherrn und Priester und sogar Frauen in die Maas werfen. Die Stadtbanner wurden den Flammen übergeben, die Freibriefe eingezogen, die Einrichtungen der Zünfte aufgelöst und die Wahlämter abgeschafft. Am 24. Oktober wurde die städtische Selbstverwaltung aufgehoben. Eine schrankenlose Tyrannei wurde zum Nutzen des Bischofs im Fürstentum eingeführt.

Selbstverständlich kommen diejenigen, welche dem Prälaten zur Revanche verholfen haben, nicht zu kurz. Johann ohne Furcht und Wilhelm von Bayern werden künftig das Recht auf freien Durchzug innerhalb des Lütticher Territoriums haben. Ihr Geld wird als gesetzliches Zahlungsmittel anerkannt. Die Festungswälle von Thuin, Forse, Couvin und Dinant werden abgetragen; 220 000 Kronen, in Form von indirekten Steuern erhoben, sollen die Kosten für die siegreiche Intervention decken.

Aber während dieser dem Herzog durch die Lütticher Revolution aufgenötigte Feldzug stattfand, schien Valentine Visconti und ihren Freunden der schicksalhafte Moment gekommen, um sich wieder im Licht der Öffentlichkeit zu zeigen. Das Kernstück einer orléanistischen Partei hat sich gebildet und bedeutet eine schwere Gefahr für die Zukunft. Die Witwe hat sich wieder gefangen. Karl VI. annuliert seine »lettres d'abolition«. Die Königin und der Dauphin gewinnen unter dem Schutz der von Herzog Johann V. entsandten Bretonen wieder die Oberhand, und die zurückgekehrte Valentine wiederholt ihr Ersuchen um Rechtserteilung. Als Verteidiger ihres Falls hat sie nicht nur ihren Advokaten Guillaume Cousinet und ihren Kanzleivorsteher Pierre l'Orfèvre, sondern auch noch den Abt von Cérizy, den Benediktiner Thomas von Bourg. Diesem vertraut sie die Aufgabe an, die wahnwitzigen Behauptungen des Jean Petit öffentlich zu widerlegen.

Die Entgegnung des Abts von Cérizy fand am 11. September 1408 statt. Sie wurde mit der gleichen Feierlichkeit verlesen wie die Streitschrift, die sie widerlegte. Jean Petit indessen trumpfte auf und parierte mit neuen Pamphleten, deren abgeschmackte Schwülstigkeit das Entzücken der Liebhaber von Skandalen war.

In diesem Augenblick steht der Hof unzweideutig auf seiten der Witwe. Zwischen den beiden Schwägerinnen Valentine und Isabeau bahnt sich ein Bündnis an. Die Prinzen sind geneigt, ihnen zu Diensten zu sein. Man spricht von einem Feldzug gegen den Herzog von Burgund. Man weiß, daß er sehr beschäftigt ist, und man fragt sich, wie wohl die Lütticher Geschichte für ihn ausgehen wird.

Diese neue Wendung stößt jedoch in Paris auf den Widerstand der öffentlichen Meinung. Die Sympathie der Masse für Johann ohne Furcht verliert eigentümlicherweise nichts durch sein feindliches Vorgehen gegen die Lüttiсher Volksherrschaft. Paris hält denjenigen, der den gleichmachenden Hobel versinnbildlicht, für den Liberalen, den Mann der Reformen. Sein Sieg von Othée wird vom Durchschnitts-Pariser mit Freuden begrüßt. Vor allem rettet dieser Sieg eine für kurze Zeit äußerst mißliche Lage am Hof.

Während Valentine ihre trostlose Witwenschaft in Blois hinbringt, wo sie als Opfer ihres Kummers am 4. Dezember 1408 stirbt, übersiedeln Isabeau und die Prinzen am 10. November vorsorglich nach Tours, wohin sie den König mitnehmen, und überlassen Paris dem Herzog von Burgund. Er hält dort am 20. des gleichen Monats seinen Einzug und kann sich überzeugen, daß seine Popularität nicht im geringsten gelitten hat[15].

*

Nur einen Augenblick lang hat die orléanistische Partei ein bedrohliches Vorhaben durchblicken lassen. Durch den Tod Valentines geht jedoch die Führung an ihren ältesten Sohn Karl über, der erst fünfzehn Jahre alt war und nie ein Mann der Tat werden sollte. Von dieser Seite schien also jegliche Gefahr beseitigt. Johann ohne Furcht, der sich nicht scheut, die offene Verantwortung für einen Bürgerkrieg zu übernehmen, dem aber jetzt daran liegt, als friedliebend zu erscheinen, erklärt sich zu einem Arrangement bereit, mit dem Vorsatz, nichts Wesentliches preiszugeben. Im Lauf der Verhandlungen wurde die Annullierung des dem Herzog gewährten Straferlasses aufgehoben und die Bedingungen für einen Vergleich ausgearbeitet. Auf diese Weise kam der Friede von Chartres zustande.

Der Rahmen, in dem sich am 9. März 1409 in der Kathedrale von Chartres die Begegnung und Versöhnungsszene abspielte, verbarg hinter der Pracht eines Theaterpomps nur schlecht den Mangel an Aufrichtigkeit auf beiden Seiten. Die Kirche war von einem bis an die Zähne bewaffneten Kontingent Soldaten aus dem Hennegau bewacht, das für Ordnung zu sorgen hatte. Wilhelm von Bayern, Graf von Hennegau und Schwager des Herzogs von Burgund, war der Mittelsmann und große Organisator gewesen. Im Kirchenschiff, »close de bonnes lices et paliz«, hatten Karl VI. und Isabeau Platz genommen, »assiz comme en siège royal«. Hinter ihnen saßen der

Dauphin Ludwig, Herzog von Guyenne, die Könige von Navarra und Sizilien, die Herzöge von Berry und Bourbon, die Grafen von Alençon, de la Manche, d'Eu und Vendôme, der Konnetabel Charles d'Albret, die Mitglieder des »Parlements«, des Rechnungshofes und des Großen Rates. Alle waren vollzählig erschienen. Den Kindern des Herzogs von Orléans einerseits und Johann ohne Furcht anderseits waren zwei sich rechts und links gegenüberliegende Kapellen in den Seitenschiffen, die mit Teppichen verhangen waren, angewiesen worden. Jede Partei hatte ihr Gefolge von jeweils sechshundert Personen, darunter hundert bewaffnete Edelleute, nahebei aufgestellt. Die Zeremonie war kurz: sie dauerte eine knappe Stunde.

Johann ohne Furcht ersucht durch seinen Sprecher, den Statthalter von Arras, Jean de Nielle, den König, sein Herz von der »desplaisance«, die ihm der Tod seines Bruders verursacht habe, zu befreien, worüber der Urheber jetzt »tant dolent et courroucié qu'il peut bestre« sei. Mit einem kurzen Wort bestätigt der Herzog diese Beteuerung. Wir sehen, es ist ein recht lahmes Zugeständnis, mit dem man sich jedoch zufriedengibt. Die Kinder des Herzogs von Orléans verzeihen dem Mörder, wenn auch ziemlich widerstrebend, »toute la malevalence«, die sie gegen ihn hegen. Der jüngste Sohn des Opfers, der Graf von Vertus, wird eine Tochter des Herzogs von Burgund heiraten. Ein Versöhnungsschwur beschließt die Zeremonie.

Zwei Tage später schrieb Johann ohne Furcht, ganz bezaubert von der Haltung Karls VI., in einem detaillierten Bericht über die Sitzung an den Statthalter von Lille: »La chose fut faite, la mercy Dieu, très solempnellement et grandement à nostre honneur, et tellement que tous furent très bien contens, et d'un costé et d'autre, et en vérité mon dit seigneur, ma dicte dame et les autres seigneurs ... nous firent très bonne chère et en especial monseigneur de Guyenne nostre fils, qui, de sa grand bonté, et sans admonestement d'aucun, nous vint très joyeusement et devant tous acoler et baiser.«

In Wahrheit handelt es sich um ein trügerisches Lippenbekenntnis auf beiden Seiten. Ein Friede, der kein Friede sei, schreibt Nicolas de Baye in seinem »Journal«. »Ein Scheinfriede«, sagte des Herzogs Hofnarr, der ein Weiser war und dessen Ausspruch überdauert hat[16].

»Vom 11. März 1409 bis zum Jahresende, wenn man von einer Reise nach Burgund vom 20. April bis 31. Mai und einem Aufenthalt in seinen Landen im Norden vom 7. Juli bis 20. August absieht, verläßt Johann ohne Furcht überhaupt nicht mehr Paris, wo er unter dem Vorwand, über die Interessen des Königs und des Dauphins zu wachen, den er mit seiner Gönnerschaft belästigt, als unumstrittener Herr regiert.

Johann ohne Furcht verfolgt, ohne sich ablenken zu lassen, die Verwirklichung des Plans, den er sich fest vorgenommen hat, weiter und ist heute mächtiger, als es sein Vater war ... Er hält Hof im Hôtel d'Artois und treibt dort großen Aufwand, der dazu bestimmt ist, keinen Zweifel über das Ausmaß seiner Präponderanz aufkommen zu lassen. Er zeigt sich gegenüber seinen getreuen Stützen innerhalb des Pariser Bürgertums und der Körperschaft der Schöffen, deren Beistand er anerkennt, ganz besonders wohlwollend und spornt ihren Eifer durch unablässige Geschenke an. Er gebraucht seine Freigebigkeit auch dazu, um durch Sendungen von spanischem Silbergeschirr und Fässern voll Wein aus Beaune nützliche Mithilfe zu bekommen.« Kurz, »überall macht er Geschenke, um überall Freunde zu gewinnen«[17].

»Ihr könnt sicher sein«, schrieb ein Kaufmann an den Podestà von Lucca, »daß der Herzog von Burgund der größte und mächtigste Herr in diesem Königreich bleiben wird. Seine Macht kommt von den Truppen, die er in seinen Ländern ausheben kann. Er kann deren so viele mit sich führen, daß er niemanden fürchtet.«[18]

Genau das ist die Überzeugung des Herzogs. Da er weder Mitleid noch Furcht kennt, glaubt er, den Rachegelüsten nachgeben zu können. Der vom Volk verhöhnte Steuerpächter Jean de Montagu hat sich unter den Unterhändlern beim Frieden von Chartres als Hauptratgeber der Prinzen von Orléans aufgespielt. Als Herr von Paris findet Johann Vorwände, um gegen ihn vorzugehen. Montagu wird verhaftet, gefoltert, verurteilt und hingerichtet. Nach Ludwig von Orléans ist er das erste Opfer des schrecklichen Haders.

Fast hätte der Herzog durch diese Grausamkeit Paris gegen sich aufgebracht. Er spürte die Erschütterung und glich diese allzu gewalttätige Ahndung durch eine Annäherung an Isabeau aus. Die Königin liebte den Herzog bestimmt nicht. Aber sie fühlte sich von seinem Einfluß, der sie verwirrt, seinem Blick, der sie beunruhigt, überwältigt. Verblendet stellte sie sich wie auch der Dauphin auf Grund des Vertrags von Melun vom 11. November 1409 unter den Schutz Johanns. Durch einen Trick wird ihr die Herrschaft, in die der König erst kürzlich die Königin eingesetzt hat, abgelistet und geht in die Hände des Herzogs von Burgund über.

Daraufhin jedoch fühlen sich die Herzöge von Berry und Bourbon an die Wand gedrängt und neigen nun zu den Orléans.

Eine Heirat verhilft der orléanistischen Partei gerade zur rechten Zeit zu dem Führer, der ihr fehlt. Karl von Orléans, der verwitwete Gemahl Isabellas, der Tochter Karls VI., hat in zweiter Ehe Bonne von Armagnac geheiratet. Sein neuer Schwiegervater, Graf Bernhard VII. von Armagnac, braucht nur eine Handbewegung zu machen, um die orléanistische Partei in die Partei der Armagnacs umzuwandeln. Er läßt sich das nicht entgehen. Im Süden Frankreichs hat das Haus Armagnac festen Fuß gefaßt und bringt der Orléans-Clique eine zahlreiche Anhängerschaft und die ihr fehlende materielle Macht zu. Berry und Bourbon fügen dem ihr nicht zu verachtendes Ansehen bei. Zudem war der Herzog von Berry der Großvater der neuen Herzogin von Orléans. (Vgl. Stammtafel Armagnac.)

Damit türmt sich an einem Himmel, den Johann hinfort befreit von drohenden Gewittern glaubte, eine schwarze Wolke auf. In dem Vertrag vom 15. April 1410 erklären seine Gegner ihre Solidarität. Orléans, Armagnac, Berry, Clermont und Alençon schließen in aller Form ein Bündnis. Diese Feudalherrn, die den Wert bewaffneter Macht kennen, beschließen, Truppen gemeinsam auszuheben. Der Herzog von Burgund soll nicht der einzige sein, der zur Unterstützung seiner Forderungen über Lanzenreiter verfügt. Es ist das erste Auftreten der Armagnac-Partei. Ihre Stifter berufen sich auf eine Sache »zum Guten, zu Ehre und Nutzen des Königs, des Königreichs und der Allgemeinheit«. Ein zweiter in Poitiers geschlossener Vertrag knüpft die Bande noch fester. Die Truppen ziehen ins Feld, d. h. auf Plünderungen aus. Der Bürgerkrieg kündigt sich an.

Karl VI. und Isabeau sind sehr beunruhigt. Ihre Schaukelpolitik diente dazu, dem Königreich die Ruhe zu erhalten. In einem seiner zeitweise auftretenden lichten Momente erläßt der König eine Ordonnanz, die Truppenansammlungen verbietet. Dies ist weniger eine Maßnahme zur Wiederherstellung der Ruhe als ein Manöver zum Nutzen Johanns ohne Furcht, dem tatsächlichen Inhaber der Staatsgewalt. Eine im übrigen unwirksame Verordnung, denn die Armagnacs befinden sich bereits auf dem Weg nach Paris. Dennoch führt die herannahende, für militärische Operationen ungünstige Winterszeit und die Intervention der Universität zu einem neuen »Scheinfrieden«, dem Frieden von Bicêtre vom 2. November 1410.

Der Kompromiß vom November bestimmt im einzelnen, daß die Prinzen sich in ihre Länder zurückziehen und die Angelegenheiten dem Staatsrat überlassen müssen, dessen Mitglieder vom König ohne Zutun der Parteien ernannt werden. Um reinen Tisch zu machen, wurde der »prévôt« von Paris entlassen. Dieses neutrale Regiment entsprach den Wünschen der Leute von der Universität. Da beide Seiten sie zufriedenzustellen wünschten, wollte man es auf diese Probe ankommen lassen. Der neue »prévôt«, Bruneau de Saint-Clair, wurde von der Pariser Öffentlichkeit freundlich aufgenommen. Sollte dies wirklich der Anfang einer Befriedung sein?

Ein Rückfall Karls VI. öffnet den Zänkereien wieder Tür und Tor. Johann ohne Furcht beobachtet, daß seine Rivalen sich immer enger anzusammenschließen. Er beklagt sich darüber, daß sie Truppen ansammeln. Vergebens wiederholt der Staatsrat das Verbot. Als der König wieder klar im Kopf ist, sieht er sich von beiden Seiten mit heftigen Klagen bestürmt. Einer beschuldigt den anderen, »die Ordonnanzen nicht befolgt zu haben«. Jeder verkündet laut, er sei durch die Drohung seines Gegners zum Handeln gezwungen worden.

Auf diese Weise hat das rein theoretische neutrale Regime lediglich dazu gedient, die Keime des nahe bevorstehenden Bürgerkrieges reifen zu lassen. Die Mitglieder des Staatsrats selbst werden ständig bearbeitet. Sie neigen zum größten Teil zu Burgund. Dennoch gibt man sich alle Mühe, um Paris vor einem Handstreich, aus welcher Ecke er auch kommen mag, zu schützen. Von seiten der Armagnacs wird die Drohung verschärft. Während Johann mit Geschicklichkeit seine Soldaten entläßt, sich so stellt, als respektiere er die Ordonnanzen, hat die andere Partei ohne Furcht davor, als Ruhestörer zu erscheinen, ihre Kompagnien in Marsch gesetzt, die das flache Land schamlos plündern. Der Gedanke, daß es nur eine starke Regierung und Sicherheit mit dem Herzog von Burgund an der Spitze geben könne, gewinnt unaufhaltsam an Boden. Eine bis ins einzelne durchdachte Propaganda tut das übrige. Johann nimmt die von den Armagnacs begangenen Plünderungen zum Vorwand und sorgt dafür, daß nun die Führer sich miteinander messen und die Klingen kreuzen.

Im Grunde ist man auf beiden Seiten entschlossen, sich zu schlagen. Den letzten Anstoß gibt der junge Herzog von Orléans. Am 11. Juli 1411 läßt er von Jargeau aus »Lettres Patentes« los und verlangt Gerechtigkeit für den Mord an seinem Vater. Er appelliert an den König, die Universität und die Pariser Bürgerschaft. Ohne die Wirkung seiner Aufforderung abzuwarten, schickt er am 18. Juli Johann ohne Furcht eine unverschämte Herausforderung.

Der Fehdehandschuh ist hingeworfen. Johann befand sich in Douai, als er am 10. August die beleidigende Herausforderung erhielt. Schon am 14. entgegnete er dem Erben seines Opfers in einer Art, die alle Brücken abbrach, und griff den jungen Herzog und seine beiden Brüder mit beleidigenden Worten an. Es gab, sagte er, »très grant liesse au cœur desdites deffiances«. Und er fügt an die Adresse Karls VI. gerichtet hinzu: »Toi et tes frères avez menti et mentez faussement comme trahisseurs que vos estes.«

Damit war der Bürgerkrieg erklärt.

*

Es wäre müßig, Kritik zu üben: wenn Johann geschickt vorgegangen ist, um der gegnerischen Clique die größtmögliche Verantwortung aufzubürden, so hat er nichtsdestoweniger den Krieg als unvermeidbar angesehen. Er hat sich darauf vorbereitet, er hat ihn entfesselt und er will alle Vorteile davon einheimsen. Offensichtlich verspricht er sich nichts Geringeres, als die absolute Herrschaft über Frankreich zu gewinnen.

Da er jedoch darauf bedacht ist, so lang es geht als Freund des Friedens zu erscheinen, als einer, der gewissenhaft die Ordonnanzen des Königs befolgt, läßt er den machtlosen Staatsrat sich herumstreiten, um ihn dann zu Hilfe zu rufen. Voller Entsetzen sehen die Pariser, daß die Armagnacs die Ile-de-France verwüsten und daß die nach Melun geflüchtete Königin zum Herzog von Berry, einem Anhänger der Orléans-Partei, übergeht. Sie brechen schließlich von Clarenton bis Melun die Brücken ab, während im Innern der Stadt beschlagnahmt und geplündert wird. Am 28. Oktober kehrt der auf Wunsch der Pariser herbeigerufene Herzog mit Waffengewalt zurück. Am 2. November beauftragt ihn der König durch »Lettres Patentes«, die Feinde aus dem Königreich zu verjagen, d. h. gegen die Armagnacs zu kämpfen. Johann ohne Furcht hatte ganze Arbeit geleistet. Praktisch hat er Paris und die Regierung des Königreiches in der Hand.

In der Hauptstadt wird die Herrschaft der siegreichen Partei organisiert. Die einträglichen Posten werden an Freunde vergeben. Der Graf von Saint-Pol tritt als Konnetabel an die Stelle von Charles d'Albret, der Chevalier de Chambures löst Jean de Hangest als Befehlshaber der Armbrustschützen ab. Überall flattert das Wahrzeichen Burgunds, das Andreaskreuz. Man trägt es aufgenäht auf den Kleidern, schmückt sogar die Heiligenstatuen in den Kirchen damit und zeigt sich mit der grünen Kappe in den Farben der Partei.

Da es doch des Königs Wille ist, daß die Armagnacs vertrieben werden, muß man sich aller Waffen gegen sie bedienen. Warum sollte man nicht auch zu geistlichen Waffen greifen? Urban V. hat seinerzeit die das Land verwüstenden »Grandes Compagnies« exkommuniziert. Was sind die Armagnacs schon anderes als die Anführer von Banden, die sich über jede staatliche Aufsicht hinwegsetzen? Auf sie werden die Entscheide Urbans V. angewendet. Von der Kanzel verlesen die Pfarrer seine ins Französische übersetzten Bullen.

Und schon beginnen die militärischen Operationen. Die Armagnacs verwüsten das Land und plündern. Sie besetzen Saint-Cloud und Saint-Denis. Hier aber ist Schluß mit den Erfolgen. Dennoch wollen sie immer noch hoch hinaus, und es heißt, bei der Plünderung der Abtei Saint-Denis habe Bernhard VII. von Armagnac sich nicht gescheut, seinem Schwiegersohn die Krone aufs Haupt zu setzen und zu geloben, er werde ihn in Reims zum König von Frankreich salben lassen. Unüberlegte Worte – wenn sie authentisch sind. Jedenfalls wußte man sie im feindlichen Lager geschickt auszuspielen.

Der Herzog von Burgund erobert indessen Saint-Cloud zurück, entsetzt Étampes und verjagt die Armagnacs. Daraufhin, unter dem Eindruck dieser Schläge, veranlaßt der nahende Winter die Mannen Karls von Orléans und Bernhards VII., die Fortsetzung ihrer Heldentaten auf den Frühling zu verschieben.

So geht die erste Phase des Bürgerkriegs letztlich zugunsten Burgunds zu Ende.

Im Verlauf der Auseinandersetzung mit ihren dramatischen Peripetien haben die bezogenen Standpunkte den Gegensatz der Parteien vollends in aller Schärfe hervortreten lassen.

Um den Herzog von Burgund gruppieren sich in erster Linie die Familienmitglieder, sein Sohn Philipp, Graf von Charolais, seine Brüder, Herzog Anton von Brabant und Graf Philipp von Nevers, seine Schwäger Johann von Bayern, Fürst-Bischof von Lüttich, die Grafen Wilhelm von Hennegau und Amadeus von Savoyen. Dazu kommen König Karl der Edle von Navarra, Herzog Karl von Lothringen, die Grafen von Namur, la Marche, Mortain, Vaudémont, Saint-Pol, der Fürst von Orange, der Marschall Boucicaut, Jean de Chalon, der Sire d'Arlay. Johann V. von Bretagne, ein zeitweiliger und wenig verläßlicher Verbündeter, verdient nur begrenztes Vertrauen. Kaum weniger wankelmütig erweist sich der Bruder der Königin Isabeau, Ludwig von Bayern. Isabeau selber ist unschlüssig und unbeständig. Der König und der Dauphin sind lediglich Hampelmänner, an deren Fäden die Hauptakteure des Geschehens abwechselnd ziehen.

Die drei Prinzen von Orléans, der Herzog Karl und seine beiden Brüder, die Grafen Philipp von Vertus und Johann von Angoulême, haben auf ihrer Seite den Vater der Herzogin Bonne, Bernhard VII. von Armagnac, Johann von Berry, ihren Großvater, Ludwig II. von Bourbon, der eben das Erbe seines Vaters angetreten hat, den Herzog von Bar, die Grafen von Eu, Alençon und Harcourt, den Sire d'Albret und ebenso Charles de la Rivière, Graf von Dammartin, den Sohn des Ministers Karls V. Alle diese hohen Herrn tragen die weiße Schärpe, das Wahrzeichen der Partei, der sie sich angeschlossen haben.

Unter diese beiden Cliquen teilt sich der Adel. Die Feudalherren wechseln von einem Lager ins andere hinüber, die Familien stellen bisweilen den fürstlichen Gegnern zur gleichen Zeit Anhänger: in der Familie Saveuse sind zwei Söhne »bourguignons« und ein dritter »armagnac«. In der Familie Hangest gehört Johann zu den »armagnacs« und Ferry zu den »bourguignons«. Stellt sich der Marschall Boucicaut auf die Seite Burgunds, so folgt sein Bruder den Orléans. Diese Beispiele ließen sich beliebig vermehren.

Aber es gibt nicht nur den Adel. Es gibt auch das Bürgertum, das Volk, die Universität. Um zu siegen, muß man alle Einzelteile dieses schachbrettartigen politischen Komplexes berücksichtigen.

Johann ohne Furcht ist erfahren in Kunstgriffen. Wie wird er sein Spiel anlegen?

Bei einem Überfall der Armagnacs wurde der Graf de la Marche, der für Burgund kämpfte, von vierhundert Soldaten umzingelt und als Gefangener nach Orléans gebracht. Unter den Opfern befand sich ein Sohn von Legoix, einem der Magnaten des Fleischergewerbes. Der Herzog begab sich eigens nach Paris, um dem feierlichen Begräbnis des jungen Mannes beizuwohnen, eine sehr bezeichnende Schmeichelei. Im übrigen besucht der Herzog oft das Viertel der Hauptmarkthallen, die in der Nähe des Hôtel d'Artois liegen. Gern legt er seine edle Hand in die Hände der Führer der Arbeiterklasse. Er gibt sich als Freund der Schlächter, Kuttler, Abdecker, sagen wir es etwas verallgemeinernd: aller, die ein niederes Handwerk betreiben. Er bedenkt auch die Allerärmsten unter ihnen mit Geschenken, mit welchen er sonst seine Anhänger aus dem Adel und Bürgertum mästet. Man jubelt ihm zu, man vertraut ihm. Er ist wirklich der Freigebige, und mehr als das; er ist ein Führer des Volkes – schlimmer: ein Volksverführer.

Aber er ist auch die Hoffnung der intellektuellen Kreise. Die Universität glaubt an die Wirksamkeit der Reformen. Der Herzog nährt die Illusion der Herrn von der Universität. Er ermutigt ihren Ehrgeiz, dem Staat den Weg zu zeigen und ihn aufzuklären. Er bestärkt sie in der Überzeugung, sie fänden in ihm den besten Mann zur Verwirklichung ihrer politischen Vorstellungen. Alle Volksschichten werden mit einer immer aktiveren Propaganda bearbeitet.

Mit den »Arbeitern der Hand« einerseits und den Intellektuellen anderseits gedenkt der Herzog das Bürgertum und das Volk auf seiner Seite zu haben, die Synthese alles dessen herzustellen, was in Frankreich lebendige Kraft und wirksames Tätigkeitsprinzip ist.

Wie könnte ein solches Zusammentreffen in Verbindung mit der Gewalt der Waffen dem Fürsten, der kühn genug ist, um so viele sich überschneidende Fäden der Verschwörung straff in der Hand zu halten, nicht die absolute Herrschaft einbringen, nach der sein Ehrgeiz strebt?

So sieht der Plan aus. Niemand hat sich je an ihn gewagt. Kein Prinz von Geblüt hat jemals mit solcher Intensität die empfindliche Saite des Volkes zum Schwingen gebracht. Johann ohne Furcht ist vorurteilslos, wie er skrupellos ist. Alle Mittel sind diesem Staatsmann mit dem klaren Blick und dem entschlossenen Willen recht, der ganz neue Möglichkeiten findet und sie, ohne mit der Wimper zu zucken, anwendet und entschlossen ist, seine Absichten bis zum Ende durchzuführen, wie er in seinem Haß bis zum Verbrechen gegangen ist.

Bei ihm wie bei den Führern der Gegenpartei schwindet das nationale Bewußtsein zunehmend im Eifer des Gefechts. Der zu Zeiten Karls V. und du Guesclins so lautere Patriotismus verdunkelt sich. Der Sohn Philipps des Kühnen ist der erste, der das Ausland zu Hilfe holt und – was das schlimmste ist – ausgerechnet den Engländer. Er verbindet sich mit Heinrich IV. von Lancaster. Eintausendzweihundert Engländer werden gegen den Willen der Schlächter, die bessere Franzosen waren als ihr Abgott, nach Paris hineingeschleust und nehmen an dem Angriff auf Saint-Cloud teil. Im Jahr 1412 kehren die Armagnacs diesen Giftpfeil gegen Burgund, und man wird dann erleben, daß der Herzog von Clarence von der Normandie aus auf die Loire zu marschiert.

Ist es notwendig, für diese Hilferufe an den Feind England eine Rechtfertigung zu finden? Muß man betonen, daß im 15. Jahrhundert der Hader unter Lehnsherrn Familienhader ist und der Patriotismus nicht mit ins Spiel gezogen wird, daß dieses den Feudalherren von damals unbekannte Gefühl für das Eingreifen ausländischer Herrn kein Hindernis bildet, die überdies durch enge verwandtschaftliche Beziehungen mit jenen verbunden sind, denen sie beistehen, und daraus das Recht zur Einmischung in ihre Streitigkeiten herleiten? Das wäre doch eine allzu billige Entlastung. Tatsächlich verhält es sich so, daß im 15. Jahrhundert die internationale Tradition des Feudalismus und der Partikularismus, der die blitzartige Heraufkunft des Nationalbewußtseins erzeugt hat, sich überkreuzen. Das Nationalbewußtsein ist zu dem Zeitpunkt, an dem wir uns befinden, doch schon wach genug, als daß die Zuflucht zu jenen, die das Königreich bedrohen und ihm manchmal so übel mitgespielt haben, nicht eine verwerfliche Handlung gewesen wäre, zu der man sich von Rechts wegen nicht hergibt, die man nicht ohne Hemmungen und Gewissensbisse begeht. Nach du Guesclin und gerade zur Zeit, als Jeanne d'Arc geboren wurde, sich mit dem Engländer zu verbünden und ihm das Tor nach Frankreich zu öffnen, ist Felonie. Man setzt sich darüber hinweg, aber aus Parteileidenschaft, aus übersteigerter Rachsucht oder Machtgier. Wer so handelt, kann sich auf keinen triftigen Entschuldigungsgrund berufen. Johann ohne Furcht liefert dafür den unwiderleglichen Beweis[19].

Indessen taktiert man weiter und kommt ein schönes Stück voran. Am 26. Januar 1412 gibt Karl VI., den Einflüsterungen des Herzogs von Burgund gehorchend, den Parisern zurück, was ihnen von den Vorrechten aus der Zeit vor 1382 noch fehlte. Der »prévôt des marchands« darf wieder frei gewählt werden, die Stadtschöffen werden dem »prévôt« erneut beigeordnet. Das »parloir aux bourgeois«, die kommunale Gerichtsbarkeit, nimmt ihre Tätigkeit wieder auf. Das Bürgertum frohlockt, während der Herzog sich mit erhöhter Aufmerksamkeit den Zunftleuten widmet und mehr denn je der Favorit der Markthallen ist.

Die »prévôté« von Paris, die Präfektur der damaligen Zeit, war dem Bourguignon Pierre des Essarts übertragen worden. Dieser »prévôt« ist zugleich eine Art Propagandaminister. Er verteilt große Summen, um sowohl in Paris wie in der Provinz die Getreuen anzufeuern und die Unschlüssigen zu einer Entscheidung zu treiben. Dabei wird der Großzügigkeit durch die Abschreckung nachgeholfen. Colinet de Puisieux, der die Brücke von Saint-Cloud den Armagnacs ausgeliefert hat, wird in Montfaucon gehenkt, ebenso ein des Verrats angeklagter picardischer Ritter, Mansart du Bois. Die Jagd auf Verdächtige wird organisiert. Der Mob übertrifft dabei noch die Polizei. Man vergreift sich am Besitz der Gegner oder der Lauen. In Paris wagt man es nicht mehr, Kinder zu taufen, deren Eltern sich nicht öffentlich zur burgundischen Partei bekennen.

Man hat nicht mehr den Mut, die Leichen der Armagnacs zu bestatten. Eine Bande von Verrückten mit Legoix an der Spitze plündert das im Besitz des Herzogs von Berry befindliche Schloß Bicêtre und zerstört die dortigen Kunstwerke. In Caen steckt man die Häuser derjenigen in Brand, die zu der verhaßten Partei halten. Selbstverständlich muß aus Dijon jeder Armagnac verschwinden. Die Landbevölkerung wird von Banden aller Rassen und Farben heimgesucht und hat von beiden Seiten die schlimmsten Grausamkeiten zu erleiden.

Der von diesen Verheerungen verursachte Schrecken und die Furcht vor einem engen Zusammenwirken zwischen Armagnac und Lancaster, zu denen noch die Annäherungsversuche des Herzogs von Berry kommen, der von Johann ohne Furcht in Bourges belagert wird und nur danach trachtet, sich zu befreien, veranlassen den Herzog von Burgund dazu, die Vermittlung seines Schwagers, des Grafen von Savoyen, anzunehmen und bei der Zusammenkunft in Auxerre am 15. Juli 1412 einen Vergleich zu schließen, der die Dinge wieder auf den gleichen Stand brachte, wie sie beim Friedensschluß von Chartres waren.

Die klägliche Lage des Königreichs hatte die beiden Parteien fast zu einer Einstellung der Feindseligkeiten gezwungen. In Paris sind nun versammelt: der König, die Königin, der Dauphin, der Herzog von Bourbon und der Graf von Vertus. Die Menge jubelt ihnen zu. Zu dieser Zeit kehren der Herzog von Clarence und seine Engländer nach Hause zurück, während die Orléans-Partei das Abenteuer ihres Hilferufs an das Ausland schmerzlich bezahlt.

So kam es, daß in diesem somit erreichten Zustand vorübergehender Beruhigung die denkwürdige Versammlung der Generalstände von 1413 zusammentrat.

*

Die Versammlung wurde am 30. Januar 1413 im Hôtel Saint-Pol eröffnet. Aus den Provinzen waren nur wenige Abgeordnete gekommen. Die Grafen von Armagnac ließen sich vertreten, erschienen aber nicht selber. Es war in der Tat eine ausschließlich aus Parisern und »bourguignons« bestehende Versammlung.

Auf der Tagesordnung stand die Reform des Staates. Johann ohne Furcht hatte schon immer gesagt, daß er sie beabsichtige. Stadt und Universität bekannten sich zu ihr in ihren Programmen. Zuerst vernahm man eine Ansprache des Siegelbewahrers des Dauphins, Jean de Nesle, der eine indirekte Steuer, d. h. Geld, verlangte. Dann kam die weitschweifige Rede eines Mönchs von Saint-Denis, des Theologen Benoît Gentien: ein unsinniges Geschwätz, das wie ein Manöver zur Umgehung der eigentlichen Debatte wirkte. Man verlangte einen neuen Termin. Dieser begann mit einer energischen Rede von Eustache de Pavilly, Karmelitermönch und Professor an der Universität. Sodann ließ der Rektor von einem »magister artium« ein und eine halbe Stunde lang die »Remonstrationen« der Universität und der Stadt Paris verlesen, die auf einer Pergamentrolle »dick wie ein Männerarm« aufgeschrieben waren[20].

Universität und Stadt hatten solcherart zusammengearbeitet: ebensogut könnte man sagen, die Intellektuellen und die Geschäftsleute, die Denker und die Zahlenden. Wir haben hier eine Anklagerede, gefolgt von einem Gesetzesentwurf, der nichts Geringeres als das Programm für eine Umgestaltung der Monarchie beinhaltete. Die Zeitkrankheiten werden mit einer Energie angeprangert, die jene des »Songe véritable« noch übertreffen und ihn bekräftigen. Entzweiung der Fürsten, Versagen der Justiz, Verschleuderung und Veruntreuung der Staatsgelder, übermäßige Vermehrung und liederliche Auswahl der Beamten, mangelhafte Organisation der großen Körperschaften und der öffentlichen Ämter. Solche Plagen werden scharf gegeißelt.

Die Krondomäne – so heißt es – wird schlecht verwaltet. Was die »aumônes« anlangt, so »zahlt man wenig oder gar nicht«. Die Ausgaben des Königs, der Königin und des Dauphins sind von 94 000 auf 350 000 Francs gestiegen. Die Hofhaltung der Königin, die 36 000 Francs kostete, verschlingt jetzt 154 000. Was ist aus dem Hab und Gut des königlichen Hauses geworden? Ein beträchtlicher Teil ist in die Taschen der Hofbeamten gewandert. Der Schatzmeister der Königin, Hemonet Raguier, ist zu Reichtum gelangt. Er ist so wohlhabend, daß er 30 000 Francs für seine Schlösser ausgegeben hat. Charlot Poupart, Finanzverwalter, und Guillaume Budé, Befehlshaber der Garnisonen, haben sich Renten verschreiben lassen, obwohl man weiß, daß sie sich »verheerende« Ausgaben geleistet haben. In der Tat, die öffentlichen Gelder waren seit sechsundzwanzig Jahren von den Beamten »durchgebracht« worden, die »n'ont pas l'ueil au bien du roi et de la chose publique, fors seulement à leur singulier prouffit«. Wie unter der vorhergehenden Regierung sind keinerlei Rücklagen vorhanden. Das Defizit wächst von Jahr zu Jahr, alles ist »en perdicion«.

Die Ernennungen und Beförderungen der Beamten erfolgen ganz nach Laune. An der »Requête« gibt es zu viele »mutacions«, »d'aucuns qui ont voix en royaume, et Dieu scet pourquoy ils y entrent si volontiers, se ne l'est pour le groz lopins et gros morceaux et larcins qu'ils trouvent aux dits offices«. Bei den im übrigen unmäßig zahlreichen »trésoriers« des Schatzamtes, die ihr Amt mißbraucht haben, weist man auf André Giffart, der auf diesen Posten nur gekommen ist, weil er mit der Frau des »prévôt« von Paris verwandt ist, und der sich »derartig vollgestopft« hat, daß er reich an Rubinen und Diamanten ist, gar nicht zu reden vom Silbergeschirr. Es gibt eine Menge überflüssiger Posten. Die »généraux des aides« sind schlimmer als die »trésoriers«. Sie fälschen die Unterlagen. Nicht geringerer Mißbrauch wird mit dem königlichen Schatz getrieben. Antoine des Essarts hat alles ausgeteilt. Marise de Ruilly, der dem König täglich sechs Taler zu seinem »bon plaisir« geben soll, hat für »son plaisir« riesige Summen verschwendet. Ein weiterer Mißstand ist der gleichzeitige Besitz mehrerer Ämter. Der »prévôt« von Paris ist ein Beispiel dafür. Es gibt Leute, die vier Posten gleichzeitig bekleiden. Die Untertanen geraten in Erregung, wenn sie sehen, daß die Staatseinkünfte in »ein Faß ohne Boden« fließen.

Der Große Rat sollte sich aus kompetenten und gewissenhaften Leuten zusammensetzen, die in der Lage sind, die Geschäfte schnell und gut zu erledigen. Augenblicklich bleibt alles liegen. Es herrscht eine unverzeihliche Nachlässigkeit. Außerdem ist das »Parlement« nicht mehr das, was es gewesen ist. Dort tagen nur junge Leute, Dummköpfe und Nichtswürdige. Alle sind miteinander verwandt. Schlimmer noch steht es am Rechnungshof, wo die Akten sich türmen. »Alles ist dort vergraben.« Das Personal ist zu zahlreich und zu kostspielig.

Mit der königlichen Kanzlei steht es nicht viel besser. Der Kanzler nimmt sich zu seinem Gehalt zahlreiche Vergütungen, die seine Einkünfte verdreifachen und vervierfachen. Die Währung hat sich verschlechtert und hat an Wert verloren.

Was sind die Gegenmittel? Den Steuereinnehmern »das Handwerk legen« und sie die Gelder zurückerstatten lassen. Alle außerplanmäßigen Geldanweisungen annullieren, das Finanzwesen in Ordnung bringen, die Zahl der Staatsdiener und -beamten reduzieren, eine Säuberung unter dem Personal vornehmen und die Gehälter wieder auf den alten Stand bringen. Eine Kommission soll die Operation ausführen und die Inhaber von Ämtern sollen zukünftig gewählt werden.

Auf der anderen Seite sollen alle hohen Herren schwören, daß sie Frieden halten werden. Mit anderen Worten: man verlangt nationale Einigkeit und einen absoluten Waffenstillstand zwischen den Parteien.

Die Autoren der »Remonstrationen« schließen mit einem Vertrauensbekenntnis zum Herzog von Burgund. Er begann dieses heilige Bemühen um Gerechtigkeit und versprach, es bis zu einer endgültigen Lösung durchzuführen. Es ist nur recht und billig, ihm Vertrauen zu schenken.

Eine so heftige Anprangerung der Mißstände konnte nicht ohne Wirkung bleiben. Man ernannte eine Untersuchungskommission. Die Beamten, auf die man es ganz besonders abgesehen hatte, wurden ihres Amtes enthoben. Ein neuer »prévôt« von Paris, Robert de la Heuse, »der Einäugige« genannt, ein »bourguignon«, wurde eingesetzt, die Verordnung für eine Reform vorbereitet.

Wird es Johann ohne Furcht gelingen, unter dem Vorwand von Reformen, die er verkündet hat, die für ihn aber nur ein Mittel sind, um an die Macht zu kommen, seine Rivalen endgültig auszuschalten, im Namen Karls VI. zu regieren und den Dauphin Ludwig, Herzog von Guyenne, seinen Schwiegersohn, der zuerst seinen Weisungen gefolgt ist, seit einiger Zeit sich selbständig zu machen scheint und mit der gegnerischen Partei kokettiert, endgültig auf seine Seite zu bringen?

Man ist an einem Kreuzweg angelangt, als die »Révolution cabochienne« wie eine Feuergarbe auflodert. Auf Reformen warten, die

Großbürger und Geistliche ankündigen? In den Kreisen der Schlächter und ihrer Getreuen hat man nicht die Geduld. Der Dauphin ist beim Volk unbeliebt. Seine unklaren Verbindungen zu den Armagnacs verbittern die Anhänger der »direkten Aktion«. Er hat die Unklugheit begangen, Pierre des Essarts, den ehemaligen »prévôt«, dessen Machenschaften man angeprangert hatte, wieder einzusetzen. Als Antwort darauf wird die knurrende Menge losgelassen. Das ist der erste Tag des Aufstands. Man stellt eine Liste der Verräter auf. Man verlangt deren Auslieferung. Mit Gewalt dringt man in das Hôtel de Guyenne ein. Und während der Dauphin sich plötzlich stärker denn je an die Seite der Orléans-Partei gedrängt sieht, bemächtigen sich die Leute von den Schlachthöfen der Herrschaft über die Straße.

Wir erleben die »Révolution cabochienne«. Sie hat den Namen von ihrem bekanntesten und hitzigsten Anführer, Simon le Coutelier, genannt Caboche, einem Abdecker, dem Sohn einer Kuttlerin vom Vorplatz von Notre-Dame. Eine Fahne schwingend stürmt er los, dreißig bis vierzig Kumpane mit sich reißend. Das Haus des Kanzlers der Universität, Jean de Gerson, wird geplündert. Der berühmte Theologe hat gerade noch Zeit, sich unter die Gewölbe von Notre-Dame zu flüchten. Pierre des Essarts wird ergriffen und ins Gefängnis geworfen. Der ganze Monat Mai ist von blutigen Tumulten erfüllt. Die Aufständischen machen, was sie wollen. Die Polizei fraternisiert mit den Aufrührern. Diese haben zum Wahrzeichen den »chaperon blanc« genommen, eine Anspielung, die eigentlich einem Sohn Philipps des Kühnen verdächtig vorkommen müßte, ihn aber nicht zu rühren scheint. Das Grün der Burgunder genügt den Rasenden nicht mehr. Am 9. Mai kommt es vor dem Hôtel Saint-Pol zu gewalttätigen Ausschreitungen. Am 10. werden die mißliebigen Beamten verhaftet. Man erpreßt vom Dauphin die Ernennung Denis de Chaumonts zum Stadthauptmann von Paris und für Caboche selber die Ernennung zum Wächter der Brücke von Charenton. Von Tag zu Tag geht der Schrecken weiter.

Johann ohne Furcht ist sichtlich überrannt. Er hat sich nicht klar gemacht, daß die ungleichen Elemente, auf die er sich gestützt hat, bereits entzweit sind. Bürger und Angehörige der Universität sind entsetzt über die Tätlichkeiten des Pöbels. Wie kann man studierte

Leute und solche, die gewerbsmäßig mit dem Messer umgehen, noch länger zusammen marschieren lassen, wenn diese die Straße zu einer Filiale der Abdeckerei machen? Die reichen Bürger, welche ein eigenes Haus haben, und die Proletarier mit ihrem Traum von der Plünderung der Palais, von denen sie annehmen, sie seien reich ausgestattet? Die Anhänger der Ordnung und jene, welche im Trüben fischen?

Der Herzog glaubte, sich der einen wie der anderen bedienen zu können, das Vertrauen und den guten Willen dieser und die Überheblichkeit jener zu benutzen. Er glaubte, »das niedere Handwerk« würde ihm helfen, an die Macht zu kommen, und er könne diese Leute als ihr Freund im Zaume halten, nachdem er sie in Trab gesetzt hatte. Hier lag der Fehler in seiner Berechnung. Er vergaß ganz, daß man eine Revolution nicht nach Belieben aufhalten kann, selbst wenn man dazu beigetragen hat, sie auszulösen, daß man am Chaos nicht mitschuldig sein darf, selbst wenn man es als notwendig erachtete, es herbeizurufen.

Und als bei einem »lit de justice« im »Parlement«, einer feierlichen Sitzung in Anwesenheit des Königs, am 25./26. Mai die berühmte Verordnung, von den Historikern »Ordonnance cabochienne« genannt, geboren wird, wird sie von jenen abgelehnt, denen Gewalttaten zur Gewohnheit geworden sind und die sich auch auf ein Zeichen des Herzogs nicht darauf einlassen, aus Klugheit die Helfer der Öffentlichkeit zu werden.

Allerdings darf man die Bedeutung dieser berühmten Urkunde nicht falsch verstehen, denn es handelt sich wohl mehr um eine Verordnung der »bourguignons«. Der Inhalt ist weiter nichts als eine dem Tagesgeschmack angepaßte Neuauflage der ehemaligen Ordonnanzen Karls V. und seiner Minister, der Marmousets. Die Ratgeber Johanns ohne Furcht, welche sie verfaßt haben, stützten sich auf diese alten Verfügungen und die Remonstrationen. Caboche hat damit nichts zu tun. Wie könnte man auch glauben, daß dieser wildgewordene Terrorist besser gewesen sei als Étienne Marcel? Die Ordonnanz von 1413 verändert in keiner Weise die monarchische Regierungsform. Ihr Ehrgeiz beschränkt sich darauf, in der Verwaltung Ordnung zu schaffen. Die kühnsten Artikel sind jene, durch welche das Wahlverfahren bei der Besetzung von Ämtern und Posten allgemein eingeführt werden soll; damit wird eine Art Syndikat der Beamten geschaffen und die Ergänzungswahl an die Stelle der allzuoft festgestellten Mißbräuche der Günstlingswirtschaft gesetzt.

In Wirklichkeit war diese Ordonnanz nur ein Versuch der »bourguignons«, um den Aufstand der Cabochiens zu drosseln, um den Anschein zu erwecken, als wäre es mit der Durchführung der Reform zwecklos geworden, auf die Barrikaden zu gehen. Die Schlächter kümmern sich nicht darum. Gesetzesverkündungen sind ihnen gleichgültig. Das einzige, was sie interessiert, ist eine soziale Umwälzung, der Kampf bis aufs Messer. Die Verbrechen, die Grausamkeiten nehmen verstärkt zu.

Im Juni erreicht die Diktatur der langen Messer ihren Höhepunkt. Die Cabochiens weiden sich an unglaublichen Roheiten. Der Sire de la Rivière wird im Gefängnis ermordet, sein Leichnam in die Markthallen gebracht und dann in Montfaucon gehenkt. Pierre des Essarts wird am 1. Juli hingerichtet. Folterungen, Erhängen und Gemetzel ohne Unterlaß! Der Henker Capeluche ist der Mann des Tages. Johann ohne Furcht schüttelt ihm die Hand. Der Herzog meistert die Lage nicht mehr. Wie seine Ratgeber wird er in das Verderben mit hineingerissen. Wie soll er die Rasenden bändigen, nachdem er sie dermaßen verwöhnt hat? Wie soll er es mit ihnen bis zum Ende halten, wenn die andern Elemente, die ihn unterstützen, vor diesem Blutrausch das Entsetzen packt?

Es ist nicht möglich, sich darüber zu täuschen: Johann hatte die erste Runde des Spiels 1408 gewonnen, 1413 hat er die zweite Runde verloren.

*

Wo soll man die Kräfte hernehmen, die dem umstürzlerischen Wüten Einhalt gebieten? Da der Herzog von Burgund sich ihm nicht entgegenstellen kann, bleibt nur die Clique der Armagnacs als Ausweg. Eine dritte Partei wird gebildet, um das Schwenkmanöver vorzunehmen, denn ein Umschwung liegt in der Luft. Großbürgertum und Universität sind dabei behilflich. Jean Jouvenel des Ursins, der ehemalige »prévôt«, vertritt die Sache der Gemäßigten. Der Hof unterstützt das Unternehmen. Nach ruhiger Überlegung begreifen die »bourguignons« die Notwendigkeit, den Dingen ihren

Lauf zu lassen oder zu helfen, und schließen sich diesem Vorgehen an. Damit ändert sich die öffentliche Meinung. Am 25. August 1413 räumt Johann ohne Furcht Paris und überläßt die Stadt Bernhard von Armagnac. An ihm ist es nun, Herr der Stunde zu sein.

Es trifft sich schlimm für die Sache der sozialen Beruhigung, daß die Armagnacs kein Gefühl für die günstigen Gelegenheiten in der Politik haben. Dadurch, daß das burgundische Grün und das Weiß der Cabochiens vom Violett der Armagnacs abgelöst wird, ist die Ordnung noch nicht wieder hergestellt. Was kommt, sind hemmungslose Repressalien. Eine neue Schreckensherrschaft folgt auf jene, bei der schon so viel Blut vergossen wurde, eine maßlose Schreckensherrschaft, die über die Aufständischen hinweg die »bourguignons« zu treffen versucht, sogar die gemäßigten, sogar jene »bourguignons«, die eine Anlehnung an die Orléans-Partei befürwortet haben. Werden die Mißgriffe des Gegners dem Herzog ohne Furcht zur Rache verhelfen?

In Paris, wo der neue Herr mit harter Hand regiert, und das Elend mehr denn je um sich greift, bildet sich eine burgundische Partei. Der Herzog hat für die Ausschreitungen der Cabochiens keine Verantwortung übernommen oder er hat sie zurückgewiesen. Der Dauphin, der den orléanistischen Einfluß sehr freundlich begrüßt hatte, wird dessen überdrüssig und wendet sich wieder seinem Schwiegervater zu. Die Aufhebung der Ordonnanz von 1413 enthüllt die Abneigung der neuen Machthaber gegen die Reformen und schafft ihnen Feinde. Das Pendel der öffentlichen Meinung schwingt zurück und bewegt sich wieder auf den Herzog zu. Ein unvorhergesehener Sturm hat es ihm versagt, sein wahres Können zu beweisen. Ist er denn nicht, immer noch, der einzige politische Kopf des Hauses Valois?

Allem Anschein nach kann sich dieser Fürst, der seit August in seinen Landen neue Kräfte sammelt, der Hoffnung auf einen baldigen Umschwung des Glücks hingeben.

Die Verwerfung der Rechtfertigungsschrift des Jean Petit, welche die Pariser Machthaber einer vom 30. November 1413 bis 23. Februar 1414 abgehaltenen Versammlung von Geistlichen diktiert, wird mehr für ein Parteimanöver als für eine Sühnemaßnahme gehalten.

Ermutigt von diesem ihm günstig erscheinenden Anzeichen, setzt sich der Herzog am 23. Januar mit einer bewaffneten Macht von Lille aus in Bewegung und nähert sich Paris, indem er laut seine Absicht verkündet, er wolle nur die Armagnacs daran hindern, »einen neuen König zu erheben«. Er nimmt offenbar an, daß eine Volkserhebung die Hauptstadt ihm ausliefern werde. Die zu ihm geflüchteten Cabochiens haben ihn darin bestärkt. Bernhard VII. ist, wenn auch kein Politiker, so doch ein Militär. Er hat Paris in Händen und denkt nicht daran, es aufzugeben. Der Befestigungsgürtel wird mit allen Mitteln gehalten, und der feindliche Ansturm scheitert. Die große Stadt bleibt der Rückkehr eines Feindes verschlossen, die tatsächlich verfrüht war.

Die Niederlage vom Februar 1414 hat indessen kein geringeres Ergebnis, als den Bürgerkrieg wieder aufflammen zu lassen.

Die Sache der »bourguignons« hat heftig unter dem Rückstoß der Enttäuschung zu leiden. Die Herzogin ist sehr besorgt. Die Armagnacs frohlocken. Sie belagern Compiègne und nehmen es am 7. Mai ein. Sie stürmen und plündern am 21. Mai Soissons; Laon, Saint-Quentin und Péronne ergeben sich; das Artois ist bedroht.

Für den Herzog ist die kritische Stunde gekommen: das von Philipp dem Kühnen errichtete und seit seinem Tode ausgebaute Staatsgebilde wackelt in seinen Grundfesten. Die Verbündeten Johanns ohne Furcht, ja sogar seine Verwandten und Untertanen sind aufgestört und nahe daran, ihn zu verraten. Nach der Einnahme von Soissons unterwirft sich einer der Brüder des Herzogs, der Graf von Nevers, dem König, was zu diesem Zeitpunkt bedeutet: den Armagnacs. In Saint-Quentin erlebt der Hof, daß die Schwester des Herzogs, die Gräfin von Hennegau, eintrifft und einen Friedensvorschlag macht. Sie erscheint im Juli von neuem. Diesmal unterstützt sie Anton von Brabant, der andere Bruder des Herzogs. Karl VI., oder vielmehr der Staatsrat, der ihn leitet, versteift sich und verlangt angeblich die vorbehaltlose Unterwerfung des Mörders von Ludwig von Orléans. Den Flamen, die im selben Moment den König ihrer Ergebenheit versichern und ihn um Gnade für ihren direkten Lehnsherrn anflehen, erteilt der Kanzler von Frankreich eine im gleichen Sinn abgefaßte Antwort.

Es ist unverkennbar: Johann wird wohl oder übel zum Frieden

gedrängt. Die Handlungsweise des Dauphin, der anscheinend davon träumt, die königliche Autorität zu retten, indem er sich über die Parteien stellt, und der im Augenblick das Bedürfnis hat, den Sieg der Orléans-Partei zu bremsen, verschafft seinem Schwiegervater einigermaßen annehmbare Bedingungen. Vielleicht hat auch die Befürchtung, man könnte den Herzog von Burgund in die Arme der Engländer treiben, mit denen er, wie bekannt, im Gespräch ist, einen ernsthaften Druck ausgeübt. Der Friede von Arras vom 4. September 1414 ist dessenungeachtet nicht sehr glänzend für denjenigen, der so lange Zeit Frankreich beherrscht hat. Durch den Verzicht auf jegliches Bündnis mit England entgeht der Herzog der Demütigung, die Einziehung von irgendeinem seiner Lehen hinnehmen zu müssen. In zweideutigen Klauseln der Urkunde verspricht Johann, jene des Landes zu verweisen, die den königlichen Zorn auf sich geladen haben. Er überläßt dem König die freie Festsetzung der Amnestie, die er zu erteilen bereit sei, und schließlich kann der Herzog nur mit Genehmigung des Königs nach Paris kommen.

Klauseln eines Schuldigen, eines Besiegten. Obwohl so mancher es glaubte, können die abschwächenden Formulierungen an der Art des Friedens von Arras nichts ändern.

Johann aber war, indem er diesen Frieden in einem Augenblick höchster Gefahr zustimmte, nicht ehrlich. Er spinnt auch jetzt unentwegt an der Intrige fort und denkt nur noch daran, koste es, was es wolle, seine Rache zu nehmen, und hartnäckig, wie er ist, als passionierter Spieler die dritte Runde des Spiels zu gewinnen, obwohl seine Gegner schon so viele Stiche gemacht haben.

*

Wenn sich auch am Horizont neue Aussichten abzuzeichnen scheinen, nährt der Friede von Arras, trügerisch wie er war, doch überall Angst und Zweifel.

In diesem Augenblick bringt ein geheimes Spiel alles durcheinander. Die allgemeine Verwirrung hat ihren Höhepunkt erreicht. In Paris, wo man niemanden nach seiner Meinung gefragt hatte, riefen die Friedensbedingungen unterschiedliche Regungen hervor. Die einen hatten Angst, daß die Cabochiens, jene gefährlichen Verbannten, erneut losgelassen würden. Andere wieder, die entgegengesetzter Meinung waren, befürchteten, daß man sie möglicherweise einer Reaktion aussetzen werde, von welcher man nicht wußte, wohin sie führe. Der Dauphin versucht sich in einer planlosen persönlichen Politik, bei der er bald den Armagnacs vom reinsten Wasser sich nähert, bald von ihnen abrückt. Dieser wankelmütige Prinz bricht Hals über Kopf aus Paris auf, nachdem er sich erneut seinem Großoheim, dem Herzog von Berry, angeschlossen hat, dem er eine Zeitlang grollte, und begibt sich nach Bourges und dann nach Mehun-sur-Ière. Die »bourguignons« haben nichts Eiligeres zu tun, als zu behaupten, der Thronerbe sei von den Armagnacs fortgeschafft und festgehalten worden.

Während dieser Zeit führt die Auslegung des Friedensvertrags von Arras zu komplizierten Verhandlungen, die sich in die Länge ziehen. Der Vertrag war nicht ratifiziert worden. Um die Durchführung zu beschleunigen, gehen vom Hof die »Lettres Patentes« vom 2. Februar 1415 aus, die auf Gnadenerlasse hinauslaufen. Trotzdem muß noch verhandelt werden, wenigstens über die Frage der Verbannten, um den Herzog zu einer Ratifizierung zu bewegen, die ihm mühsam abgerungen wird und deren Ehrlichkeit anzuzweifeln ist.

Zu allem Überfluß treibt jetzt Heinrich V. von England gewaltsam die Ereignisse voran. Er ergreift die Offensive, landet in der Normandie, fällt in Frankreich ein und beginnt wieder den Hundertjährigen Krieg. Wie wird sich der unentschuldbare Kleinkrieg zwischen Armagnacs und »bourguignons« in diesem plötzlich wechselnden Rahmen der Geschichte des Landes entwickeln?

*

Mit der Auslösung einer neuen Phase im französisch-englischen Krieg bezeichnet das Jahr 1415 einen Markstein in diesem bewegten Jahrhundert. Der Zeitpunkt ist gekommen, wo es sich zeigen wird, was die Politik Johanns ohne Furcht als Führer des burgundischen Staates von seiner Thronbesteigung bis zu diesem entscheidenden Moment getaugt hat.

Denn die Machterweiterung, um die es Philipp dem Kühnen vor allem ging, hat aus dem »großen Herzog«, ungeachtet seines Beinamens und der ihm vorschwebenden Ziele eine doppelte Persönlichkeit gemacht: einerseits war er französischer Prinz von Geblüt, anderseits Besitzer ausgedehnter Gebiete, die außerhalb der Lehnshoheit der französischen Krone lagen und ihr eigenes Geschick hatten. Bei den Erben des Begründers des Herzogshauses setzte sich zunehmend ein übernationales Verhalten durch. Wie schwer lastete es auf den Schultern des zweiten Herzogs?

Eine Episode aus der von Johann in seinem burgundischen Staat betriebenen Innenpolitik bot sich bereits unseren Augen dar, weil sie mit seiner Politik als französischer Fürst verknüpft war: der Fall Lüttich. Sie wird sehr bald auf unserem Weg wiederkehren, denn sie bezeichnet auch einen Wendepunkt seiner Politik in den sich herausbildenden Niederlanden.

Mit der Weiterverfolgung seiner Annäherungstaktik an England, einem Staat, mit dem er, wie wir bereits sahen, wichtige Handelsabkommen getroffen hatte, und seiner mit den Gefühlen und Bedürfnissen seiner flämischen Untertanen übereinstimmenden Haltung gegenüber dem Schisma anderseits, war es Johann seit seinem Regierungsantritt gelungen, den Frieden zwischen Webern und Bürgern zu erhalten, indem er gewissermaßen eine Versöhnungspolitik zwischen den Gesellschaftsklassen betrieb. Die Ruhe im Norden, die das Bezeichnende der zweiten Hälfte der vorhergehenden Regierung gewesen war, hatte angedauert, zum großen Nutzen für das wirtschaftliche Gedeihen des bedeutenden Industrielandes. Vielleicht halfen die vom Herzog in Paris öffentlich zur Schau getragenen liberalen Neigungen auch etwas dem Wunsche nach, bei den ehemaligen »Chaperons blancs« eine gewisse Beliebtheit zu gewinnen. Da er Flämisch sprach, was sein Vater nicht konnte, »erwirbt sich Johann mit Geschick sein flämisches Heimatrecht«[21].

Zugleich setzt er die Tradition der Heiratspolitik fort, die am burgundischen Hof zur Regel geworden ist. Wir haben ihn dabei überrascht, wie er am Hof von Frankreich die von Philipp dem Kühnen ausgeheckten Kombinationen in die Tat umsetzte. Seine Tochter Margarete ist Dauphine, sein Sohn Philipp, Graf von Charolais, heiratet Michelle, die Tochter Karls VI. Philipps Schwestern sind mit Geschick unter die Haube gebracht worden: Maria heiratet Adolf von Kleve, Isabelle Olivier de Penthièvre, Agnes Karl I. von Bourbon, und Anne wird eines Tages Herzogin von Bedford.

Der jüngere Bruder Johanns ohne Furcht wurde am 1. September 1406 durch den Tod seiner Tante Johanna Herzog von Brabant; die geschickte Politik Philipps des Kühnen hatte für ihn dieses Erbe erschlichen. Seit dem 21. Juli 1405 vereinigt die beiden Brüder Johann und Anton ein Bündnisvertrag, ein echtes Familienbündnis.

Wenn also der mächtige Herzog seinen Schwager Johann von Bayern, den Fürst-Bischof von Lüttich, wieder auf den Thron bringt, wie wir bereits feststellten, und damit praktisch sein Protektorat über die Enklave Lüttich errichtet, so zeigt dieser mit dem Ganzen der Geschichte des burgundischen Staates übereinstimmende Vorgang, wie von Jahr zu Jahr die Steine des weitangelegten Gebäudes zusammengefügt werden, dessen Fundamente der erste Valois-Herzog nicht nur gelegt, sondern dessen Grundpfeiler er auch fest eingemauert hat.

Seinen dem Stammhaus sehr anhänglichen Bruder Anton, seine beiden Schwäger Johann von Lüttich und Graf Wilhelm von Holland und Hennegau, seinen Vetter Wilhelm von Namur an der Seite, herrscht Johann ohne Furcht im ganzen Hinterland, das sich entlang der Küste von der Somme bis zur Zuidersee erstreckt. H. Pirenne sagt mit Recht: »Die Schelde war somit ein burgundischer Fluß«, und er fährt fort: »Zwischen Frankreich und Deutschland, für welche die Schelde jahrhundertelang die Grenze gewesen war, bildete sich ein fester Block von Gebieten, beherrscht von Fürsten der gleichen Familie, der die beiden anliegenden Reiche auseinander trieb und sich wie ein Keil zwischen sie drängte.« Angesichts der Regierung Johanns ohne Furcht hat man das Gefühl, ein zweites Lotharingien erstehe wieder und das Phantom des Vertrags von Verdun tauche erneut auf.

Die Außenpolitik eines souveränen Fürsten, die Johann ohne Furcht betreibt, zeichnet sich im übrigen in vielen Punkten durch Vorsicht aus. Wenn er auch seinen Schwiegersohn Olivier de Penthièvre unterstützt, den Gemahl seiner Tochter Isabelle, der sich mit dem Herzog Johann von Bretagne angelegt hat, so vermeidet er doch, zu tief in das bretonische Wespennest hinein zu geraten, und versucht nur, den Gebieter des armorikanischen Herzogtums dazu zu verpflichten, sich auf das Bündnis aus den Zeiten Philipps des Kühnen zu besinnen[22].

Im Innern endet ein alarmierendes Ereignis, das uns bereits bekannt ist und das nur dank des vorübergehenden Nutzens, den die Armagnacs daraus gezogen haben, sich verschärft hat, die Rebellion des Grafen von Tonnerre, mit der Niederlage des unfügsamen Vasallen. Die Beschlagnahme des Tonnerrois erweitert den herzoglichen Landbesitz letzten Endes in einer Richtung, in der ehemals schon die Kapetinger vorgearbeitet hatten. Vielleicht war diese Annexion ebenso vorteilhaft wie die käufliche Erwerbung der Grafschaft Charolais 1390 durch Philipp den Kühnen.

Wie man sieht, schwillt Burgund an, während die Niederlande schrumpfen. Trotzdem hat das Werk des Herzogshauses seinen Hauptausdehnungsbereich in den Niederlanden.

Vergebens möchte das Haus Luxemburg das Entgleiten des Herzogtums Brabant aus seinem Machtbereich vereiteln: es wagt nicht, über heftige Proteste hinauszugehen. Es verzichtet darauf, die Rechte Wenzels mit Waffengewalt zu unterstützen, den das geringe Ansehen vor und insbesondere nach seiner Absetzung als König lähmt. Um der Gefahr aus Luxemburg vorzubeugen, findet Anton nach dem Tod seiner ersten Frau das Heilmittel einer politischen Heirat. Nachdem er Johanna, die Nichte Wenzels III. von Luxemburg, Grafen von Saint-Pol, verloren hat, schließt er am 27. April 1409 eine zweite Ehe mit Elisabeth von Görlitz, der Tochter des Exkaisers. Diese Verbindung stellt einen weiteren Fortschritt dar, denn als zwei Jahre später der Vetter Wenzels, Jobst von Mähren, stirbt, wird Luxemburg dem Herzog von Brabant verpfändet. Auf diese Weise vergrößert Anton seinen Herrschaftsbereich, der dazu bestimmt ist, den Länderbestand seines Zwillingsbruders zu verdoppeln. Zwar bricht in Luxemburg eine von Seneschall Huart d'Autel geführte Volkserhebung aus, aber trotz der von diesem Aufrührer angeknüpften Verbindungen mit dem Haus Orléans und Sigismund, der Chef des Hauses Luxemburg in Deutschland geworden ist, hindert nichts den Sieg Burgunds, und das Geschick der von Anton beherrschten Länder – Luxemburg, Limburg und Brabant – sollte nicht in Frage gestellt werden. Hinzu kommt, daß die lokale Stimmung zugunsten von Anton sprach, dessen taktvolle Politik seinen Untertanen zusagte. Und als Anton 1415 vorzeitig starb – er wurde, wie wir noch sehen werden, auf dem Schlachtfeld von Azincourt getötet –, flüchtete sich Elisabeth von Görlitz vergebens zu Sigismund. Die Stände von Brabant blieben fest. Johann ohne Furcht stellte sich entschlossen auf die Seite seines Neffen Johann IV., den er mit der Erbin der Grafschaft Hennegau, Holland, Seeland und Friesland, Jakobäa, einer Tochter Wilhelms von Bayern, der sehr gelegen kommenden Witwe Johanns von Touraine, des Sohns Karls VI., verheiratete. Damit waren nicht nur die Neuerwerbungen gesichert, sondern es eröffneten sich sogar neue herrliche Aussichten. Wir werden, wenn wir am Ende dieses Kapitels zusammenfassend die Rolle, die Johann ohne Furcht in seiner Eigenschaft als Führer des burgundischen Staates gespielt hat, skizzieren, uns noch mit den Glücksfällen der Politik des brabantischen Zweiges dieser Dynastie zu beschäftigen haben.

*

Im Augenblick verlangen die anglo-burgundischen Beziehungen unsere Aufmerksamkeit. Sie liefern den Schlüssel zu den aufsehenerregenden Ereignissen, die sich in der Endphase der Regierung Johanns ohne Furcht von 1415 bis zum tragischen Schauspiel im Jahre 1419 zutragen sollten. (Vgl. Stammtafel »Das englische Herrscherhaus«.)

Als Philipp der Kühne nach dem Mißerfolg der »hölzernen Stadt« als loyaler französischer Prinz von Geblüt und guter Burgunder seine Politik mit Großbritannien auf einen Waffenstillstand und ein Handelsabkommen abstellte, hat er nicht ahnen können, daß eines Tages aus dieser Annäherung ein für Frankreich nachteiliges Bündnis hervorgehen könnte. Wie es Pirenne so schön gezeigt hat, war Philipp »trotz allem ein guter Franzose«. Selbst wenn man den Bericht Monstrelets nicht allzu wörtlich nimmt, nach dem Philipp, als er den Tod herannahen fühlte, seinen Söhnen nahegelegt hat, »gut, aufrichtig, treu und gehorsam dem König Karl von Frankreich, seiner Krone und seinem Königreich« zu bleiben, so steht doch fest, daß, wenn er sich egoistisch der Kräfte Frankreichs für seine Ambitionen im Osten bediente, nach seiner Meinung die Interessen seiner Lehnsgebiete mit denen der französischen Krone aufs engste verbunden blieben und daß sein Streben nach Machtzuwachs dem Königreich nütze.

Johann ohne Furcht hingegen vertritt eine ganz andere Auffassung. Es ist aber nicht so, daß man Pirenne ganz beipflichten müßte, wenn er vom Gegensatz zwischen Vater und Sohn spricht[23]. Es wäre zu einfach, wollte man sagen: Philipp war ganz Franzose, Johann ganz Burgunder. Johann bleibt französischer Prinz, und der Wunsch, Frankreich zu regieren, beseelte ihn stets wie seinen Vater. Vielleicht noch in höherem Maße. Er ist also nicht ausschließlich Burgunder geworden. Wenn er aber der beim Aufbau seines Staates zunehmenden übernationalen Tendenz nachgibt und gleichzeitig seine französische und burgundische Politik zu treiben gedenkt, so steht außer Zweifel, daß für ihn das leidenschaftliche Verlangen nach seiner Vorherrschaft über dem Bemühen, die eigentlichen französischen Interessen zu wahren, steht. Der Beweis dafür ist, daß die Aussicht auf eine Teilung des Königreiches der Valois mit England für ihn nichts Erschreckendes hat. Für die Vaterlandsliebe, welche die Haupttriebfeder des ersten unserer Herzöge war, hat Johann, der an einer britischen Eroberung Frankreichs mitwirken wird, kein Gefühl.

Um die Armagnacs matt zu setzen, hatte er bereits 1411 Verhandlungen mit Heinrich IV. von Lancaster eingeleitet. Anscheinend haben 1412 die Armagnacs auf seinen Spuren ihrem Nebenbuhler um die Gunst Englands den Rang abgelaufen. Die Prinzen von Orléans brechen am 15. Juli 1412 beim Vertrag von Auxerre dieses Bündnis und rücken von der Expedition des Herzogs von Clarence ab, der von seinem Vater Heinrich IV. zum Eingreifen auf dem Kontinent ermächtigt war. Obwohl die beiden feindlichen Lager sich umschichtig diese Vertraulichkeiten mit dem »Todfeind des Königreichs« zum Vorwurf gemacht haben – Anschuldigungen, die bis zum Vorwurf der Felonie gehen –, hoffen sie weiterhin offen oder versteckt auf ausländische Hilfe.

Bei diesem Wettlauf um den Verrat gewinnt Johann ohne Furcht – man kann es sich nicht verhehlen –, weil er ein besserer Taktierer oder den Plänen von Westminster willkommener ist, seit 1413 klar und immer mehr an Vorsprung. Wir sahen, wie die finsteren anglo-burgundischen Abmachungen die Friedensverhandlungen von Arras 1414 überschatteten. Bei Heinrich V., dem Nachfolger seines Vaters Heinrich IV., ist die Wiederaufnahme des Hundertjährigen

Krieges nur eine Frage der Zeit. Wie sollte auch die geheime und versteckte Unterstützung des mächtigsten Feudalherrn innerhalb der Lehnshoheit der Valois nicht unendlich wertvoll sein für diesen großen Engländer, der entschlossen war, noch weiter als seinerzeit Eduard III. zu gehen?

Wir müssen das Aussehen dieses Heinrich V. kurz skizzieren, der zusammen mit Johann ohne Furcht künftig das Spiel an sich reißen wird. Elegant, schlank, sportlich, ist Heinrich von mittelgroßer Statur, beweglich, ungezwungen und angenehm im Umgang. Sein Gesicht, mit einer breiten Stirn unter dichtem glatten Haar, ist bartlos und männlich. Ein ovales Gesicht, gerade und gut geschnittene Nase, lebhafte, klare nußbraune Augen und Grübchen im Kinn: insgesamt eine entschlossene und kalte Erscheinung, die unter dem Äußeren einer unerschütterlichen Selbstbeherrschung und, wie der Chronist Monstrelet sagt, »einem stolzen Willen« ein gewissermaßen inneres Feuer verbirgt. Der burgundische Hofhistoriograph Georges Chastellain hat ihn in zwei Zeilen beurteilt: »Toutes ses affaires il menoit lui mesme, toutes les conduisoit et dressoit, toutes les pesoit et abalançoit au doigt, premier que entreprendre.«

Sein realistisches Denken ist nicht ohne Ideal. Methodisch und sehr überlegt schreitet er im Vertrauen auf seine Kraft zur Ausführung seiner umfassenden ehrgeizigen Pläne und weitgesteckten Ziele. Den Westen zu beherrschen, ihn gegen die Türken zu führen, das ist sein Plan, ein Kreuzzug also, letzten Endes der Traum jedes großen mittelalterlichen Fürsten. Zuerst jedoch müssen Frankreich und England vereinigt werden. Die Idee einer »Doppelmonarchie« ist der Hauptpunkt einer Wiederaufrichtung Europas durch das Haus Lancaster. Ein in Paris und London regierender »König von Frankreich und England« wäre der Streiter für das Christentum, dem nichts widerstehen könnte.

An dieser Aufgabe arbeitet der zweite Lancaster mit einem Talent, das schon ans Geniale grenzt. Er hatte nicht genügend Zeit, um es ganz zu entfalten. Was er aber geleistet hat, vermittelt einen starken Eindruck von dem, was er hätte erreichen können.

Heinrich V. gedenkt, aus dem Drunter und Drüber in Frankreich Kapital zu schlagen. Er verlangt sein Erbteil von seiten der Kapetinger. Frankreich müsse ihm auf Grund des Erbrechts zufallen. Er macht sich erbötig, die Tochter Karls VI., Katharina von Frankreich, zu heiraten, um unter der Maske dieser Ehe sein Ziel: die Verdrängung der Valois, zu verbergen. Er fällt in Frankreich ein, indem er am 12. August 1415 am Kap de la Hève an Land geht und mit der Eroberung der Normandie beginnt.

Erschüttert vom Vertrag von Arras aus dem Jahr 1414, verärgert darüber, daß die Armagnacs die Herrn in Paris sind, hat Johann ohne Furcht in dem Vierteljahr, das der Invasion vorausging, mehr denn je mit den Engländern vertrauliche Gespräche geführt. Er redet noch eifriger mit ihnen, als an der Invasion nicht mehr zu zweifeln ist, vermeidet aber, sich festzulegen, nicht etwa aus Gewissensgründen oder Rücksicht auf nationale Empfindlichkeiten, sondern weil er davor zurückschreckt, die Finger in ein Getriebe zu stecken, aus dem er sie nur schwer zurückziehen könnte[24]. In der Gewandtheit des Ränkeschmiedens sind Heinrich und Johann einander ebenbürtig. Einer will dem andern eine Falle stellen und sich des Partners zu eigenen Zwecken bedienen.

Wie auch immer: um sich ungehindert mit Heinrich zu verständigen, muß man es so einrichten, daß man keine Stellung gegen ihn nimmt. Verpflichtet nicht die Wiederaufnahme des französisch-englischen Krieges eigentlich einen Vasallen Frankreichs, Farbe zu bekennen? Gerade darin zeigt sich die Kunst des Herzogs, daß er sich dieser unumgänglichen Notwendigkeit zu entziehen weiß. Da Paris in den Händen der Armagnacs ist, findet er Mittel und Wege, daß sie sein hinterlistiges Angebot eines Zusammenwirkens unter bestimmten Bedingungen ablehnen, aus Furcht, er könnte die Verteidigung des Königreichs an sich reißen, die sie sich selbst vorbehalten haben, weil sie ja an der Macht sind. Der Streich ist gelungen. Der Herzog von Burgund schmollt. Er nimmt an den Kampfhandlungen nicht teil. Er schiebt die ganze Last, es mit dem Feind aufzunehmen, den Armagnacs zu, die denn auch am 25. Oktober bei Azincourt schimpflich geschlagen werden.

Darf man annehmen, daß die beiden jüngeren Söhne Philipps des Kühnen, welche die Unterweisungen ihres Vaters weniger schnell vergessen hatten als ihr älterer Bruder, das Herrscherhaus Burgund rehabilitieren wollten, das durch das Fehlen des Herzogs auf dem Platz, wo sich das Schicksal der Normandie entschied, mit einem unauslöschlichen Makel befleckt wurde? Jedenfalls waren Philipp von Nevers und Anton von Brabant unter den Todesopfern des 25. Oktober. Sie wurden auf dem Felde der Ehre getötet. Zahlreiche Barone des herzoglichen Lehnsbereiches, die ihrer anti-englischen Begeisterung gefolgt waren, trugen sich auf der gleichen Ehrentafel ein[25].

Bleibt noch zu sagen, daß die Armagnacs, da sie ja allein, oder fast allein, kämpfen wollten, auch allein die Verantwortung und die Folgen der entsetzlichen Katastrophe übernommen haben. Ihr Prinz, Karl von Orléans, wurde als Gefangener lange Jahre in England zurückbehalten. Der Dauphin Ludwig von Guyenne, der Schwiegersohn Johanns ohne Furcht, stirbt entmutigt am 18. Dezember 1415. Ein neuer Dauphin, Johann von Touraine, versammelt auf sein allzu schwaches Haupt die schwankenden Hoffnungen der Dynastie. In der Tat, ein realistisch denkender Mensch, der von Natur aus wenig dazu neigt, mit Imponderabilien zu rechnen, könnte sehr wohl das regierende Herrscherhaus als erledigt betrachten. Anders kann man sich nicht erklären, daß Johann, nachdem er sich so sorgfältig die Hände frei gehalten hatte, 1416 zu einer Entscheidung kam. Nachdem er gesehen, wie sich die englische Herrschaft wie eine Öllache in der Normandie ausbreitet, und nachdem er eine Verschwörung versucht hat, um Paris wieder in Besitz zu nehmen, die am Ostersonntag, dem 19. April 1416, gescheitert ist, entschließt er sich, auf die englische Karte zu setzen.

Während Bernhard VII. von Armagnac seine eiserne Faust schwer auf der Hauptstadt lasten läßt, während er an Stelle des bei Azincourt getöteten Charles d'Albret Konnetabel geworden, sich eine Ordonnanz des Königs verschafft, um die Grande Boucherie zu zerstören, arbeitet Johann ohne Furcht mit Heinrich V. offiziell einen Waffenstillstand aus, durch den seine Untertanen vor dem Zugriff des Krieges geschützt werden unter der Bedingung, daß sie nicht für Frankreich kämpfen. Sodann wird offiziös und geheim eine Übereinkunft getroffen, die den Herzog zu einem Kampfgenossen, Komplizen und Teilhaber des englischen Unternehmens macht.

Ein Waffenstillstand, durch den ein französisches Lehen, das zur Hilfeleistung verpflichtet ist, eine neutrale Macht wird, ist bereits

Verrat. Die Übereinkunft zwischen Johann ohne Furcht und Heinrich V. jedoch konnte zu Recht als »Pakt mit dem Teufel« bezeichnet werden[26].

Das verräterische Schriftstück ist im Mai 1417 entstanden. In Calais, wo sie »lange hin- und hergeredet haben, ohne etwas über die zwischen ihnen besprochenen Themen bekanntzugeben«, erkennt Johann den englischen König und seine Nachkommen als Thronerben Frankreichs an; er verpflichtet sich in aller Form, Heinrich den Lehnseid zu leisten, wenn er einen ansehnlichen Teil des Königreichs wiedererlangt habe, und fügt hinzu, daß er ihm ab sofort »auf jede geheime Art und Weise beistehen werde«. Die Urkunde ist zwar nur als Konzept vorhanden, das aber eigenhändig vom Herzog geschrieben ist. Dieses Konzept ist weder datiert noch unterzeichnet, voller Sigel, Abkürzungen und Geheimzeichen. So werden die Feinde des Königreichs, die der Herzog angreifen wird, mit den Buchstaben A, B, C und D bezeichnet. Diese Buchstaben weisen »auf alle jene hin, die dem König von England nicht gehorchen werden«. Diese ungebräuchliche Aufmachung bringt den regelwidrigen Charakter dieses Paktes vollends zutage, den man nicht in die gängigen Formen zu kleiden wagt und den man dadurch der Diskussion entzieht, selbst als man ihn zur Ausführung bringt. Denn die ganze darauffolgende Politik zeigt dessen Anwendung, und die Erfahrungstatsachen geben jenen die treffendste Antwort, die für den Herzog einen Freispruch verlangen.

Das Dokument ist nicht einfach ein Luftgebilde, denn wie wäre es sonst möglich, daß es sich in den englischen Akten befindet? Es enthält die Erklärung für den ganzen weiteren Verlauf der Ereignisse: es stünde mit ihnen in keinem Zusammenhang, wenn es nicht auch die Absicht desjenigen zum Ausdruck brächte, der diese Ereignisse maßgebend bestimmt hat.

Höchstens kann man vermuten, daß der Geheimvertrag, da er nicht offiziell nach den diplomatischen Gepflogenheiten sanktioniert wurde, seinem Verfasser das Hintertürchen zu einer späteren Kehrtwendung offenließ, wenn die Dinge eine solche Wendung nehmen sollten, daß es dem Herzog ermöglicht würde, durch ein anderes Mittel als die betrügerische anglo-burgundische Verbindung die Lösung des Problems zu finden, das ihn quälte. Die von diesem

Mann stets geübte List und Hinterhältigkeit sind dazu angetan, diese Hypothese nicht auszuschließen. Sie liefert das einzige Zugeständnis, das man denjenigen machen könnte, die in dem Konzept von Calais keinen Pakt mit dem Teufel sehen wollen. Nichtsdestoweniger bleibt es dabei, daß der Herzog ohne Furcht und ohne Skrupel in der Erkenntnis, daß die Armagnacs ihm den Weg verlegten und ihm hartnäckig Paris und die Herrschaft über das Königreich der Valois verwehrten, zum äußersten Mittel seine Zuflucht nahm, nämlich Frankreich eher dem Lancaster auszuliefern, als es den Armagnacs zu überlassen, mit dem Hintergedanken allerdings, sich ein eigenes Königreich zu errichten, in dem die bereits erworbenen, dem französischen König oder dem Reich lehnbaren Besitzungen mit Trümmern der Kapetingermonarchie vereinigt werden sollten. Das erste Verbrechen war der Axthieb im Jahr 1407 gewesen. Der zweite war der Federstrich von 1417. Mit dem Axthieb war die erste Runde gewonnen, die dann aber durch die verlorene Runde von 1413 aufgehoben wurde. Mit dem Federstrich war – und zwar in unvorhergesehener Weise – die dritte Runde und damit die ganze Partie gewonnen.

*

Von nun an geht es nicht mehr ohne die Taktik des fortgesetzten heimlichen Verrats, wie wir immer wieder feststellen müssen.

Heinrich V. hat ein Meisterstück geliefert, indem er mit Johann ohne Furcht den Geheimakt von 1417 schloß. Die unsichtbare Unterstützung und die zwar nicht eingestandene, aber wirksame Mitwirkung des Mächtigsten unter den französischen Feudalen waren in dem Entscheidungskampf, den der englische Monarch bis zu seinem Ende zu führen gedachte, von erdrückendem Gewicht.

Zerrüttet durch die unausgesetzten Komplotte und bedrängt durch die Partei der Bourguignons, sind die Armagnacs unfähig, einen wirksamen Gegenschlag zu führen. Bernhard VII. ist seit 1416 Herr der Regierung und benutzt die Macht weiterhin rücksichtslos, ohne sich die Tragweite seiner Handlungen klarzumachen. Er entzieht den Parisern von neuem das Recht, nachts in den Straßen Ketten zu spannen. Er verbannt Angehörige der Universität. Er vergreift sich an den Privilegien der Gilden und der Bürgerschaft. Man spürt, der Herzog von Burgund hat die Hand im Spiel bei den Verschwörungen, an denen Menschen aller Gesellschaftsschichten beteiligt sind, ein Domherr, ein Präsident vom Rechnungshof und ein reicher Tuchhändler. Monstrelet unterschiebt ihnen den Plan, den »prévôt« von Paris, Tanguy de Châtel, töten, die Königin, die Königin von Sizilien und den Kanzler beseitigen zu wollen, den König einzusperren, den König von Sizilien und den Herzog von Berry verschwinden zu lassen. Man sieht, in welch seltsamer Atmosphäre Paris lebt in den Jahren 1416–1417: Paris, in dem es kein Brot gibt, in dem die Chroniken den Schwarzen Markt mit allen lebensnotwendigen Waren verzeichnen, Paris, in dem man auf Gewaltakte wartet wie auf die kleinen Nachrichten in der Zeitung.

Johann ohne Furcht droht weiterhin diesem Paris der Armagnacs mit einem Handstreich. Um die durch das tiefste Elend heraufbeschworene Erregung des Volkes auszunutzen, bedient er sich mehr denn je demagogischer Mittel. Er verspricht, sämtliche Steuern abzuschaffen, mit einer einzigen Ausnahme: der Salzsteuer. Von seinem Hauptquartier in Chambly, im heutigen Bezirk Neuilly-en-Thelle, belauert er die Oise-Brücken, während Wegelagerer die Brücke von Nogent besetzen. Alle Nachschubwege sind gefährdet. Der Herzog setzt den Sire de Toulongeon als Statthalter von Troyes ein, das sich ihm am 30. April 1417 ergeben hat, und ist damit praktisch Herr der Champagne. Dank der im Raum von Paris ausgeführten Streifzüge fällt im September Chartres in seine Hände.

Unter dem Druck der Engländer und der Bourguignons, der beiden geheimen Verbündeten, von deren Einverständnis sie nichts wissen, deren Drohungen sich aber sichtlich mehren, verlieren die Armagnacs den Kopf. Zwar werfen sie aus Paris, das sie durch ihre Schreckensherrschaft halten, Garnisonen nach Orléans, Fréteval und Châteaudun, können aber Johann ohne Furcht nicht daran hindern, die Schlösser Orsy und Palaiseau zu besetzen.

Die Engländer wiederum, durch keinen Widerstand aufgehalten, machen beängstigende Fortschritte. Zudem ist durch den Tod des Dauphin Johann am 4. April 1417 diese Würde demjenigen zugefallen, der sie auch behalten wird, nämlich Karl, dem zukünftigen König Karl VII.

Kaum fünfzehnjährig und schon vom Schicksal schwer belastet, bleibt der junge Prinz vorerst untätig in Rouen und bricht dann auf, um Paris zu entsetzen, vor dem 8000 Bourguignons auf der Lauer liegen. Die militärischen Operationen der letzteren, die nacheinander die strategischen Positionen um die Stadt herum besetzen, Beauvais, Beaumont-sur-Oise, Senlis, Pontoise, Meulan, Mantes, Vernon, Poissy, Saint-Germain, Montlhéry, laufen parallel mit den Operationen der Engländer, die Paris von der Normandie abschneiden, wo ihre Truppenbewegungen ungestört vor sich gehen. Das völlig verborgene anglo-burgundische Zusammenspiel bewährt sich aufs beste. Es schreibt sich mit feurigen Lettern in die Erde ein.

Heinrich V. erobert Caen und die befestigten Plätze in der Normandie. Er richtet eine englische Regierung in der Normandie ein. Als Cherbourg am 22. August 1418 fällt, bleibt der Mont-Saint-Michel allein übrig, ein Inselchen des Widerstandes, das nicht nachgibt, jedoch hinfort vollkommen eingeschlossen, umgeben von eroberten Gebieten ist.

Darauf entführt Johann ohne Furcht die Königin Isabeau und bringt sie in Troyes unter. Unter der Ägide der Bourguignons bildet sich eine richtige Regierung der Abtrünnigen gegenüber dem Dauphin und seinen Freunden von der Armagnac-Partei. Isabeau verkündet: ». . . durch Gottes Gnade Königin von Frankreich haben wir aus Sorge um den König die Regierung und Verwaltung des Königreichs übernommen.« Der Dauphin hingegen hält sich für den Stellvertreter im Amt eines zur Regierung unfähigen Vaters und nennt sich »lieutenant général«. Schon zeichnet sich in Frankreich der Widerspruch der Gehorsamspflicht ab – eine katastrophale Spaltung im Angesicht des feindlichen Angriffs, der sich immer tiefer in das umstrittene Königreich hineinfrißt.

Um das Maß vollzumachen, überschneiden sich auch noch die wirren Verhandlungen. Die einen bemühen sich, eine Verständigungsbasis zwischen Frankreich und England zu finden, die andern, angesichts des Feindes die Herzöge von Armagnac und Burgund zu versöhnen. Jene, welche diesen Weg versuchen, wissen weder vom »Pakt mit dem Teufel« noch glauben sie an eine abgekartete Aktion des Burgunders und Lancasters. Die Verwirrung der Köpfe ist nicht zu überbieten. Sie ist, mehr als alles andere, die bittere Frucht des

Pakts von Calais. Wie sollte sich »das gemeine Volk« – wir sagen: der Durchschnittsfranzose – noch zurechtfinden zwischen der Orléans-Armagnac-Partei, welche trotz ihrer Fehler und Irrtümer die Landesverteidigung mit allen ihren Pflichten und Opfern trägt, dem Herzog von Burgund, dessen doppeltes Spiel, besser gesagt, dessen fortwährende, trefflich geheimgehaltene Heuchelei allen entging, der Königin in Troyes mit Johann ohne Furcht und der Insurgentenregierung, dem jungen Dauphin, der »sich berufen fühlt, die Staatsgeschäfte zu lenken«, und schließlich noch dem fast vollkommen kindischen König, der willenlos hin und her gerissen wird zwischen so vielen sich widersprechenden Meinungen, die sich überkreuzen, und so vielen Rätseln, die nach Lösung verlangen?

Sprechen wir es ohne Umschweife aus: die große seelische Krise, an der Frankreich im 15. Jahrhundert fast zugrunde gegangen wäre, kündigt sich bereits an, und es ist nicht zu leugnen, daß die Verantwortung dafür Johann ohne Furcht trifft. Er aber mit seinem ungeheuren Ehrgeiz, der die Erfüllung seiner Träume kommen sieht, begrüßt selbstverständlich in seinem Allerinnersten alle diese sich mehrenden Anzeichen einer totalen Störung, die für ihn das Vorspiel für die Krönung seines Schicksals bedeuten.

Ist es nicht einfach das unerträgliche Elend, das ganz plötzlich die Hauptstadt jenem zurückgibt, der seit 1413 die Herrschaft über Paris verloren hatte? Dem Sire de l'Isle-Adam, Kapitän von Pontoise im Dienst Johanns ohne Furcht, gelingt es, sich von dem jungen Perrinet Leclerc die Schlüssel für eines der Stadttore ausliefern zu lassen, die er unter dem Kopfkissen seines Vaters entwendet hat, welcher Stadtkommandant war. So kommt es, daß am 29. Mai 1418 bei Tagesanbruch die burgundischen Truppen plötzlich in die Stadtmauer eindringen. Ein Volksaufstand folgt, bei welchem der Konnetabel Bernhard VII. massakriert wird. Der »prévôt« Tanguy du Châtel hatte gerade noch Zeit, den Dauphin mitzunehmen, der in Melun Aufnahme fand. Der Haß des Pöbels auf die Freunde des Konnetabels machte sich Luft. So groß war die Erregung, daß es nach der Aussage Monstrelets genügte, auf einen Mann mit dem Finger zu deuten und zu sagen: »Das ist ein Armagnac«, um auf der Stelle getötet zu werden. Wieder kam es zu Massakern und Räubereien. Die Ausplünderung der ausländischen Banken war entsetzlich.

V *Ermordung Johanns ohne Furcht auf der Brücke von Montereau*

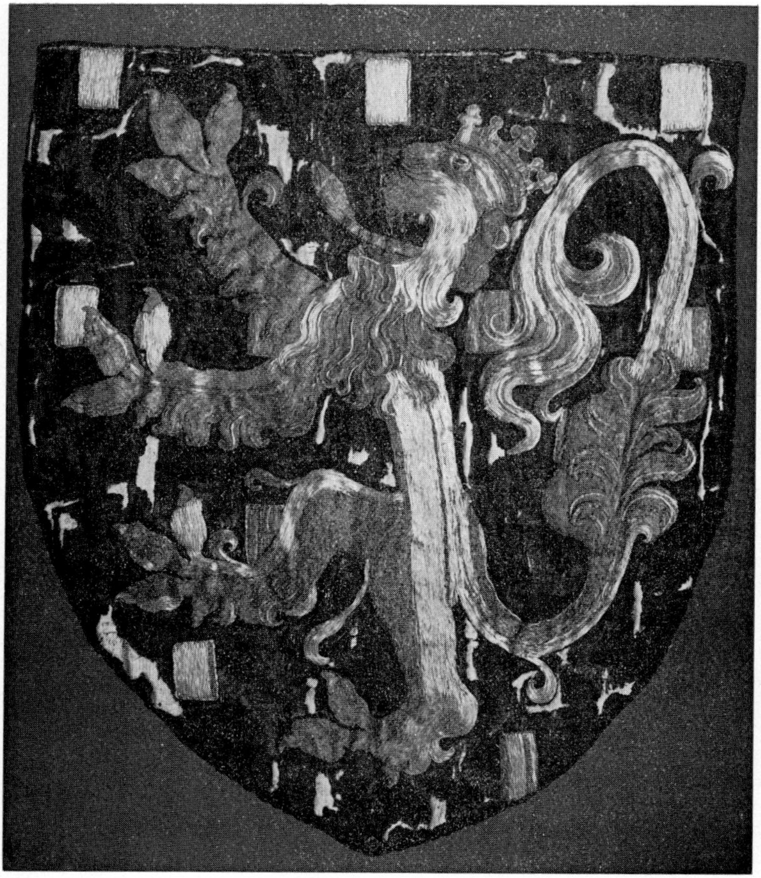

VI *Heraldische Stickerei, Beute von Grandson*

Diese schauderhaften Ausschreitungen machten dem Herzog wenig aus, der die Herrschaft über die Stadt der Cabochiens wiedererlangte.

Johann hatte eben Montbéliard verlassen, wo er seit dem 6. Mai mit dem römischen König und den hohen Herrn des Reiches gewisse Händel beigelegt hatte, und über Villersexel und Gray Dijon erreichte, wo er die Reiter des Königs auf sich zukommen sah, die ihm »den fröhlichen Einzug« seiner Soldaten in Paris meldeten. Er blieb fast einen Monat in der Hauptstadt seines Herzogtums. Dann begab er sich am 26. Juni zu der Königin Isabeau und ihrer provisorischen Regierung in Troyes. In der Zwischenzeit hatte er jedoch die Vorsichtsmaßnahme ergriffen, die Truppenteile, welche Paris besetzt hielten, zu verstärken und sie auf diese Weise in den Stand gesetzt, einer eventuell vom Dauphin versuchten bewaffneten Rückkehr die Stirn zu bieten. Infolgedessen mußte sich der unglückliche Karl nach seiner Niederlage am 1. Juni, trotz einer erbitterten Straßenschlacht, endgültig nach Charenton und weiter nach Melun zurückziehen, von wo aus er Bourges erreichte. Für lange Zeit sollte er hauptsächlich dort residieren oder in der Umgebung, auf jenem Schloß von Mehun-sur-Yèvre, das er von seinem 1416 verstorbenen Großonkel Berry geerbt hatte.

Trotz des Sturzes der Armagnacs in Paris blieb die burgundische Regierung vorerst in Troyes. Wahrscheinlich hat der Herzog, gewitzigt durch die Erfahrung von 1413, damit gerechnet, daß es sein Vorteil erheische, sich von Paris fernzuhalten, bis die wiederaufflammende Wut der Cabochiens, die erneut die Straßen mit Leichen bedeckt hatten, abgekühlt war. Denn es war eine grausige Folge von Straßenräuberei und Gewalttaten. Die Leiche des Konnetabel wurde unmenschlich zugerichtet. Man zog ihm die Haut ab und schnitt in seinen Körper die Abzeichen der Armagnacs. Der Klerus zählte zahlreiche Opfer. Außer den vier Bischöfen von Lisieux, Évreux, Senlis und Coutances wurde der Abt von Saint-Denis niedergemacht, der als »ganz Scheinheiliger« verschrien war. Unter den Opfern waren dreihundert Angehörige der Pariser Universität, darunter zwei Sekretäre und Abgesandte Karls VI. und die Humanisten Gontier Col und Jean de Montreuil.

Der Herzog blieb weiter dabei, von nichts zu wissen und sich im Hintergrund zu halten. Ungerührt ließ er den Dingen ihren Lauf.

Er hatte sich die Lektion aus dem Jahr 1413 gemerkt. Diesmal hatte er die Absicht, erst wieder zu erscheinen, wenn der Ruf nach Ordnung gebieterisch ertönte, um sich dann von dieser neuen Strömung tragen zu lassen. Die Mitglieder seines Rats und seine Befehlshaber – Luxemburg, Fosseuse, Humbercourt und viele andere – baten ihn flehentlich zu kommen. Karl VI. und Isabeau beschworen ihn inständig. Aber er blieb allen Stimmen gegenüber taub. Er hielt sich an seinen Plan und wartete auf seine Stunde.

Erst zweiunddreißig Tage nach dem Blutbad im Juni entschloß er sich. Am 8. Juli verließ er Troyes und ging nach Nogent-sur-Seine. Er blieb drei Tage in Provins und erreichte dann in kleinen Etappen über Nangis und Brie-Comte-Robert Paris.

Es machte ihm Spaß, der Übernahme des Kommandos das glänzende Aussehen einer Militärparade zu geben. Die 1200 blaugekleideten Bürger, die ihm auf halbem Wege zur Brücke von Charenton entgegenkamen, wohnten am Nachmittag des 14. Juli dem Vorbeimarsch von annähernd 5000 Soldaten bei. Die Vorhut mit 1500 Bogenschützen, »bien joints et bien serrés ensamble«, und 1000 Mann aus der Picardie in fünf Schwadronen unter dem Kommando des Stiftsvogts von Amiens, Johann von Luxemburg, und des Sire de Fosseuse, des Statthalters des Artois. Danach kam die »Bataille de Bourgogne«, die Kerntruppe, 1500 Mann, welche die mit dem Hobel geschmückten Lanzen trugen. Schließlich folgte unter Jean de Chalon, Sire d'Arlay und Fürst von Orange, die Nachhut von 500 Soldaten.

Johann ohne Furcht, der ganz dicht neben dem Wagen Isabeaus von Bayern ritt, wurde in der Nähe von Paris, etwas außerhalb von Saint-Antoine, von zwei Kardinälen, den päpstlichen Legaten Fillastre und Fieschi, und den Grafen Aumale und Tripolis begrüßt. Der letztere war der Bruder des Königs von Zypern. Der Festzug bewegte sich durch Paris bis zum Louvre. Dort erwartete der König die Königin und den Herzog. Karl umarmte die Königin zweimal und sagte zu Johann: »Lieber Vetter, seid willkommen. Ich danke Euch für alles Gute, das Ihr der Königin getan habt.« Dann reichte man Wein und Konfekt.

Jedoch weder der Herzog noch die Königin wollten davon kosten. Wenn man dem Burgunder glauben darf, der diese Szene im einzelnen uns erzählt hat, so »gab es Leute, die vor Jammer weinten«.

Nachdem Johann ohne Furcht die Königin bis zu ihrem Gemach geleitet hatte, wo sie sich ausruhen sollte, begab er sich endlich nach Hause, in das Hôtel d'Artois.

Blieb noch, die Situation zu bereinigen.

Caboche wurde der Hofhaltung des Herzogs zugeteilt. Der Henker Capeluche nahm sich dem Fürsten gegenüber ein vertrauliches Benehmen heraus. Das aber war das Ende seiner Ruhmestaten. Der Mord an einer jungen schwangeren Frau, der man nichts vorzuwerfen hatte, war das letzte Heldenstück dieses Sadisten. Der Herzog benützte die durch diese Wahnsinnstat verursachte Erregung, um den Scharfrichter in einer Kneipe bei den Markthallen verhaften zu lassen. Als man ihn zum Richtblock führte, gab er seinem Nachfolger, der weniger erfahren war als er, Ratschläge über die Art, wie man sich dabei anzustellen habe und ließ die Prozedur über sich ergehen mit gleichsam berufserfahrenem Mut. Weitere Hinrichtungen von Terroristen folgten.

So besorgte der Herzog die Wiederherstellung geordneter Zustände in Paris. Aber die Hauptstadt war von so vielen Opfern verheert, durch Epidemien gelichtet, ohne Lebensmittel und Holz, von einer um so beklemmenderen Angst gepeinigt, als der Engländer ganz in der Nähe stand.

Die Normandie war fast vollständig erobert. Rouen jedoch leistete heldenhaften Widerstand. Bevor die Einwohner von Rouen eingeschlossen worden waren, hatten sie die Armagnacs, denen sie nicht trauten, davongejagt. Sie hatten einen Anhänger der Bourguignon-Partei, Gruy le Bouteiller, als Stadthauptmann eingesetzt. Da sie von den geheimen Abmachungen zwischen dem Herzog von Burgund und dem König von England nichts wußten, hatten sie geglaubt, auf einen wirksamen Beistand rechnen zu dürfen. Mit schönen Worten empfing der Herzog die nacheinander eintreffenden Abgesandten der normannischen Hauptstadt, rührte aber keine Hand, um der unglücklichen Stadt zu helfen und ließ sie der Hungersnot erliegen. Das Drama Rouens ist die traurigste und deutlichste Illustrierung des geheimen und nicht wieder gutzumachenden Pakts von 1417. Der Zusammenbruch der Wirtschaft und der Währung, Elend und Mangel an Lebensmitteln, eine Doppelregierung – die eine in Paris, die andere in Bourges –, allgemeine Unsicherheit und wachsende Not: das ist alles in allem die erschrekkende Schlußbilanz.

Die erfolgreiche Invasion des Lancaster zielt nach Paris. Johann ohne Furcht hatte sich nach Provins begeben; Karl VI. und Isabeau sowie ihre Tochter Katharina sind ihm dorthin gefolgt. Soll die Hauptstadt wehrlos dem Feind ausgeliefert werden wie Rouen? Man berät hin und her. Wie herauskommen aus einer so hoffnungslos verfahrenen Situation? Zwei Möglichkeiten bieten sich an, zwischen denen man notgedrungen bald wählen muß: entweder das bestätigte und vor aller Öffentlichkeit aufgedeckte anglo-burgundische Bündnis oder eine Versöhnung der französischen Parteien angesichts der tödlichen Gefahr, mit der das niederschmetternde Fortschreiten der britischen Eroberung heraufzieht.

*

Einen Augenblick schien es so, als könnte die zweite der beiden Möglichkeiten Wirklichkeit werden.

Am 11. Juli 1419 waren in Pouilly Johann und der Dauphin Karl von der Dame de Giac und Alain de la Rue, Bischof von Léon, einander wieder näher gebracht worden und schworen sich Freundschaft. Fünfzehn Seigneurs leisten den Eid auf Karl, siebzehn auf Johann. In Paris feiert man diese Versöhnung mit einem Te Deum und bricht in einen für die Stadt bezeichnenden Jubel aus. Die beiden Fürsten – so behaupten sie – sind sich darüber einig, »den König von England aus dem Königreich zu vertreiben«. Ob aber der Herzog es ehrlich meint? Die Bedingungen, unter welchen man sich in Pouilly verständigt hat, sind unbestimmt geblieben, denn zwei Tage später, in Corbeil, wo die beiden Vettern sich gemeinsam aufhalten, scheint eine neue Zusammenkunft notwendig zu werden.

Nachdem durch Verschulden Johanns, dessen guter Wille dadurch sehr zweifelhaft geworden war, die Begegnung mehrmals aufgeschoben werden mußte, setzte man sie für den 10. September auf der Yonne-Brücke bei Montereau fest.

Die beiderseits vorhandene Furcht vor einem möglichen Attentat rückte von vornherein die berüchtigte Zusammenkunft in ein zweifelhaftes Licht. Trotzdem fanden sich am verabredeten Tag die beiden Fürsten mitten auf der Brücke ein, die durch einen Turm mit Pechnasen bewehrt war. Eine kleine Gruppe von Edelleuten begleitete jeden der Gesprächspartner. Es war fünf Uhr nachmittags. Sehr schnell wurde das Gespräch scharf. Unter dem Vorwand, der Dauphin könne nichts machen ohne die Einwilligung seines Vaters, läßt sich der Herzog auf keine bindende Erklärung ein. Plötzlich kommt der Schwindel des Gesprächs heraus. Während der Dauphin entmutigt die Brücke verläßt, entsteht hinter ihm ein wirres Handgemenge. Es ist unmöglich, auf Grund der ungenauen oder abweichenden Berichte, über die wir verfügen, zu sagen, wie sich der Vorgang in Wirklichkeit abgespielt hat. Die Legende machte sehr schnell die höchst zweifelhafte Version populär, nach der Tanguy du Châtel Johann ohne Furcht durch einen Axthieb auf den Schädel getötet habe. Die schlichte Tatsache ist, daß der Mörder Ludwigs von Orléans nun seinerseits das Opfer eines Mordanschlags wurde und daß das Verbrechen im Barbette-Viertel durch eine Verkettung von Umständen sein Nachspiel und seine Antwort im Verbrechen von Montereau fand[27]. Jener, welcher sich des Stahls bedient hatte, ging durch den Stahl zugrunde.

Nichts ist ergreifender als die nüchternen Eintragungen im Ausgabenbuch von der letzten Reise des Herzogs Johann ohne Furcht[28]: »Sonntag. 10. September. – In Begleitung von Karl von Bourbon, mons. de Navailles und mehreren Rittern und Knappen nahm der Herzog von Burgund in Bray sur Seine einen Trunk und in Montereau où fault Yonne das Essen ein, an welchem Ort mein genannter Herr hinterrücks niedergehauen und gemordet wurde. An diesem Tag herrschte große Verwirrung wegen des Todes meines Herrn. Montag. 2. Oktober. – Alle genannten Hofleute, Beamten und das Gesinde meines verstorbenen Herrn wurden entlassen, und das ganze Haus aufgelöst.«

*

Es ist Johann nicht gelungen, für die Dauer Herr über Frankreich zu sein. Aber er hat durch sein Lavieren zwischen den Valois von Frankreich und den Lancaster von England sein Haus auf den Weg gebracht, der dazu führte, daß der burgundische Staat sich frei entwickelte, indem er sich ausdehnte und zugleich innerlich festigte.

Die letzten Jahre seiner Regierung, enttäuschend auf dem Boden des Königreichs, sind um so erfolgreicher in den Niederlanden, wo sich eine neue Machtstellung bildet.

Wir sahen bereits, wie Johann ohne Furcht nach dem Tod seines Bruders Anton, des Herzogs von Brabant, den ältesten Sohn des Verstorbenen, seinen Neffen Johann IV. von Brabant, als Nachfolger seines Vaters unterstützte. Aber die Heirat, die der Herzog von Burgund für Johann IV. mit Jakobäa von Bayern arrangierte, diese Heirat, die wir bereits erwähnten und die am 10. März 1418 in Den Haag gefeiert wurde, erzürnte den Chef des Hauses Luxemburg, Sigismund, der nun römischer König war. Dieser Fürst verheiratete die Witwe Antons, Elisabeth von Görlitz, mit dem ehemaligen Fürst-Bischof von Lüttich, Johann von Bayern, der sich, undankbar für die Dienste, die der Herzog von Burgund ihm geleistet hatte, dann in das Lager seiner Feinde schlug. Er verlangte die Vormundschaft über seine Nichte Jakobäa und wollte verhindern, daß sein Lehen unversehens an Burgund übergehe. Zugleich forderte Sigismund kraft kaiserlichen Rechts Brabant als ein dem Reich lehnspflichtiges Gebiet zurück. So geriet das Werk Johanns ohne Furcht im Norden in Gefahr.

Sigismund betrachtete das Problem Brabant als eine Partie, die zwischen der französischen und deutschen Lehnshoheit ausgetragen wurde. Er sagte zu den seiner Politik feindlich gesinnten Brabantern: »Ihr wollt also Franzosen sein!«

Die brabanter Stände sahen die Dinge mit anderen Augen. Sie dachten an eine andere Lösung, die Bildung eines Staates zwischen Frankreich und Deutschland, der sowohl von der einen wie der anderen Macht unabhängig wäre, die lotharingische Lösung letzten Endes, und in diesem Sinne standen sie entschieden auf der Seite des jungen Herzogs und seines Gönners, des Herzogs von Burgund.

So gewann das Gebilde »Niederlande« Gestalt, der Zusammenschluß eines Mosaiks von lehenrührig sehr verschiedenen Gebieten, die mit der Erfahrung der Solidarität ihrer wirtschaftlichen Interessen allmählich zum Bewußtsein staatlicher Zusammengehörigkeit gelangen.

Um diese Kristallisation zu verhindern, hätte Sigismund das gebraucht, was er nicht hatte: Geld und Soldaten. Die brabanter

Stände setzten sich kaltblütig über die kaiserlichen Rechte hinweg. Der Graf von Charolais, der zukünftige Philipp der Gute, wurde von Johann ohne Furcht am Ende seines Lebens damit beauftragt, die Angelegenheit Brabant zu regeln. Es gelang ihm, das Abkommen vom 13. Februar 1419 zu treffen. Jakobäa und Johann IV. überließen Johann von Bayern und Elisabeth einen Teil Hollands unter der Bedingung, daß er lehnspflichtig blieb, und behielten den Rest. Gegen eine kleine, übrigens vorübergehende Einbuße verblieben die Gebiete Johanns von Brabant und Jakobäas von Hennegau alles in allem dem Hause Burgund.

Das Fürstentum Lüttich blieb de facto unter der burgundischen Schutzherrschaft. An die Stelle der Regierung, die nach der Schlacht von Othée 1413 eingesetzt worden war, trat 1414 ein neues »Regiment«, d. h. eine vom Bischof eigenmächtig verfügte Konstitution, wobei die Rechte des mittleren Bürgerstands ebenso mißachtet wurden wie die des »niederen Volkes«. Jedes Jahr stellen das Domkapitel und die Stadtschöffen getrennt zwei Listen auf, deren jede zwölf Namen enthält. Auf diesen Listen können, ein Mindestalter von vierundzwanzig Jahren vorausgesetzt, nur die »angesehenen Bürger eingetragen werden, die von ihren Renten oder einem ehrlichen Handel leben und kein Handwerk betreiben«. Aus diesen vierundzwanzig angesehenen Bürgern wählt der Bischof die zwölf Stadtschöffen für das nächste Jahr aus, und der so gebildeten Schöffenversammlung obliegt allein die städtische Verwaltung. Die Zünfte waren vollkommen übergangen worden.

Das System erschien in seiner Anwendung jedoch so herausfordernd, daß sein Erfinder sich zu einer Abänderung herbeilassen mußte. 1417 fand er sich bereit, den Zünften, die durch die Macht der Verhältnisse wieder auflebten, einen Anteil zurückzugeben. Die Bevölkerung wurde also in siebzehn Zünfte aufgeteilt, und jede Zunft erhielt das Recht, zwei »conseillers« und zwei »rentiers« zu bestimmen. Die vierunddreißig »conseillers« der Zünfte arbeiteten mit der Schöffenversammlung und dem Domkapitel zusammen, und diese drei versammelten Körperschaften ernannten zwei »conseillers souverains« zur Verwaltung der Stadt. Im übrigen hatte Johann diese Konzessionen vielleicht gemacht, weil Lüttich ihn nicht mehr interessierte. Im September 1417 verzichtete er auf seine

Mitra, um die Nachfolge seines am 31. Mai des vergangenen Jahres verstorbenen Bruders Wilhelm in Anspruch zu nehmen. Darum sahen wir, wie sich dieser ehemalige Prälat, der niemals etwas von einem Geistlichen an sich hatte, mit Ungestüm in die weltliche Politik stürzte.

*

Was wäre abschließend noch über die so ereignisreiche Regierungszeit des zweiten unserer großen Herzöge zu bemerken?

Ganz bestimmt hat er die Ausdehnung seiner Erblande nicht vernachlässigt. War er ein größerer Burgunder als sein Vater Philipp der Kühne, wie der berühmte belgische Historiker Henri Pirenne behauptet? Jedenfalls war er ein größerer Flame.

In der Innen- und Außenpolitik seiner Lande wurde er von einem Siebengestirn ergebener Verwaltungsfachleute unterstützt. In der ersten Reihe glänzen der Kanzler Jean de Saulx, Seigneur de Courtivron, und sein Nachfolger Jean de Thoisy, Bischof von Tournai, Thierry Gherbode und jener Mann, der den Namen Nicolas Rolin trägt. Ebenso konnte er auf tüchtige und gut equipierte Heerführer zählen: Lannoy, Croy, Luxemburg, Villiers de l'Isle-Adam, Bauffremont, Pot, Pontailler, Vergy, Saveuse und viele andere. Der Herzog hatte eine entschiedene Vorliebe für die Staatsangelegenheiten Frankreichs und die allgemeine Politik. Sein Blick wurde stärker von Paris als von Dijon und Brüssel angezogen. Und wenn er mit London jenen geheimen Pakt geschlossen hatte, der eigentlich seinen Tod herbeiführte, so war er dazu aus Ärger darüber getrieben worden, daß er anders nicht unbeschränkt über Frankreich gebieten konnte. Er ist bei den Armagnacs auf einen unüberwindlichen Widerstand gestoßen, die ihm die Herrschaft über das Königreich streitig machten und es verhinderten, daß er das Hauptziel seiner Wünsche erreichte. Um diesen Widerstand zu brechen, der sich letzten Endes in der Person des Dauphins Karl, des zukünftigen Karl VII., verkörperte, hat der Herzog es für unumgänglich erachtet, sich jenem Heinrich V. zuzuwenden, der sich »König von Frankreich und England« nannte und es unternahm, die französische Erde zu erobern. Der Vertrag von Troyes ist der Anlage nach schon im Pakt von Calais enthalten. Das Leitmotiv seines Handelns läßt sich in folgendem Satz zusammenfassen: Frankreich soll eher untergehen als in den Händen der Armagnacs bleiben. Vielleicht kam es dem Herzog nur darauf an, seine Gegner mit einem mächtigen Windstoß hinwegzufegen. Vielleicht wäre der nie unterschriebene Pakt verleugnet worden, bevor er vollständig erfüllt war. Die englandfreundliche Politik unter Heinrich V. war jedenfalls ein grauenhaftes Abenteuer[29].

Wie weit wäre diese Politik gegangen? Und welches Ende hätte sie für diesen französischen Fürsten bereitgehalten, von dem man zum mindesten sagen muß, daß er seine Pflichten als Prinz von Geblüt und die väterlichen Ratschläge vergaß?

Indem die Helfershelfer des Dauphins auf der Brücke von Montereau seinem Leben ein Ende machten, haben sie es für immer unmöglich gemacht, eine schlüssige Antwort auf diese verwirrenden Fragen zu geben. Die Bahn ist frei für die Liebhaber phantasievoller historischer Hypothesen. Die Regierungszeit Johanns ohne Furcht endete mit einer rätselhaften und peinlichen Zweideutigkeit – als sei es der Wille der Vorsehung gewesen, daß das Zweifelhafte, die Dominante in der an Kontrasten reichen Laufbahn dieses Fürsten, bis zum Ende, bis zu seinem letzten Atemzug bleiben und somit die Zukunft im völlig ungewissen lassen sollte.

Siebentes Kapitel

PHILIPP DER GUTE

Der Erbe Johanns ohne Furcht war sein einziger Sohn Philipp, Graf von Charolais, der zur Zeit, als sein Vater auf der Todesbrücke von Montereau starb, mit seiner jungen Frau Michelle von Frankreich, der Tochter Karls VI., in Gent residierte.

»Wer sollte dem Grafen von Charolais die Schreckensbotschaft überbringen? Wer richtet das Wort an den hochgewachsenen jungen Mann, der fröhlich, kräftig und doch schlank gebaut ist, aber leicht vom Fieber geschwächt wird. Nach Meinung aller sollte diese heikle Aufgabe Jean de Thoisy anvertraut werden ... Burgunder, die sich aus Montereau gerettet hatten, benachrichtigten insgeheim Jean de Thoisy und Athis de Brimeu von der Ermordung Johanns ohne Furcht. Sie verständigten sich untereinander über den Bericht, den sie abgeben wollten. Sie traten in das Zimmer des Grafen von Charolais ein ›mit großer Selbstbeherrschung und bedachtsam ihre Worte wählend‹ ... Der Sturm sollte über das junge Bäumchen, das der Prinz war, hinwegbrausen[1].«

Der Historiograph von Burgund, Georges Chastellain, legt Thoisy eine lange Rede in den Mund, die er bestimmt nicht gehalten hat. Aber er beschreibt glaubwürdig, wenn auch zu wortreich, den Eindruck, den die Verkündigung der Katastrophe auf das junge Erbprinzenpaar machte. P. Champion et P. de Thoisy, denen wir einige Zeilen entnommen haben, faßten in ergreifenden Worten die Erzählung Chastellains zusammen. »Philipp stieß einen schrecklichen Schrei aus. Man sah, wie sein Gesicht plötzlich zitterte und wie er die Augen verdrehte. Er hatte die Zähne fest aufeinandergebissen und trockene Lippen wie ein Toter. Man mußte ihm die Kleider vom Leibe reißen und den Mund öffnen. Er war am Ersticken in dem Zimmer, in dem andere mit ihm weinten. Michelle, sein Weib, die Schwester des Mörders, war wie eine Tote neben ihm niedergefallen[2].« Wie Georges Chastellain mit eigenen Worten sagt: in dem Zimmer voller »Ach- und Wehgeschrei und Schluchzen schienen zwei Leichen zu liegen«.

*

So begann mit Klageliedern eine Regierungszeit, die eine der längsten in der Geschichte werden sollte, denn sie umfaßte nahezu ein halbes Jahrhundert.

Der Graf von Charolais, der durch die Tragödie von Montereau Herzog von Burgund wurde, war am 31. Juli 1396 in Dijon geboren worden. Zum Unterschied von seinem Vater war er ein Fürst von schöner und großer Gestalt, von vornehmem und vorteilhaftem Äußeren. Beschreiben wir ihn, nicht wie er mit dreiundzwanzig Jahren, zum Zeitpunkt, als er den Herzogsthron bestieg, war, sondern wie er in reifem Alter von Georges Chastellain in einer seiner berühmtesten Schriften dargestellt wird, welche die von den Künstlern geschaffenen Porträts des Fürsten nur noch bekräftigen[3].

Der dritte Herzog wird uns von seinem Hofhistoriographen »schlank wie eine Tanne, mit starkem Rücken und Armen und schönem Wuchs« geschildert. Er hat fülliges Haar, eine breite Stirn, sein Blick unter dichten Augenbrauen, »deren Härchen sich im Zorn aufstellen wie Schneckenhörner«, ist kühn und durchdringend. Sein Benehmen ist würdevoll, seine Haltung stolz. Er hat ein wahrhaft vornehmes Auftreten. »Allein schon dem Aussehen nach war er ein Kaiser und verdiente wegen seiner natürlichen Gaben, eine Krone zu tragen.«

Die Meinung über ihn ist einstimmig. Nicht nur die Untertanen und besoldeten Männer der Feder schmeicheln dieser Persönlichkeit. Ein Hidalgo aus Andalusien, der 1438 in Brüssel in Audienz empfangen wurde, bescheinigt uns, daß »der Herzog eine sehr edle Erscheinung ist, sehr energisch, äußerst anziehend und gut gebaut, groß, elegant, lebhaft und ritterlich[3]«.

Philipp ist »der Fürst mit dem unendlich großen und verletzlichen Stolz und heftigen Wutausbrüchen«. Er liebt den Prunk, »Geschmeide, schöne Pferde und Waffen und versteht sich damit zu schmücken; seine feierlichen Einzüge in die Städte blenden die Massen. Er übertrifft in der Veranstaltung von Festen, Lanzenbrechen, Turnieren, Banketten alles bisher Dagewesene. Er setzt seine Gäste durch die Zurschaustellung seiner Edelsteine, Tapisserien, seines Tafelgeschirrs und seiner Truhen voll Gold in Erstaunen«. Im Privatleben gestattet er sich unmäßige Freiheiten. Er ist »der Liebhaber ungezählter Frauen, mit dreißig bekanntgewordenen Mätressen, siebzehn öffentlich gezeigten Bastarden, von den ›grands bâtards‹ Cornelius und Anton, der Ritter vom Goldenen Vlies war, bis zu David und Philipp, die nacheinander den Bischofssitz von Utrecht innehatten«.

Aber, wenn seine Wutausbrüche auch schauderhaft sind, so ist er von Grund auf gut. »Ein einziges bescheidenes Wort«, sagt Chastellain, »beruhigte ihn wieder.« Diese »Kraft zur Mäßigung«, diese Selbstbeherrschung, die er im allgemeinen an den Tag legt, haben ihm von seiten seiner Zeitgenossen den Beinamen des »l'asseuré« eingebracht. Die Nachwelt hat ihn »Philipp den Guten« genannt[4].

Mit einem »äußerst sinnlichen Temperament« verbindet er eine große Frömmigkeit. In seiner Devotion hat er Ähnlichkeit mit jenem Muster des Rittertums, das der berühmte Jacques de Lalaing an seiner Seite verkörperte, und er erweist sich würdig, durch seine eigenen Rittertugenden der Herr eines solchen edlen Paladins zu sein. Olivier de la Marche beschreibt ihn im Kampf gegen die Genter: »nicht etwa als Fürst oder als hochgestellte oder hochgeachtete Persönlichkeit, die er ist, sondern als einen ritterlichen Mann voller Kühnheit und Tapferkeit.«

Heiter, unternehmungslustig, ein Freund sportlicher Betätigung, ist er auch ein emsiger Leser. Er hat eine große Verehrung für die Geschichte, zumal er Chastellain eigens dafür besoldet, daß er die Ereignisse seiner Regierungszeit für das Gedächtnis der Nachwelt aufzeichnet. Erlesen ist seine Bibliothek wie seine Sammlung von Tapisserien. Außerdem nennt ihn die burgundische Kunstgeschichte als würdigen Nachfolger der beiden Herzöge, die ihm vorangegangen sind, vor allem des ersten, des großen Mäzens, dessen Namen er trägt.

Dennoch bleibt trotz der Deutlichkeit aller dieser Wesenszüge eine Frage offen, eine seltsame Frage, die an das Rätsel erinnert, das sein entfernter Ahne gleichen Vornamens, der Kapetinger Philipp der Schöne, dem Scharfsinn Klios aufgibt.

War Philipp der Gute wirklich ein Staatsmann? Ist seine Politik seine persönliche Leistung gewesen? Oder war sie nicht vielmehr die seiner Minister, insbesondere die seines berühmten Kanzlers Nicolas Rolin? Wir wollen die Prüfung dieses kitzligen Problems, dessentwegen schon so viel Tinte geflossen ist, bis zum Schluß des Kapitels aufheben. Zudem ist es besser, erst die einzelnen Phasen der Regierungszeit durchzugehen, bevor wir daran denken dürfen, nach Möglichkeit den jeweils persönlichen Anteil an den Ereignissen kenntlich zu machen, deren Gang er mit einer durch elegante Nonchalance gemilderten Größe bestimmt hat.

*

Die erste Reaktion auf den Tod Johanns ohne Furcht war, daß der neue Herzog sich vollständig in die Arme des Königs von England warf. Er sah tatsächlich in der Pflicht, seinen Vater zu rächen, eine ausreichende Rechtfertigung, um den von Johann heimlich mit Heinrich V. geschlossenen Pakt in ein offenes und allgemein bekanntes Bündnis umzuwandeln. Bestimmt wurde dieser Entschluß nicht einfach in einer Aufwallung von Zorn gefaßt, wie man es allzuoft dargestellt hat. Es fanden vielmehr vor dieser Entscheidung Besprechungen im Großen Rat statt, Familienkonferenzen und sogar eine Kontaktaufnahme mit dem Dauphin. Auch wurde die traurige Lage Frankreichs ernsthaft dabei berücksichtigt. Die Wahrheit ist, daß Gefühl und Verstand übereinstimmend dafür sprachen, die herzogliche Politik auf der Linie weiterzuführen, die der unmittelbare Vorgänger offensichtlich verfolgt hatte. Das geteilte und, wie man sieht, von den Armagnacs in den Abgrund geführte Frankreich wird für außerstande angesehen, den Engländern Widerstand zu leisten. Das Staatsinteresse wie die Pflicht raten also, so meint man, dazu, auf diese Karte zu setzen. Philipp ist sicher davon überzeugt, daß sein Entschluß sowohl mit der Forderung der Ehre, die gebieterisch verlangt, daß eine erbärmliche Schmach getilgt wird, wie mit der Sorge um die Wahrung lebenswichtiger Interessen des burgundischen Staates und der wohlverstandenen lebenswichtigen Interessen Frankreichs im Einklang ist. Zu diesem Zeitpunkt ist der junge Herzog nach reiflicher Überlegung ehrlich davon durchdrungen, zugleich als guter Sohn, guter Burgunder und guter Franzose zu handeln[5].

Sicherlich hat die Aufnahme, welche das tragische Geschehen in Montereau bei den Parisern fand, in diesem Sinne einen Druck auf die Beschlüsse am Hof von Burgund ausgeübt. »Der falsche und treulose Verrat des grausigen und verabscheuungswürdigen Mordes« hatte in der Hauptstadt und im ganzen Königreich eine heftige Erregung und wütenden Zorn ausgelöst. Die Universität, die Bürgerschaft und das »Parlement« hatten sich erhoben, das Andreaskreuz war von neuem aufgetaucht, und die Bourguignon-Partei hatte plötzlich überall ihre Macht und ihren Glanz wie in den besten Zeiten der so tragisch abgebrochenen Regierung wiedererlangt.

Heinrich V., der zugleich vom Dauphin und vom neuen Herzog von Burgund umworben wird, benützt diese sich überkreuzenden Bemühungen, um seine Ansprüche in die Höhe zu schrauben. Ein ganz natürlicher Schachzug, der den geschickten Herrscher, der nunmehr keinen Partner seines Schlages vor sich hat, nur zum Erfolg führen kann. Unterhändler sind dauernd auf dem Wege, aber im Grund ist das Spiel schon entschieden. Außer dem Dauphin Karl und den Armagnacs, die zu dieser Zeit Ausgestoßene sind, drängen sich alle um den Eroberer, bereit, ihm sein Vorhaben zu erleichtern, ihm Frankreich auszuliefern.

Troyes, wo sich Karl VI., Isabeau und die Mitglieder der von Johann ohne Furcht geschaffenen Spalt-Regierung aufhalten, die nun zu einer pseudolegalen Regierung geworden ist, wird zum Treffpunkt aller derjenigen, die sich dem Dauphin widersetzen, welcher, ob man will oder nicht, doch als der echte Repräsentant des geschichtlich gewordenen Frankreich gelten muß[6]. Am 17. Januar 1420 setzt Karl VI. »Lettres Patentes« in Umlauf, die es den Einwohnern von Paris verbieten, dem Dauphin zu gehorchen und seine Weisungen ernst zu nehmen. Die burgundische Propaganda war von Johann ohne Furcht zu gut aufgezogen worden, um nicht ausgiebig zur Verbreitung dieser Weisung beizutragen und in der öffentlichen Erregung wirksam zu werden, die durch das Verbrechen von Montereau ebenso stark aufflammte, wie sie anläßlich des Verbrechens im Barbette-Viertel schwach gewesen war. Getrieben von der allgemeinen Kriegsmüdigkeit, der bis zu einem unerträglichen Punkt gelangten Misere, des steil absinkenden Geldwerts, der auf dem Höhepunkt stehenden Verwirrung, stürzen sich die Pariser und große Teile des französischen Volks in eine Art moralischer Selbstaufgabe, so daß die paradoxesten, übertriebensten, dem Herkommen, der Vernunft und allen Prinzipien widersprechenden Lösungen natürlich und annehmbar erscheinen. In dieser albtraumhaften Atmosphäre bereitet sich jener unselige und unwahrscheinliche Vertrag von Troyes vor, welcher der katastrophalste in der Geschichte Frankreichs werden sollte, weil er nicht nur einen verlorenen Krieg und nicht errechenbare materielle Opfer, sondern die Abdankung des Gewissens und Willens eines Volkes besiegelte.

Der Vertrag wurde am 21. Mai 1420 geschlossen. Der Dauphin Karl wird ausgeschaltet, indem er kurzerhand als enterbt erklärt wird. Seine eigenen Eltern bezeichnen ihn als »soi disant dauphin de Viennois« und legen ihm, indem sie ihn für das Attentat in Montereau persönlich verantwortlich machen, »schauderhafte und ungeheure Verbrechen« zur Last. Da man bei Vorbesprechungen übereingekommen war, daß Katharina von Frankreich, die Tochter Karls VI., Heinrich V. heiraten werde, scheuten sich der König und die Königin nicht, Heinrich schon jetzt ihren Sohn zu nennen. Er sollte vorläufig Regent von Frankreich sein und beim Tode Karls VI. König werden. Von diesem Augenblick an sollten die beiden Kronen von Frankreich und England für immer auf einem Haupt vereinigt bleiben, und der Erbe Katharinas nach seinem Vater oder in seiner Abwesenheit regieren.

Dadurch war mit der traditionellen Erbfolge der männlichen Linie gebrochen. Im Notfall wird die Krone in der weiblichen Linie weitergegeben. Wieso ein wahnsinniger König die Grundgesetze der Monarchie und die geschichtliche Kontinuität rechtskräftig aufheben kann, danach scheint keiner der an diesem verwirrenden Text Mitschuldigen gefragt zu haben. Leidenschaften und Interessen haben dabei eine allzu laute Sprache geführt, und das physische und moralische Elend war so groß, daß die Pariser Bevölkerung und die großen staatlichen Körperschaften diesen Kapitulationsvertrag mit Beifall, Prozessionen, Gesang und Tanz begrüßten.

Das Zusammengehen mit dem Eroberer ist nicht allgemein. Ein

Teil der französischen Heimat hält noch dem Dauphin die Treue, und eine Widerstandspartei schart sich trotz seiner geringen persönlichen Mittel zu diesem Zeitpunkt um ihn.

Philipp der Gute hat in Troyes schöne Versprechungen erhalten. In Wirklichkeit beschränkt sich Heinrich V. darauf, ihm die »Somme-Städte« zu bestätigen, die Kastellaneien Péronne, Roye und Montdidier, die Johann ohne Furcht sich von Karl VI. als Garantien für die Mitgift Michelles, der jetzigen Herzogin von Burgund, hatte übereignen lassen. In der Regierung des neuen Frankreich hat der Herzog nichts zu sagen. Nach dem Einzug in Paris ersetzt der englische Monarch den von Johann ohne Furcht ernannten Stadthauptmann, den Grafen von Saint-Pol und Vetter des jungen Herzogs, durch seinen eigenen Bruder, den Herzog von Clarence. Der alte Bischof von Tournai, Jean de Thoisy, ein Anglophiler von jeher, steht dem Herzog zur Seite und mildert diese Demütigungen in seinen Augen. Sein Schüler Philipp machte diesen Ratgeber Johanns ohne Furcht an Stelle Jean de Saulx' am 7. Dezember 1419 zum Kanzler von Burgund.

Philipp der Gute, der im März 1420 Crépy-en-Laonnais gestürmt hatte, setzte nunmehr die Reihe seiner Heldentaten an der Seite seines Schwagers Heinrich V. fort, dessen Vermählung mit Katharina von Frankreich am 2. Juni in Troyes gefeiert worden war. Zusammen nehmen sie am 11. Juni Sens und am 23. Montereau ein. Diesem Sieg folgt die Exhumierung des Leichnams des Herzogs, der nun am 12. Juli in Champmol mit dem gebührenden Pomp und in Anwesenheit der tiefverschleierten Witwe beigesetzt werden kann. Unterdessen wurde am 7. Juli die Belagerung von Melun eröffnet. Der Sire de Barbazan, ein entschlossener Anhänger des Dauphins, mag sich noch so tapfer verteidigen – die Stadt wird ausgehungert und ergibt sich am 17. November. Am 1. Dezember ziehen Heinrich V. und Philipp mit Karl VI. in Paris ein.

Als König Karl VI. in seine Hauptstadt wieder zurückgeführt war, wurde es sofort zur unumgänglichen Pflicht, Gerechtigkeit für das Verbrechen von Montereau zu verlangen. In Paris, wo nach dem Rausch des feierlichen Einzugs Hunger und Kälte wüten, spielt sich beim Herannahen eines eisigen Weihnachtsfestes am 23. Dezember 1420 eine erbauliche Szene ab.

VII *Unbekannter Meister, Philipp der Gute*

VIII *Französische Schule, Isabella von Portugal, Gemahlin Philipps des Guten*

Beim »Parlement« wird ein »lit de justice« abgehalten. Auf dem Thron sitzen ausnahmsweise zwei Könige: Karl VI. und Heinrich V., der Schwiegersohn zur Rechten des Schwiegervaters. Zu ihren Füßen haben der Kanzler von Frankreich, Jean le Clerc, und der erste Präsident, Philippe de Morvilliers, ihren Platz. Ihnen gegenüber, in der gleichen Reihe wie die Brüder des Königs von England, die Herzöge von Clarence und Bedford, befindet sich der Herzog von Burgund. Der Kanzler Thoisy, die Bischöfe von Amiens, Thérouanne und Beauvais und schließlich der tüchtige, waghalsige Kapitän im Dienste Burgunds, Johann von Luxemburg, vervollständigen die glänzende Gesellschaft. Dieser Luxemburg, ein grober Haudegen, der mehr Ahnen als Skrupel hat, wird eines Tages die Jungfrau von Orléans verraten, und der hier anwesende Bischof von Beauvais heißt Pierre Cauchon, ein von unten heraufgekommener Prälat, dessen Name seine Berühmtheit dem Urteil verdankt, das Jeanne d'Arc auf den Scheiterhaufen schickte.

Bei einer solchen Cäsur im Gang der Dinge kann man nicht umhin, über die geheimnisvolle Dynamik der Geschichte nachzudenken. Die Zeugen dieser prahlerischen Szenen mußten mit Blindheit geschlagen sein gegenüber den Aussichten einer immerhin nahen Zukunft, den gleichwohl logisch zusammenhängenden Verkettungen von Verbrechen, die eins aus dem andern entstehen: 1407, 1416, 1419, und die 1431 vorbereiten.

Der zukünftige Nachfolger Thoisys als Kanzler von Burgund, Nicolas Rolin, ist der Advokat des Herzogs. In seinem Namen beantragt er die Bestrafung der Anstifter des »eidbrüchigen Mordes«. Er verlangt entehrende Strafen, überzeugende Sühneleistungen, fromme Stiftungen als Buße, die er des langen und breiten im einzelnen aufführt.

Im Grunde ist dies eine hochpolitische Sitzung[7]. Die vom Kanzler von Frankreich zugesagten Strafmaßnahmen werden nie ausgeführt. Diese leeren Versprechungen veranschaulichen den Schwindel der spektakulären Demonstration, welche an jene der Orléans-Kinder nach dem ersten Verbrechen erinnert. Diese pompöse, theatralische Kundgebung verdeckt nur die Anschläge, die gerade in diesem Moment gegen die Zukunft Frankreichs verübt werden.

Denn mehr denn je hat Heinrich V. das Spiel in der Hand. Philipp, der ihm sekundiert, arbeitet für England. Durch ein vom »Parlement« ergangenes Urteil wurde der Dauphin verbannt und der Thronfolge für unwürdig erklärt. Aber der Dauphin bietet Trotz, und damit steht dem besetzten Frankreich ein freies Frankreich gegenüber[8]. Die anglo-burgundische Allianz läßt einen französischen Patriotismus erstehen, denn die ehemalige Partei der Armagnacs, nun Partei des Dauphins, hat die Tendenz, von selbst zu einer nationalen Partei zu werden. Das ist die Rache der Imponderabilien für den verbrecherischen Pakt von 1417 und den unsinnigen Vertrag von Troyes.

Hinfort entspinnt sich ein wirrer Kampf, bei dem bald die Engländer, bald die Burgunder, und dann wieder die Anhänger des Dauphins Pluspunkte buchen, der aber, vorerst und lange Zeit ungewiß, dank Jeanne d'Arc, dank auch dem Elan der Massen, knapp, aber nicht unentschieden zugunsten der rechtmäßigen Herrschaft siegreich beendet wird.

Zu Lebzeiten Heinrichs V., dieses großen Heerführers, macht die Sache der Engländer unaufhaltsame Fortschritte. Der Herzog von Burgund, Verbündeter des Eroberers, kämpft für ihn und findet keine Zeit, sich die Frage zu stellen, wohin ihn diese Allianz führt. Er erringt den Sieg von Mons-en-Vimeu am 30. August 1421, besetzt Saint-Riquier, wirft Jacques d'Harcourt, der sich ihm entgegenstellt, auf Crotoy und Noyelles zurück.

Dann aber bedroht ein Vorstoß der Anhänger des Dauphins Burgund in Richtung auf das Charolais und Mâconnais. Wie einst in den kritischen Augenblicken der Regierung ihres Gemahls, bittet die Herzoginmutter um Hilfe gegen diese Gefahr. Philipp kehrt darauf nach Dijon zurück, wo er am 19. Februar 1422 einzieht. Er wird dort begeistert empfangen, bestätigt die Privilegien und läßt sich die Treueide leisten, die er noch nicht abgenommen hat. Aber er stößt auf einen vielsagenden Widerstand, als er den Schwur im Namen des Königs Heinrich heischt. Wie es auch sei, man muß schließlich wissen, welche Oberhoheit man anerkennt. Im Grunde wird die Zustimmung zum Vertrag von Troyes verlangt. Der Bürgermeister und die Stadtschöffen von Dijon sträuben sich dagegen. Sie wollen sich mit einer List aus der Klemme ziehen und haben beschlossen, denjenigen als König anzusehen, den der Herzog von

Burgund wählen würde. Die inzwischen eingetroffenen englischen Bevollmächtigten verwerfen diese Lösung. »Schließlich entschied man, daß im Herzogspalast dem König von England der Eid zu leisten sei, im Protokoll aber vermerkt wurde, es geschehe auf Geheiß Philipps des Guten[9].«

Die Liebe zu England hatte also ihre Grenzen, sogar in der Stadt der Herzöge. Philipp der Gute selbst war weniger englandfreundlich als sein Kanzler Jean de Thoisy. Sein ganzes Leben hat er es bedauert, nicht wie seine Oheime Anton und Philipp bei Azincourt für Frankreich gekämpft und dort den Tod gefunden zu haben[10]. Ein zwar noch in weiter Ferne liegender Umschwung kündigt sich in einem Gedankenvorbehalt an, von dessen Tragweite und Echo in der Zukunft die englischen Bevollmächtigten, die eben die Eidesleistungen im Namen ihres Gebieters in Dijon abgenommen haben, nichts ahnen.

Im übrigen hätte die Reaktion des Herzogs von Burgund auf die Offensive der Dauphin-Anhänger sie wieder beruhigen können. Philipp der Gute, der wieder von einem Trauerfall durch den Tod seiner Frau Michelle von Frankreich betroffen war, die am 8. Juli 1422 in Gent verstarb, geht den Herzog von Bedford sowie die Herzöge von Savoyen und Lothringen um Unterstützung an, während er seine eigenen Truppen in Avallon zusammenzieht. Dorthin beruft er auch die Picarden unter der Führung Johanns von Luxemburg. Verstärkt durch die Kontingente Bedfords, marschieren die vereinigten Streitkräfte, deren Kommando der Herzog persönlich am 6. August in Vézelay übernommen hat, nach Cosne, das der Dauphin belagert. Beim Herannahen dieser 12 000 Mann hebt der Dauphin die Belagerung auf, bricht plötzlich auf und tritt den Rückzug an. Das ist genau das, was Philipp der Gute wollte. Luxemburg macht einen Vorstoß nach La Charité. Aber das Gros der anglo-burgundischen Streitkräfte begibt sich ins Hinterland, und der Herzog kehrt nach Troyes zurück, während Bedford nach Paris eilt, wohin ihn der beängstigende Zustand seines Bruders Heinrich V. gerufen hat, der in Vincennes im Sterben liegt und mit vierunddreißig Jahren am 31. August die Augen schließt.

*

Was wird nach dem Tod ihres Verfechters aus der Konzeption einer »Doppelmonarchie« werden, und welche Rolle wird dem Herzog von Burgund in der neuen Phase der Politik zufallen?

Für die beiden Regierungsunfähigen, das Kind Heinrich VI. und den wahnsinnigen Karl VI., war eine Regentschaft nötig. Aber Philipp der Gute lehnt das Anerbieten Bedfords ab. So kommt es, daß Bedford den Platz einnimmt und behält, als nach dem Tod Karls VI., der am 21. Oktober 1422 mit dreiundfünfzig Jahren verstarb, der Sohn Katharinas König von Frankreich wird und bereits von Westminster anerkannt ist. Monstrelet hat uns, erfreulich nüchtern, das Protokoll der offiziellen Proklamation des jungen Lancaster am Grabe seines Großvaters mütterlicherseits überliefert:

»Et alors les huissiers d'armes de chez le roy, qui estoient là presens, rompirent leurs petites verges et les jetèrent dans la fosse, et puis misrent leurs masses en bas, ce dessoubs dessus; et lors le roy d'armes Berry, accompaigné de plusieurs heraults et poursuivants, crya dessus la fosse: Dieu veuille avoir pitié et mercy de l'âme de très hault et très excellent prince Charles, roy de France, sixiesme de ce nom, nostre naturel et souverain seigneur; et derechef, après ce, crya le dessudit roy d'armes: Dieu doint bonne vie à Henry, roi de France et d'Angleterre, nostre souverain seigneur.«

Die tatsächliche, zum ersten Male nun verwirklichte Ausübung einer gemeinsamen königlichen Regierungsgewalt, die auf beiden Seiten des Kanals von dem gleichen Fürsten repräsentiert wird, zeigt an diesem sehr kritischen Wendepunkt das Fortschreiten der »Doppelmonarchie«.

Bei dem Begräbnis Karls VI. geht Bedford an der Spitze des Trauerzuges. Philipp der Gute ist steif und fest in Arras geblieben und nicht gekommen. Es paßt ihm nicht, einem »Regenten« den Vortritt zu lassen. Sein Grimm ist so offensichtlich, daß der Kardinal-Legat, der Herzog von Bar, und der Herzog von Savoyen, Amadeus VIII., in Bourg-en-Bresse zwischen Philipp und dem Dauphin Karl eine Versöhnung anbahnen. Aber dieser Versuch ist verfrüht. Trotzdem ist es bezeichnend, daß man miteinander ins Gespräch gekommen ist. Das Gespräch wird unterbrochen, aber immer wieder aufgenommen und nie ganz aufgegeben.

In Mehun-sur-Yèvre hat sich Karl am 30. Oktober zum König

erklärt und von nun an »gibt es«, wie der Chronist Pierre de Fénin schreibt, »zwei Könige in Frankreich«, auf der einen Seite den »König von Bourges« und auf der anderen Seite den »König von Paris«; es gibt zwei Obedienzen, ein zweigeteiltes Frankreich, und beide Teile werden von einer noch nicht dagewesenen verheerenden physischen und seelischen Krise heimgesucht.

Hier ist nicht der Ort, dieses Elend und diese Bewußtseinsverwirrung nochmals zu beschreiben. Aber es ist notwendig, sich stets das trostlose Bild vor Augen zu halten, um zu verstehen, in welchem Labyrinth sich die Menschen dieser finsteren Zeiten verirrten.

So sehr sich der Herzog von Burgund seinen Verbündeten, den Engländern gegenüber verpflichtet weiß, fühlt er sich nicht wohl bei der falschen Position, die er bezogen hat, und er wird dieses Unbehagen niemals loswerden.

Die auf das Scheitern der Besprechungen in Bourg folgenden Angriffe der Anhänger des Dauphins und der Sturm auf die Grenzen Burgunds zwingen den Herzog, aus einer Untätigkeit herauszutreten, bei der dieser Fürst, nach Chastellain »léal comme or fin et entier comme un œuf«, festsitzend zwischen seiner schlechten Laune gegenüber dem Kind-König und seinem gegebenen Wort, gerne bleiben würde. Wie im Vorjahr stehen im Juli 1423 die anglo-burgundischen Truppen wieder im Felde. Der Marschall von Burgund, Jean de Toulongeon, wirft sich den 15 000 Franzosen und Mailändern entgegen, die versuchen, in die Champagne vorzudringen. Er schlägt sie und befreit Cravant, das von seinem Statthalter Claude de Chastellux nur mit halbem Herzen verteidigt wird. Der Marschall de Toulongeon wird jedoch am 27. August bei La Bussière von den von Hubert de la Grolée geführten Dauphin-Truppen gefangengenommen, und dem Bruder des Marschalls, Antoine de Toulongeon, wäre es schwergefallen, die Grenzen des Mâconnais zu schützen, wenn der Engländer Suffolk sie nicht gerade noch zur rechten Zeit durch die Einnahme der festen Schlösser Germolles, Vinzelles und Leyre gedeckt hätte. Philipp verschafft sich mit dem notwendig gewordenen Schutz seines Reiches nur allzu leicht ein Alibi, das ihm erlaubt, sich gar nicht oder so wenig wie möglich mit den Angelegenheiten des von ihm als König von Frankreich anerkannten Heinrich abzugeben, dessen Politik allein von Bedford geführt wird. Am Vorabend des Weihnachtsfestes schließt ein im Solde Burgunds stehender Bandenführer, Perrinet Gressart, endgültig die Grenze nach dem Herzogtum Berry, indem er La Charité-sur-Loire stürmt, einen strategisch wichtigen Platz, den er eines Tages gegen Jeanne d'Arc zu verteidigen hat.

Da der Sohn Johanns ohne Furcht keine klare Linie erkennt, die er zwischen Bedford und Karl VII. verfolgen könnte, neigt er um so mehr dazu, vor allem eine Politik als Führer des burgundischen Staates zu machen. Ist es verwunderlich, wenn er darin kein Ablenkungsmanöver, sondern seine vornehmste Aufgabe erblickt?

*

So verquer und unklar die französische Politik Philipps des Guten auch gewesen war – eine Folge des durch den Vertrag von Troyes verschlimmerten Paktes von 1417 –, so eindeutig und erfolgreich war seine Politik in den Niederlanden. Treffend sagt H. Pirenne: »Der Mord von Montereau bezeichnet den Ausgangspunkt einer neuen Epoche. Künftig verfolgt das burgundische Herrscherhaus die Verwirklichung seiner Pläne nicht mehr innerhalb Frankreichs und mit Hilfe Frankreichs, sondern außerhalb und gegen Frankreich.« Diese Entwicklung ist teilweise unfreiwillig, unbewußt. Philipp fühlt sich als Franzose und will es sein. Trotzdem betreibt er alles in allem eine lotharingische Politik.

Bei seinen schwankenden Beziehungen zu Bedford, der den Herzog braucht und es auch weiß, hat Philipp nur die Bestätigung für die Städte an der Somme gewonnen, die als Garantie für die Mitgift von Michelle überlassen worden sind und die er trotz ihres Todes behält. Die zweite Ehe des Herzogs mit seiner Tante Bonne d'Artois, der Witwe des bei Azincourt gefallenen Philipp von Nevers, steht dem nicht entgegen, ebensowenig seine dritte Heirat, die er mit Isabella von Portugal schließt, nachdem Bonne schon 1425 im Kindbett gestorben war.

Das Elsaß hatte seit 1420 die Aufmerksamkeit Philipps auf sich gezogen. Seine Tante Katharina, die Tochter Philipps des Kühnen, die er mit Leopold von Österreich verheiratet hatte, war verwitwet. Sie beabsichtigte, sich mit einem elsässischen Seigneur, Maximin de Ribeaupierre, zu vermählen. Der Herzog widersetzte sich. Er brachte nicht nur Katharina dazu, auf diese Heirat zu verzichten, sondern er bewog sie auch zu einem Versprechen, daß ihr ganzes Erbgut, so wie es sich zum Zeitpunkt ihres Todes befände, auf den Chef des Hauses Burgund übergehen sollte. 1421 sichert eine nicht minder glückliche Transaktion dem Herzog die Übertragung am Eigentum der Grafschaft Namur, die ihm beim Tod Johanns III. von Namur 1429 zufällt.

In den Niederlanden hatte Philipp sich vorerst mit den verwickelten brabanter Angelegenheiten zu befassen. Sie waren ihm wohl bekannt, da er ja zu Lebzeiten seines Vaters, wie wir bereits sahen, beauftragt war, ein Auge darauf zu haben.

Die Heirat Johanns IV. von Brabant mit Jakobäa von Hennegau war nach dem wohlbegründeten und überzeugenden Urteil Pirennes »der glänzendste diplomatische Erfolg« Johanns ohne Furcht. Die Verbindung war so ungleich wie nur möglich. Johann IV. war – seltsamer Ausnahmefall im Hause Burgund – ein Schwächling, ein Melancholiker. Dieser Kranke paßte nicht zu seiner Frau, sagt Chastellain, die »sehr niedlich, sehr lustig, körperlich kräftig und nicht eigentlich für einen schwachen Mann geschaffen war[11]«. Feurig, sinnlich und quicklebendig, konnte Jakobäa sich nicht ihrem Mann anpassen. Die Unvereinbarkeit der Temperamente war bei ihnen vollkommen.

Zum Gegensatz im Naturell kam noch die Verschiedenheit in den Ansichten. Johann IV. war um seiner persönlichen Ruhe willen zu allem bereit und machte seinem Vasallen, dem ehemaligen Bischof Johann von Bayern, der nunmehr mit Elisabeth von Görlitz verheiratet war, ein Zugeständnis nach dem andern. Im Jahr 1420 vertraute er ihm sogar die Statthalterschaft über Holland an. Jakobäa war außer sich darüber. Selbst in der Innenpolitik ließ die allgemein bekannte Unfähigkeit des Herzogs den Versammlungen der brabanter Stände freie Hand. Sie begehrten gegen die Günstlinge auf, denen ihrer Meinung nach der Fürst zu gefällig war, und verschafften sich nicht nur den überwiegenden Einfluß in der Verwaltung, sondern gaben der Stellung des Regenten Philipp größeres Gewicht, welcher der Graf von Saint-Pol, der zweite Sohn des seligen Herzogs Anton und jüngere Bruder Johanns IV. war. Angewidert, faßte Jakobäa den Entschluß, diesen verächtlichen und untüchtigen

Gemahl zu verlassen. Sie begab sich in ihre Grafschaft Hennegau und ging von da aus nach England. Mit einer erstaunlichen Ungeniertheit verband sie sich mit Gloucester, jenem Bruder des Regenten Bedford, der mehr oder weniger unter dessen Oberaufsicht die Regentschaft über England führte. Diese Heirat aus Trotz fand im Herbst 1422 statt, »zum größten Ärger der Niederländer, welche damals noch allzu erfüllt waren von den Erinnerungen an das Königreich Lotharingien, dessen Wiedererstehen die Erfolge der burgundischen Politik anzukündigen schienen, und ihr Verhalten mit dem Lothars II. verglichen«. Dieser Satz Pirennes, der sich auf den flämischen Chronisten Edmond de Dynter stützt, gibt das genaue Maß der Reaktion wieder, welche die Handlungsweise der Gräfin Jakobäa hervorrief.

Gloucester pochte darauf, daß er nur Eduards III. flämische Politik erneuern wolle, hatte es aber vor allem egoistisch darauf abgesehen, sich eine persönliche Machtstellung auf dem Kontinent zu schaffen. Auf diese Weise wären die Valois von Burgund von den Plantagenets um die Erbschaft Jakobäas geprellt worden.

Diese Politik war jedoch unvereinbar mit der von Bedford verfolgten, die auf der Voraussetzung des anglo-burgundischen Bündnisses beruhte. Als der »Regent von Frankreich« sah, daß der burgundische Hof eine klare Stellung gegen Gloucester bezog, und da er befürchten mußte, daß Philipp der Gute indirekt wieder Karl VII. in die Arme getrieben würde, ließ er es sich angelegen sein, den Konflikt, den sein Bruder mutwillig heraufbeschworen hatte, aus der Welt zu schaffen, indem er selbst 1423 eine Tochter Johanns ohne Furcht, Anna von Burgund, heiratete. Damit war die Situation auf diplomatischem Wege gerettet.

Gloucesters Torheiten stießen nicht nur auf das Veto Burgunds, sondern auch auf den Widerstand Johanns von Bayern, der sich durch den unüberlegten Streich Jakobäas nicht weniger verletzt fühlte als sein untüchtiger Vetter Johann IV.

Philipp der Gute kümmerte sich nicht mehr um Johann, weil er ihn für unbrauchbar hielt. Gloucester war es gelungen, die Ehe dieses beklagenswerten Herzogs mit der munteren Jakobäa durch den Papst in Avignon annullieren zu lassen. Aber Philipp der Gute brachte es mit Bedfords Hilfe zuwege, daß die Ehe eben derselben

Gräfin mit Gloucester in Rom für ungültig erklärt wurde. Er ging sogar noch einen Schritt weiter: er tat sich mit dem umtriebigen Johann von Bayern zusammen, und da dieser keine Kinder hatte, ließ er sich von ihm als Erben einsetzen. Von nun an konnte er eigene Rechte gegenüber Jakobäa und Gloucester geltend machen. Gloucester allerdings versteifte sich und versuchte es sogar mit Waffengewalt. Im Oktober 1424 ging er in Calais an Land, besetzte mit 6000 Bogenschützen den Hennegau und ließ sich als Graf den Treueid leisten. Philipp der Gute jedoch entsandte zu Johann von Bayern den verwegensten seiner Heerführer, Johann von Luxemburg. Mit Hilfe der Hennegau-Partei, der die Anglomanie Jakobäas zuwider war, zwang er Gloucester auch prompt, den Rückzug anzutreten und sich wieder einzuschiffen.

Jakobäa war ausdauernder und schlug sich wacker. Aber diese stolze Amazone, trotz dreimaliger Verheiratung ohne Ehemann, wurde in Bergen belagert und fiel in die Gewalt des Herzogs von Burgund. Er wies ihr einen Wohnsitz in Gent an. Mittlerweile hatte der Tod Johanns von Bayern am 6. Januar 1425 die durch die Diplomatie Philipps des Guten so geschickt getroffenen Abmachungen zugunsten des burgundischen Staates entschieden. Burgund hatte gesiegt.

Allerdings versuchte Sigismund noch einmal die Anrechte des Deutschen Reiches in Erinnerung zu bringen. Das war aber nur eine vergebliche Drohung. Jakobäa war, als Page verkleidet, aus Gent entkommen und strengte sich erfolglos an, Holland aufzuwiegeln. Zu dieser Zeit war Sigismund in Böhmen festgehalten und nicht in der Lage, ihr wirksame Hilfe zu schicken.

Überdies handelte Philipp schnell und energisch. Als Verbündeter des Bischofs von Utrecht, Sweder von Tulenborg, und des Herzogs von Geldern, Arnold von Egmont, auf eine der großen holländischen Parteien, die Kabiljaws, gestützt, während die andere, die Hoeks, entgegengesetzte Ziele verfolgte, schlossen sich dem mächtigen Herzog die größten Städte an: Dordrecht, Leyden, Haarlem und Amsterdam. Sie alle nahmen in ihre Mauern picardische und burgundische Kapitäne auf. Die durch den Handel reich gewordene Bürgerschicht begünstigte den burgundischen Einfluß, der für den Gang der Geschäfte mehr Vorteile versprach, während aus dem um

Jakobäa gescharten Adel des Landes schließlich nur eine rückschrittliche feudale Clique wurde.

An dieser Stelle ist der Hinweis auf eine merkwürdige Episode angebracht, die manche trefflichen Historiker auf eine falsche Spur gebracht hat. Angeblich hatte man einen Mordanschlag auf Philipp den Guten geplant, und nicht nur Gloucester, sondern auch Bedford sollen die Hand in dieser finsteren Machenschaft gehabt haben. Richemont und sein Bruder Johann von der Bretagne sollen Wind von der Sache bekommen und sie aufgedeckt haben, eine willkommene Gelegenheit, den Herzog von Burgund unter Druck zu setzen, damit er das Bündnis mit den Engländern löse und sich mit Karl VII. versöhne, was aber nicht gelang. Diese ganze Geschichte ist jedoch erfunden und hat keinerlei Anspruch auf historische Glaubwürdigkeit[12].

Sicher ist dagegen, daß der burgundische Sieg in Holland das Ergebnis langen Bemühens darstellte und der bemerkenswerten Ausdauer Philipps des Guten zu verdanken war. Von 1426 bis 1428 hielt er sich fast ununterbrochen in Holland auf. An der Spitze seiner Truppen erntete der ritterliche Herzog den ganzen Ruhm dieser Anspannung aller Kräfte. Er bestärkte seine Verbündeten, machte die fieberhaften Anstrengungen der unbezähmbaren Jakobäa zunichte, führte mit allem Nachdruck den Krieg zu Lande und blockierte vom Meer aus die Küsten.

Vergeblich setzt Gloucester sich über alle Widerstände der englischen Regierung hinweg und eilt Jakobäa zu Hilfe, die in seinen Augen immer noch seine Frau ist. Es gelingt ihm, für seine Person durch die flämischen Küstenkreuzer hindurchzuschlüpfen, aber er vermag nur unbedeutende Streitkräfte überzusetzen, und sieht sich außerstande, etwas auszurichten. Adolf von Jülich schenkt Kaiser Sigismund Gehör und greift seinerseits Arnold von Geldern, den Freund der Burgunder, an, aber auch er scheitert an der burgundischen Überlegenheit. Die Burgunder vernichten die Engländer im Januar 1426 bei Brouwershaven und eröffnen die Belagerung von Amersfoort. Sie schlagen Jakobäa bei Wieringen.

Gloucester beginnt jetzt allmählich, seine Frau aufzugeben, nicht so sehr aus Ärger über die Bulle vom 9. Januar 1424, die seine Ehe mit ihr aufgehoben hatte, als auf Grund seines unbeständigen Charakters. Er überließ sich seiner immer heftigeren Neigung zu seiner Mätresse, der intriganten Eleanor Cobham, die er schließlich zum Entsetzen vieler heiratete.

Das war der Gnadenstoß für die verlassene und nicht anerkannte Gemahlin. Zum Schluß sah sich Jakobäa doch gezwungen, ihre Unterschrift unter den Vertrag von Delft zu setzen. Auf Grund dieses Vertrages vom 3. Juli 1428 behielt sie die Grafenwürde, aber sie erkannte Philipp dem Guten unter dem Deckmantel des Titels »ruwaert« (Regent) den effektiven Besitz ihrer Länder (Holland, Seeland, Friesland und Hennegau) zu. Sie übergab ihm alle ihre Festungen und verpflichtete sich, nach ihren drei Ehen keine neue Verbindung ohne die Zustimmung des Herzogs einzugehen.

Sofort brach die Partei der Hoeks in ganz Holland zusammen. Trotz der Rügen Kaiser Sigismunds folgten die mittleren und kleinen Städte dem Beispiel der großen und leisteten dem Regenten und Herzog den Treueid. Die herrliche Domäne der Wittelsbacher in den Niederlanden ging vollständig an Burgund über.

An diesem Resultat änderte auch die letzte Unüberlegtheit nichts, mit der das abenteuerliche Leben Jakobäas endete. Sie rückte nur den Verfalltag ihres Erbes in größere Nähe.

Der unverbesserlichen Gräfin fiel es ein, zum Trost für eine dreifache Witwenschaft, einen vierten Mann zu nehmen. Sie warf ihr Auge auf Franz van Borselen, den burgundischen Statthalter, den sie dahin brachte, daß er seinen Pflichten untreu wurde und sich zur Revolte aufhetzen ließ. Das wurde beiden zum Verhängnis. Das Paar wurde verhaftet, und die Gefangene sah sich vor die Wahl gestellt: entweder Enthauptung ihres Gefährten oder Verzicht auf die Grafenkrone. Sie wählte das letztere.

Daraufhin vertauschte Philipp der Gute am 12. April 1433 den Titel »ruwaert« gegen den eines Grafen. Die endgültig aus ihrem Besitz vertriebene Ex-Gräfin sollte unbeachtet in der Umgegend von Leyden, auf Schloß Teylingen, dahinwelken, wo sie am 9. Oktober 1436 an der Schwindsucht und verzweifelt starb.

Zwei Jahre nach der Unterzeichnung des Vertrags von Delft hatte Philipp das brabantische Erbe angetreten. Burgund war auf der ganzen Linie im Vordringen.

Am 17. April 1427 hatte Johann IV. von Brabant sein trauriges

Dasein beendet. Sein Bruder Philipp, Graf von Saint-Pol, der bereits Regent war, hatte ganz selbstverständlich die Stelle des Herzogs eingenommen. Wie ehemals sein Vater Anton, hatte es dieser jüngere Sohn verstanden, sich bei den Mitgliedern der Stände und dem Volk beliebt zu machen. Aber als er Herzog geworden war, trachtete er, im Gegensatz zu seinem Vater, danach, eine eigene Politik zu machen, und scheute sich nicht, Burgund einen Streich zu spielen. Er bemühte sich sichtlich um eine Verbindung mit dem Hause Anjou, wodurch er Karl VII. nähergekommen und unweigerlich zum Gegner seines Vetters Philipp des Guten geworden wäre. Dieser bezog bereits Stellung, um dem Verrat zu begegnen oder ihn zu ahnden. Aber kaum hatte Saint-Pol diesen Weg beschritten, der vielleicht befreiend, sicherlich aber gefährlich war, da starb er am 4. August 1430, was auch manche darüber gesagt haben mögen, eines natürlichen Todes.

Er hinterließ keine Erben, und so kam sein Vetter Philipp der Gute als Neffe des verstorbenen Herzogs Anton rechtmäßig zu der Erbschaft seines Vetters ersten Grades.

Ohne sich um die wiederholten, ebenso heftigen wie wirkungslosen Proteste Sigismunds zu kümmern, ließ sich Philipp von den brabantischen Ständen huldigen. Margarete von Bayern, die Tante des Verstorbenen und Philipps des Guten, die sich vordrängte, wurde ausgeschaltet, und schon am 4. Oktober hielt der Chef des Hauses Burgund frohgemut seinen Einzug in Löwen. Er gründete dort eine Universität, die schnell aufblühte.

Der ohnehin schon langen Reihe seiner Titel konnte der Sohn des Herzogs ohne Furcht nun noch die eines Herzogs von Niederlothringen, Brabant und Limburg, Markgrafen des Reiches hinzufügen. »Wenn man bedenkt«, schreibt H. Pirenne, »daß er 1421 die Grafschaft Namur gekauft hatte, daß er im Bistum Utrecht allmächtig war, daß er in Geldern den Herzog Arnold von Egmont gegen seinen Konkurrenten Adolf von Jülich unterstützte, daß er nach Belieben über die Bistümer Cambrai und Tournai verfügte und ganz offen Luxemburg bedrohte; wenn man berücksichtigt, daß er, der Zustimmung seiner neuen Untertanen in den Gebieten, die er sich einverleibt hatte, sicher, überhaupt keinen Rivalen zu fürchten hatte und daß er schließlich sich zugleich der Lehnshoheit des Königs von Frankreich, gegen den er einen siegreichen Krieg führte, und der des römischen Königs entzog, der ihn dadurch, daß er für das Reich Brabant, Hennegau, Holland, Seeland und Friesland zurückforderte, dazu zwang, in diesen Gebieten sich wie ein unabhängiger Fürst aufzuführen, wird man unschwer verstehen, welchen Einfluß seitdem der Gründer eines neuen, in weniger als fünfzehn Jahren geschaffenen Staates genießt, der die größten Städte und reichsten Territorien des Westens einschloß[13]«.

*

So hat sich die Achse der Politik des Herzogs nach Norden geneigt, das Zentrum der Planungen des Herzogshauses verschoben. Die innerhalb Frankreichs verfolgte Politik ist nicht mehr das wichtigste Anliegen, die vorherrschende Leidenschaft, wie sie es noch unter dem zweiten Herzog war. Mit der dritten Regierung bestimmen Expansion und Festigung des herzoglichen Staates das Hauptziel der Aktivität des Hofes von Burgund. Vielleicht weniger durch Berechnung als unter dem Druck glücklicher Umstände, wurde das nötige Korrektiv für die schiefe Lage gefunden, zu der die von Johann dem Guten abstammende Dynastie durch die Vorgänge von 1417 und 1420 fast verurteilt worden wäre.

Deshalb werden wir einen klaren Eindruck bekommen, wenn wir, wie es nun geschehen soll, die Beziehungen Philipps des Guten zu den beiden Königsgeschlechtern, die sich unter seinen Augen Frankreich streitig machen, verfolgen.

Im übrigen: den Streit der Valois und Lancaster möglichst in die Länge zu ziehen – ist dies nicht das beste Mittel, um diese lotharingische Politik, die folgerichtig auf die Errichtung eines unabhängigen Staates zwischen Frankreich und Deutschland hinauslief, zu fördern? Nichts bewirkte die endgültige Ausrichtung der burgundischen Politik so sehr wie die lähmende Unentschiedenheit dieses nun schon so lange andauernden Zweikampfes, dessen Ende noch nicht abzusehen war.

Philipp sekundiert weiterhin seinem Verbündeten Bedford, aber ohne sich anzustrengen, tropfenweise, wenn man sich so ausdrükken darf, so daß seine geringfügige Teilnahme am englisch-französischen Krieg ihm erlaubt, das Schwergewicht auf die holländischen

Angelegenheiten zu legen. Dennoch trug diese Unterstützung, so begrenzt und wechselnd sie auch war, dazu bei, Bedford die militärische Überlegenheit über Karl VII. zu verschaffen, und der Kampf zwischen ihnen verschaffte der Doppelmonarchie zwischen 1422 und 1429 mehr Freude als bittere Erfahrungen. Wenn auch langsamer als unter Heinrich V., frißt sich die Besetzung Frankreichs unaufhaltsam unter Heinrich VI. weiter in die freie Zone ein. Die Obedienz des Königs in Bourges zerbröckelt, die des Königs in Paris breitet sich aus. Die Niederlage von Verneuil am 17. August 1427 fügt der Reihe der großen französischen Katastrophen im Hundertjährigen Krieg einen schwarzen Tag hinzu, der jenen von Crécy, Poitiers und Azincourt in nichts nachsteht.

Philipp der Gute macht sich dies zunutze, um im Mâconnais einen Feldzug zu führen, der zum Waffenstillstand von Polignac führt.

In dem Augenblick, wo die Streiche Gloucesters ihren Höhepunkt erreicht haben, zieht die zeitweilige Lauheit Philipps eine Verlangsamung des Vorgehens des Lancasters nach sich. Das zeigt sich um so deutlicher, als Richemont, der Bruder Johanns von der Bretagne, von seiten seiner Frau, Margarete von Burgund, Interessen im burgundischen Gebiet hat. Darum wird er Konnetabel Karls VII. und unternimmt in der Provinz Maine einen für die englische Partei höchst nachteiligen Feldzug. Die Aussöhnung zwischen Bedford und Philipp, die nunmehr erfolgt und deren Ursachen uns bekannt sind, ist ebenso wie die Eifersucht auf den Favoriten Karls VII., La Trémoille, der Grund für den Abgang von Richemont, der sich zurückzieht und nur noch bretonische Lokalpolitik treibt.

Da er Anna von Burgund, die Schwester Philipps, geheiratet und den phantastischen Plänen Gloucesters im Hennegau Einhalt geboten hat, steht der »Regent von Frankreich« eine Zeitlang wieder im Gedankenaustausch mit dem mächtigen Herzog, dessen Schwager er geworden ist.

Bedford führt also sein Vorhaben entschlossen durch. Seine Unterfeldherrn Suffolk und Warwick setzen den überall zurückweichenden Streitkräften Karls VII. hart zu. Schließlich macht die Belagerung von Orléans das Maß der Mißgeschicke des »Königs von Bourges« voll. Er selber zweifelt an seinem Recht. Die Gerüchte, die über seine uneheliche Geburt im Umlauf sind, nehmen ihm jeden Schwung. Er ist nahe daran, sich selbst aufzugeben. Nichts weist darauf hin, daß er das Spiel nicht als verloren betrachtet hätte, wenn Orléans gefallen wäre, wenn die Jungfrau nicht erschienen wäre und wenn nicht ein Wunder ohnegleichen plötzlich den stokkenden Lauf der Geschichte zugunsten des legitimen Herrschers gewendet hätte[14].

Hier ist nicht der Ort, Schritt für Schritt die wunderbaren Heldentaten der Jeanne d'Arc zu schildern: Orléans, Patay, die Salbung in Reims, die Niederlagen unter den Mauern von Paris und La Charité-sur-Loire, wo Perrinet Gressart, den wir bereits am Werke sahen, dem Siegeslauf der Heldin Einhalt gebietet. Dann folgt Compiègne und Rouen, die Gefangennahme, der Prozeß und das Martyrium. Vermerken wir hier nur die Begebenheiten, an denen Burgund und sein Herzog unmittelbar beteiligt sind.

Wahrscheinlich hat Philipp der Gute zu jenen gehört, die nicht gleich an die göttliche Mission der Jungfrau aus Domrémy glaubten, und er wie Bedford schrieben wohl die Begeisterung, mit der sie die nationale Partei anfeuerte, die dank ihr von unwiderstehlicher Vaterlandsliebe entflammt wurde, eher dem Teufel als Gott zu. Die Verhandlungen, die daraufhin durch die List La Trémoilles zwischen dem Hof von Bourges und dem Herzogshof stattfanden, waren nur müßiges Geschwätz. La Trémoille war neidisch auf Jeanne und hatte kein anderes Ziel, als ihre militärischen Pläne zu durchkreuzen, was ihm auch nur allzugut gelang. Für eine französisch-burgundische Annäherung war die Zeit noch nicht reif.

Als der Bastard Wandonne am schicksalhaften Abend des 24. Mai 1430 vor der Festungsmauer von Compiègne das Schwert der Jungfrau entgegennahm, die sich auf sein ritterliches Wort verließ, hatte er nichts Eiligeres zu tun, als sie seinem Chef Johann von Luxemburg zu überlassen, der die burgundischen Truppen vor der belagerten Stadt befehligte. Luxemburg benachrichtigte sofort Philipp den Guten, der sich damals in Coudon befand und schnellstens herbeieilte. Zwischen dem Herzog und der Gefangenen fand eine Zusammenkunft statt. Die Geschichte weiß darüber nichts zu berichten. Monstrelet war zwar dabei, aber er erklärt, sich nicht an das Gesprochene erinnern zu können. Eine Gedächtnisschwäche, die mit Recht sehr zu denken gegeben hat. Sollte der vor diesem Chronisten stattgefundene Wortwechsel für seinen Fürsten nicht sehr rühmlich gewesen sein? Jedenfalls setzt der Herzog schwungvolle Rundschreiben in Umlauf, um die Gefangennahme jenes Mädchens zu verkünden, das den Gegnern Karls VII. so viel Schrecken eingejagt hat, und er benutzt die Gelegenheit, um, so gut es geht, den Glauben an die göttliche Mission der Befreierin von Orléans zu zerstören.

Auch die Herzogin von Burgund will diese außergewöhnliche Frau sehen, von der so viel gesprochen wird. Johann von Luxemburg ist zu sehr Höfling, um ihr nicht Gelegenheit zu verschaffen, ihre Neugier zu befriedigen.

Die Verhandlungen, die zwischen Luxemburg und Philipp dem Guten stattfanden, die vor allem von Bedford beeinflußt waren, enthalten nichts, was irgendeinem von jenen, die sich dazu hergegeben haben, zur Ehre gereichen könnte. Am Schluß wurde Johanna den Engländern gegen die ungeheure Summe von 10 000 Goldtalern ausgeliefert. Sie wurde von Schloß Beaurevoir, wo sie Luxemburg interniert hatte, über Arras, Le Crotoy, Saint-Valery, Eu und Dieppe nach Rouen gebracht.

Der Prozeß, welcher der Verurteilung vorausging, ist zu bekannt, als daß es notwendig wäre, an dessen peinliche Begleitumstände zu erinnern. Vermerken wir lediglich, daß der Gerichtspräsident Pierre Cauchon einer jener zu allem bereiten Geistlichen war, mit denen Johann ohne Furcht sich umgeben hatte. Durch Intrige, List und herzogliche Gunst Bischof von Beauvais geworden, hatte er sich zur Zeit der Caboche-Revolution durch seinen vertrauten Umgang mit den schlimmsten Terroristen hervorgetan. Er war ein wilder Verfechter des Zusammengehens mit den Engländern, in deren Sold er stand, und einer jener Menschen, bei denen der eigene Vorteil wichtiger als jede andere Überlegung ist.

Wie auch immer die geheimsten Gefühle Philipps des Guten gewesen sein mögen, der über den Prozeß, die Verurteilung und Hinrichtung der Jungfrau auf dem laufenden gehalten wurde, die von ihr zu ihren Lebzeiten und nach ihrem Tode ausgelöste patriotische Welle beeindruckte den Hof von Burgund. Selbst die herzoglichen Truppen bekamen sie zu spüren. Wenn auch Philipps Politik in

Lothringen Erfolg hatte, wo er für den Mitbewerber um das Herzogtum, den Grafen de Vaudémont, gegen René von Anjou eintrat – René wurde bei Bulgnéville geschlagen und sechs Monate in Dijon gefangengehalten, wo seine 1431 erfolgte Internierung in der »Tour de Bar« ihre Spuren hinterlassen hat –, mußten anderseits die Truppen des Herzogs gegenüber Frankreich wiederholt Niederlagen einstecken: die Niederlage von Anthon am 11. Juni, als der Fürst von Orange vergeblich versucht hatte, die Dauphiné anzugreifen, die Aufhebung der Belagerung von Compiègne am 24. Oktober 1430. Vergebens umgarnt Bedford den Herzog, macht ihm Konzessionen im Mâconnais – einem Land, das sich mit Entschiedenheit Burgund anschließt –, tritt ihm schließlich die Champagne und Brie ab, welche den alten burgundischen Staat mit den Landen im Norden verbinden. Vergebens sind außerdem die Manipulationen Englands, um Philipp durch eine eheliche Verbindung für sich zu gewinnen, indem er in dritter Ehe mit Isabella von Portugal verheiratet wird, die einer mit London verbündeten Familie entstammt, den lusitanischen Aviz, und eine Nachfahrin des ersten Lancaster, Johann von Gent, ist[15]. Die Hochzeit fand am 7. Januar 1430 statt. Einerseits jedoch waren nach jedem Bruch zwischen Philipp und Karl VII. wieder Verhandlungen aufgenommen worden[16] und anderseits ließen das allmähliche Zurückweichen, die zunehmende Machtlosigkeit und finanzielle Bedrängnis Bedfords nicht mehr zu, sich noch irgendwelche Illusionen zu machen. Dem von der Jungfrau von Orléans ausgelösten Nationalgefühl war nicht zu widerstehen. Der Herzog von Burgund hatte sich wohlweislich gehütet, am 16. Dezember 1431 bei der Salbung Heinrichs VI. anwesend zu sein, durch die, wie Bedford sich eingebildet hatte, die Salbung von Reims im Jahr 1429 annulliert werden sollte. Immer offenkundiger sammelten sich um die von der Jungfrau bekräftigte und durch ihren Tod bestätigte Legitimität Karls VII. alle Menschen, die guten Willens waren. Paris hielt den Atem an, überall brodelte es in Frankreich.

Philipp der Gute, auf den die Popularität seines Vaters bei den Parisern und namentlich im Marktviertel übergegangen war, legte großen Wert auf die Zuneigung des Volkes. So verlockend auch die Länder im Norden sein mochten, er blieb immerhin Prinz von Geblüt aus dem Hause Frankreich. Gefühl und Interesse trieben ihn voran. Er vermochte sich nicht an den Gedanken zu gewöhnen, daß Karl VII. allein siegen könnte. Der Kanzler von Burgund, Nicolas Rolin, welcher seinerzeit sehr englandfreundlich gewesen war, war ein zu schlauer Politiker, um nicht die Unumgänglichkeit eines Kurswechsels zu begreifen. Offensichtlich sprach alles dafür.

Karl VII. war gerade dabei, mit Sigismund, Friedrich von Österreich und den Reichsfürsten ein Bündnis zu schließen. Anna von Burgund war am 14. November 1432 gestorben, und das Band, welches so viele Male zwischen Bedford und seinem Schwager von dieser Frauenhand wieder geknüpft worden war, war jetzt sehr locker. Sollte man es etwa zulassen, daß Paris dem Erben Karls VI. seine Tore öffnete, daß man für den Verbündeten eines von Frankreich und seiner Hauptstadt nicht anerkannten Usurpators gehalten würde, sollte man es riskieren, eines Tages allein einem erzürnten obersten Lehnsherrn in der Lage eines eidbrüchigen Vasallen gegenüberzustehen? Würde Burgund, eingeklemmt zwischen einem in vollem Umfang in seine Macht eingesetzten König von Frankreich und dem Deutschen Reich nicht unter unheilvollen Bedingungen sein Schicksal aufs Spiel setzen?

Die Zeit war gekommen, um an die Stelle dieser Risiken eine Vereinbarung treten zu lassen, die man leicht zum Vorteil wenden konnte, kurz: es mußte mit dem Pakt von 1417 und dem Vertrag von Troyes gebrochen werden.

Olivier de la Marche setzt an die erste Stelle die Gefühle des Herzogs, dessen französisches Blut »ihm im Magen und um das Herz herum kochte«. Chastellain stellt bei seinem Herrn ein Zunehmen des nationalen Gefühls fest, das parallel mit dem Anwachsen des Patriotismus in Frankreich läuft: »Je mehr er vorankam, desto mehr wollte er sein französisches Herz zeigen.« Obwohl die Stimme des Blutes in der Seele dieses Valois, der, wie wir schon sagten, bedauerte, daß er bei Azincourt nicht auf der richtigen Seite gekämpft hatte, stark mitgesprochen haben mag, steht doch außer Zweifel, daß bei den Überlegungen im herzoglichen Rat vor allem die politischen Interessen den Ausschlag gegeben haben.

Der Herzog hat niemals das Ehrenzeichen des englischen Hosenbandordens haben wollen. Die Schaffung des Ordens vom Goldenen

Vlies war als Antwort auf den Hosenbandorden ersonnen und ausgeführt worden, und wir werden sehen, welchen Glanz dieser herzogliche Orden dem Hof von Burgund verliehen hat.

Im Grunde stand der Entschluß fest. Es handelte sich nur noch darum, der Aufkündigung der alten Verträge einen honorigen Anstrich zu geben. Das war der Zweck der in Nevers und später in Arras abgehaltenen Beratungen.

*

Der Vermittler zwischen den beiden Höfen von Burgund und Frankreich war diesmal der Herzog von Bar, René von Anjou. Der Gefangene von gestern, den man in Dijon ritterlich behandelt hatte, wurde zum Mitverschworenen von heute. Philipp der Gute fand sich am 16. Januar 1435 in Nevers ein. Dort traf er sich mit dem Kanzler Karls VII., Regnault von Chartres, Erzbischof von Reims, dem Konnetabel Arthur de Richemont, dem Marschall La Fayette und Christophe d'Harcourt, welche die französische Delegation bildeten. Man war sich sehr schnell darüber klar, daß alles auf die so oft gestreifte Lösung hinsteuerte. Man sagte: »Nie hätte es zwischen uns einen Krieg geben sollen«, und man folgerte daraus: »Schön dumm derjenige, der sich für sie (die Engländer) schlägt oder töten läßt[17].« Solche Äußerungen verraten uns die Kriegsmüdigkeit und den allgemeinen Wunsch nach Frieden.

Den heikelsten Punkt bildeten die Beschwerden wegen des Verbrechens von Montereau. Philipp konnte nicht darauf verzichten. Aber man fand, daß das Problem nicht unlösbar sei. Zur gleichen Zeit kam zwischen den entzweiten Häusern Burgund und Bourbon eine Versöhnung in Gang.

In dieser sich aufhellenden Atmosphäre machte der Friedensgedanke solche Fortschritte, daß man schon am 6. Februar bei den Präliminarien angelangt war. Am 7. trennte man sich und verabredete eine Zusammenkunft in Arras, wo im Hinblick auf die Unterzeichnung eines endgültigen Friedensvertrages »une journée de grand parlement« stattfinden sollte, wie Monstrelet sagt.

Die Vorbesprechungen von Nevers hatten den entscheidenden Schritt zu einer Versöhnung herbeigeführt. Um die Engländer fallenzulassen, ohne Eidbruch zu begehen, griff der Herzog zu einer

List. Indem er auf die Bestrebungen spekulierte, die überall auf einen allgemeinen Frieden hinzielten und die wiederholt ihren Ausdruck in der Stimme des Heiligen Stuhls und der Väter des Basler Konzils gefunden hatten, schlägt er die Vermittlung des Papstes zwischen den beiden Parteien vor, die sich die Krone von Frankreich streitig machen. Sollte England sich weigern, einen solchen Schiedsspruch anzunehmen, betrachtet der Herzog sich als frei.

Im übrigen wird immer deutlicher, daß die Untertanen des Herzogs wie die des Königs den Frieden wollen. Als der Herzog auf der Reise von Nevers nach Flandern durch Paris kam, konnte er sich davon überzeugen, daß die Hauptstadt und die Universität selbst, die gegen das fremde Joch aufbegehrten, einen länger andauernden Gegensatz zwischen dem »doyen des pairs« und dem rechtmäßigen König, den man auch bald wiedersehen möchte, nicht verstehen würden. Die gleiche Stimmung herrscht bei den Flamen. So drängt alles auf die geplante Umstellung hin.

In Arras werden also die Versprechungen von Nevers Wirklichkeit werden. Im Prinzip hatte der Kongreß von Arras den Charakter einer Generalversammlung, die sich mit der Befriedung des gesamten Westens befassen sollte. Bei der Ernennung seiner Bevollmächtigten für diesen Kongreß erinnert der fromme Heinrich VI., der sich vielleicht Illusionen macht, an die Worte des Heilands: »Pacem meam do vobis, pacem meam relinquo vobis.« Man hatte England aufgefordert, einen Vertreter zu schicken; der Papst hatte den Kardinal von Sainte-Croix als Legaten entsandt, und das Konzil zu Basel ernannte von seiner Seite Hugues de Lusignan, Titular-Erzbischof von Nikosia, Kardinal von Zypern genannt, in dessen Begleitung sich zwei Bischöfe, der Archidiakon von Metz und der Dompropst von Krakau befanden. Der Erzbischof von York und der Bischof von Winchester, Henri Beaufort, der Großonkel des englischen Königs, die mit großem Gefolge erscheinen, waren die Anführer der britischen Delegation. Die französische Delegation war nicht minder ehrfurchtgebietend: Herzog Johann V. von der Bretagne[18], Herzog Ludwig III. von Anjou, Herzog Karl von Orléans, der vorübergehend aus seinem Gefängnis in England entlassen war, der Herzog von Alençon, der Erzbischof von Reims, Regnault von Chartres, La Fayette, Mouy, Christophe d'Harcourt und der »conseiller« Jean Tudert. Die Königin von Sizilien war anwesend. Die Universität und die Stadt Paris und mehrere »gute Städte« hatten Vertreter geschickt.

Der Herzog von Burgund und die Herzogin, Isabella von Portugal, waren mit dem bei ihren Reisen üblichen Pomp gekommen. Der Kanzler von Burgund, Nicolas Rolin, war der Hauptunterhändler. Ihm zur Seite standen die Bischöfe von Cambrai, Arras und Auxerre, der Graf von Ligny, die »sires« von Charny, Commynes (der Vater des Historikers), Croy, Créquy, Halluin und der Junker von Kleve.

Diese würdevolle und stolze Versammlung von Diplomaten wurde am 5. August 1435, nachmittags, in der Abtei von Saint-Vaast mit einer feierlichen Sitzung eröffnet. Turniere und Lanzenbrechen wechselten mit den Beratungen ab. Wie erwartet, stellte es sich heraus, daß es unmöglich war, eine Verständigungsbasis zwischen Valois und Lancaster zu finden. Trotz der Bemühungen der Kardinäle wurden die Verhandlungen zwischen der französischen und englischen Delegation am 19. ausgesetzt und am 31. endgültig abgebrochen.

Daraufhin gab der Herzog am 1. September zu Ehren der Engländer eines jener großen Festessen, die am Hof von Burgund Brauch waren[19]. Als die Tafel aufgehoben wurde, hatten die beiden englischen Prälaten mit Philipp dem Guten ein derart erregtes Gespräch, daß Beaufort angeblich schweißgebadet war.

Da ein allgemeiner Friede nicht zu erreichen war, mußte man sich mit Separatfriedensschlüssen begnügen. Der Kardinal von Sainte-Croix zerstreute alle Bedenken, die der Herzog noch hätte haben können. Nach der Abreise der Engländer am 6. September nahmen die Besprechungen ihren Fortgang. Das Thema war nun die Versöhnung zwischen Frankreich und Burgund. Die Nachricht vom Tod Bedfords am 14. in Rouen, die am 16. abends nach Arras gelangte, konnte den Abschluß der Verhandlungen nur begünstigen. Der Vertrag von Arras wurde am 20. unterzeichnet und am 21. veröffentlicht. Der Pakt aus dem Jahr 1417 und der Vertrag von Troyes von 1420 waren damit ausgelöscht. Darüber hinaus war der Streit zwischen Armagnacs und Bourguignons beendet: auf beiden Seiten gab es nur mehr Franzosen.

Auf Grund des Vertrags von Arras verurteilt Karl VII. entschieden das Verbrechen von 1419 und erbietet sich zur Sühneleistung für die Ermordung Johanns ohne Furcht. Er tritt an den Sohn des Opfers Auxerre, das Auxerrois, Bar-sur-Seine, Luxeuil, die Somme-Städte, das Ponthieu und Boulogne-sur-Mer ab. Allerdings ist in einer Klausel ein Rückkauf der Somme-Städte gegen 400 000 Goldtaler vorgesehen, denn sie bilden eine strategische Linie von höchster Bedeutung, da sie Paris decken oder entblößen, je nachdem, wer sie gerade in Besitz hatte. Schließlich sind nach den Bestimmungen des Paragraphen 28 die burgundischen Länder der Lehnspflicht gegenüber Frankreich auf Lebenszeit der beiden Vertragschließenden enthoben.

Der Ehre und den Interessen des Herzogs von Burgund war weitgehend Genugtuung widerfahren. Die Bestimmungen waren gewiß hart für den König. Jedoch war im Vergleich zu der enormen Bedeutung, welche die nun erzielte Beseitigung der Bündnisse für das Königreich hatte, kein Preis zu hoch.

Am 21. September kniete Jean Tudert, der zur französischen Delegation gehörte, vor dem Herzog nieder und sprach die Formel für die öffentliche Abbitte, die im Vertrag vorgesehen war, um den wegen der Ermordung Johanns ohne Furcht erhobenen Ansprüchen zu genügen. Darauf leistete der Herzog einen Eid, jede Kränkung zu vergessen und den Frieden zu wahren. Es war keine leere Zeremonie, denn sie zeigte, in welchem Maße es der burgundischen Diplomatie gelungen war, bei ihrem von der nüchternen Überlegung aufgenötigten Gesinnungswechsel die Rolle der verzeihenden und triumphierenden Partei zu spielen.

*

Philipp der Gute ließ Heinrich VI. in aller Feierlichkeit eröffnen, daß der »Sonderfriede«, den er in Arras mit Karl VII. geschlossen habe, nicht einen Krieg zwischen Burgund und England nach sich ziehe, sondern daß im Gegenteil auch weiterhin der Abschluß eines allgemeinen Friedens beabsichtigt sei. Die folgenden Ereignisse bestätigten jedoch keineswegs diesen vielleicht mehr zur Schau getragenen als ehrlich gemeinten Optimismus.

Der Friede von Arras rief in London einen Wutausbruch hervor.

Die Volksmenge ließ sich zu Demonstrationen hinreißen, deren Opfer zahlreiche flämische und picardische Kaufleute wurden und die um ein Haar die Gesandten des Herzogs das Leben gekostet hätten[20]. Heinrich VI. verkündete die Einziehung aller französischen Lehen des Hauses Burgund. Gloucester wurde Kommandant von Calais, und während man für einen Angriff auf die Niederlande rüstete, wurden die flämischen Schiffe von den britischen Streitkräften auf dem offenen Meer verfolgt und aufgebracht. Der Bischof von Lüttich, die deutschen Fürsten und die Städte in Holland schöpften neuen Mut, und überall wurden Beihelfer gesucht, um dem ehemaligen Verbündeten eins auszuwischen.

Der Herzog machte sich nichts aus diesem Strohfeuer und half nach Kräften nach, den Inselbewohnern den Stoß zu versetzen, der sie an der empfindlichsten Stelle treffen mußte: die Befreiung von Paris. Nicht nur wurden dem Konnetabel Arthur de Richemont, der in der Ile-de-France operierte, Verstärkungen geschickt, sondern es spielte auch ein Kapitän, welcher der burgundischen Politik schon seit langem verschworen war, der Sire de l'Isle-Adam, Jean de Villiers, eine Hauptrolle bei diesem entscheidenden Vorhaben. Jean de Villiers und Michel Lallier, »conseiller à la Chambre des Comptes«, organisierten den Aufstand in Paris vom 31. April 1436, der es dem Konnetabel ermöglichte, in die Stadt einzudringen. So konnte Chastellain ohne allzu große Übertreibung sagen, daß Philipp »den Engländern Paris und Saint-Denis entriß und sie dem König Karl zurückgab«. Der Sire de Ternant, einer der ritterlichsten und tapfersten Kapitäne des burgundischen Heeres, wurde »prévôt« von Paris.

Der Herzog dachte sogar daran, Calais zurückzuerobern, und zweifellos träumte er davon, diesen Hafen seinen Territorien einzuverleiben. War Calais nicht der Hauptstapelplatz für die englische Wolle? Das Aufstreben der englischen Tuchindustrie, welche der Weberei in den Niederlanden Konkurrenz machte, war bereits so beängstigend, daß der Herzog auf Bitten der holländischen Kaufleute vom 19. Juni 1434 an die Einfuhr englischen Tuchs verbietet.

Die Eroberung von Calais erwies sich allerdings rasch als ein Wunschtraum. Die Genter verloren sehr bald die Lust. Außerdem leisteten die Engländer heftigen Widerstand. Calais war für sie zu wertvoll. Die am 9. Juni 1437 begonnene Belagerung dauerte nur etwa zwanzig Tage. Gloucester verheerte das ganze Land zwischen Poperinghe und Saint-Omer. Die englische Flotte verwüstete die Ufer des Zwijn. Im November führte die Belagerung von Cotroy zu einem neuen burgundischen Mißerfolg. Unter den Heerführern des Herzogs regt sich erheblicher Widerstand. Der Graf von Ligny will sich nicht dazu hergeben, gegen die Engländer zu kämpfen. Trotz der herzoglichen Befehle nehmen die holländischen Städte Verhandlungen mit ihnen auf.

Sogar in Flandern hat der Bruch mit den Engländern eine Erschütterung der Macht des Herzogs zur Folge. Als das Aufgebot der Milizsoldaten zurückkehrte, gerieten die Städte Brügge und Gent in Aufruhr. Brügge verlangte die Wiederherstellung des Kontrollrechts, das es früher über Sluis ausgeübt hatte. Dieser Streit bricht im August 1436 aus und kann nur durch Zugeständnisse beigelegt werden. Er lebt 1437 wieder auf, und die Volkswut ist so groß, daß der Herzog am 21. Mai, als er in die Stadt einziehen will, überfallen wird. Es gibt Tote ganz in seiner Nähe, der Marschall de l'Isle-Adam ist unter ihnen. Immerhin wurde durch diese aus Verärgerung entstandene Feindseligkeit der englische Handel ebenso geschädigt wie der niederländische. Sie durfte nicht länger andauern. Die zwar nicht schöne, aber einnehmende und kluge Fürstin Isabella von Portugal übernahm es, die unbedingt notwendigen Verhandlungen einzuleiten und zu einem guten Ende zu führen. Als Ort für die Besprechungen wurde Gravelingen vorgesehen. Der Herzog richtete sich ganz in der Nähe, in Saint-Omer, ein. England war durch den Kardinal Henri Beaufort bei den Verhandlungen vertreten.

Gleichzeitig besserte sich die Lage in Flandern. Wie in den Zeiten Ludwigs von Maele verhalf die Uneinigkeit zwischen den flämischen Städten der Feudalherrschaft zu ihrer Revanche. Brügge sah sich isoliert und war daher gezwungen, sich am 4. März 1438 zu unterwerfen.

Sigismund, der daran dachte, sich die Schwierigkeiten Philipps des Guten zunutze zu machen, um ihm möglicherweise Ungelegenheiten zu bereiten, hatte nicht mehr Glück als die übrigen Gegner des Herzogs. Er versuchte, sich des Landgrafen von Hessen zu bedienen, der als angeblicher Nachkomme der ehemaligen Herzöge von Brabant im September 1437 mit Waffengewalt in Limburg eindrang. Gerade zu dieser Zeit verwüsteten die »Écorcheurs«, würdige Nachfahren der »Grandes Compagnies« aus der Zeit Karls V., die burgundischen Lande vom Mâconnais bis zur Picardie und vom Auxerrois bis zum Hennegau.

Zum Glück für den Herzog nahmen die Bauern in Limburg Partei gegen den Angreifer. Sie drängten seine Truppen bis an die Befestigungsmauern von Aachen zurück, und durch den Tod von Sigismund am 9. Dezember 1437 wurde die Gefahr aus dem Osten, eine ernste Sorge für den Hof von Burgund, gebannt.

Die englisch-burgundischen Verhandlungen konnten sich nun in Ruhe entwickeln und zu Ende geführt werden.

Drei Punkte standen in Gravelingen auf der Tagesordnung: die Wiederherstellung der Handelsbeziehungen zwischen den beiden Regierungen, der in Arras offengelassene Friedensschluß zwischen England und Frankreich und die Einstellung der augenblicklichen Feindseligkeiten zwischen England und Burgund.

Für den dritten Punkt ergab sich dank der Unterzeichnung eines für Boulonnais und Artois geltenden Waffenstillstandsvertrags eine ziemlich rasche Teillösung. Am 29. September 1439 regelte ein Vertrag auf drei Jahre den Warenverkehr und die Sicherheit des Handels zwischen England auf der einen Seite und Flandern, Brabant und Mecheln auf der andern. Dieser Vertrag wurde am 12. Januar 1440 für die Dauer von fünf Jahren verlängert und am 6. Februar auf die französischen Lehen des Herzogs ausgedehnt. Dank wiederholter Fristverlängerungen sollten die Vorteile dieser Abmachungen bis zum 1. November 1464 fortbestehen. Trotzdem war die Einfuhr englischen Tuchs in die Niederlande auch weiterhin verboten, und dieses Verbot wurde durch Gesetz vom 1. Dezember 1439 ausdrücklich erneuert.

In einem einzigen Punkt führten die Verhandlungen zu keinem Ergebnis, und das war zu erwarten. Die Versöhnung zwischen den beiden Dynastien Valois und Lancaster, den Bewerbern um den Thron von Frankreich, kam nicht zustande. Dennoch gingen die Verhandlungen weiter, und wenigstens wurden Teilergebnisse erzielt. Am 23. April 1443 wurde ein Waffenstillstand geschlossen, der nicht genau befristet war und der die Besitzungen des englischen Königs und des Herzogs schützte.

Mit dem Waffenstillstand zwischen Frankreich und England von Tours am 28. Mai 1444 wurde der Hundertjährige Krieg tatsächlich fünf Jahre lang unterbrochen. Schließlich regelte ein Handelsabkommen vom 10. April 1445 die wirtschaftlichen Beziehungen zwischen England und Holland.

Am Rande der Friedensverhandlungen hatte Isabella von Portugal Besprechungen über die endgültige Freilassung des Herzogs von Orléans eingeleitet. Der erlauchteste der Gefangenen von Azincourt wurde gegen ein Lösegeld freigelassen. Er heiratete Maria von Kleve, eine Nichte Philipps des Guten, und durch diese dem Hof von Burgund willkommene Heirat wurde der Sohn des Opfers von Johann ohne Furcht ein Freund des Sohnes jenes Herzogs. Maria von Kleve sollte die Mutter Ludwigs XII. werden.

*

Nach der Regierung Sigismunds und seines Schwiegersohns Albrecht II. von Österreich war die Kaiserwürde an einen Vetter Albrechts, Friedrich von Steiermark, gefallen, den späteren Kaiser Friedrich III. von Habsburg.

Mit diesem Vorfahren Kaiser Karls V. führte Philipp die wunderlichen Verhandlungen, durch welche die Herzogskrone des Enkels von Philipp dem Kühnen fast zu einer Königskrone geworden wäre.

Die Thronbesteigung Friedrichs, der am 2. Februar 1440 zum Kaiser gewählt wurde, begünstigte ganz besonders die Ziele Philipps des Guten in bezug auf seine unter deutscher Lehnshoheit stehenden Gebiete. Schon 1439 hatte es ihm die Vakanz des bischöflichen Stuhls von Cambrai ermöglicht, den eben verstorbenen Bischof Jean de Gavere durch einen seiner unehelichen Söhne, Johann von Burgund, zu ersetzen, obwohl der junge Mann noch auf der Universität Löwen studierte. Im Jahr 1441 wurde der Graf von Étampes, der Schwiegersohn des Herzogs, »gardien et conseiller« der Stadt Cambrai. Hier wurde nun der Anspruch auf die Kastellanei von Cambrai, welcher Philipp dem Guten mit der Erbschaft Jakobäas von Bayern zugefallen war, voll und ganz erfüllt.

Der Herzog zögerte nicht, die Hand auf Luxemburg zu legen, auf das er schon längst gelauert hatte. Das Fürstentum Luxemburg mit seinen Nebenlehen und die Vogtei über das Elsaß hatte Elisabeth von Görlitz als Pfand erhalten. Wie wir bereits sahen, war Elisabeth von Görlitz nacheinander die Witwe Antons von Brabant und Johanns von Bayern geworden, und da sie keine Kinder hatte, war sie eine Erbtante Philipps des Guten. Er hatte sich seine Erbfolge in Brabant durch die Urkunde vom 14. März 1427 bestätigen lassen. Jedoch hatte er es in Anbetracht der Einwendungen seines Vetters Philipp von Saint-Pol vorgezogen, im Vertrag von Lierre am 3. September 1427 zu dessen Gunsten zurückzutreten. Wie wir wissen, hatte sich aber durch den 1430 eingetretenen Tod Philipps von Saint-Pol die Lage verändert, und damit war Brabant an den Herzog von Burgund zurückgefallen.

In den Gebieten, in denen Elisabeth nur zeitweilig die Herrschaft übertragen war, lagen die Dinge verwickelter.

Da diese Fürstin sehr verschwenderisch war und tief in Schulden steckte, hatte sie versprochen, ihre Rechte 1435 dem Herzog zu verkaufen. Dann hatte sie sich aber mit dem Herzog überworfen und den Verkauf am 1. Mai 1441 zugunsten des Erzbischofs von Trier getätigt. Philipp verstand es, das Wohlwollen seiner Tante wiederzugewinnen und sich von ihr durch die Urkunde vom 10. Januar 1442 in Hesdin als Universalerbe einsetzen zu lassen.

Jedoch bestanden trotz der Verpfändung der Gebiete, auf die Elisabeth ja kein Eigentumsrecht hatte, die seigneuralen Rechte der wirklichen Inhaberin weiterhin fort, und diese war – nach Sigismund, seiner Tochter Elisabeth und seinem Schwiegersohn Albrecht – dessen Tochter Anna, welche mit Wilhelm von Sachsen, dem Bruder des Kurfürsten Friedrich II. von Sachsen, verheiratet war.

Dieses Durcheinander war ohne kriegerische Auseinandersetzung nicht zu entwirren. Im August 1443 erscheint Simon de Lalaing an der Spitze eines burgundischen Heeres, dessen Einmarsch in Luxemburg durch eine Zusammenkunft zwischen Philipp dem Guten und Friedrich III. in Besançon vorbereitet worden war. Simon de Lalaing stieß auf den Widerstand der Festung Diedenhofen. Darauf kam der Herzog persönlich, um die militärischen Operationen zu leiten. Er nahm mehrere Städte, darunter Arel ein, Luxemburg aber hielt stand. Einen Augenblick lang setzte sich der ritterliche Herzog von Burgund in den Kopf, Wilhelm von Sachsen vorzuschlagen, ihren Streit im Zweikampf zu entscheiden. Das Angebot wurde nicht angenommen und somit der Vormarsch der Armeen fortgesetzt.

In der Nacht vom 21. auf den 22. November 1443 lieferte endlich ein Überraschungsangriff Luxemburg den Burgundern aus. Der Herzog und die Herzogin von Burgund zogen dort am 22. ein. Elisabeth von Görlitz begleitete sie. Die sächsische Garnison hatte sich im Schloß verschanzt. Sie ergab sich am 11. Dezember. Diedenhofen war immer noch nicht gefallen. Trotzdem fand Wilhelm von Sachsen es ratsam, zu verhandeln. Gegen Bezahlung von 120 000 ungarischen Gulden verzichtete er auf alles. Allerdings wurde zugunsten des Bruders von Anna, Ladislaus von Ungarn, ein Rückkaufsrecht vereinbart. Da aber dieser Rückkauf erst nach dem Tode Elisabeths von Görlitz stattfinden konnte und die ganzen von Philipp gezahlten Gelder an ihn oder an Wilhelm von Sachsen hätten zurückerstattet werden müssen, bestand keine große Gefahr, daß dieses herrliche Gebilde dem Hause Burgund entgehen würde.

So glänzend diese Gebietserweiterung auch war, sie bezeichnete noch nicht das Ende des Vorrückens Burgunds in den Niederlanden. Der Herzog legte sich ins Mittel zwischen Utrecht und Geldern. Er mischte sich in die Streitigkeiten seines Schwagers, des Herzogs von Kleve, mit dem Erzbischof von Köln ein. Alle Fürsten des Landes gerieten direkt oder indirekt in die Einflußsphäre Burgunds, und es war sogar die Rede von einer Heirat zwischen dem Erben des Herzogs, dem Grafen Karl von Charolais – dem Witwer Katharinas von Frankreich, der Tochter Karls VII., seiner ersten Frau – mit Elisabeth von Österreich, der Schwester Ladislaus' von Ungarn.

Im Verlauf dieser Verhandlungen geschah es, daß der Kanzler Kaiser Friedrichs III., Kaspar Schlick, dem dritten Herzog aus dem Hause Valois 1447 bedeutungsvolle Eröffnungen machte. Er gaukelte ihm etwas von einer Königskrone vor. Wenn es dem Herzog beliebe, meinte er, »König zu sein und die Krone irgendeines jener Länder anzunehmen, wie Friesland, welche von alters her Königreich war, oder Brabant, welches das älteste und prächtigste Herzogtum der ganzen Christenheit ist und die allervornehmsten christlichen Fürsten hervorgebracht hat, so besteht die Hoffnung, daß er die Sache zu einem guten Ende bringt«. Es braucht nicht betont zu werden, daß das Unternehmen Schenkungen erlaubt hätte, deren Nutznießer Friedrich und zum Teil auch sein ehrenwerter Unterhändler Schlick selbst gewesen wären.

Es wurde oft angenommen, daß Schlicks Angebot nur die Antwort auf mehr oder weniger diskrete Anspielungen des Hofs von Burgund war. Man kann es weder beweisen noch abstreiten. Zum mindesten liegt es auf der Hand, daß die Frage den Herzog, wenn er sie auch nicht aufgegriffen hat, doch sehr interessierte. Deshalb versäumt er es nicht, an ihr festzuhalten. Aber die Aufforderung Schlicks war in seinen Augen kein genügender Anreiz. Die burgundische Expansion tendiert nach einem Wiedererstehen Lotharingiens. Ein Königreich Friesland oder Brabant könnte es nicht ersetzen. Die gesamten Besitzungen innerhalb der deutschen Lehnshoheit müßten zum Königreich erhoben werden. Außerdem wünschte Philipp, daß zu diesem Königreich alle weltlichen Fürstentümer am Niederrhein, von Lothringen bis Geldern und der Grafschaft Marck gehören sollten. Kurz: eine Zerstückelung des Reiches zugunsten des zum König gewordenen großen Herzogs. »Von den Vogesen bis zur Wesermündung, von der Schelde bis weit über den Rhein hinaus, bis mitten nach Westfalen erstrecken sich außerhalb Frankreichs die Ambitionen Philipps[21].« Die burgundische Kanzlei scheut sich nicht, den Namen Lothars zu beschwören. Offensichtlich handelt es sich darum, wie im Vertrag von Verdun zwischen Deutschland und Frankreich wieder eine unabhängige Monarchie aufzurichten. Das Burgund der Herzöge mit seinen Nebenlehen hätte sich dann dem solcherart gebildeten Staatenblock früher oder später zugesellt.

Wie man sieht, enthüllt diese nebensächliche Begebenheit schlaglichtartig die wahren Ziele der großen Herzöge. Nun ist kein Zweifel mehr darüber möglich, daß eine solche Unabhängigkeit für die Lehen der französischen Lehnshoheit friedlich oder mit Gewalt erreicht ist und daß der bis dahin im Traum ersehnte mächtige Staat greifbare Realität wird. Wir werden in einem anderen Kapitel zugleich die Chancen wie die Weitläufigkeit solchen Unterfangens abzuwägen haben.

Friedrich III. sträubte sich sehr bald gegen eine so gefährliche Staatsgründung. Hätte er etwa aus persönlicher Schwäche sich mit solchen Aussichten für die Zukunft abgefunden, so hätte ihn das gesamte Reich dafür verurteilt. Er hielt also an der Idee eines Königreichs Brabant fest, zu dem höchstens noch die in des Herzogs Besitz befindlichen Reichslehen hinzukämen. Eine nicht minder schwerwiegende Einschränkung war seine Erklärung, er könne es nicht zulassen, daß in der Mitgift Elisabeths die Rechte Wilhelms von Sachsen und Ladislaus' von Ungarn auf Luxemburg miteinbegriffen seien.

Die Verhandlungen schliefen allmählich ein und wurden dann gänzlich eingestellt. Philipp gab sich mit seiner tatsächlichen Macht zufrieden. Sie stand in nichts der eines Königs nach, wenn er auch keine Krone, kein Abzeichen königlicher Würde trug.

Friedrich III. hat es also zustande gebracht, daß ihm die Krönung Philipps des Guten erspart geblieben ist. Aber er hinderte ihn nicht daran, sich Luxemburg einzuverleiben. Ladislaus starb, erst siebzehn Jahre alt, am 23. November 1457 und, obwohl Karl VII. sich auf gewisse wohlerworbene Rechte beruft und die Hand auf das Gebiet legt unter dem Vorwand, Streitigkeiten vermeiden zu wollen, verzichtet Ludwig XI. schon 1462 zugunsten seines angeheirateten Oheims auf Ansprüche hinsichtlich dieses Territoriums, und damit hat das Haus Burgund gewonnenes Spiel.

Wie wir bereits sahen, war Brügge schon 1438 matt gesetzt worden. Etwa zwölf Jahre später kam Gent an die Reihe.

Gent hatte auf eine Unterstützung Brügges verzichtet, weil es teils eingeschüchtert, teils neidisch auf diese Stadt war.

1451 nahm sich Philipp der Gute jedoch vor, den Gentern eine ähnliche Behandlung angedeihen zu lassen, wie sie die Einwohner von Brügge erfahren hatten. Sein Plan war der, die Wirtschaft dem Staat gefügig zu machen. Der Genter Stapelplatz wurde zum »membre du bien public« erklärt, d. h. die Speicherhäuser sollten wie an anderen Orten nicht mehr das Privileg einer ortsansässigen Bürgerschaft sein, sondern des Rates von Flandern, des Regierungsorgans für die ganze Grafschaft. Schon zuvor war es zu immer ernster werdenden Reibereien zwischen dem Magistrat der Stadt und den Beamten des Lehnsherrn gekommen. Mit einem Wort: man sieht, wie der Geist der städtischen Autonomie und der Geist staatlicher Zentralisation aufeinanderprallen. Schließlich bricht ein Aufstand aus. Wie Pirenne sehr richtig erfaßt hat, entsprechen die Revolten innerhalb der Städte in der Epoche, in der wir uns befinden, nicht mehr Bewegungen eines ganzen Volkes. Sie sind nur mehr ein Aufbäumen, um überlebte Privilegien zu erhalten. Die Interessen der Allgemeinheit werden durch den Herzog repräsentiert, und das ist es, was seine Stärke ausmacht[22].

Flandern insgesamt rührte sich nicht, aber Gent empörte sich, und der Herzog nahm die Herausforderung an.

Wir zitierten schon den bildhaften Satz, in dem Olivier de la Marche, der Schlachten für eine aristokratische Gesellschaft malt, den »bon duc« im Kampf gegen seine rebellischen Untertanen beschreibt. Ein Siegesbericht bestätigt den stolzen Mut des reisigen Herzogs. Am 23. Juli 1453 wurde die Genter Miliz in der Schlacht bei Gavere völlig zusammengeschlagen. Dem Herzog wurde das Pferd unter dem Leib verwundet. Der burgundische Ritter genoß es nach Herzenslust und schreibt: »ce fut un droit enoisellement et gibier pour les jones et nouveaulx chevaliers.« Dieser Chronist sagt es genau: es war eine Menschenjagd. Das Nachspiel zu dieser fröhlichen Lustpartie war das erbärmliche Auftreten von zweitausend Bürgern am 30. Juli. Sie kamen nur mit dem Hemd bekleidet, knieten vor dem Sieger nieder und baten untertänigst »en langue françoise« um Gnade. Nachdem Philipp die Demütigung dieser niederträchtigen Hochmütigen, die ihm Trotz geboten, ausgekostet hatte, hielt er seinen feierlichen Einzug in die bezwungene Stadt, mit dem Prunk, dessen Zeuge Olivier ist: »Der Herzog hatte die ganze Rüstung angelegt und ritt auf dem Pferde, das die Genter verletzt hatten und das noch an mehreren Stellen mit Werg bepflastert war, damit seine Wunden heilten.« Wahrlich, das Pferd gehörte mit zur Rache des Reiters.

Die Selbstverwaltung der Stadt Gent war vernichtet. Die Stadt der Artevelde fiel, wie einst Brügge gefallen war. Die Zunftältesten wurden von den Wahlen für die Zunftmeister ausgeschlossen. Die Gerichtsbarkeit der Schöffen wurde in einschränkendem Sinne revidiert. Darüber hinaus mußte die Stadt 350 000 Goldridder zahlen und als Zeichen der Unterwerfung eines ihrer Stadttore zumauern.

Man täusche sich jedoch nicht: nur eine hochmütige, tyrannische Geldaristokratie war von diesen Maßnahmen betroffen. Als der Herzog 1457 nach Gent zurückkehrte, bewies die Masse des Volks, wie wenig sie mit den Anführern des Aufstandes von 1451/53 solidarisch war. Georges Chastellain schrieb, daß man »besoit les marches de ses piés« und daß es »les feux et les festes partout« gab.

*

Lüttich war zur Zeit Johanns ohne Furcht noch vor Gent und Brügge zur Raison gebracht worden. Aber immer wieder kam es zu Zwischenfällen während der Regierung Philipps des Guten. Der Nachfolger Johanns von Bayern als Fürst-Bischof, Johann von Heinsberg, hatte im Gegensatz zu seinem Vorgänger sich darum bemüht, mit seinen Untergebenen gut auszukommen. Das »Regiment«, das er ihnen am 16. Juli 1424 bewilligte, stellte einen recht glücklichen Ausgleich zwischen den Forderungen der Zünfte und den Ansprüchen des Großbürgertums her. Die wirtschaftliche Blüte Lüttichs hatte den ganzen Nutzen davon. Zwischen Lüttich und den flämischen Städten, ihren Nebenbuhlern auf wirtschaftlichem Gebiet, bestand ein Wetteifer, der nicht sehr herzlich war. In den Niederlanden waren die Beziehungen der Städte untereinander oft stürmisch.

Besonders Bouvignes, in der Grafschaft Namur gelegen, und ihre zum Fürstentum Lüttich gehörende Nachbarstadt Dinant, beide Zentren der Messingwarenfabrikation, standen miteinander auf Kriegsfuß und hielten sich dauernd gegenseitig in Schrecken.

Zu der Zeit, als Burgund noch der Verbündete Englands war, machte sich der französische Hof einen Spaß daraus, Lüttich gegen den Herzog aufzuhetzen, und das ungebärdige Wesen der Lütticher begünstigte noch diese Machenschaften.

So kam es, daß der Bischof Heinsberg 1430 auf Betreiben seiner Schäflein am 10. Juni dem Herzog den Kampf ansagte und die Lütticher Bouvignes in Brand steckten.

Philipp von Saint-Pol, mit dessen Hilfe man gerechnet hatte, schlug den Angreifern die Waffen aus der Hand. Der verstörte Bischof ließ sich den Frieden vom 15. September 1431 aufbürden, der ihn zur Zahlung einer beträchtlichen Geldbuße von 100 000 »nobles« nötigte, die selbstverständlich zu Lasten der Bürger ging, und mußte seinen Turm Montorgueil schleifen.

Das »Regiment« von 1424 hatte die »mecaniques«, d. h. die niedere Arbeiterschicht, nicht berücksichtigt. Das Auffinden und der erst vor kurzem begonnene Abbau der Steinkohle – ein wirtschaftliches Faktum, auf dessen Bedeutung wir noch zurückkommen müssen, und dessen erster großer Aufschwung gerade für die Regierung Philipps kennzeichnend ist – rückte die Bergarbeiter in den Vordergrund. Sie waren von den öffentlichen Angelegenheiten ausgeschlossen und begannen zu murren. Sie fanden bei den Schmieden, Lehrlingen und Gesellen, die alle wie sie selbst kein Wahlrecht besaßen, glühende Sympathien. Es war vorerst noch eine dumpfe und wenig gefährliche Unzufriedenheit, solange die mächtigen Bürger nicht gewahr wurden, daß hier eine Macht vorhanden war. Aber es kam eine Zeit, da unternahmen es Ehrgeizige, dieses Machtpotential einzusetzen. Reiche Zechenbesitzer, die Datin, versuchten sich 1432 in der Rolle der Demagogen. Sie schürten einen Aufstand während der Wahlen. Die Arbeiter gingen auf die Barrikaden, verhinderten den Vollzug des normalen Wahlvorgangs und schritten zur Volkswahl in aller Form. Diese Kommune der Aufständischen wurde von den Bürgern am 16. Januar 1433 im Keim erstickt. Aber die Aufnahme, welche die zu Philipp dem Guten geflüchteten Datin fanden, erweckte den Verdacht einer Teilnahme oder Duldung von seiten des Fürsten.

Im übrigen war dies erst ein Vorspiel. Während der Herzog ein wachsames Auge auf Lüttich hatte, wartete er auf eine Gelegenheit: er wartete lange und geduldig und handelte rasch und energisch.

Jahre verstrichen. Andere Sorgen heischten seine Aufmerksamkeit. Der antibürgerliche Geist gab unterdessen in Lüttich nicht auf. Man vergaß die Datin nicht. Beim Genter Aufstand kam es zu lärmenden Demonstrationen, die in eine Revolution umgeschlagen wären, wenn die burgundische Reiterei 1453 bei Gavere unterlegen wäre. Die Emissäre, welche die Nachricht von der Niederlage der Volksherrschaft überbrachten, wären fast in die Maas geworfen worden.

Unter diesen Umständen mußte die Niederschlagung der Genter Autonomie logischerweise ihr Nachspiel in Lüttich haben.

1452 machte der Herzog einen politischen Vorstoß in dieser Richtung. Er unternahm Schritte, um seinen Neffen Ludwig von Bourbon in das Kapitel von Saint-Lambert hineinzubringen. Seine Beauftragten, die über die Aufnahme verhandeln sollten, wurden von der Menge verjagt. Die Domherren selbst, die sich über die hohen Steuern ihrer in Brabant liegenden Besitztümer beklagten, sprachen sich gegen diese Kandidatur aus.

Der Herzog von Burgund konnte eine so empfindliche Niederlage nicht hinnehmen. Wenig zum Kampf geneigt und sicher überlistet, zog es der Bischof Johann von Heinsberg, der schwere Stunden nahen fühlte, vor, auf seinen Bischofsstuhl zu verzichten.

Philipp der Gute hatte schon die Bistümer Cambrai und Thérouanne mit Beschlag belegt. Er hatte sie zweien seiner Bastarde, Johann (1440) und David (1451), geben lassen. Die Diözese von Tournai, die Jean de Thoisy besessen hatte, war nun in die Hände Jean Chevrots gekommen, der wie sein Vorgänger am Ende seiner Laufbahn Chef des herzoglichen Rates war. Da der Bischofssitz von Utrecht durch den Tod des Amtsinhabers Rudolf von Diepholt vakant geworden war, versetzte der Papst gebieterisch den Bischof von Thérouanne, David, dorthin. Wie hätte der Herzog der Versuchung widerstehen können, die Taktik von Lüttich zu wiederholen? In Rom erreichte man zugunsten von Ludwig von Bourbon eine Bestallungsbulle.

Auf diese Weise wurde derjenige, den die Domherren als Kollegen abgelehnt hatten, ihr Oberhaupt. Damit begann ein ganz besonders bewegtes Episkopat, das nach der Zeit Philipps des Guten Karl dem Kühnen gefährliche Komplikationen verursachen wird. Halten wir fest, daß der Hof von Burgund durch Ludwig von Bourbon, wie seinerzeit durch Johann von Bayern, dank der Anwendung derselben Methode, sich so eingerichtet hat, daß er über die Enklave Lüttich tatsächlich dauernd eine wachsame, stets strenge Kontrolle ausüben konnte.

*

Philipp der Gute hat den Niederlanden um so beharrlicher seine Aufmerksamkeit zugewandt, als durch den Vertrag von Arras für den Herzog nicht wieder eine Epoche des Eingreifens in Frankreich angebrochen war. Karl VII. hatte schon dafür gesorgt, daß der allzu mächtige Feudalherr, vor dem er sich hatte demütigen müssen, nicht das Übergewicht in der Politik des Königreichs bekam. Außerdem bestand zwischen dem König und dem Herzog ein zu großer Gegensatz in der Gemütsart, und es gab zu viele schmerzliche Erinnerungen. Eine burgundische Gesandtschaft stellt 1441 fest, daß die Ratgeber des Königs »dem Herzog von Burgund keineswegs freundlich gesinnt seien«. Eine anzügliche und sehr aufschlußreiche Bemerkung. Nach dem Vertrag von Arras standen sich die beiden

Vettern niemals mehr persönlich gegenüber, und erst nach dem Tod Karls VII. hat Philipp der Gute Paris wieder besucht.

Unter diesen Umständen muß man die öffentlichen Kundgebungen, die von Zeit zu Zeit freundschaftliche Gefühle zwischen dem Valois von Frankreich und dem Valois von Burgund zu bezeugen scheinen, richtig werten. In dem Brief, den der Sieger von Gavere an den König schreibt, ist eher Ironie als ehrliche Zuneigung zu verspüren: »was Euch beweisen soll, daß ich sicher bin, daß Ihr über besagte Nachrichten sehr erfreut sein werdet.«

Seinerseits hat Karl VII. nach Kräften die Vertragsklauseln von Arras umgangen. Er hat den Vertrag von 1435 nur mit dem Gedanken ratifiziert, »daß Monseigneur de Bourgogne sich mit viel weniger zufrieden gäbe, als mit dem, was man ihm zugebilligt habe«. Der Paragraph, in dem die gerichtliche Verfolgung der mutmaßlichen Mörder Johanns ohne Furcht ausdrücklich festgelegt war, kam niemals zur Anwendung, und die frommen Stiftungen, die als Buße gemacht werden sollten, standen nur auf dem Papier. Steuererhebungen, die Ausübung des Münzrechts, der Appellationsanspruch des »Parlement« von Paris gaben genügend Veranlassung zu ständigen Reibereien. Der Herzog hatte nach der Gewohnheit der alten Herzöge von Burgund wieder die Formel gebraucht: »... par la grâce de Dieu.« Er mußte, um den verärgerten Hof von Frankreich zu beruhigen, ihm mühselig auseinandersetzen, daß diese Formel nur auf die außerhalb der französischen Lehnshoheit gelegenen Herrschaftsgebiete angewandt werde.

Die Heirat des Grafen Karl von Charolais, des Erben des Herzogsthrons von Burgund, mit einer Tochter Karls VII., Katharina, war 1438 beschlossen worden. Aber die Prinzessin starb 1440 in sehr jungen Jahren, und somit blieben die Erwartungen, die man auf diese Verbindung gesetzt hatte, unerfüllt.

Auf der anderen Seite blieb die Haltung Philipps des Guten in den wiederholten Zusammenschlüssen der Feudalherren gegen Karl VII. ziemlich undurchsichtig, und die Ostpolitik dieses Herrschers wurde durch ihn eher behindert als gefördert. Als schließlich die Aufkündung des Waffenstillstands von Tours aus dem Jahr 1440 die letzten Feldzüge des Hundertjährigen Krieges auslöste, die Wiedereroberung der Normandie unter Karl VII. 1450 und darauf der Guyenne in den Jahren 1452/53, blieb Burgund, seinen separaten Waffenstillstand vorschützend, in aller Form neutral und beschränkte sich darauf, es seinen Untertanen freizustellen, in des Königs Dienst zu treten, wenn sie es wünschten.

Wie wenn die in Arras vereinbarte Entbindung vom Lehnseid die Verpflichtung zur Hilfeleistung aufgehoben hätte, war in dieser Neutralität eines französischen Lehens die Anlage zur Unabhängigkeit vorhanden: man konnte sich fragen, ob hier nicht eine Verlockung zum Separatismus lag, dem allerdings der Anspruch des Herzogs, französischer Prinz von Geblüt zu sein und zu bleiben, entgegenstand.

Der letzte Beweis für die geringe Kordialität der Beziehungen zwischen Karl VII. und Philipp dem Guten wird anläßlich der Zwistigkeiten des Dauphins, des zukünftigen Ludwig XI., mit seinem Vater geliefert, wie wir bald sehen werden.

*

Man hat Philipp dem Guten gegenüber einer von Karl VII. zu ihm geschickten Gesandtschaft ein oft zitiertes Wort zugeschrieben. Als seine Gesprächspartner ihm entgegenhielten, »daß er, wenn auch Herr aller seiner Länder, doch nicht darin König sei«, habe er wörtlich entgegnet: »In Anwesenheit aller wünsche ich, daß jeder es wisse, daß ich König wäre, wenn ich es gewollt hätte.«

Wenn der große Herzog auch eine bestimmte Königskrone abgelehnt hatte, weil er sie nicht angemessen fand, so hat er nach einem anderen Ruhm beharrlicher gestrebt, nämlich nach dem, an der Spitze der christlichen Ritterschaft in den Orient zu ziehen und gegen den Türken zu kämpfen. Es war sein ehrliches Verlangen, Nikopolis zu rächen, und die Kreuzzugspläne, welche seine Regierungszeit säumen, müssen sehr ernst genommen werden.

Es besteht sicherlich kein Zweifel, daß die Kindheit Philipps des Guten unter dem starken Eindruck der rühmlichen Niederlage und der Gefangenschaft Johanns ohne Furcht stand. Allein die Ereignisse haben die Vergeltung verhindert, nach der der ritterliche Herzog strebte.

Die Kundmachungen dieses frommen Vorhabens von Zeit zu Zeit sind kennzeichnend für die bewegte Laufbahn Philipps des Guten.

Deshalb entsandte er auch einen seiner Edlen, den Südfranzosen Bertrandon de la Broquière, in diplomatischer Mission nach Jerusalem[23]. Deshalb läßt er sich auf dem Konzil von Ferrara, das sich mit der Union der abendländischen und morgenländischen Kirche beschäftigt, vertreten, studiert er die gegenüber dem byzantinischen Kaiser Johannes Palaiologos zu ergreifenden Maßnahmen, läßt er in Nizza durch die Vermittlung des Herzogs von Savoyen Schiffe bauen und andere in Venedig chartern, die einerseits Geoffroy de Thoisy und anderseits Waleran de Wavrin befehligen wird. Tatsächlich hat jene Flotte einen Angriff der Ägypter auf Rhodos zurückgeschlagen, während Wavrin die Donau aufwärts fuhr, um den Ungarn, zu denen er 1445 in Nikopolis stieß, Beistand zu leisten.

Philipp hatte für kurze Zeit den Gedanken, Genua zu erwerben, um es im Hinblick auf künftige militärische Operationen im Orient zur Flottenbasis zu machen. Solche Pläne allerdings konnten nicht gelingen. Da aber die Gefahr für Byzanz immer bedrohlicher wurde, bot die Kapitelversammlung des Goldenen Vlieses 1451 die Gelegenheit für eine vom Kanzler des Ordens, Jean Germain, Bischof von Chalon, gehaltene, kraftvolle Rede zugunsten des künftigen Kreuzzugs, und Jean Germain wurde zu Karl VII. entsandt, um ihn nach Möglichkeit zur Mitwirkung zu bewegen, zu der sich aber der König nur mit leeren Versprechungen herbeiließ.

Gerade während des Genter Aufstands, der die ganze Aufmerksamkeit Philipps in Anspruch nahm, fiel Konstantinopel, da rechtzeitige Hilfe ausgeblieben war. Der überwältigende Sieg der Türken 1453, die gotteslästerliche Umbenennung von Byzanz in Istanbul riefen in der westlichen Welt ein unvorstellbares Aufsehen hervor. Unter dem Eindruck dieser weithin nachwirkenden Katastrophe nimmt der Herzog wieder Kontakt mit dem König auf. Der Sieger über die Genter spricht nur noch davon, die »heilige Fahrt« zu unternehmen. Das formelle Gelübde, sich ihr zu weihen, wurde beim festlichen Bankett des sogenannten »Vœu du Faisan« geleistet, das am 27. Februar 1454 zu Lille gegeben wurde, und dessen ganze Pracht uns die Studie über das höfische Leben enthüllen wird.

Und als Friedrich III. auf Geheiß des Papstes für den folgenden 23. April die Fürsten der Christenheit nach Regensburg zusammenruft, um gemeinsam den Kreuzzug gegen die Türken vorzubereiten, setzt sich Philipp in Bewegung. Seine Reise durch Deutschland glich einem Triumphzug, denn er »genoß überall, wohin er kam, alle Vorrechte, als sei er der Kaiser in Person«. Entsprechend seiner Gewohnheit ließ sich Friedrich III. nicht blicken und beschränkte sich darauf, seinen Sekretär Enea Silvio Piccolomini, den zukünftigen Papst Pius II., zu entsenden, der in seinem Namen ein Aufgebot von 200 000 Mann als Beitrag des Reiches zum Kreuzzug verkündet. Philipp, der unterdessen krank geworden war, hat den Bischof von Toul, Guillaume Fillastre, beauftragt, die Zustimmung des Herzogs zu überbringen. Er verspricht, persönlich an der Expedition teilzunehmen, wenn er nicht durch höhere Gewalt verhindert sei. Alle Maßnahmen zur Verwirklichung des Planes sind ergriffen worden. Fahnen und Wimpel werden bemalt. Um zu verhindern, daß der Graf von Charolais, der sich damals im Witwerstand befand, während seiner zu erwartenden Abwesenheit nicht eine für die Politik des Chefs der Dynastie nachteilige Ehe eingehe, greift Philipp zu der Vorsichtsmaßnahme, ihn in zweiter Ehe mit seiner Cousine Isabella von Bourbon zu verheiraten. Ein neugewählter Papst, der Spanier Kalixtus III., erläßt einen Aufruf, der den Aufbruch der Kreuzfahrer für März 1456 verkündet. Im Hinblick auf diese Abreise schickt der Herzog seine beiden vornehmsten Räte, den Kanzler Nicolas Rolin und den »chambellan« Antoine de Croy zu Karl VII. Er erbittet vom Herrscher das Reichsbanner von Frankreich, die Oriflamme aus Saint-Denis, um unter diesem geweihten Wahrzeichen gegen die Ungläubigen zu kämpfen. Karl VII. lehnt ab mit der Begründung, daß zwischen England und Frankreich noch kein Friede geschlossen sei und der Krieg weitergehe. Aber der Dauphin, der sich gerade damals mit seinem Vater überworfen, am Hof von Burgund Asyl gefunden hatte und im Schloß von Genappe residierte, begründet seine Flucht mit dem frommen Wunsch, den »beaux oncle de Bourgogne« zu begleiten, der »zur Verteidigung des katholischen Glaubens die Absicht hat, geradewegs auf den Türken loszugehen«.

Trotz so oft wiederholter Erklärungen wurde das verdienstliche Vorhaben nicht ausgeführt. Der Kreuzzug fand nicht statt. Die Staatsgeschäfte, die ihn im Westen zurückhielten, oder sein Gesundheitszustand, der in der Tat schon erschüttert war, hinderten den Herzog daran, trotz verschiedener Anläufe, den großen Aufbruch in Gang zu bringen. Aber wir werden sehen, daß sein Sohn Karl, der letzte der großen Herzöge, wie er die Hoffnung hegte, vor der Welt als Oberhaupt des abendländischen Ritterheeres und ruhmreicher Streiter Christi zu erscheinen.

*

Philipp der Gute hatte dem Dauphin Ludwig Aufnahme gewährt[24], der aus der Dauphiné geflohen war, wohin der König Truppen gegen ihn entsandt hatte, und der Thronerbe von Frankreich hatte sich gewissermaßen in Empörung gegen seinen Vater, im Schloß von Genappe in Brabant, niedergelassen. Auf diesem Wohnsitz lebte er sowie die Dauphine, Charlotte von Savoyen, auf Kosten seines Onkels Philipp von Burgund und wartete auf die Stunde seiner ungeduldig herbeigesehnten Thronbesteigung. Als die Nachricht vom Tod Karls VII. in Mehun am 22. Juli 1461 in Genappe eintraf, mußte Charlotte, um nach Reims, der Krönungsstätte, zu reisen, sich die Zelter der Gräfin von Charolais ausleihen.

Der Thronwechsel ließ plötzlich in der Seele des mächtigen Herzogs wieder den Wunsch aufkommen, in Frankreich eine Rolle zu spielen. Vergeblich ermahnte ihn Ludwig XI., nach Reims nicht mit zu luxuriösem Gepränge zu kommen. Philipp macht sich dennoch mit 4000 bewaffneten und ausgestatteten Leuten aus seiner Hofhaltung auf den Weg. Der Kontrast zu dem sehr einfachen Gefolge des mit wenig Geld versehenen französischen Herrschers ist demütigend. Der herzogliche Oheim hat neben dem bescheidenen königlichen Neffen das Aussehen eines Vormunds. Im übrigen gibt Ludwig ohne falsche Scham seine frühere Notlage zu: »Gestern noch hielt ich mich für den ärmsten Königssohn, den es jemals gab und der von meinem Kindesalter an bis zum heutigen Tage nur Leiden und Drangsal hatte ... meine Frau und ich am Bettelstab, ohne Haus zum Ruhen, ohne einen blanken Heller, wenn er nicht aus Gnade und Barmherzigkeit vom guten Oheim gegeben worden wäre, der mich über fünf Jahre unterhalten hat.« Welcher König wäre jemals weniger stolz gewesen? Der Sohn Karls VII. übt ganz entschieden nicht die hochmütige Zurückhaltung seines Vaters. Der

Herzog frohlockt. Der Lehnseid, der diesem von soviel Demut und Dankbarkeit erfüllten Neffen geleistet werden muß, verliert sofort seine ganze Bitterkeit.

In Reims spielt Philipp seine zum Ritus gehörige Rolle als »doyen des pairs«. Als wollte er allen Anwesenden zeigen, daß die Krone von ihm abhänge, streckt er im Augenblick der Krönung den Arm empor, bevor er den Goldreif auf Ludwigs Stirn drückt. Nach dem Hochamt leistet er den Treueid, aber was diese Formalität an Schmerzlichem für seine Eigenliebe haben könnte, löscht er durch gesteigertes Gepränge und herablassende Großzügigkeit aus. Hat er nicht dafür gesorgt, daß in seinem umfangreichen Gepäck sein reiches Gold- und Silbergeschirr mitgeführt wird? Hat er nicht für das Festbankett im Überfluß die besten Weine aus seinen Kellern geschickt?

Der Einzug Ludwigs in Paris wird zur gleichen Zeit der Einzug Philipps sein. Meister in der Veranstaltung von Feierlichkeiten, geht der Herzog im Festzug am 31. August an der Spitze. Man bewundert seine reiche Kleidung aus schwarzem Samt, seinen ganz mit funkelnden Rubinen besetzten Federhut, seinen Schimmel, dessen Geschirr ein Meisterwerk der Goldschmiedekunst ist. Die Edelsteine von Pferd und Reiter sind angeblich drei Millionen wert! Der Graf von Charolais ist in purpurroten Samt gekleidet. Vater und Sohn sind umgeben von Pagen in schwarzem Damast und dem in herrlichste Samtgewänder gehüllten Adel.

In den folgenden Tagen nimmt der Herzog den König ganz in Beschlag. Zugleich macht er in Volksverbundenheit. Er läßt die Menge in die Gemächer seines reich ausgestatteten Hôtel d'Artois ein, damit sie neben anderen Wunderwerken die herrlichen Wandteppiche mit der Darstellung der Geschichte Gideons, des Schutzherrn des Goldenen Vlieses, betrachten kann. Der Herzog findet daran Gefallen, durch die Stadt zu streifen, in der er seit dem Jahr der Konferenzen von Nevers nicht mehr aufgetaucht war. Man sieht ihn durch die Stadt reiten, seine Nichte, die Herzogin von Orléans, auf der Kruppe seines Pferdes. Stets ist er prunkvoll gekleidet, sogar wenn er die Markthallen besucht. Dort wendet sich eines Tages ein Metzger an ihn, zweifellos der Erbe eines Mitstreiters von Legoix oder eines Kumpans von Caboche: »O, freimütiger und edler Her-

IX *J. Wauquelin überreicht Philipp dem Guten seine Übersetzung der Hennegauer Chronik (1446)*

X *Jan van Eyck, Nicolas Rolin*

XI *Claes van de Werve und Nachfolger, Herzogsgräber*

XII *Unbekannter Meister, Grabmal des Seneschalls Philippe Pot*

zog von Burgund, seid in der Stadt Paris willkommen.« Die Hauptstadt des neuen Königs Ludwig XI. hat Johann ohne Furcht nicht vergessen.

Der König selbst wird in das Hôtel d'Artois eingeladen und köstlich bewirtet. Es stimmt, daß er die lautesten Empfänge meidet und vor allem jenes ungeheure Festessen, bei dem Chastellain sein Fernbleiben vermerkt und bei dem »l'honneur du monde se povoit voir«. Bevor Ludwig in die Touraine abreist, geht er zu seinem geliebten Oheim, dankt ihm für alle Fürsorge und fügt hinzu, daß, »wenn er es nicht gewesen wäre«, er möglicherweise »zufällig nicht mehr am Leben wäre«.

Die Abreise aus Paris ist immerhin eine höfliche Façon, dem Herzog zu bedeuten, er möge in sein Reich zurückkehren. An einem anderen Ort als am burgundischen Hofe wird Ludwig XI. sich Rat holen. Er wird in anderer Form als Karl VII., aber nicht minder erfolgreich, sich der Bevormundung durch irgendeinen der Pairs zu entziehen wissen.

*

Während seiner späten Jahre hat es im übrigen Philipp der Gute selber dem König erleichtert, sich freizumachen. Der Herzog hatte sein Leben zu sehr genossen. Er verfiel und endete fast im Schwachsinn[25]. In der letzten Zeit seiner Regierung gewinnt in seiner Umgebung die Familie Croy einen überragenden Einfluß, der den Kanzler Nicolas Rolin veranlaßt, sich scheinbar zurückzuziehen, und der das Mißtrauen des Grafen von Charolais, des Erben der Herzogskrone, erregt.

Die Croy sind ausgesprochene Dynasten. Chef des Clans ist der Jugendfreund und erste Kammerherr des Herzogs, Graf Antoine de Porcien. Sein Bruder Jean, Seigneur de Chimay, ist wie er Ritter vom Goldenen Vlies. Der Sohn, Philipp – Seigneur de Sempy und dann Seigneur de Quiévrain genannt – ist wie sein Vater ein Liebhaber von kostbaren Büchern und Kunstwerken. Habgierig sind sie alle. Sie raffen Pfründen an sich und wollen stets die erste Rolle spielen. Ihre Vettern, die Lalaing und Lannoy, stehen ihnen dabei kräftig zur Seite.

Ludwig XI. setzt sehr geschickt auf den Einfluß der Croy. Mit ihrer Hilfe und trotz des Widerstandes des Grafen von Charolais gelang es ihm im September 1463, die in dem Vertrag von Arras aufgenommenen Rückkaufsklauseln für die Somme-Städte geltend zu machen. Er zahlte die vereinbarten 400 000 Taler und gewann so diese strategische Linie wieder zurück. Der Ärger des Grafen von Charolais über dieses Nachgeben, zu dem noch seine persönlichen Differenzen mit den Croy kamen, entzweite ihn endgültig mit seinem Vater, der sich, obwohl seine geistigen Kräfte schwanden, darüber klar wurde, daß die Croy des Königs Sache vertraten. Bei näherer Überlegung bereute er den Verzicht auf die Somme-Städte und söhnte sich mit seinem Sohn wieder aus. Er duldete es, daß er die Führung der »Ligue du Bien Public« übernahm und gegen Ludwig XI. jenen dramatischen Feldzug führte, mit dessen Wechselfällen wir uns im nächsten Kapitel zu befassen haben.

Zu wiederholten Malen wurde das Gerücht über den Tod des alten Herzogs ausgestreut und ebenso oft dementiert. Er hatte seinen Erben mit dem 27. April 1465 zum »lieutenant général« ernannt. Am 15. Juni 1467 starb er in Brügge. 1473 ließ Karl der Kühne seinen Leichnam und den seiner Mutter, der Herzogin Isabella von Portugal, die am 17. Dezember 1471 gestorben war, nach der Chartreuse von Champmol verbringen. Aber der dritte Herzog sollte trotz seiner Prachtentfaltung nicht in einem seiner wirklich würdigen Grab Ruhe finden wie seine Vorgänger. Die Geschichte der burgundischen Kunst wird uns noch die Gründe dafür liefern.

*

Es verbleibt uns noch, über diese ebenso lange wie so reichlich erfüllte Herrschaft eine abschließende Bemerkung zu machen.

Die Zeitgenossen haben mehr oder weniger den Nachdruck auf die Frömmigkeit[26], die Hoheit, den Prunk oder die Macht Philipps des Guten gelegt.

Er ist, wie der alte Historiker Pontus Heuterus sagte, der um 1584 schrieb, der Gründer der Niederlande, »conditor imperii belgici«, gewesen, und diese Huldigung wird von dem berühmten modernen Historiker Belgiens, Henri Pirenne, bestätigt. Wenn wir den burgundischen Staat beschreiben, wird uns diese Leistung in ihrem ganzen Glanz erscheinen.

Trotzdem gibt uns Philipp zugleich mit einem glorreichen und eindrucksvollen Lebenswerk die Lösung eines Rätsels auf: war diese fruchtbare Politik sein persönliches Verdienst oder verdankt er diese Erfolge seinen Ratgebern?

Unbestreitbar ist, daß der dritte Herzog über bedeutende Männer in seiner Umgebung verfügte. Als der Kanzler Johanns ohne Furcht, Jean de Thoisy, alt geworden war, trat 1422 Nicolas Rolin an seine Stelle. Durch eine Art Ehrenmitgliedschaft wurde er Chef des herzoglichen Rates, um bis zu seinem Ende Mai oder Anfang Juni 1433 erfolgten Tode seine nützlichen Ratschläge zu erteilen[27]. Rolin blieb mehr als vierzig Jahre im Amt. Der Nachfolger von Jean de Thoisy auf dem Bischofsstuhl von Tournai, Jean Chevrot, war ebenfalls Chef des herzoglichen Rates. Die Croy, Commynes, Pot und viele andere dienten dem Herzog, und wir haben zahlreiche Kapitäne genannt, deren Schwert in hervorragender Weise zu den Siegen dieses glanzvollen halben Jahrhunderts beigetragen hat, in dessen Verlauf siegreiche Schlachten mit vorteilhaften Verträgen abwechseln.

Welcher Anteil kommt dem Herzog an alledem zu?

Seine Tapferkeit als Ritter wird durch ausdrückliche Zeugnisse und konkrete Beispiele bestätigt, von denen uns einige bei kurzer Erwähnung schon in Erstaunen versetzt haben. Auf den Schlachtfeldern und bei der Erstürmung von Städten stand Philipp keinem seiner Offiziere nach. Als Emblem hatte er das »fusil« genommen, d. h. den Feuerstahl, der dazu dient, den Schuß zu lösen, mit der Devise »Aultre n'auray«. Seine militärischen Fähigkeiten fallen zuerst in die Augen. Auf der andern Seite findet man aber bei seinem Historiographen Chastellain seine »Nachlässigkeit« gegenüber den Staatsgeschäften und eine so schmeichelhafte Achtung vor der Überlegenheit Rolins erwähnt, daß es naheliegt, diesen Minister par excellence als die treibende Kraft der Staatspolitik anzusehen.

»Dieser Kanzler«, heißt es bei Chastellain, »regierte alles ganz allein und von ihm wurde alles gelenkt und ausgeführt, sei es Krieg oder Frieden oder die Finanzen, und auf ihm als dem wichtigsten Mann beruhte alles. Der Herzog verließ sich ganz und gar auf ihn als Obersten, und in seinen Händen lag alles, was an Geschäften und Gewinn sich ergab, in der Stadt, auf dem Lande, im ganzen

Reich, und jede Schenkung hing von ihm ab, jede Anleihe und alles wurde von ihm gemacht und ruhte auf ihm als demjenigen, der den großen Überblick hatte.«

Obwohl es sehr schwierig ist, einen genauen Begriff von der Machtvollkommenheit des Kanzlers zu gewinnen, da stets nur von »Handlungen des Herzogs« die Rede ist, dürfen wir das Zeugnis Chastellains auf keinen Fall zu leicht nehmen. Man hat eingewendet, der Verkehr mit dem Basler Konzil beweise es, daß die Väter dieser Versammlung sich stets an den Herzog wenden und die zu ihnen entsandten burgundischen Vertreter in seinem Namen und nicht in dem des Kanzlers sprechen. Man übersieht dabei, daß sie gar nicht anders konnten, wenn sie den in puncto Respekt empfindlichen Herzog nicht verletzen wollten. Man darf also auf Chastellains Bemerkung nicht zu viel Gewicht legen[28]. Tatsächlich ist es schlechthin unmöglich, den Anteil des Herzogs genau abzugrenzen. Wie im Falle Philipps des Schönen dürfen wir aber annehmen, daß, wenn auch Philipp der Gute wenig Neigung zeigte, sich intensiv mit den laufenden Regierungsgeschäften zu beschäftigen, und den Männern seines Vertrauens den Hauptanteil der Arbeit überließ, trotzdem die großen Entscheidungen von ihm und von ihm allein gefällt wurden. Wurde auch der Vertrag von Troyes von Jean de Thoisy, der Vertrag von Arras von Nicolas Rolin vorbereitet, so geht doch aus den erhalten gebliebenen Memoranden hervor, welche Bedeutung man der Vorarbeit zu dem letztgenannten Vertrag beimaß und wie sich der Vorgang abspielte. Es zeigt sich dabei deutlich, daß die Entscheidung des Herzogs auf der sorgfältigen Erwägung der Vorschläge beruht, die das Gewissen eines Herrschers erfordert, der dazu entschlossen ist, keinem anderen als sich selbst die Führung der entscheidenden Staatsgeschäfte zu überlassen und vor der Geschichte die Verantwortung auf sich zu nehmen.

Achtes Kapitel

KARL DER KÜHNE

Der Wendepunkt in der Geschichte Burgunds

Der einzige Sohn Philipps des Guten, der vierte und letzte der großen Herzöge, dem die Geschichte den Namen Karl der Kühne zugelegt hat, wurde am 11. November 1433 in Dijon geboren.

Aus seiner ersten Ehe hatte Philipp der Gute keine Kinder. Michelle von Frankreich, die Tochter Karls VI., die er sehr jung geheiratet hatte, war am 8. Juli 1422 gestorben. Bei der zweiten Ehe des Herzogs mit Bonne von Artois hatte neben anderen Beweggründen auch die Hoffnung auf baldige Nachkommenschaft mitgespielt, denn, so sagte man, »icelle dame estoit bien esperonnée de porter enfants«. Das Unglück wollte es, daß diese Hoffnung sehr bald zunichte gemacht wurde, da die neue Herzogin am 17. September 1425 im Kindbett starb. Philipp der Gute hatte sich dann damit abgefunden, unter der Bedingung auf Gegenseitigkeit, seinen Vetter Philipp von Saint-Pol, den Sohn seines Oheims Anton, als Erben einzusetzen. Als der Graf von Saint-Pol Herzog von Brabant geworden war, erlag er jedoch am 4. August 1430 einer nicht richtig erkannten Krankheit. Philipp der Gute, dem Saint-Pol ernsten Anlaß zur Unzufriedenheit gegeben hatte, hatte sich inzwischen wieder verheiratet, und seine dritte Frau, Isabella von Portugal, befand sich in anderen Umständen. Der Sohn der Portugiesin, der am 30. Dezember 1430 das Licht der Welt erblickte, starb jedoch nach einem Jahr, und ein zweiter, 1431 geborener Sohn, lebte nicht viel länger. Philipp begann bereits die Hoffnung aufzugeben, als ihm endlich ein dritter Sohn geschenkt wurde. So hing also von nun an die Zukunft der Dynastie von jenem Karl ab, den seine Mutter entgegen allem Herkommen selber nähren wollte und den sein

Vater mit aller Liebe umgab, deren er fähig war, den er auch unverzüglich zum Grafen von Charolais und Ritter vom Goldenen Vlies ernannte. Der Titel eines Grafen von Charolais war bereits dem dritten Herzog verliehen worden. Daß er dem vierten Herzog zuerkannt wurde, bezeichnete den festen Entschluß, die vom ersten Herzog 1390 vollzogene Erwerbung zur traditionellen Apanage des Erben der Herzogskrone zu machen[1].

Die Erziehung des zukünftigen Herzogs war ganz besonders sorgfältig. Unter seinen Lehrern trat ein Gelehrter aus dem Artois, Antoine Haneron, hervor, derselbe, welcher an der Universität Löwen das Collège de Saint-Donat gründete. Von den burgundischen Rittern, die den Thronerben den Umgang mit der Waffe lehrten, verdienen der Sire d'Auxy und Jean de Rosimboz in die Geschichte einzugehen.

Philipp der Gute wünschte, daß sein Sohn die flämische Sprache erlerne. Mit dreizehn Jahren machte er ihn zum Zunftmeister der Voetboog-Gilde in Brügge.

Neben dem Vater, der gewiß sein Kind liebte, der aber seiner ganzen Veranlagung nach ziemlich unnahbar war, hatte der Einfluß der ernsten und besinnlichen Herzogin Isabella von Portugal eine starke Wirkung auf Karl den Kühnen. »Er erlangte niemals jene zumindest äußerliche Leutseligkeit«, schreibt Pirenne, »die Philipp den Guten in den Niederlanden so beliebt machte. Temperamentvoll, aber verschlossen, lebte er isoliert, ohne Freunde und Vertraute unter seinen Höflingen«[2]. Einzig seine Mutter hatte Macht über ihn.

Er war ein Sanguiniker, ziemlich groß, ein wenig vornüber geneigt, breitschultrig, lange Arme, mit denen er heftig gestikulierte, schwarze Haare, dunkle Gesichtsfarbe, blaue, klare Augen und ein verkniffener Mund. Das bereits ausgebildete vorspringende Kinn, welches das Merkmal seiner Nachkommen bleiben wird, trägt dazu bei, ihm »ein gewisses Aussehen von Wildheit zu geben, das vollkommen übereinstimmt mit seiner Vorliebe für Stürme und hochgehende See, welche seine Zeitgenossen bei ihm feststellen«[3].

Im Gegensatz zu Philipp war er ein verbissener Arbeiter, »plus qu'il ne seoit à tel prince«, bemerkt Chastellain. Er neigte wie sein Vater zu Zornausbrüchen, vermochte aber nicht, sie aus Herzensgüte zu bereuen. Er war impulsiv, »störrisch in seinem Wollen und scharf in seinen Worten«. Vor allem war er ehrgeizig, hochmütig, eigensinnig und unfähig, Maß zu halten. Das »halbe Europa«, schreibt Commynes, »hätte ihn nicht zufriedenstellen können«. Eine Neigung zum Argwohn, die er nicht bezwingen konnte, gereichte ihm sehr oft zum Schaden. Er hatte sie von seiner Mutter, die, wie der alte Herzog mit einem Lächeln sagte, »die argwöhnischste Dame war, die er jemals gekannt habe«[4]. Karl war hart gegen sich und andere, ungeduldig und grob, rachsüchtig und jähzornig, und verstand es nicht, eine Frage nach der andern zu behandeln, noch seine Ziele entsprechend seinen Mitteln zu wählen.

Die Jugend des Prinzen war freudlos und mit Lernen angefüllt. Gern studierte er die antiken Schriftsteller. Die Geschichte fesselte ihn. Er hatte eine besondere Vorliebe für die Heldentaten Alexanders des Großen, der wie er selbst der Sohn eines Philipp war. Sein Traum ist es gewesen, es ihm gleichzutun. Er besaß ein angeborenes Rednertalent und befleißigte sich, diese Gabe zu pflegen. Da er fähig war, eine Versammlung durch das Feuer seiner Worte mitzureißen, berauschte er sich selbst bisweilen an der Begeisterung der andern. Er schwärmte für Kunst und Musik, führte ein absolut enthaltsames Leben – wodurch er sich auffallend von seinem Vater unterscheidet – und kümmerte sich nicht immer um die ritterliche Haltung, in die der dritte Herzog seinen Stolz gesetzt hatte. Wir werden sehen, daß er es in manchen Fällen an Unzuverlässigkeit mit seinem Gegner Ludwig XI. aufnimmt, den er von jeher verabscheut hat und der es ihm gründlich heimzahlt.

Zudem »legte das Haus Burgund, das sich von einer Regierung zur andern Frankreich, aus dem es hervorgegangen ist, immer mehr entfremdet, unter Karl dem Kühnen die letzten Spuren seiner Herkunft ab«[5]. Karl gibt sich unter Berufung auf seine Abkunft von Johann von Gent bald für einen Engländer aus, bald nennt er sich, auf seine Mutter anspielend, »portugalois«, und eines Tages versichert er, er liebe Frankreich so sehr, daß er ihm an Stelle eines Königs deren sechs wünsche. Aber welche Glaubwürdigkeit hat eine solche feierliche Versicherung, und wie gerne sollte sich der letzte der großen Herzöge mit dem Gedanken beschäftigen, daß sich auf den Trümmern des französischen Königreichs endgültig jenes Königreich Burgund erheben würde, das ihm vorschwebt und dessen Grundgedanke 1474 bei der denkwürdigen programmatischen Rede zum Ausdruck kommt.

*

Das allzu lange Leben Philipps des Guten hatte dem Grafen von Charolais eine nicht minder fieberhafte Wartezeit aufgezwungen als jene, in der sich der Dauphin Ludwig, nunmehr Ludwig XI., verzehrt hatte, der durch die seines Erachtens zu sehr in die Länge gezogene Regierungszeit Karls VII. zum Verschwörer geworden war. Ohne soweit zu gehen, hatte Karl der Kühne, empört über das unmäßige Ansehen der Croy, deren einflußreiche, auf Eigennutz bedachte Stellung wir bereits erwähnt haben, diesen gefährlichen Günstlingen den Vorrang schrittweise streitig gemacht. Bald ausgeschaltet, bald wieder in Gnaden aufgenommen, hatte sich der Prinz mit Unterbrechungen in die Staatsgeschäfte eingearbeitet. Er hatte an diese Lehrzeit den ganzen Fleiß seines Arbeitseifers gewendet. Wahrscheinlich hätte er noch zu Lebzeiten seines Vaters nach der Macht gegriffen, wenn dessen letzter Plan für einen Kreuzzug nicht durch seinen verschlechterten Gesundheitszustand hinfällig geworden wäre[6].

Der Erbe des burgundischen Staates übte diese inoffizielle Regentschaft aus, als die erste der periodischen Krisen zum Ausbruch kam, welche für die Regierungszeit Ludwigs XI. kennzeichnend sind, nämlich der Krieg der sogenannten »Ligue du Bien Public«. Damals trat Karl zum erstenmal hervor als der eigentliche Anführer der zur Idee eines Fürstenbunds sich versteigenden französischen Feudalherrn, die sich gegen ihren Souverän auflehnten.

Im Rausch der Freude über seine allzu lang und voll Nervosität erwartete Thronbesteigung wollte der Sohn Karls VII. zu rasch vorgehen. Die Reaktion auf die väterliche Regierung war zu gründlich. »Von Anfang an dachte er nur an Rache«, hat Commynes geschrieben. Massenhafte Absetzung der Beamten, rücksichtslose Erneuerung der leitenden Posten, Verärgerung des Klerus wegen der Steuerlasten, betonte Mißachtung gegenüber den Universitäten, radikale Abschaffung von Privilegien und Pensionen, Beschränkung des Jagdrechts, Streitigkeiten, die hinsichtlich der Lehnshuldigung mit der Bretagne und des Statuts der religiösen Orden entstehen, der Rückkauf der Somme-Städte von Burgund – all das führt dazu, daß die Unzufriedenen sich suchen, finden und zusammentun. Daß die empörerische Feudalität sich sodann auf das »Bien Public« berief, um die öffentliche Meinung für sich zu gewinnen, ist eine bezeichnende Verbeugung vor ihrer Macht.

Ein höchst alarmierender Zustand! Ludwig, der zuerst versucht hatte, den Herzog von Bourbon zu vernichten, weil er als erster seine Feindschaft zu erkennen gab, wird durch den sternförmigen Aufmarsch der drei Hauptverschwörer – Karl der Kühne, Franz II. von der Bretagne und Karl von Frankreich, Herzog von Berry, der jüngste Sohn Karls VII. und nominell Anführer des Unternehmens – nach Paris zurückgeworfen.

Karl von Charolais verfügt über etwa 12 000 Mann. Werden zu diesem Heerhaufen die etwa 5000 Soldaten stoßen, welche die Herzöge von der Bretagne und Berry bedächtig heranführen? Um diese Vereinigung zu vereiteln, beschließt Ludwig, der sonst dem Risiko einer Schlacht aus dem Wege geht, den Grafen bei Montlhéry anzugreifen. Der Tag von Montlhéry wird der entscheidende Tag dieses ganzen Krieges sein.

Graf Ludwig von Saint-Pol, ein Luxemburger, der eines der Korps der burgundischen Armee befehligte, hatte sich zum Fuß des uralten, gewaltigen Wachtturms von Montlhéry begeben. Sobald Saint-Pol das Herannahen der königlichen Truppen gemeldet worden war, benachrichtigte er Charolais, der sich in Longjumeau einquartiert hatte. Als Stütze für ihn schickt er den »großen Bastard« Anton. Saint-Pol und Anton machen Anstalten, dem König die Straße nach Paris zu verlegen. Aber Ludwig XI. ist zum Kampf entschlossen. Alsbald wird dem Grafen gemeldet, die Soldaten des Königs rückten aus dem Wald von Torfou »im Gänsemarsch« an. Sie seien auch nicht sehr zahlreich. Das war eine zu große Versuchung für den »Kühnen«. Er hätte gewiß besser daran getan, den Zusammenstoß zu vermeiden und auf seine Verbündeten Bretagne und Berry zu warten, um den Gegner mit vereinten Kräften zu schlagen. Er tat das Gegenteil. Der Stier griff an. Bei einem so impulsiven Menschen hat die Herausforderung jederzeit Erfolg.

Es kommt also zur Schlacht. Charolais warf sich mit dem ganzen Feuer seines ungestümen Temperaments in den vollkommen ungeordneten Kampf, von dem sich unmöglich ein klares Bild gewinnen läßt, da selbst die Augenzeugen, wie z. B. Philipp de Commynes, uns nur ganz unzusammenhängende Eindrücke zu vermitteln imstande waren.

Karl der Kühne stürmte geradewegs los mit seinem Pagen Simon de Quingey, mit seinem Standartenträger Dubois, der das große Banner aus schwarzer und violetter Seide in der hocherhobenen Faust hielt, mit den in die gleichen Farben gekleideten Bogenschützen seiner Garde, das Andreaskreuz über der Brust.

»Die Leute des Königs hielten auf das Schloß Montlhéry zu und hatten eine große Hecke und einen Graben vor sich. Die Felder standen voller Korn, Saubohnen und anderer sehr fetter Frucht, denn der Boden dort ist gut.« So wird der Schauplatz von der kundigen Hand Commynes' geschildert.

Die Soldaten des Königs gelangen über die Hecke. Die ungeduldigen Burgunder überrennen ihre eigenen Bogenschützen und greifen an. Sie bestürmen den Hügel, auf dem sich Ludwig XI. aufhält. Der Graf von Maine, der Admiral Jean de Montauban und der Oberstallmeister Garguessalle fliehen »wie die Lumpen«. Ist es Feigheit oder Verrat? Plötzlich ertönt der Ruf: »Der König ist gefangen!« Da klappte der König das Visier seines Helms hoch, damit alle sein Gesicht sehen könnten und rief: »Seht doch, meine Kinder, daß ich nicht gefangen bin«, und setzte hinzu: »Geht an eure Plätze zurück und fürchtet euch nicht, denn der Sieg wird unser sein, und wären wir nur sechs, um gegen die Burgunder zu kämpfen!«

Der Kampf tobte weiter. Bei den Worten des Königs hatte die Panik in seiner Umgebung aufgehört. Die Soldaten Saint-Pols und des Grafen von Ravenstein, die glaubten, die Oberhand zu haben, werden kraftvoll bis zu ihrem Troß zurückgeworfen, und ein Teil der burgundischen Reiterei wird bis nach Saint-Cloud und Pont-Sainte-Maxence versprengt.

An anderen Stellen hingegen haben die königlichen Truppen die Flucht ergriffen. Charolais sieht, wie seine Gegner vor seinem unwiderstehlichen Elan auseinanderstieben, und berauscht sich an seinem Erfolg. Er »jagt«, und Commynes, der in seiner Nähe ist, versteht unter diesem Wort, daß er sich der Verfolgung ergibt. »Ein alter Edelmann aus Luxemburg, Antoine Le Breton genannt, holte ihn ein und sagte zu ihm, daß die Franzosen sich auf dem Feld versammelt hätten, und wenn er noch weiter jage, würde er sich zugrunde richten.« Es fruchtete nichts. Der Sire de Contay konnte sich ebensowenig Gehör verschaffen. Wahrscheinlich wurde die königliche Armee durch den Eigensinn gerettet, mit dem er sich auf den geschlagenen Flügel versteifte, anstatt ihn fliehen zu lassen und das Zentrum und den anderen Flügel von hinten zu nehmen.

Als Charolais bei seiner Rückkehr »ganz nahe am Schloß« vorbeikam, sah er zu seiner großen Überraschung, daß sich die Bogenschützen des Königs in Schlachtordnung am Fuße des Wachtturms aufgestellt hatten. Er hatte geglaubt, die ganze Armee Ludwigs sei in Auflösung begriffen. In Wirklichkeit hielt sie zum größten Teil stand. Nun aber waren seine eigenen Leute zu müde und versprengt, um sie von neuem in den Kampf zu werfen. »Das Feld war ... niedergestampft, auf dem eine halbe Stunde zuvor noch das Korn so hoch gestanden hatte ... es war übersät mit Gefallenen und toten Pferden.« So also sieht der andere Flügel des Diptychons aus; man könnte es beschriften: »Vor und nach der Schlacht.« Commynes ist entschieden ein großer Maler.

Auf beiden Seiten war man geflohen, auf beiden Seiten hatte man standgehalten. So schien es jedem der beiden Gegner erlaubt, sich als Sieger zu bezeichnen[7].

Tatsächlich war die Schlacht unentschieden ausgegangen. Aber Paris bleibt standhaft und rettet die Monarchie. Ludwig geht in die Normandie und führt Verstärkungen heran. Ein Kontingent, das Sforza aus Mailand schickt, kommt hinzu. Im Lager der Prinzen schleicht sich die Uneinigkeit ein, trotz oder wegen der Ankunft der Herzöge von der Bretagne und Berry. Man vertut die Zeit unnütz vor den Festungswällen und ist selten der gleichen Meinung, wenn es um Fragen einer einmütigen Politik geht. Ausdauer ist niemals eine Tugend der Feudalherren gewesen. Schon hat der König, der den Grundsatz »divide et impera« befolgt, damit begonnen, seine Gegner gegeneinander auszuspielen.

Karl der Kühne war, nachdem er die schlecht auf den Krieg vorbereiteten Freischützen des Königs auf der Brücke von Charenton überrannt hat, bis nach Conflans vorgedrungen. Seine Artillerie war vielleicht ebenso gewaltig wie die des Königs, welche von »maistre

Guirault« befehligt wurde. Ununterbrochen wurde von beiden Seiten geschossen. Aber man wurde dieses lärmenden Kampfes der Geschütze müde: »es gab mehrere Tage der Waffenruhe und Zusammenkünfte auf beiden Seiten, um über den Frieden zu verhandeln.«

Commynes erzählt, daß der König »eines Morgens auf dem Wasserwege« bis vor die feindliche Armee kam. In seinem Boot befanden sich außer den Schiffern nur vier oder fünf Offiziere. Charolais und Saint-Pol warteten am Ufer der Seine. Der König fragte Charolais: »Mein Bruder, traut Ihr mir?«, und der Graf antwortete: »Ja, Monseigneur.« Der König ging darauf mit seinen Begleitern an Land. Charolais und Saint-Pol erwiesen ihm alle Ehren, »wie es recht und billig war«, und er, »der gar nicht mundfaul war«, leitete die Unterredung mit folgenden Worten ein: »Mein Bruder, ich weiß, daß Ihr ein Edelmann und aus dem Hause Frankreich seid.« »Warum, Monseigneur?« fragte Charolais. »Aus folgendem Grunde«, entgegnete der König, »als ich meine Gesandten nach Lille schickte und dieser Dummkopf von Morvilliers so gradheraus mit Euch sprach, habt Ihr mich durch den Bischof von Narbonne wissen lassen, daß ich die Worte, die der besagte Morvilliers zu Euch sagte, noch vor Jahresende bedauern werde, und Ihr habt Euer Versprechen gehalten.« Der König sprach »freundlich und lachend«. Karl von Charolais war geschmeichelt und entwaffnet. Ludwig nannte ihn »Bruder« in Anspielung auf seine Schwester, die verstorbene Katharina, die erste Frau des Grafen. Er rückte von Morvilliers ab, der ihn unlängst durch einige Äußerungen verletzt hatte. Der König begann sehr leutselig, eingerahmt von Karl dem Kühnen und Saint-Pol, auf und ab zu gehen, und die Zuschauer, die Krieger aus dem Lager der Feudalherrn wie die Männer auf den Festungswällen der Stadt Paris, fingen an, sich zu wundern.

Man ist auf dem Weg zum Frieden. Er wird durch die Verträge von Conflans und Saint-Maur am 5. und 29. Oktober geregelt. Jeder der Verbündeten erhält seinen Teil, denn der König ist großmütig. Burgund kommt reichlich gut dabei weg: der König tritt die erst kürzlich zurückgekauften Somme-Städte wieder ab und gibt noch die Grafschaften Guines und Boulogne drein.

*

Am 15. Juni 1467 wird durch den Tod Philipps des Guten der faktische Regent Charolais offiziell Herzog von Burgund. Karl war durch den Tod Isabellas von Bourbon zum zweiten Mal verwitwet und hält um die Hand Margaretes von York, der Schwester König Eduards IV. von England, an. Sogleich eröffnet sich die Aussicht auf ein neues englisch-burgundisches Bündnis. Stehen wir kurz vor der Aufkündigung des Vertrags von Arras? Taucht das Gespenst eines neuen Vertrags von Troyes auf?

Offenbar ist die Situation bedenklich. Wenn die geplante Verbindung zustande kommt, ist ein neuer Angriff auf das Königtum der Valois unvermeidlich.

Seit dem Vertrag von Arras fand eine Folge schwerwiegender Ereignisse in England statt. Heinrich VI. und seine Gemahlin Margarete von Anjou, eine Cousine Ludwigs XI., waren gestürzt worden. Eduard von York ist an die Stelle des Lancaster getreten, der im Tower gefangengehalten wird; Margarete von Anjou ist geflohen. Als Abkömmling Johanns von Gent, des ersten Plantagenet-Herzogs aus dem Hause Lancaster, stand Karl der Kühne stets schlecht mit dem Hause York. Wenn er nun daran denkt, sich ihm blutsmäßig zu verbinden, so treibt ihn nur die Staatsraison dazu. Vereinigen sich Eduard und Karl, so hat Ludwig mit einem sehr gefährlichen Gegner zu rechnen. Vergebens hat er alles aufgeboten, um diese Annäherung zu hintertreiben. Am 3. Juli 1468 finden in Brügge mit auffallender Pracht die Hochzeitsfeierlichkeiten statt. In seinen »Mémoires« schildert sie Olivier de la Marche in allen Einzelheiten. Im Kapitel über das höfische Leben werden wir auf die hundert Seiten zurückkommen, die der Autor von den hundertfünfzig, die er der ganzen Regierungszeit des letzten Herzogs einräumt, dieser Hochzeitsfeier widmet. Festliche Umzüge, Bankette, Lanzenbrechen und Turniere, Theatervorstellungen, nichts fehlt bei dieser wundervollen und kostspieligen Schaustellung der Großartigkeit Burgunds. Entschuldigen wir Oliviers Weitschweifigkeit! Hofbeamter und zugleich Historiker, war er zudem noch der Regisseur dieser unvergeßlichen Tage. Seine Eitelkeit ist daran interessiert, den zukünftigen Generationen einen Rechenschaftsbericht zu hinterlassen, in dem nichts ausgelassen ist, was das Ansehen dieser Feierlichkeiten und ihres Organisators erhöhen könnte.

Was ist angesichts der Gefahr zu tun, die sich inmitten dieser Lustbarkeiten ankündigt? Ludwig XI. geht mit sich zu Rate. Er ahnt einen neuen Gewittersturm. Eine vielleicht glänzende, vielleicht auch katastrophale Idee kommt ihm oder wird ihm eingeflüstert: Péronne.

*

Ob der Kardinal Balue Ludwig XI. dazu veranlaßt hat oder nicht, den Herzog von Burgund in Péronne aufzusuchen, sicher ist, daß er alles vorbereitet, alles eingerichtet hat und daß der unglückliche Ausgang der Veranstaltung der Grund dafür war, daß er in Ungnade fiel.

Ludwig XI. spürte, daß ein neues Bündnis der Feudalherren entstand. Die Normandie, welche der König Karl von Frankreich überlassen hatte, war ihm unter dem Vorwand des geheimen Einverständnisses mit Eduard IV. wieder abgenommen worden. Da Karl der Kühne der Schwager Eduards geworden war, mußte er unter allen Umständen davon abgebracht werden, sich militärisch mit dem England des Hauses York zu verbinden. Eine direkte Verhandlung wird dafür sorgen. Ludwig setzt unbedingtes Vertrauen auf seine Überredungskunst. Eine Zusammenkunft wird verabredet.

Der König war in Noyon. Er begab sich nach Ham, wo der Graf von Saint-Pol ein Schloß besaß. Einen Jagdausflug vorschützend, reitet Ludwig XI. am 9. Oktober 1468 direkt nach Péronne. Mit ihm galoppieren etwa fünfzig Herrn, unter denen sich der Herzog von Bourbon, sein Bruder, der Kardinal-Bischof von Lyon, und Saint-Pol selbst befinden.

Als der Herzog von Burgund vom Herannahen der Kavalkade hörte, verließ er Péronne »bien fort accompaigné«. Er lud den Herrscher ein, in seine Stadt zu kommen, eine jener wertvollen Festungen, die erst kürzlich an ihn zurückgekommen waren, und quartiert ihn beim Steuereinnehmer ein, »der ein schönes Haus beim Schloß hatte«. Denn das Schloß »war nicht zu gebrauchen« und bestand nur noch aus einem Turm über einem schäbigen Wohngebäude.

Folgen wir dem unmittelbaren und umständlichen Bericht von Commynes, der an Ort und Stelle war und nichts über diese Angelegenheit verschweigt, außer — leider — seiner speziellen Rolle, die beträchtlich war.

Kaum ist der König im behaglichen Haus des Steuereinnehmers untergebracht, als eine burgundische Armee eintrifft. An der Spitze steht Philipp von Bresse, der Schwager des Königs, und der Marschall von Burgund. Die Offiziere tragen ostentativ auf der Brust das wohlbekannte Abzeichen des Andreas-Kreuzes.

All diese Leute kampieren rings um die Festungswälle. Ludwig XI. stellt fest, daß einige von den Anführern, z. B. Antoine de Lau und Poncet de Rivière, des Königs Dienst verlassen haben. Ludwig fühlt sich nicht gerade behaglich. Aber da seine Taktik darin besteht, dem Herzog Vertrauen einzuflößen, um ihn zu gewinnen, unterdrückt er das Angstgefühl, das ihm diese Nachbarschaft verursacht, und bittet seinen »Bruder«, ihn im Schloß unterzubringen. Wie bei dieser Gelegenheit einer der fleißigsten Geschichtsschreiber Ludwigs, Pierre Champion, schreibt, »wird sich der Fuchs in den Rachen des Wolfs werfen«. Commynes hätte diesen Satz unterschrieben, wenn er hätte freimütig reden können.

Da der König letzten Endes mit allen Ehren aufgenommen und bewirtet wird, kann er glauben, daß es nur noch von seiner eigenen Schlauheit abhängt, sein Ziel zu erreichen. Er wird den Bruder und den Gemahl Margaretes von York entzweien. Seine Argumente hat er schon bereit. Er kennt die Psyche von Philipps Sohn gut genug, um die empfindlichen Stellen zu treffen.

Aber plötzlich bricht das mühsam aufgebaute Gerüst zusammen. Man bringt die Nachricht nach Péronne, daß die Lütticher sich in offener Revolte befinden und sich mit dem Ruf »Vive le roi!« erhoben hätten.

Was war geschehen?

*

Wir haben gesehen, wie Philipp der Gute dem Kapitel von Saint-Lambert in Lüttich seinen Neffen Ludwig von Bourbon als Fürst-Bischof aufgezwungen hatte. Nachdem der alte Herzog mit Gewalt alle Widerstände gebrochen hatte, war es ihm gelungen, den jungen siebzehnjährigen Prälaten, den Commynes als einen Mann beschreibt, »der den Tafelfreuden ergeben ist, das Vergnügen liebt und wenig davon weiß, was für ihn gut oder schlecht war«, in sein Amt einzusetzen. Alle Versuche, die Wiederkehr des Absolutismus zu vereiteln, waren gescheitert. Vergebens konspirierten die »Vrais Liégeois«, heimlich unterstützt von Karl VII. Vergebens nahmen sie Raes de Heeres als Anführer und den Namen der »Compagnons de la verte tente« an, den sich schon die aus Gent Verbannten nach der Schlacht bei Gavere zugelegt hatten. Ludwig XI., der in diesem Punkt die Politik seines Vorgängers fortgesetzt hatte, mußte nach dem Vertrag von Conflans den Vergeltungsmaßnahmen des Grafen von Charolais, der im Namen Philipps des Guten handelte, freie Hand lassen. Obgleich dieser Fürst damals fast nicht mehr bei klarem Verstand war, wurde er in einer Sänfte hingebracht, um im August 1466 den Brand von Dinant mitanzusehen. Im folgenden Jahr diktierte Karl der Kühne, nun Herzog geworden, nach der Vernichtung der Lütticher Miliz am 28. Oktober 1467 bei Brusthem den Besiegten am 28. November einen Frieden, der alle Gerechtsame aufhob und soweit ging, das Gewohnheitsrecht abzuschaffen und es durch das römische Recht zu ersetzen. Die Freitreppe von Lüttich, das Wahrzeichen der Unabhängigkeit, wurde nach Brügge gebracht und schmückte dort als Trophäe den Platz an der Börse. Mit der ganzen Härte seines Charakters hatte der Herzog, der, wie Chastellain sagt, den Rebellen »barbe et visage de prince« zeigen wollte, seinen Sieg ohne jede Mäßigung ausgenutzt. Der Bischof Ludwig von Bourbon, den man vertrieben hatte, kehrte am 30. April 1468 zurück und überließ die Regierung dem Burgunder Humbercourt. Dies lief praktisch auf eine Annexion des Fürstentums Lüttich hinaus.

Während die Mauern der Hauptstadt seines Bistums unter der Spitzhacke der Abbrucharbeiter fallen und die Steuern auf das Sechsfache erhöht werden, um die vom Herzog geforderte Geldbuße von 120 000 Lions d'or aufzubringen, läßt der Bischof von der Vorderfront seines Palais die Krämerbuden entfernen, die ihm die Aussicht versperren, widmet sich ganz der Musik und bestellt eine Yacht für Vergnügungsfahrten auf der Maas.

Aber Ludwig XI. setzt seine Wühlarbeit fort und zählt auf die Zunahme der anti-burgundischen Stimmung in Lüttich, um im passenden Moment gewissermaßen von hinten die herzogliche Macht anzugreifen. Er schickt Agenten, um eine neue Revolte zu schüren, die es ihm ermöglichen sollte, Karl den Kühnen in seinen

Ländern festzuhalten, während die übrigen Feudalherrn den Druck der Hand des Königs so schwer zu spüren bekämen, daß alle Zugeständnisse von Conflans und Saint-Maur null und nichtig würden.

Allem Anschein nach gelang es den Anstrengungen der königlichen Agenten, früher, als Ludwig erwartet hatte, den Aufstand von 1468 auszulösen, und so kam es, daß die mit dem Rufe »Vive le roi!« begleitete neue Erhebung unglücklicherweise mit der Anwesenheit des Monarchen in Péronne zusammenfiel.

Philippe de Commynes erklärt allerdings das zeitliche Zusammentreffen einfach mit einer Gedächtnislücke: »Als der König nach Péronne kam, hatte er nicht daran gedacht, daß er zwei Unterhändler nach Lüttich geschickt hatte, um es gegen den Herzog aufzureizen.« Ist das die Erklärung, die Ludwig XI. Commynes gegeben hat, oder hat Commynes sie sich ausgedacht, um nach keiner anderen suchen zu müssen? Die Wahrheit war gewiß verwickelter und feiner gesponnen. Man kann sich denken, daß der König den Gang der Ereignisse, der nun durchkreuzt worden war, so berechnet hatte, daß der Aufruhr in Lüttich erst etwas später stattfinden sollte, und nun war plötzlich Ludwig XI. durchschaut als der Anstifter einer bewaffneten Erhebung im Fürstbistum, während er der Gast des direkten Lehnsherrn des Fürstbistums war und noch dazu genau in dem Zeitpunkt, wo dieser ihn freundlich neben sich im Schloß beherbergte.

Der Lüttícher Aufstand war diesmal sehr ernster Natur. Die Milizsoldaten, 2000 an der Zahl, bemächtigten sich Tongerns, ergriffen den Bischof von Lüttich, der sich dort befand, und »ce fol peuple«, wie Commynes schreibt, war »sehr froh über die Gefangennahme seines Herrn«. Kuriere eilten nach Péronne und brachten zutreffende oder falsche Nachrichten, die aber alle beunruhigend waren, über diese Vorgänge. »Die einen sagten, alles sei tot, die anderen sagten das Gegenteil.« Zumindest wurde die Verantwortung des Königs für die Ausschreitungen bestätigt. Versicherte man nicht, man habe die »Unterhändler des Königs in Gesellschaft der Empörer gesehen? Das alles wurde dem Herzog hinterbracht, der sofort daran glaubte und in großen Zorn geriet, wobei er sagte, der König sei gekommen, um ihn zu hintergehen«. Dramatischer Augenblick! Denn Karl der Kühne, hemmungslos und ungestüm, unterliegt plötzlichen Wutanfällen. Zu welchen Tätlichkeiten könnte er sich in einer so heftigen Erregung hinreißen lassen?

Sein erster Gedanke war, nach dem Zeugnis Commynes', die Tore von Stadt und Schloß schließen zu lassen. Zur Rechtfertigung dieses Befehls gibt er einen fadenscheinigen Grund an: er habe einen Kasten verloren, der kostbare Ringe und Silber enthalte. Plötzlich merkt der König, daß er dieses Schloß nicht mehr verlassen kann. Auf Befehl des Herzogs sind eine Menge Bogenschützen vor dem Tor postiert. Das bedeutet Stubenarrest. Es ist sogar eine kaum verhüllte Gefangennahme. Ludwig XI. war keineswegs »sans doubte«, d. h. er fürchtete sich. Eine Erinnerung aus der Geschichte kam noch zu seiner Angst hinzu: »er sah sich ganz dicht bei einem dicken Turm untergebracht, in dem ein Graf von Vermandois einen seiner Vorgänger, einen König von Frankreich, tötete.« Sollte Ludwig XI. das Schicksal Karls des Einfältigen erleiden (der 929 zwar gefangen war, aber in Wirklichkeit an einer Krankheit starb und nicht ermordet wurde, wie es in der Legende heißt)?

Commynes war damals Kammerherr bei Karl dem Kühnen. Er war sehr offen mit ihm. Als Sohn eines hervorragenden Dieners Philipps des Guten war er bei dem Erben des verstorbenen Herzogs außerordentlich gut angeschrieben. Diese Vertraulichkeit zwischen dem Chronisten und seinem Herrn erklärt nicht nur die weitschweifige Genauigkeit seines Berichts, sondern sie erlaubt uns auch, die uneingestandene, aber entscheidende Rolle zu deuten, die er selbst in dieser heiklen Lage spielt.

Der Herzog erklärte seinen Leuten ohne Umschweife, daß der König »hergekommen sei, um ihn zu verraten«. Er teilte ihnen die Nachrichten aus Lüttich mit und legte sie zuungunsten seines Gastes aus. Er »war gegen den König furchtbar aufgebracht und bedrohte ihn sehr«. Sofort hieß es, man wolle dem Gefangenen übel mitspielen, und das Geraune drang »bis in das Gemach, wo der König war, der sehr erschrak«.

In der Tat befand sich der Herrscher in einer unglückseligen Lage. Er fühlte sich auf Gnade und Ungnade seinem mächtigsten Vasallen, dem Anführer der französischen Feudalität, ausgeliefert, gerade zu dem Zeitpunkt, wo er auf Tatsachen beruhende und unbestreitbare Anschuldigungen gegen ihn vorzubringen hatte. Zu der Beleidigung von Lüttich kommt die Verletzung der Verträge von Conflans und Saint-Maur, die Rücknahme der Normandie, und alle jene Handlungen, welche erkennen ließen, daß der König seit 1465 gesonnen war, sich für die aus Anlaß des »Bien Public« erlittene Demütigung zu rächen.

Aber beim Herzog von Burgund kommt der Jähzorn vor dem politischen Gefühl. Nun, jeder Anfall legt sich. »Am ersten Tag herrschte Schrecken und Geflüster in der Stadt. Am zweiten hatte sich der besagte Herzog etwas beruhigt.« Commynes sagte nichts, er hörte zu. Er kannte seinen Herrn. Er weiß, daß man den ersten Wutausbruch vorübergehen lassen muß, der durch die geringste Bemerkung in Tobsucht ausarten würde. Schließlich findet eine Beratung statt, bei der mehrere Vorschläge gemacht werden. Die einen sind dafür, den König »rondement, sans cérémonie« einzukerkern, die anderen, daß man seinen Bruder, Karl von Frankreich, kommen lasse und zu einer Revision der bestehenden Verträge schreite, damit »ein für alle Prinzen von Frankreich vorteilhafter Friede« geschlossen werden kann. Die zweite Partei scheint zu obsiegen. Ein Reiter steht schon bereit, das Pferd ist gesattelt. Er wird nach der Bretagne aufbrechen, wo Karl von Frankreich nach der Einziehung seines normannischen Herzogtums Asyl gefunden hat. Der Bote wartet nur noch auf die Briefe des Herzogs von Burgund. Dieser besinnt sich eines anderen und sagt die Reise ab.

Der König nämlich »machte Vorschläge«, berichtet Commynes. Zweifellos war derjenige, welcher so spricht, der Vermittler. Er schweigt darüber, er hütet das Berufsgeheimnis, und das ist schade. Jedenfalls machte die Bereitschaft des Herrschers zu einer Versöhnung den Zornesanwandlungen des Herzogs ein Ende. Der zerrissene Faden ist wieder zusammengeknüpft.

Es war die dritte Nacht nach Schließung der Tore. Der Herzog legt seine Kleider nicht ab. Commynes schildert uns, wie er in seinem Zimmer mit langen Schritten auf und ab geht. Von Zeit zu Zeit wirft er sich in seinen Kleidern auf das Bett und springt sofort wieder auf. Der Nervöse verrät sich durch diese ruckartigen Bewegungen. Daß diese Schilderung Commynes' der Wahrheit entspricht, steht außer Zweifel. »Ich schlief in dieser Nacht in seinem Zimmer und ging mehrfach mit ihm hin und her.« Wenn wir nur etwas über das Gespräch wüßten! »Am Morgen war er noch zorniger denn je.« Die ganze Psychologie des gewandten Politikers, wie es der Kammerherr des Herzogs ist, reicht nicht aus, um mit der Wut dieses schrecklichen Menschen fertig zu werden, indem er ihn manchmal sich austoben läßt. Wie sollte man nicht vermuten, daß zwischen dem Kammerherrn und dem König ein heimliches Einverständnis bestand? »Der König«, sagt Commynes, »hatte irgendeinen Freund, der ihn unterrichtete.« Verschwiegener kann man nicht sein. Dieser »Freund« findet schließlich Mittel und Wege, daß beide Seiten, Ludwig und Karl, sich zu einem Vergleich herbeilassen. Neue Zugeständnisse an Burgund, die Aussetzung einer Apanage für Karl von Frankreich und eine Demütigung, die so weit geht, daß er die Lütticher nicht nur fallen läßt, sondern sogar an einer Strafexpedition gegen sie teilnehmen soll – das ist der Gegenstand der Besprechungen.

Der persönliche Kontakt zwischen den beiden Vertragspartnern muß wieder aufgenommen werden. Der offiziöse Freund hat, zwischen beiden hin- und hereilend, alles vorbereitet. Trotzdem verläuft die Zusammenkunft keineswegs so, wie es der König sich vorgestellt hatte. »Als der Herzog zu ihm kam, zitterte seine Stimme, so erregt war er und nahe daran, in Zorn zu geraten. Er nahm eine ehrerbietige Haltung an, aber seine Gesten und Worte waren schroff. Auf die Fragen, die man ihm stellte, antwortete Ludwig XI. bejahend.«

Der Vertrag von Péronne vom 14. Oktober 1468 und die Ausführungsbestimmungen dieses Vertrages bestätigten Burgund alle Gewinne, die es 1465 gemacht hatte. Hinzu kamen neue Einkünfte in der Picardie, das Gebiet von Mortagne, das Recht, die Steuerbeamten von Amiens zu ernennen, die Lehnshuldigung mehrerer neuer Vasallitäten im Ponthieu, Vimeau und Beauvaisis, der Verzicht auf das Appellationsrecht, welches das Pariser »Parlement« über das Mâconnais ausübte, und die Befreiung aller in des Herzogs Diensten stehenden Männer von jeglicher persönlicher Dienstleistung für die Verteidigung des Königreichs. Was hätte man schon verweigern können? Zu allem mußte man »ja« sagen.

Karl von Frankreich erhält die Champagne und Brie als Apanage zum Ausgleich für die Einziehung der Normandie. Schließlich läßt sich der König herbei, den Herzog von Burgund bei der Strafexpedition gegen Lüttich zu begleiten.

Und nun tritt man den Marsch nach dem Fürstbistum an der Maas an. Der König mit seiner schottischen Garde und Soldaten der Ordonnanz-Kompagnien, der Herzog mit einem Teil seines Heeres, dessen Rest sein Marschall befehligt – sie alle rücken gegen die unglückliche Stadt vor, die ihren Unabhängigkeitsdrang teuer bezahlen wird. »Der König und seine Leute nahmen alle das Sankt-Andeas-Kreuz, obwohl sie darüber murrten.« Am 26. Oktober sahen »ceux de Liége« die vereinigten Franzosen und Burgunder ankommen. Dem König widerfuhr die Schande, an dieser erbarmungslosen Strafexpedition, an der barbarischen Unterdrückung jener teilzunehmen, deren Verbrechen darin bestanden hatte, seinen Abgesandten zu vertrauen. Die Menschen werden massakriert und ertränkt. Alles geht in Flammen auf oder stürzt zusammen. »Es war entsetzlich, den Lärm der einstürzenden Häuser zu hören.« Commynes schildert uns auch die Plünderung der Kirchen, die verzweifelte nächtliche Flucht in die Ardennen, die Hinrichtung der gefangenen Anführer, und fügt hinzu: »Niemand von diesen Leuten starb an Hunger, Kälte und Schlaf.« Das war das Endergebnis eines viertägigen heroischen Ringens und heftiger Straßenkämpfe. Am Sonntag, den 30. Oktober, drangen die herzoglichen Truppen in die Ruinenstadt ein. Auf ausdrücklichen Befehl des Herzogs entzündete man daraufhin in ganz Burgund Freudenfeuer, um sowohl den Frieden wie die Bestrafung der Rebellen zu feiern.

*

In der Zeit nach dem Vertrag von Péronne erreicht Karl der Kühne den Höhepunkt seiner Macht. Einige Jahre lang wird er diesen Zustand mit Wonne genießen. Aber von verzehrendem Ehrgeiz gequält, weiß er nichts von der hoheitsvollen Überlegenheit Philipps des Guten, welche die Zeitgenossen so in Erstaunen setzte, und denkt in seiner unruhigen Phantasie mehr an das, was er nicht hat, als an das, was er besitzt. Ein weit ausgreifendes Lotharingien, ein alle burgundischen Länder der Vergangenheit einschließendes großburgundisches Reich schwebt dem vierten der großen Herzöge vor. Gewiß, vorteilhafte Erwerbungen werden den aufstrebenden Staat noch abrunden, aber schon machen sich die gefährlichen Auswirkungen seiner Unfähigkeit, sich zu beschränken, bemerkbar.

Seit der Zeit Philipps des Kühnen war offenkundig geworden, daß Burgund seine Fühler in Richtung auf das Elsaß auszustrecken begann, und wir sahen, daß Philipp der Gute als präsumtiver Erbe der Rechte seiner Tante Katharina auftrat. 1469 bot sich eine glänzende Gelegenheit, diesen Fortschritt zu festigen. Sigmund von Österreich-Tirol, der mit den Schweizer Kantonen im Kampf lag, suchte ein Bündnis mit Karl dem Kühnen und unterzeichnete mit ihm zu diesem Zweck im Mai den Vertrag von Saint-Omer. Nach den Bestimmungen dieses Vertrags verpfändete Sigmund dem burgundischen Valois gegen bares Geld das Elsaß, den Sundgau und die Grafschaft Pfirt. Die seit Generationen bestehende Armut der österreichischen Habsburger schien von vornherein dafür zu garantieren, daß ein Rückkauf der verpfändeten Gebiete niemals stattfinden werde.

Die Eingliederung dieser Reichsgebiete war von größter Bedeutung. Sie hatte den unschätzbaren Vorteil, die Verbindung zwischen den burgundischen Ländern und den Niederlanden zu erleichtern. Außerdem eröffnete der Vertrag von Saint-Omer einzigartig aussichtsreiche Perspektiven, denn indem er die Habsburger mit den burgundischen Valois verband, war er nichts Geringeres als die Vorbereitung der zukünftigen Heirat Marias von Burgund mit Maximilian, welcher der Großvater Karls V. werden sollte.

Maria von Burgund, am 13. Februar 1457 geboren, die einzige Tochter Karls des Kühnen, war eine noch reichere Erbin als seinerzeit ihre Vorfahrin Margarete von Flandern. Wie Pirenne schrieb, »würde die Geschichte der sieben Verlöbnisse Marias von Burgund eines der merkwürdigsten Kapitel der Geschichte der Diplomatie des 15. Jahrhunderts darstellen. An der langen Reihe ihrer bald englischen, bald französischen, bald österreichischen Bewerber kann man die Mannigfaltigkeit der Pläne und Bündnisse ihres Vaters ablesen«[8].

Die ersten Verhandlungen hinsichtlich der Heirat mit Maximilian, dem Sohn Kaiser Friedrichs III., begannen unmittelbar nach dem Vertragsschluß von Saint-Omer. Ein solches, die bereits vollzogene Heirat Karls des Kühnen mit Margarete von York ergänzendes Projekt, mußte Ludwig XI. sehr zu denken geben. Gestützt zugleich auf das Deutsche Reich und das England der York, war das Haus Burgund auf dem besten Wege, furchterregend zu werden. Der burgundische Staat in der Flanke des Königreichs der Valois, gestärkt durch solche Allianzen, wurde zu einer ernsten Bedrohung Frankreichs.

Allerdings tauchte dank der Sprunghaftigkeit Karls des Kühnen an Stelle der deutsch-burgundischen Heirat bald ein ganz anderes Projekt auf, nämlich – um Ludwig XI. einen Streich zu spielen – Maria mit Karl von Frankreich, dem Bruder des Königs, zu vermählen.

Wenn der Herzog in Péronne für Karl von Frankreich die Zuerkennung der Champagne und des Brie verlangte, so beabsichtigte er nur, ihn am Gängelband zu halten, und diese neue Apanage wäre, da sie das Verbindungsglied zwischen den burgundischen Besitzungen darstellte, praktisch eine verschleierte Vergrößerung des Machtbereichs der Herzöge gewesen.

Ludwig XI. hatte diese Gefahr sehr geschickt abgewendet. Noch bevor er sich von Karl dem Kühnen trennte, um nach Paris zurückzukehren, hatte er seinem Bundesgenossen von Péronne eine verfängliche Frage gestellt, welche Commynes aufgezeichnet hat: »Wenn mein Bruder, der in der Bretagne ist, sich zufälligerweise nicht mit dem erwähnten Anteil zufriedengibt, den ich ihm aus Zuneigung zu Euch gebe, was soll ich dann Eurer Meinung nach tun?« Der Herzog habe darauf spontan, »ohne Überlegung«, geantwortet: »Wenn er nicht annehmen will, und Ihr richtet es so ein, daß er zufrieden ist, so bin ich mit Euch beiden einverstanden.« Ludwig hatte es zuwege gebracht, daß Karl von Frankreich an Stelle der Champagne und des Brie Guyenne angenommen hatte. Das war zwar das kleinere Übel, aber trotzdem gefährlich. Wenn Karl von Guyenne Maria heiratete, wäre das Gespenst eines englisch-burgundischen Zusammenspiels vielleicht nicht mehr zu fürchten.

Diese Gefahr glaubte Ludwig XI. in Péronne beseitigt zu haben, aber sie war nur noch größer geworden. Denn nun bildete sich eine Koalition gegen Frankreich. Zur Unterstützung des Hauses Anjou, das in Katalonien eine abenteuerliche Politik trieb, hatte Ludwig XI. einen ungewöhnlich gewandten Diplomaten gegen sich aufgebracht, nämlich Johann II. von Aragón, der jetzt mit England und Burgund zusammengeht[9]. Ein richtiger Dreibund nimmt Gestalt an. Johann II., Eduard IV. und Karl der Kühne haben einen bedrohlichen Pakt geschlossen. Durch Beistandsversprechen stoßen zu dieser festgefügten Gruppe die Bretagne und verschiedene Feudalherren Frankreichs. Am Horizont zeichnet sich ein Krieg mit dem Ausland und zugleich ein neuerlicher Krieg des »Bien Public« ab. Zu allem Überfluß verheiratet Johann II. seinen Sohn Ferdinand den Katholischen am 17. Oktober 1469 in Valladolid mit Isabella, der Erbin Kastiliens. Der Kreis wird immer größer. Vergebens versucht Ludwig XI., Eduard vom Krieg zurückzuhalten, zu dem ihn seine Freunde treiben. Er glaubt, ans Ziel zu gelangen, indem er den Grafen Warwick, den »Königsmacher«, mobil macht, der das Haus York auf den Thron gebracht hat. Warwick, das Haupt der Neville-Clique, stößt jedoch auf den Widerstand der Verwandten der Königin, der Woodvilles, deren Anführer der Schwager König Eduards, Lord Rivers, ist. Das Gespenst des Hundertjährigen Krieges taucht wieder am Horizont auf, denn das große Ringen hat noch nicht aufgehört. Karl VII. hat nicht alles geordnet. Kein französisch-englischer Friedensvertrag hat dem langwierigen Zweikampf ein Ende gesetzt. Erst unter Ludwig XI. spielt sich der letzte Waffengang ab.

Um die englisch-burgundische Verbindung zu sprengen, sucht er in einem Gegenangriff seine Zuflucht. Der kühne Plan, welcher auftaucht, ist, Eduard in London vom Thron zu stoßen und Heinrich VI. wieder in die Macht einzusetzen.

Warwick war inzwischen mit Eduard in Konflikt geraten und nach Frankreich geflohen. Ludwig XI. nimmt ihn auf, versöhnt ihn mit Margarete von Anjou und finanziert eine Expedition. Warwick setzt wieder über den Kanal und geht an Land. Der überraschte Eduard flüchtet auf dem Seeweg nach Holland, der »Königsmacher«, nun Herr über London, holt Heinrich VI. aus dem Gefängnis und setzt ihn am 6. Oktober 1470 wieder auf den Thron. Kommt es anstatt der gegen Frankreich gerichteten englisch-burgundischen Koalition zu einem gegen Burgund gerichteten französisch-englischen Bündnis?

Angesichts dieser völlig veränderten Situation sieht Karl der Kühne in diesem einen Fall die Notwendigkeit ein, Vorsicht walten zu lassen. Er erkennt Heinrich an und läßt mit Absicht Eduard in Middelburg in Seeland, wohin er sich zurückgezogen hat, vor Ungeduld vergehen. Er schreibt an die hohen Herrn in England: »Ihr, meine Freunde ... ich beteuere, mich von dem Königszwist in England immer ferngehalten zu haben. Der heilige Georg ... ist mein Zeuge, daß ich ein besserer Engländer bin als ihr ...« Der Schwager Eduards von York erinnert sich gerade zur rechten Zeit »der Verwandtschaft mit Lancaster, von dem ich abstamme«. Ist die Herzogin-Mutter Isabella nicht eine Nachfahrin Johanns von Gent?

Ludwig XI. führt sein Vorhaben entschlossen durch. Er hat die Absicht, die Wiedereinsetzung der Lancaster in England zum Ausgangspunkt einer gründlichen französisch-britischen Aktion gegen Burgund zu machen. Eine französische Gesandtschaft überquert den Kanal, um diesen edlen Plan zu verwirklichen. Der Krieg soll bis zur Zerstörung des burgundischen Reiches getrieben, die Beute geteilt werden. Die Niederlande sollen nach dem Sieg an England fallen.

Wie ein Blitz schlägt plötzlich auf dem Kontinent eine überraschende Nachricht ein. Eduard IV. hat sein Refugium in Seeland verlassen. Er hat wieder Fuß auf englischem Boden gefaßt. Zuerst war Karl der Kühne sich nicht schlüssig, begreift aber dann, daß die Neutralität zu nichts führt und daß er den Bruder seiner Frau unterstützen muß. Heimlich hat er ihm die für seine Rache notwendigen Schiffe und Geldmittel verschafft. Eduard nimmt den Kampf wieder auf. Warwick wird am 14. April 1471 bei Barnet geschlagen und fällt. Am 4. Mai wird bei Tewkesbury der Sohn der Margarete von Anjou, Eduard von Lancaster, getötet. Margarete selbst wird gefangen. Heinrich VI. wird wieder in den Tower zurückgeschickt. Eduard IV. ist abermals König von England.

Wir stehen am Vorabend neuer Kriegshandlungen. Eduard und Karl der Kühne erneuern ihre Verbindung aus den Jahren 1468/69. Am 1. November 1471 vereinigt der Vertrag von Saint-Omer in einem Dreibund Aragón, Burgund und Neapel. König Johann II. von Aragón wird, wie schon der König von England, Ritter vom Goldenen Vlies, und schon spricht man von einer Landung der

Engländer in Frankreich und einer Wiederaufnahme des Hundertjährigen Krieges. Überall erwarten sich die Zeitgenossen umstürzende Ereignisse. Es werde, schreibt der Gesandte Mailands, Bettini, zu »einem harten und fürchterlichen Krieg« kommen. Sollte Eduard IV. ein zweiter Heinrich V. sein?

England pflegt sich jedoch nicht auf einen Kampf einzulassen, ohne gründliche Vorbereitungen getroffen zu haben. Commynes selbst bemerkt, daß im Land des Parlamentarismus nicht schnell gearbeitet wird.

Karl der Kühne dagegen brennt vor Ungeduld. Er ist nicht so vernünftig zu warten, bis seine Freunde bereit sind. Er glaubt, Eduard IV. und das in Westminster tagende Parlament unter Druck setzen zu können, indem er einen Überrumpelungsangriff auslöst. Als am 28. Mai 1472 der Herzog von Guyenne, Karl von Frankreich, der mit Maria von Burgund verlobt war, starb, wurde dieser Todesfall, obschon er ein natürlicher gewesen war, einem Verbrechen zugeschrieben. Es hieß, er sei vergiftet worden, und Ludwig XI. sei daran schuld. Wir dürfen annehmen, daß Karl der Kühne im guten Glauben ein anklägerisches Manifest losließ und zu den Waffen griff. Er zieht sein Heer in der Gegend von Arras zusammen und fällt, das Erlöschen der laufenden Waffenstillstandsverträge nutzend, im Vermandois ein. Nesle wird eingenommen. Es ist ein gräßliches Morden, die Menschen werden massakriert und gehängt. Roye wird eingeäschert. Die Belagerung von Beauvais ist das bezeichnendste Ereignis dieses burgundischen Krieges von 1472. Die Grausamkeit, deren sich der Herzog rühmt, ist keineswegs dazu angetan, den Gegner zu entmutigen. Sie bringt ihn nur auf und treibt ihn zu äußerster Anstrengung an. Beauvais leistet Widerstand, und die Legende von Jeanne Hachette – ihr wirklicher Name war Jeanne Laîné – ist das Symbol für den Heldenmut der Verteidiger der Stadt, unter denen die Frauen ein großartiges Beispiel gaben.

Die Niederlage vor Beauvais, die feste Haltung der Untertanen des Königs, die Untätigkeit der Verbündeten, für welche die Zeit noch nicht gekommen war – das alles drängt den mächtigen Herzog, Anfang 1473 einen Waffenstillstand anzunehmen.

Im übrigen handelt es sich in seinen Augen nur um eine Atempause. Karl der Kühne hat im Geiste ein viel größeres und imposanteres burgundisches Reich entworfen als jenes, über welches er herrscht. Die Königskrone, die Philipp der Gute nicht bekommen hat, wird seinem Sohn nicht entgehen. Und da wird sie ihm auch schon angeboten.

Friedrich III. befürchtete, von Burgund und dem König von Ungarn, Mathias Corvinus, in die Zange genommen zu werden, und war bestrebt, den großen Herzog zum Freund zu haben. Indem er das Manöver aus den Zeiten Philipps des Guten wiederholte, hatte er abermals die Erhebung eines herzoglichen Lehnsstaates zu einem Königreich vorgeschlagen. Der Gedanke des Kaisers sollte das Thema der Komödie sein, die sich in Trier abspielte. Der Herzog von Burgund hatte den Vorschlag in der Form, wie er ihm unterbreitet worden war, abgelehnt, aber er setzte das Gespräch fort, wie es schon sein Vater getan hatte, und bildete sich ein, dort Erfolg zu haben, wo der dritte Herzog gescheitert war.

Um seine Chancen nachdrücklicher zu nützen, hatte er energisch seine Überlegenheit im Norden weiter ausgebaut. Als er zwischen dem Herzog Arnulf von Geldern und seinem Sohn Adolf von Egmont vermittelte, war er mit einer Brutalität ohnegleichen vorgegangen. Den Sohn hatte er ins Gefängnis geworfen, dem Vater seinen Willen diktiert und durch den Vertrag von Brügge vom 30. Dezember 1472 die Abtretung von Geldern und Zutphen als Erbschaft Arnulfs erzwungen.

Beeindruckt von diesen Blitzaktionen seines Vasallen, hielt es Kaiser Friedrich für ratsam, sich großzügiger zu zeigen[10]. Schon bald begann ein handgreifliches Projekt Gestalt anzunehmen. Man kam auf den Gedanken zurück, Maximilian mit Maria von Burgund zu verheiraten. Der Vater Marias sollte vom Vater Maximilians den Titel eines Römischen Königs und die Anwartschaft auf die Kaiserkrone erhalten. Bei einer Zusammenkunft der beiden Fürsten in Trier sollte alles geregelt werden.

Unterdessen trat am 27. Juli 1473 unvermutet der Tod des Herzogs Nikolaus von Lothringen ein. Sofort wurden die nächstliegenden Ambitionen des Herzogs von Burgund klar: er wollte die Hand auf das Herzogtum Lothringen legen, der Herrscher eines Reiches werden, das nicht nur Lotharingien, sondern auch die altburgundischen Lande, vielleicht einschließlich der Provence, umfassen würde und damit zugleich die Erinnerung an Lothar und Gundobad wachriefe. Die Winkelzüge, um das Erbe Renés, des Herzogs von Anjou und Grafen der Provence zu erschleichen, indem er Ansprüche auf dieses Land erhob, entwickelten sich heimlich. Würde Marseille wie im fünften Jahrhundert ein burgundischer Hafen sein? Fraglos reifte der seit langem gehegte Traum vom Königtum wunderschön heran, zumindest im Hirn desjenigen, den man den »großen Herzog des Abendlandes« oder auch den »großen Herzog des Westens« nannte, weil man nicht wußte, welchen Namen man ihm geben sollte.

Friedrich III. traf am 20. September 1473 in Trier ein. Als Grund für die Zusammenkunft hatte man auf beiden Seiten die Verlobung Marias mit Maximilian angegeben. Die Eskorte des Kaisers war ärmlich im Vergleich zu dem blendenden und prunkvollen Auftreten des großen Herzogs. Er kommt zu der Verabredung am nächsten Tag wie zu einer Apotheose. Friedrich geht seinem Gast entgegen. Als er näher kommt, steigt Karl vom Pferd und begrüßt den Kaiser, indem er das Knie beugt. Seite an Seite reitend, halten die beiden Fürsten, umrauscht von den Ovationen einer riesigen Menschenmenge, feierlich Einzug in die alte Stadt. Nach den üblichen Besuchen wurde im Kloster Sankt Maximin eine festliche Zusammenkunft abgehalten, bei der in hochtrabendem Stil die Reden der beiden Kanzler gehalten wurden, des Erzbischofs von Mainz für das Reich und Guillaume Hugonets für Burgund.

Den Frieden zwischen Frankreich und Burgund wiederherzustellen, einen Kreuzzug gegen die Türken in die Wege zu leiten, dies waren die öffentlich bekanntgegebenen Gegenstände der Verhandlung. Die europäische Ritterschaft bei einem Kreuzzug anzuführen, war eine Vorstellung, welcher der Herzog unablässig nachhing, aber dieses Ziel lag in weiter Ferne. Das eigentliche Interesse konzentrierte sich auf die sofortige Erhebung des Herzogtums zu einem Königreich, über die im geheimen verhandelt wurde.

Je mehr jedoch davon die Rede war, desto höher schraubte der Herzog seine Forderungen. Durch diese übertriebenen Ansprüche wurden die eine Zeitlang sehr aussichtsreichen Chancen des Arrangements zunichte gemacht. Wahrscheinlich haben auch die geheimen und hinterlistigen Umtriebe Ludwigs XI. zum Mißlingen beigetragen. Man redet, man kann sich über die Modalitäten, die zur Debatte stehen, nicht schlüssig werden, man kommt nicht zum Ziel. Und plötzlich bekommt es Friedrich mit der Angst. Er verschwindet auf die unfeinste Weise.

Mitten in der Nacht vom 24. auf den 25. November verläßt der Kaiser Trier. Er hat seinen Gast von seiner Abreise nicht verständigt. Er macht sich davon, ohne seine Schulden zu bezahlen. Unter gewaltigen Ruderschlägen entfernt er sich bei Nacht und Nebel auf den Fluten der Mosel.

Karl der Kühne hatte sich diesmal seiner Sache sicher gefühlt. Thron, Krönungsornat, alles war vorbereitet, was in einem solchen Fall eine prunkvolle Zeremonie »à la bourguignonne« verlangt. Das Mißgeschick war bitter, aber der Eigensinn dieses unverdrossenen Kandidaten auf den Titel eines Souveräns wurde dadurch nicht erschüttert. Er machte sich noch energischer daran, das »Königreich zu schmieden«. In seiner Devise: »Je l'ay emprins«, kommt es klar zum Ausdruck.

Am 23. Januar 1474 zog Karl in Dijon ein. Seit er die Macht übernommen hatte, war er in die Stadt nicht mehr in feierlicher Form zurückgekehrt. Der Sohn Philipps des Guten ergreift die Gelegenheit, um vor der Öffentlichkeit und unmißverständlicher, als es irgendwo anders geschehen war, sein ehrgeiziges Vorhaben und seine weitschauende Idee zu bekräftigen. In einer Rede, die er an der Stelle hielt, wo sich heute die Haupttreppe des Hôtel de Ville befindet, erinnerte er seine Zuhörer an »das alte Königreich Burgund, welches die Herrn von Frankreich lange Zeit sich widerrechtlich angeeignet hatten und es zum Herzogtum gemacht haben, was alle Untertanen nur zu bedauern haben«[11].

Schwerwiegende Worte und ein wahres Glaubensbekenntnis am Vorabend des großen Krieges, der sich ankündigte! In diesen schmetternden Erklärungen, hinter denen man leicht den Entschluß zu einer vollkommenen Wiederherstellung des lotharingischen Reiches erkennen kann, nehmen die Ziele des Hauses Burgund Gestalt an und scheinen nur um Fingerbreite von einer Verwirklichung entfernt zu sein. Wenn Friedrich sich in Trier, wahrscheinlich im geheimen Einverständnis mit Ludwig XI. gedrückt hat, wird er dann auch den gleichen Kniff anwenden können, wenn – nachdem das Offensiv-Bündnis mit England aus den Zeiten Johanns ohne Furcht und Philipps des Guten erneuert und zur Anwendung gebracht wird – der beherzte Schwager Eduards IV. mit diesem zusammen, wie es vielleicht Johann ohne Furcht und Heinrich V., wären sie noch am Leben, gemacht hätten, den Hundertjährigen Krieg siegreich zum Vorteil der Häuser York und Burgund beenden wird?

Neuntes Kapitel

GESCHICHTSSCHREIBER UND SCHRIFTSTELLER

Eine reiche und üppige Historiographie entfaltete sich schon sehr früh in der Umgebung der Herzöge von Burgund. Die Herzöge selbst haben sie gewünscht und alle Mittel dafür aufgeboten. Sie haben jene gefördert, welche die Geschichte aufzeichneten, und Historiker von Beruf in ihre Dienste genommen. Unter den zahlreichen, verstreuten Autoren, die über die Zeitereignisse Zeugnis ablegten, haben so viele im Schutz des burgundischen Hofes hervorgetretene Chronisten und Memoirenschreiber einen hervorragenden Platz eingenommen, daß der Marquis de Beaucourt, der Geschichtsschreiber Karls VII., sagen konnte: »L'histoire s'est faite bourguignonne.«

Der Picarde Enguerrand de Monstrelet eröffnet den Reigen mit seinen »Chroniques«[1]. Sie gehen von 1400 bis 1444, umfassen zwei Bände und geben sich als Fortsetzung des Werks von Froissart. Wenn er auch die Nachfolge des berühmtesten Chronisten des 14. Jahrhunderts antritt, reicht er doch bei weitem nicht an das Talent seines Vorbildes heran. Sein Bericht ist glanzlos, wenn auch sehr nützlich. Der Erzähler selbst gibt sich als kleiner Geist zu erkennen. »Honnête homme et paisible«, so wird er im Nachruf von Cambrai, der seinen Tod berichtet, charakterisiert. Eine kurze und bestimmte Grabrede. Inmitten der Streitigkeiten, welche die Generation, zu der er gehört, verwirren, ist Enguerrand vor allem darauf bedacht, sich nicht bloßzustellen. Selbstverständlich ist er burgundischer Gesinnung. Er ist es sehr überzeugt, aber er hütet sich, zuviel davon zu sprechen, wenn das Thema gefährlich wird. Unter Umständen zieht er es vor zu schweigen, anstatt mehr als das Nötigste zu sagen. Vermerkten wir nicht schon, wie er sich, als von Jeanne d'Arc die Rede war und er bei der Zusammenkunft zwischen Philipp dem Guten und der Heldin zugegen war, eine angebliche Gedächtnislücke vorschützte, um nichts von dem Gespräch berichten zu müssen? Man hat dem Werk Monstrelets noch einen dritten Band hinzugefügt, der nicht uninteressant ist, obwohl er nicht dem Autor des ersten und zweiten Bandes zugeschrieben werden kann. Bis heute hat man nicht feststellen können, welche Hand dieses schwache Supplement redigiert hat.

Der eigentliche Fortsetzer von Monstrelet ist nicht dieser Anonymus, sondern ein anderer Chronist, der seinen Namen nicht verbirgt: Mathieu d'Escouchy. Er ist Picarde wie Monstrelet, dessen Bericht er von 1444 bis 1461 weiterführt. Sein Talent, das Michelet aus Anlaß der vom Dauphin Ludwig am 16. August 1444 über die Schweizer gewonnenen Schlacht bei St. Jakob an der Birs so gelobt hat, sticht in glücklicher Weise von der literarischen Mittelmäßigkeit seines Vorgängers ab. Seine Erzählung hat Leben. Weht uns nicht, über den zeitlichen Zwischenraum hinweg aus dem Werk Mathieus der Atem Froissarts an?

Erwähnen wir noch der Reihe nach wegen der zahlreichen und wertvollen Auskünfte, die man ihnen entnehmen kann, den gewissenhaften Pierre de Fénin, den ausgezeichneten Heraldiker Le Fèvre de Saint-Rémy, den Wappenkönig des Ordens vom Goldenen Vlies, den wortgewandten Jean de Wavrin, der sein Werk »Anciennes Chroniques d'Angleterre« betitelt, und beeilen wir uns, zu den großen Namen der burgundischen Geschichtsschreibung zu kommen!

Von allen ist wohl der berühmte Chastellain unbestritten der repräsentativste Name[2]. Olivier de la Marche, den wir gleich danach einordnen, scheut sich nicht, ihn »die Perle und den Stern aller Geschichtsschreiber« zu nennen. Robertet widerspricht dem nicht, feiert ihn als »strahlendes Gestirn« und stellt ihn auf eine Stufe mit den antiken Schriftstellern und an die Spitze der modernen:

»Mais les vivants, certes, Georges surmonte.«

Jener, den man den »grand Georges« nannte, wurde 1415 in der »comté impériale d'Alost« geboren. Sicher irrtümlicherweise hat man seine Geburt in das Jahr 1405 verlegt, im Vertrauen auf die Nachbildung seines Grabsteins, auf dem sein Alter bei seinem Tode 1475 mit siebzig Jahren angegeben ist, während er nicht älter als sechzig geworden sein kann, wie es sein letzter Biograph, Luc Hommel, nachgewiesen hat. Er selbst erzählt, daß er mit sieben Jahren in die »puérile école« kam, wo er mit dem »patenôtre« begann. Noch sehr jung, findet man ihn 1430 als Student in Löwen, der neuen, von Philipp dem Guten 1426 gegründeten Universität. Aber es scheint nicht, daß er, wie man vermutet hat, den Grad eines »maître ès arts« erworben hat, den er niemals trägt. Er vervollständigt seine aus Büchern erworbene Bildung auf Reisen, durch die er, vielleicht, den Beinamen »Georges l'Adventureux« bekam, wofern sich diese Namengebung nicht auf seine Beteiligung an den Feldzügen gegen die Engländer im Dienste Frankreichs zwischen 1435 und 1446 bezieht.

Schon 1434 im Dienst des Herzogs, kehrt er 1446 als »escuier« an den Hof von Burgund zurück, läßt sich von da an endgültig dort nieder und rückt zum »écuyer-panetier« auf. Mehrere diplomatische Missionen werden ihm anvertraut, und daraufhin wird er mit den Titeln »écuyer tranchant«, »échanson« und »conseiller« belohnt. Als Soldat und Diplomat gehört er zur Hofhaltung. Er genießt zahlreiche Vergünstigungen, entledigt sich der verschiedensten Aufgaben und erhält schließlich für dauernd das Amt eines Hofhistoriographen oder »indiciaire de la Maison«. Mit den in Löwen ausgestellten und von Herzog Philipp unterzeichneten »Lettres Patentes« vom 25. Juni 1455 werden ihm jährlich 657 Livres und 16 Sols bewilligt mit der Auflage, »neue und erbauliche Dinge, in welchen er sachkundig und bewandert ist, aufzuzeichnen. Außerdem in Form von Chroniken bedeutende, der Erinnerung würdige Tatsachen festzuhalten, die früher geschehen sind, geschehen und oft noch geschehen könnten«. Überdies weist man ihm eine Bleibe im herzoglichen Palais de la Salle-le-Comte in Valenciennes an. Diesen Wohnsitz verläßt er kaum noch (abgesehen von einigen vertraulichen Missionen), denn seine literarische Arbeit nimmt ihn ganz in Beschlag und vor allem seine monumentale Chronik, die man auf einen Gesamtumfang von nicht weniger als 10 000 Folioblättern geschätzt hat.

Den Prolog zu diesem voluminösen Werk hatte er kurz nach der Eroberung Konstantinopels durch die Türken 1453 geschrieben. Das zweite Buch muß etwa aus dem Jahr 1465 stammen, ist aber später umgearbeitet worden.

Die Niederschrift war schon weit fortgeschritten, als der Autor durch den Tod Philipps des Guten die Protektion verlor, die es ihm erlaubt hatte, sich seiner historischen Aufgabe zu widmen. Glücklicherweise behielt Karl der Kühne den Posten bei, den sein Vorgänger für diesen treuen, fleißigen Erforscher geschichtlicher Tatsachen geschaffen hatte. Er tat sogar noch mehr: er ernannte den Historiographen in dem am 2. Mai 1473 zu Valenciennes abgehaltenen Kapitel zum Ritter vom Goldenen Vlies und ernannte ihn zum »indiciaire« des Ordens.

Also belohnt und gefördert, arbeitete Georges Chastellain bis zu seiner letzten Stunde. Er starb am 13. oder 20. Februar 1475, gerade zur rechten Zeit, um nicht mitzuerleben, wie das Unglück über das Herrscherhaus hereinbrach, dem er Tag und Nacht gedient hatte[3].

Das Geschichtswerk Chastellains trägt den Titel »Chronique ou Livre de tous les haulx faits de la Chrestienté, souverainement de ce noble royaume de France et de ses dépendances depuis l'an vingt jusqu'à maintenant«, d. h. praktisch bis zum Jahr 1474. Leider ist nur noch ein Teil der endgültigen Niederschrift vorhanden, und die ausgezeichnete Qualität dessen, was gerettet wurde, vergrößert noch das Bedauern über den Verlust dessen, was zugrunde ging. Schriftliche und insbesondere mündliche Quellen sind ebenso sorgfältig wie planmäßig benutzt worden. Der Autor hat die letzten beiden Herzöge und ihre Umgebung gut gekannt. Er ist über alles auf dem laufenden, und keine zeitgenössische Quelle ist mit der seinen vergleichbar.

Chastellain ist zu gleicher Zeit Philosoph und ein einwandfreier Charakter. Er hat eine hohe Vorstellung von der Würde und dem Auftrag der Geschichte. Seine Beurteilung der Menschen ist überlegt und treffend. Obwohl sein Werk das eines Beamten war, hat es die geziemende Abgeklärtheit, und wenn seine literarische Bedeutung nicht gebührend gewürdigt wurde, so liegt es daran, daß ihm eine verjährte Sprache geschadet hat, deren altmodischer, dem lateinischen Satzbau streng nachgebildeter Rhythmus in schroffem Gegensatz zu dem flüssigen Stil seines Zeitgenossen Commynes steht. Lassen wir uns dadurch nicht täuschen: nach der Meinung des 15. Jahrhunderts wäre zwischen den beiden Autoren kein Vergleich möglich. Allein Chastellain wäre der Bezeichnung »Schriftsteller« für würdig befunden worden, und Commynes selbst hätte diesem Urteil beigepflichtet.

Der Prolog Chastellains ist eine erstaunliche Leistung. Er analysiert mit durchdringendem Scharfsinn die dreigeteilte Aufgabe des Historikers: wissenschaftlich fundierte Erforschung der Tatsachen, Synthese und Gestaltung. Die kritische Prüfung der Urkunden, Unparteilichkeit und Objektivität, alle Pflichten, die der Dienst an Klio verlangt, stellt er an ihren richtigen Platz. Obwohl die Bescheidenheit, die aus diesem meisterhaften Text spricht, keineswegs gespielt ist, kann man nicht umhin, darin die Überzeugung des Autors zu erkennen, daß er es verstanden hat, »die Wahrheit herauszuklauben«, wie er sagt. Kein Schriftsteller des Mittelalters hat eine solche Sprache zu führen vermocht. Keiner hat es so verstanden, das Amt des Historikers in seiner Substanz zu durchdringen. Chastellain ist nicht nur ein Chronist ersten Ranges, ohne den unsere Kenntnis des 15. Jahrhunderts sehr mangelhaft wäre. Er ist ein echter Historiker, sagen wir: ein französischer Thukydides unter so vielen Herodots von mehr oder minder guter Qualität, von denen es in unserer mittelalterlichen Historiographie wimmelt. Diesem »indiciaire« der beiden letzten Herzöge allein verdankt die Historiographie des burgundischen Reiches ihr hohes Ansehen.

Olivier de la Marche führt uns auf die bescheidenere alltäglichere Ebene des einfachen Memoirenschreibers zurück[4]. Hat dieser aus Bresse gebürtige Hofpoet auch nicht das große Format seines Kollegen und Freundes Chastellain, so hat er zumindest einen sehr ehrenvollen Platz eingenommen und in jeder Hinsicht die Achtung von seinesgleichen verdient. Wie Chastellain hat er seine Karriere in den Hofämtern gemacht. Er war »panetier«. Er hat zahllose Feste organisiert und vor allem die Hochzeitsfeier Karls des Kühnen mit Margarete von York, die er angelegentlich beschrieben hat. Diplomatische Missionen wurden ihm anvertraut. Aber obgleich wir es ihm eigentlich verübeln müßten, verbreitet er sich am liebsten über Turniere, Paraden und Festessen. Während Chastellain vor dem Niedergang des burgundischen Reiches starb, erlebte Olivier de la Marche, dessen Leben bis 1502 währte, den Zusammenbruch der Staatsschöpfung der großen Herzöge. Voll tiefer Traurigkeit über diesen Sturz, wird er in seiner Treue dadurch nicht erschüttert, und er hat noch die Freude, bei der Hochzeit Marias von Burgund mit Maximilian eine Hauptrolle zu spielen. Der Habsburger war sein letzter Herr, und er hat ihm mit der gleichen Ergebenheit gedient, wie er sie gegenüber Philipp dem Guten und Karl dem Kühnen entfaltet hatte. Als ein aufrichtiges und getreues Werk dürfen die »Mémoires« des loyalen Olivier für eine der wertvollsten und fesselndsten Quellen der burgundischen Geschichte gelten.

Zu diesen erstrangigen Werken kommen die Chroniken, die im spezielleren Sinn auf die burgundischen Niederlande Bezug nehmen, wie die von Edmond de Dynter, Adrien de But, Jean de Haynin und Jacques de Hemricourt[5].

*

Ebenso wie die Geschichte wurden alle im 15. Jahrhundert modernen literarischen Gattungen in Prosa oder Versen am Hof der Herzöge gepflegt[6].

Zunächst die noch in mittelalterlichem Geist geschriebenen Epen und Romane! Am Beginn des »Chanson des Saisnes« oder »Saxons« werden wir in geziemender Form aufmerksam gemacht, daß es der hauptsächlichsten Epenzyklen dreie gibt:

> »Ne sont que III materes à nul home antandant
> de France, de Bretagne et de Rome la grant.
> Et de ces III materes n'i a nule samblant.«

Das französische Volksepos, das man »eine primitive Form der Geschichte« hat nennen können und das in der Vorstellung der Rittergesellschaft eigentlich romanhaft erzählte und in Verse gebrachte Geschichte ist, kann nicht gesondert betrachtet werden. Im 15. Jahrhundert etwas aus der Mode gekommen, vermischt es sich gern mit dem bretonischen Epos und jenem, zu dem das klassische Altertum zwar nicht die unmittelbare Anregung lieferte, zumindest jedoch den Vorwand. Wir sahen bereits beim Besuch der Bibliothek Philipps des Guten, welchen beträchtlichen Platz dort solche dichterischen Werke einnahmen. Diese Werke sind nicht spezifisch burgundisch, sie gehören zur allgemeinen Literatur des Mittelalters, man könnte sagen zur internationalen Literatur. Aber so, wie sie im Umkreis unserer Herzöge gelesen wurden, erzeugten sie ein literarisches Klima sui generis, von dem unverkennbar die Fürsten und die Elite in ihrer Umgebung gleichsam durchtränkt schienen.

Wenn man eine Vorliebe der Leser und Sammler für Girart de Roussillon beobachtet, der zur weiteren »Burgundia« gehört, muß man sie vielleicht nebenbei hervorheben[7]. Steht sie nicht mit den ehrgeizigen Bestrebungen des Herzogshauses in Beziehung? Besonders vermerkt werden muß die Prosafassung Girarts von Wauquelin. Sie hatte großen Erfolg, weil sie an die legendäre Überführung der sterblichen Reste der heiligen Maria-Magdalena nach der großen burgundischen Abtei Vézelay anknüpfte.

Zu dieser Epik kommt eine Kategorie von Werken hinzu, die von zeitgenössischen Anregungen, mehr oder weniger vom Geist des Rittertums ausgeht und sich in Prosa oder Versen vorwiegend mit politischen und aktuellen Themen beschäftigt. Zu dieser Kategorie gehören die »Geste des ducs de Bourgogne« und das »Livre des faits du bon chevalier messire Jacques de Lalaing«.

Die »Geste des ducs de Bourgogne« ist eine Chronik in Versen. »Sie ist«, sagt sehr zu Recht G. Doutrepont, »eines jener fleißig zusammengetragenen Flickwerke, in denen das sterbende Heldenepos seine letzten Anstrengungen macht.« In diesen Versen werden die beiden ersten unserer vier Herzöge verherrlicht, die hauptsächlichsten Kriegsereignisse, z.B. die Einnahme Oudenaardes unter Philipp dem Kühnen am 25. Mai 1384 oder der Feldzug Johanns ohne Furcht im Jahr 1408 zur Unterstützung und Wiedereinsetzung seines Schwagers Johann von Bayern, des Fürst-Bischofs von Lüttich, und auch die glorreichen Tage der burgundischen Herrschaft in Paris. Die Popularität des Herzogs ohne Furcht ist für den unbekannten Verfasser Gegenstand nicht enden wollender Bewunderung:

»I n'i avoit machon, couvreur, ne carpentier,
Tisserant ne foulon, caucheteur ne drapier,
Armoier, ne orfèvre, cabareteur, boulengier,
Ne femme, ne enfant qui, pour iaux resvoisier,
Qui ne commenchent Noël hautement à hauquier.«

Der Ruf »Noël«, unser »bravo«, wird eifrig vom Volk gebraucht, vor allem von den »niederen Handwerkern«, die, wie wir wissen, die erklärten Anhänger des liberalen Herzogs sind. Der Verfasser preist diese Helfershelfer seines Herrn. Außer dem Fürsten wird sein »prévôt« von Paris, Pierre des Essarts, herausgestrichen, von dem nur das Beste gesagt wird.

Hat der anonyme Dichter, wie man annahm, auf Geheiß Philipps des Guten, der seinen Vater und Großvater verherrlicht sehen wollte, zur Feder gegriffen? Man kann es nicht beweisen, aber die Annahme hat sehr viel für sich.

Im »Livre des faits du bon chevalier messire Jacques de Lalaing«, vergleichbar dem »Livre des faits du maréchal Boucicaut«, werden enthusiastisch die Heldentaten dieses berühmten Vorbilds der Ritterschaft, das der große Lalaing war, gepriesen, dieses Musters eines fahrenden Ritters, dessen bezaubernden Charakter und glänzende Tugenden wir im Abschnitt über das höfische Leben erst ins rechte Licht setzen können.

Die Wirkung der, wie man sagen könnte, burgundischen Propaganda zeigt sich bereits in den Werken, von denen eben die Rede war. Sie tritt insbesondere zutage in dem Poem »Pastoralet«, das darauf abzielt, den Herzog von Orléans in Mißkredit zu bringen und alles, was mit diesem Feinde Burgunds zusammenhängt. Der Verfasser macht keineswegs ein Hehl aus seiner Parteilichkeit, denn er schreibt, wie er sagt, »principalement à l'onneur et louenge de très noble et très excellent prinche Jehan, comte de Flandres et d'Artois.« In Form einer »ficton«, einer »pastourerie«, wir würden sagen einer Pastourelle, beschreibt er uns den Zustand Frankreichs, so wie er ihn sieht oder wie er wünscht, daß man ihn sehe. Die auftretenden Personen haben falsche Namen angenommen: Florentin ist Karl VI., Belligère Isabeau, Tristifer Ludwig von Orléans, Léonet Johann ohne Furcht, Lupal Bernhard VII. usw. Selbstverständlich wird Tristifer als Liebhaber Belligères dargestellt. Beide sind gleich lasterhaft und unverfroren. Tristifer versucht, Florentin zu vergiften. Der »bal des Ardents«, bei dem Karl VI. beinahe lebendig verbrannt wäre, kommt in diesem maskierten Pamphlet vor, und alle Ereignisse werden in einem für Léonet günstigen Licht dargestellt.

Was dieses ebenfalls anonyme Werk literarisch interessant macht, ist, daß es an die Stelle des abgezirkelten und schwerfälligen Verses der epischen Gattung einen Vers von behender Kürze und ländlicher Duftigkeit setzt, der dem Ohr leicht eingeht und im Gedächtnis haften bleibt. Hier als Beispiel der Dialog zwischen Tristifer und Belligère, die sich in den Fluren ergehen:

»Bergère jolie
Menons chère lie,
En ce bois ramé.
– Mon ami, j'en prie
Car la gaie vie
Ai tous jours amé.

En ce temps d'esté,
Par joïseuté
Vuel rire et chanter.
– C'est bien ma santé
Et ma volonté
De souvent fester.«

Ungenierte und allzu verräterische Geständnisse! Wer merkte nicht die Karikatur?

Nun aber glaubt Belligère sich von ihrem wankelmütigen Freund betrogen und bricht darüber in Klagen aus:

»Las mon cœr dedens moy sautèle
Comme feroit au vent la tèle« (la toile).

Die Bosheit des Autors bricht durch und macht sich rücksichtslos über die beiden Komplizen lustig.

Antoine de la Salle hat eine ganz andere Haltung. Am 4. Januar 1459 hat er seine Abhandlung »Des anciens tournois et faits d'armes« beendet. Hierin werden denkwürdige Ritterspiele gefeiert, für die der Hof von Burgund der Schauplatz war. Der Verfasser hat mit den Luxemburg und Saint-Pol verkehrt, und es ist interessant, den berühmten Autor des beliebtesten Romans der damaligen Zeit »Le petit Jehan de Saintré« im Bereich der Mächtigen Burgunds die Runde machen zu sehen.

Man hat sich mit Recht darüber gewundert[8], daß keiner der im Dienst des burgundischen Hofs stehenden Schriftsteller seine Aufmerksamkeit dem heiligen Andreas gewidmet hat, dessen Kreuz, wie wir wissen, eine so große Rolle in der burgundischen Politik gespielt hat. Olivier de la Marche erzählt, daß ein ehemaliger König von Burgund, »moult bon catholique«, nachdem er das Kreuz dieses Apostels nach Marseille hatte bringen lassen, eine solche »dévocion et révérance« dafür hatte, daß er »en fit l'enseigne de ses troupes«[9]. Auf jeden Fall war es das militärische Emblem des Herzogshauses. Das Kreuz zierte die Fahnen der Armeen. Es diente als Parteiabzeichen bei der Fehde mit den Armagnacs[10].

In Ermangelung eines Werkes zum Ruhme des heiligen Andreas findet sich in der burgundischen hagiographischen Literatur die »Mappemonde spirituelle« von Jean Germain, die großen Anklang fand. Der Verfasser dieser weitläufigen Kompilation war auf Kosten Margaretes von Bayern und Philipps des Guten erzogen worden und stand ihnen sein ganzes Leben lang sehr nahe. Wir treffen ihn seit 1429 als »conseiller« des Herzogs. Er war der Beichtvater Isabellas von Portugal, Bischof von Nevers, erster Kanzler des Ordens vom Goldenen Vlies und schließlich 1436 Bischof von Chalon-sur-Saône. Auf dem Konzil von Basel und von Ferrara war es dieser wissenschaftlich gebildete Prälat, der den Chef des burgundischen Reiches vertrat. Er beschäftigte sich gerade sehr eifrig mit den Kreuzzugsplänen, als er am 2. Februar 1460 vom Tod überrascht wurde.

Seine »Mappemonde spirituelle« ist Philipp dem Guten gewidmet. Sie ist zusammengestellt »au bien de nostre sainte foy chrestienne et confusion des ennemis d'icelle«. Der Verfasser gibt eine geographische Beschreibung der Welt, nimmt alle Völker und Rassen vor und führt dann alle Stätten auf, die durch das Leben und Leiden Christi, der Jungfrau Maria, der Apostel bekannt wurden, »der berühmtesten Märtyrer, Bekenner, Jungfrauen und Witwen«, kurz: »er baute ein enzyklopädisches Werk auf, in dem sich beispielsweise ausführliche Darstellungen mehrerer Städte Belgiens finden, ein Werk, das von einem sehr umfassenden Wissen zeugt und anscheinend großen Erfolg hatte« (G. Doutrepont).

Maître Alard stellt sich in seiner Übersetzung des heiligen Johannes Chrysostomus, »translaté de latin en françois« eine bescheidenere Aufgabe: für ihn handelt es sich bloß darum, dem Leser »un petit traité moult profitable« des großen Predigers vorzulegen mit dem Titel »Réparation du Pécheur«. Alard war Kanonikus an der Kirche von Leuze im Hennegau.

Das durch die am Hof von Burgund stets in hohem Ansehen stehenden Kreuzzugspläne lebendig erhaltene orientalische Anliegen gibt den Anstoß zu zahlreichen, nicht immer originellen Werken, die jedoch als hochaktuell zu bezeichnen sind und zum Teil wenigstens kurz erwähnt zu werden verdienen.

Auf unserem Weg sind wir schon Bertrandon de la Broquières »Voyage en Orient« begegnet – in Wirklichkeit hieß er Labroquère –, der von Philipp dem Guten nach Jerusalem entsandt worden war[11]. Bertrandon hat Palästina, das nördliche Syrien, Kleinasien, Konstantinopel und Serbien besucht. Er reiste über Ungarn, Bayern und die Schweiz zurück. Obwohl er keine literarischen Ambitionen hat, fehlt es ihm nicht an Talent, er weiß vortrefflich mit der Sprache umzugehen und stellt sich als kluger Beobachter heraus. Der Balladendichter Eustache Deschamps, der gute Beziehungen zum Herzogshaus hatte, übersetzte aus der lateinischen Urfassung eine »Complainte de l'Eglise moult désolée aujourd'hui«. Er selber erklärt, er habe seine Übersetzung »au commandement de monseigneur de Bourgogne« gemacht.

Nikopolis konnte der literarischen Welt nicht gleichgültig bleiben. Die Katastrophe und die Hoffnung auf Vergeltung haben die »Epistre lamentable« mit ihrem unendlich weitschweifigen Titel hervorgebracht[12], deren Verfasser, »qui pour ses très grands péchiés n'est pas digne d'estre nommé«, in Wirklichkeit einen großen Namen trägt, denn er heißt Philippe de Mézières, ehemaliger Kanzler des Königreichs Zypern und Vertrauter Karls V. von Frankreich.

Von den ungezählten Flugschriften und aktuellen Traktaten, welche anläßlich der ununterbrochenen Kreuzzugspläne auftauchen, seien die 1456 erschienene »Terre Sainte« von Miélot genannt und das herrliche Manuskript auf Pergament, in dem Bertrandons »Voyage« das »Advis« von Torzelo beigefügt ist, worauf ein Verzeichnis der im Besitz Philipps des Guten befindlichen Bücher 1467 hinweist.

*

Und nun zur sogenannten profanen und didaktischen Literatur! Die Jagd, das Schachspiel, die Kriegskunst und die Enzyklopädie nehmen einen breiten Raum in den fürstlichen Bibliotheken des 15. Jahrhunderts ein. Aber kein erwähnenswertes Werk burgundischer Herkunft kann unter den sehr zahlreichen Manuskripten dieser Art genannt werden, die sich in den »librairies« unserer Herzöge befanden.

Erinnern wir wenigstens daran, daß die »Mutacion de Fortune« der Christine de Pisan von Philipp dem Kühnen bestellt wurde.

Soll man hier, um nichts auszulassen, die »Justification« von Jean Petit, diese Verteidigung des Tyrannenmordes, diese Lobrede auf das Verbrechen von 1407 einordnen? Jedenfalls ist es nicht notwendig, auf das zurückzukommen, was wir bereits darüber sagten, wenn man nicht hinzufügen will, daß – abgesehen vom Thema – dieses Werk das typischste ist von allen, die in der Werkstatt der käuflichen Schreiberlinge ausgebrütet wurden, mit welchen sich der Herzog Johann ohne Furcht umgab, und daß es nach den strengsten Regeln der damaligen Scholastik konzipiert und aufgemacht ist. Eine philosophische Erörterung hatte im Mittelalter ihre eigenen Gesetze. Der Hauptgedanke entwickelt sich, indem er pedantisch durch die verschlungenen Windungen eines syllogistischen Aufbaus (nach dem Modus »Barbara« im Fall der »Justification«) geführt wird. Eine derartige Wortarchitektur hatte für die Eingeweihten ihren ästhetischen Reiz, während wir heutzutage für ein solches Vergnügen vollkommen unempfindlich geworden sind, so daß uns ein Werk wie das von Jean Petit mehr verärgert als fesselt. Wenn wir jedoch dessen Anziehungskraft verstehen wollen, müssen wir die notwendige Anstrengung machen und uns an die Stelle jener versetzen, die Geschmack an solchen Finessen fanden. Anders können wir uns den Ruf jener vielgerühmten »docteurs« nicht erklären, die uns völlig unbedeutend vorkommen. Wir halten diese Künsteleien für schwerfällig, verworren und abschweifend. Ihre Bewunderer fanden sie gelehrt, scharfsinnig und verdienstlich.

Unserer Anerkennung würdiger ist der »Champion des dames«, der 1442 von Martin Le Franc Philipp dem Guten gewidmet wurde. Darin wird der Vertrag von Arras aus dem Jahre 1435 gefeiert. Für den Verfasser ist die eigentliche Friedensstifterin Isabella von Portugal:

»Par elle horrible guerre cesse,
Et paix se remet en besongne.
Vive la très haute ducesse,
Vive la dame de Bourgongne!«

Das Werk hatte jedoch nicht den gewünschten Erfolg, weil der auf die Rechte eines Literaten sehr bedachte Verfasser sich bemüßigt fühlte, dazu eine Verteidigung zu schreiben. Sie hatte folgenden Titel: »Complainte du Livre du Champion des dames à maistre Martin Le Franc son acteur«.

Zur gleichen Gattung gehört das »Advertissement au duc Charles, soubs fiction de son propre entendement parlant à luy-mesme«. Es stammt aus der Feder des Hofhistoriographen Chastellain höchstpersönlich.

Karl der Kühne hat gerade den Herzogsthron bestiegen. Der »acteur«, d. h. der Autor, erzählt, er habe sich eingeschlossen, um seinen Tränen freien Lauf zu lassen, die ihm der Tod des »auguste duc Philippe, le grand lyon, le grant duc de Bourgongne, le pillier de l'honneur de France et la perle des princes chrestiens« entlockte. Chastellain hat nun eine Vision. Karl erscheint ihm, umgeben von zahlreichen Gestalten. Unter ihnen erkennt er einen Jüngling, der »Clair-Entendement« heißt. Neben ihm eine Dame mit dem Namen »Congnoissance de toy-même«. Der Jüngling vertritt den Verfasser. Er stellt dem Herzog seine Begleiterin vor, die »portière et ouverture de toutes les autres«, und erinnert ihn an die ruhmreiche Geschichte des Herrscherhauses. Nach seiner Meinung ist eine Menschenstimme außerstande, Philipp den Guten zu lobpreisen. Ist im übrigen derjenige, den die Sterblichen gleichsam vergöttert haben, wirklich tot? Die beiden ersten Herzöge haben auf Erden als Erben eben jenen zurückgelassen, an den sich der Sprecher wendet: Du bist der Fürst mit den edelsten Ahnen und mit den reichsten Gaben in der ganzen Christenheit. Nach dieser Eingangsrede ziehen die Gefährten und Gefährtinnen von »Clair-Entendement« und »Congnoissance« vorüber: so viele Tugenden zu üben, so viele Laster sind auch zu fliehen. Schließlich ermahnt der »acteur« den Fürsten, mit dem die vierte Regierungszeit beginnt: »Werde, ach, nicht einer von jenen, die Frieden und Heil der Menschheit in eine

Verwirrung der Gemüter verwandeln.« Der Erbe ist dem gleichen Schicksal bestimmt wie seine Vorgänger. »Sie haben ihr Teil getan, und du wirst das Deinige tun. Labeure donc en ton chapeau et l'estore de belles fleurs.« Nach der Ermahnung von Clair-Entendement löst sich die Versammlung auf. Der Verfasser wacht auf, und es drängt ihn, schriftlich niederzulegen, was ihm zu hören vergönnt war. Man sieht: der Apologet Chastellain kann dem Chronisten nicht das Wasser reichen.

Ein anderes ähnliches Werk, der »Lyon couronné«, von einem anonymen Autor, beweint ebenfalls – diesmal halb in Prosa, halb in Versen – das Hinscheiden des dritten Herzogs und ermutigt sodann seinen Nachfolger. Philipp ist der »très invaincu César, la perle des princeps chrestiens, l'onneur de toute noblesse, le droit miroir, pathron et example de chevalereuse proesse ...«. Ein Palast erscheint in der Vision des Dichters. Zwei Damen treten heraus, »Envie« und »Loyale Entreprise«, zwischen ihnen ein junger Löwe, den jede auf ihre Seite zu ziehen versucht. Gerade zur rechten Zeit erhält »Loyale Entreprise« Unterstützung: »Diligente Poursuite«, »Ample Faculté«, »Persévérance« und »Glorieuse Fin«. »Envie« erkennt, daß sie gegen so viele verbündete Feinde nichts ausrichtet, und stürzt sich aus Verzweiflung in einen Brunnen.

Charles Soillot, Patenkind und Sekretär Karls des Kühnen, gesellt sich zu jenen, die dem letzten Herzog gute Lehren erteilen möchten. Zu diesem Zweck verfaßt er den »Débat de Félicité«, in dem in einem aus Prosa und Versen gemischten Dialog »dame Eglise«, »dame Noblesse« und »dame Labeur«, die drei Stände also, auftreten. Welche von den drei Konkurrentinnen ist im Besitz des Glücks? Die »cour des sciences« wird um Rat gefragt. Sie beendet den Streit und verkündet, Glückseligkeit gebe es nur im Himmel.

Im gleichen Stil schrieb der Graf Amé de Montgesoie. Sein »Pas de la Mort« – auch Chastellain wählte diesen Titel für eine seiner Abhandlungen – führt den Verfasser zwischen zwei Rittern vor: »Accident le soudain« und »Antique le débile«. Sie sind zwei große Zutreiber des Todes.

*

Unter dem fahrenden Volk, das den Hof unterhielt und zerstreute, gab es auch manchmal Dichter, und wir werden im Kapitel über das höfische Leben sehen, wie man sich ihrer bediente. Sie waren Dichter und Schauspieler zugleich und bildeten eine sehr aktive, in Schulen gegliederte Zunft. Es war ein richtiger Beruf.

Im alten Flandern gab es in den meisten großen Städten sogenannte »chambres de rhétorique«. Diese waren in gewisser Weise Schauspielervereinigungen. Philipp der Gute und Karl der Kühne haben Interesse für diese Zusammenschlüsse bekundet. Ihre Darbietungen beeinflußten ja auch die öffentliche Meinung. Sie mußten gefördert, aber auch überwacht und notfalls zur Ordnung gerufen werden. 1455 verbietet Philipp aufrührerische Verse. Das läßt darauf schließen, daß sie unter den Leuten verbreitet wurden. Noch strenger als sein Vater überwacht Karl der Kühne die bösen Zungen, denn er war bisweilen die Zielscheibe von Spottgedichten. Auf der andern Seite wirken die »rhétoriqueurs« bei Festlichkeiten, Empfängen und beim feierlichen Einzug der Fürsten mit. Dafür werden sie dann großzügig belohnt.

1421 warten diese Gesellen in Douai Philipp dem Guten mit der Belustigung eines »jeu de farse« auf. Diese und ähnliche Bezeichnungen verraten uns leider nichts über den Inhalt. Daß aber das Volksstück ein sehr beliebtes Genre war, geht deutlich aus der großen Zahl der Possenspieler hervor, welche die Rechnungsbücher aufweisen und die darin »joueurs de farces«, »d'apartises«, »de parture« genannt oder als »personnages« oder »danseurs de morisque« bezeichnet werden. Man findet hier eingetragen Phlot d'Enfer (1428), Bolequerre und Perrin Boisquement (1434), Maître Mouche (1434), Hance Crachre und viele andere. Einer von ihnen, Michault Taillevent, gehört sogar zum herzoglichen Gesinde und wird regelmäßig bezahlt[13].

Als Dijon im Februar 1422 Philipp den Guten empfängt, bietet es ihm, nebst verschiedenen Lustbarkeiten, »plusieurs mystères et plusieurs martires«. Die Geburt Josses, eines Sohns des nämlichen Herzogs, wird zum Anlaß ähnlicher Feste am 14. April 1432. Es gibt sogar einen Wettbewerb zwischen den flämischen Städten, veranstaltet von der Stadt Gent, die selbst sich beteiligt und sogenannte »esbattements« aufführt. Mecheln trägt den ersten Preis davon, Oudenaarde den zweiten.

Ähnliche »festoiements« werden häufig erwähnt. Beispielsweise wird am 3. Januar 1455 der Einzug Isabellas von Bourbon, der frischvermählten Gräfin von Charolais, in Lille mit »histoires« gefeiert. Die Geburt des Mädchens, das sie 1457 zur Welt bringt, Maria von Burgund, wird auf ähnliche Weise in Lille und Béthune festlich begangen. Als Philipp der Gute am 23. April 1458 nach Gent zurückkehrt, das er vor kurzem erst unterworfen hatte, wird der freundliche Empfang, von dem wir bereits aus Anlaß der Politik des Herzogs sprachen, durch aufsehenerregende Freudenfeste verschönt. Am Wege des Festzuges hat man »échaffauds« errichtet, und auf diesen improvisierten Bühnen werden Episoden aufgeführt, die auf die Ereignisse anspielen: Julius Cäsar im Kreise von zwölf Senatoren, vor ihnen Cicero, der ihn preist, weil er nach der Eroberung von Rom mehrere Gefangene freigelassen hat; Pompejus, der Tigranes begnadigt; Mars, dessen Bekleidung so zusammengestellt ist, daß sie an die drei Stände erinnert. In einem lebenden Bild wird als schmeichelhafte Anspielung »Die Anbetung des Lamms« dargestellt. Man führt an dem Herzog einen Elefanten vorbei, der einen mit Negern besetzten Turm trägt, und diese, mit Pfeilen bewaffnet, rufen aus Leibeskräften:

»Vive Bourgogne! est notre cry.«

Die Doorniker Spielertruppe des »Prince d'Amour« wird 1461 von der Gräfin Isabella von Charolais, die ein Fest gibt, nach Quesnoy gerufen. 1468 führt man das »Jugement de Pâris« in Lille vor Karl dem Kühnen auf. Es handelt sich jedoch um eine Parodie, denn wenn auch jede der drei Rivalinnen eine goldene Krone trägt, so ist Venus, wie uns berichtet wird, eine Riesendame, die zwei Zentner wiegt, während Juno, von gleicher Größe, sich mit durchscheinender Schlankheit und Minerva mit einem Buckel vorn und hinten präsentiert. Alles brüllte vor Lachen.

Es gibt keinen Stoff, dessen sich die Schauspieler nicht angenommen hätten; sogar die erschütternde Demolierung von Lüttich kommt auf die Bühne. Georges de Brelbes, der »fol de Béthune«, erhält eine Gratifikation, weil er die »Déstruction de Liége« gespielt hat.

Über dieser Volkskunst steht eine gehobenere dramatische Literatur. Die Mysterienspiele, obgleich im Abklingen, sind noch im

Schwange. Zu dieser Literaturgattung gehört das »Mystère du siège d'Orléans«, dessen Verfasser sich nicht scheut, auf merkwürdige Weise die Geschichte zu verfälschen, um Herzog Philipp um jeden Preis darin eine Rolle zu verschaffen[14].

Chastellain selbst hat für die Gauklerbühne die »Mort du Duc Philippe« und die »Paix de Péronne« verfaßt. Wie George Doutrepont bemerkt, verdienen diese mit dem Untertitel »mystères« geschmückten Stücke die Bezeichnung »historische oder politische Moralitäten«[15].

In dem ersten dieser Versdramen feiert der Verfasser den Glanz der gerade zu Ende gegangenen Regierung und stellt moralische Betrachtungen darüber an, daß der Tod weder Achtung vor hoher Stellung noch vor Ruhm hat. Himmel, Erde, Engel und Menschen kommen nacheinander, jeweils von einem Schauspieler verkörpert, und sagen, was sie über den gerade verstorbenen großen Fürsten denken. Die Person, welche »die Menschen« darstellt, erzählt, daß sie aus den himmlischen Gefilden eine »mit kostbaren Steinen besetzte« Phiole herabschweben sah, vor der sich alles verneigte. Aber da der Faden, an dem die Phiole hing, riß, fiel sie zur Erde und zerbrach in Stücke. Es ist dies das Sinnbild des Schicksals. Mit einem Hosianna schließt das Stück.

Die »Paix de Péronne« wurde anscheinend 1468 im Schloß von Aire vor Karl dem Kühnen und Ludwig XI. aufgeführt, die erstaunlicherweise vorübergehend einmal versöhnt waren. Es ist ein »mystère fait à cause de la dite paix à bonne intention et pensant icelle estre observée par les parties«. Ein Optimismus, der das Mißtrauen durchblicken läßt. Warum soll man sich jedoch nicht über eine so rührende Übereinstimmung in den Ansichten zwischen dem Herzog und dem König freuen, über diese ergreifende Freundschaft, für die Lüttich bezahlen mußte?

»Chantez, dansez, petits enffans;
Joignez vos mains, vous, les gens grands;
      Ployez dos et eschine,
Povres laboureux par les champs,
Revivez-vous en ce bon temps
      De nouvelle racine.

Soyez chantans et Karolans,
Joyeux convives assemblans
A grand feu en cuisine
Pour ces deux nobles pellicans
Qui pour vous estre nourrissans
Se fièrent en poitrine.«

»Bouche« und »Cœur«, »Avis« und »Sens«, welche hier so etwas Ähnliches wie den antiken Chor darstellen, verherrlichen alle Versprechungen des Abkommens von Péronne. Haben die Eiferer für Karl den Kühnen wirklich an die trügerische Morgenröte eines schönen Tages geglaubt, ohne etwas zu ahnen von der durch dunkle Wolken so schnell verfinsterten Zukunft?

*

Es bleibt uns noch übrig, von der lyrischen Dichtung zu sprechen. Hier müßte Philipp der Gute an der Spitze stehen, wenn er wirklich der Verfasser jener unter seinem Namen bekannt gewordenen Strophen ist, welche die Antwort auf ein Gesuch in Versform von Karl von Orléans sind – der allerdings ein echter Dichter war –, um die Unterstützung Burgunds zu erhalten und auf Grund der erbetenen Intervention aus seiner Gefangenschaft in England befreit zu werden. Jedenfalls erwidert Philipp Karl von Orléans nicht ohne Charme:

»S'il en estoit à mon vouloir,
mon maistre et amy, sans changier,
Je vous asseure, pour tout voir,
Qu'en vos fais n'aurez nul dangier,
Mais pardeça sans attargier,
Vous verroye hors de prison,
Quitte de tout, pour abregier,
En ceste presente saison.«

Damit fängt die erste Ballade an, und die zweite beginnt mit folgenden Versen:

»De cueur, de corps et de puissance,
Vous mercie très humblement,
De vostre bonne souvenance
Qu'avez de moi soigneusement:
Or povez faire entièrement

De moy, en tout bien et honneur,
Comme vostre cueur le propose,
Et de mon vouloir soyez seur
Quoique nul dye ne deppose.«

Nichts daran ist erstklassig, aber selbst Chastellain hat keine glücklichere Hand, wenn er sich mit Versemachen abgibt.

»Wenn der ›auteur‹ tatsächlich Philipp ist, muß man zugeben, daß er nicht schlechter war als seine angestellten Dichter, und daß Maecenas gelegentlich ebenso gut war wie Horaz[16].« Aber, wie Georges Doutrepont, dessen vielleicht zu positives Urteil wir gerade zitierten, weiter bemerkt, »dichtet Maecenas nur ausnahmsweise. Er ist der Schirmherr der Dichter, nicht ihr Rivale«.

Ein »poetreau« verfertigt Verse auf das burleske Wappen von Colin Boule, dem »roi des ribauds«, dem Inhaber einer Charge für Spiele und andere Belustigungen am herzoglichen Hof. Welches auch immer das Wappen eines jeden sein mag, vor dem Jüngsten Gericht müssen alle ohne Unterschied erscheinen:

»Pappe, empereur, prélat, duc et conte.«

Gott wird allen Gerechtigkeit widerfahren lassen:

»Lors ouvrira, au son de buysine,
Sa générale et grant chambre des comptes.«

Hier haben wir eine ganz neue und sachliche Darstellung des »Jüngsten Gerichts«.

Zahlreiche dichterische Werke Chastellains – der, wie gesagt, in der Poesie leider nicht das Talent hat, welches er in Prosa entfaltet – werden, zumindest der Ordnung halber, in die Rubrik Lyrik eingeordnet, etwa »Le lion bandé«. Über den gewaltsamen Versbau einiger dieser Gebilde waren die Zeitgenossen außer sich vor Entzücken, während sie uns vollkommen kalt lassen: zum Beispiel ein Akrostichon auf Philippus, bei dem die Verszeilen jeder Strophe alle mit dem gleichen Buchstaben von des Herzogs Namen beginnen (jeder Buchstabe in der richtigen Reihenfolge) und außerdem noch jede Strophe von einem der großen Lehen des burgundischen Reichs aufgesagt wird. Die dem Buchstaben S und der Freigrafschaft entsprechende Schlußstrophe lautet folgendermaßen:

»Son bruyant bruit, dont luy vif abondoit,
Sous terre gist, ne reste mie que la fame;
Ses faits sont fés; il a fait comme on doit.
Sa mort l'amort qui toute riens affame,
Soit l'ame en bruit comme en terre ou l'a fame.
Sainte et sain ohiés, vive et sans vergogne
Supplie à Dieu la comté de Bourgogne.«

Der Nachfolger Chastellains als Hofhistoriograph, Molinet, hat ebenfalls Philipp den Guten und seinen »Throsne d'honneur« in Versen besungen. Er feiert diese »fleur des fleurs«, die seines Erachtens durch keine Macht vernichtet werden kann.

*

Niemand kann daran zweifeln, daß die Herzöge persönlich diese edle literarische Tätigkeit geleitet haben. Obwohl sie kein Werk von hohem Rang hervorgebracht hat und nicht den Glanz der anderen Kunstsparten hatte, deren Wunderwerke wir noch genau betrachten werden, sollten wir uns hüten, den Wert einiger dieser Hervorbringungen zu unterschätzen.

Wir sahen in einem anderen Kapitel dieses Buches, wie bedeutend die Bücherschätze Philipps des Kühnen waren. Johann ohne Furcht, mehr noch Philipp der Gute und nach ihm Karl der Kühne kümmerten sich sehr intensiv um das Büchersammeln. Unaufhörlich kommen Neuerwerbungen in die Regale, und die illuminierten Handschriften zeigen verschwenderisch ihre Herrlichkeiten.

Wenn man auch nicht annehmen darf, daß es am Hof der Herzöge eine Miniatorenwerkstatt gab, wie behauptet wurde, steht doch fest, daß die herzoglichen Aufträge den verschiedenen, in ihrem Machtbereich oder in Paris vorhandenen Werkstätten höchst willkommene Aufträge und Brot verschafft haben. Für die großen Herzöge wird, abgesehen von der Hauptstadt des Königreichs, entweder in Dijon oder in den Städten des Herzogtums gearbeitet, und noch mehr in den Niederlanden, insbesondere in Lille, Brüssel, Bergen, Grammont, Gent, Brügge, Oudenaarde, Den Haag und manchen anderen Orten. Die »Bibliothèque de Bourgogne« in Brüssel, in der die Büchersammlungen zusammenkamen, die auseinandergerissen oder auf die Wanderschaft geschickt worden waren, zeugt noch heute von dieser edlen Leidenschaft.

In welchem Maße diese bibliophilen Kostbarkeiten Wertobjekten gleichgestellt waren, bezeugt die Tatsache, daß ihre Bewachung bisweilen dem Hüter der Kleinodien des Herzogshauses anvertraut war. Es gab eine richtige Bibliotheksverwaltung, die genau darüber Buch führte, wohin die Bände gingen und ob dieser oder jener verliehen oder verschenkt wurde. Man berichtet von einer »tour de la librairie« im Palast der Herzöge von Dijon, und mehrere Inventare geben uns Auskunft über den jeweiligen Stand dieses oder jenes Bücherdepots.

Haben die Herzöge selber gelesen? Beschränkte sich ihr Interesse auf das Sammeln von Büchern? Gewiß hatten sie bei der Beanspruchung durch die Politik und die Pflichten des Hoflebens zumeist nicht die Muße eines Grandseigneurs oder eines unbeschäftigten Großbürgers, der in der glücklichen Lage ist, nach Belieben Stunden um Stunden im Studierzimmer zu verbringen. Aber alle Zeugnisse aus der Zeit sprechen einmütig dafür, daß die gesammelten Manuskripte auch benützt wurden. Wie Karl V. von Frankreich, liebte es Philipp der Kühne, sich an diesen Schätzen zu erfreuen. Wenn Johann ohne Furcht in seinem stürmischen Leben auch wenig Zeit für eine erholsame Beschäftigung fand, so hat Philipp der Gute, vor allem im Alter, viele Stunden auf die »estudes de livres« verwendet[17], und von Karl dem Kühnen, den uns Olivier de la Marche als einen ausnehmend fleißigen Schüler schildert, berichtet dieser Memorialist, daß er auch im reifen Alter immer noch darauf bedacht war, seine Bildung zu erweitern: »ne se couchoit qu'il ne fist lire deux heures devant luy, et lisoit souventes fois devant luy le seigneur de Humbercourt, qui moult bien lisoit, et retenoit.« Nicht weniger sahen die Herzoginnen auf die Vermehrung ihres Wissens, insbesondere Margarete von Bayern und Margarete von York. Isabella von Portugal hat portugiesische Gelehrte an den Hof gezogen, wie etwa jenen Vasco de Lucena, der Xenophon und Quintus Curtius übersetzte[18].

Die Großzügigkeit der Herzöge gegenüber den Schriftstellern wird durch die Rechnungsbücher belegt. Die literarisch Gebildeten fanden bei den Fürsten freundliche Aufnahme und erhielten oft ein Ehrenamt am Hofe, das zugleich einträglich war. Unter den von uns erwähnten Autoren waren viele »écuyers«, »hérauts«, »valets de chambre« und »conseillers«. Ritter vom Goldenen Vlies war allerdings nur Chastellain.

Zehntes Kapitel

DIE KUNST

Von jeher gehörte Burgund zu den Ländern, die sich durch die Pflege der Kunst besonders ausgezeichnet haben. Es hat eine berühmte romanische Schule hervorgebracht, die von Cluny aus in das ganze christliche Abendland ausstrahlte. Die Gotik erblühte in einer bezaubernden Eigenart in Burgund, und das wunderbare Kleinod Notre-Dame in Dijon zählt neben der Sainte Chapelle des heiligen Ludwig in Paris wohl zu den ganz makellosen, vollendetsten Schöpfungen der französischen Architektur überhaupt. Spricht man jedoch von »burgundischer Kunst« im besonderen, so denkt man in erster Linie an die Zeit der großen Herzöge, an die bedeutende Schule des Claus Sluter. Zu diesem Zeitpunkt erreicht der burgundische Staat unbestritten einen der höchsten Gipfel künstlerischer Produktivität[1].

Diese herrliche Blüte verdankt ihren Ursprung der mäzenatischen Gesinnung der Herzöge; kein Verdienst der burgundischen Valois fällt so sehr in die Augen, und ganz besonders die Initiative Philipps des Kühnen. Wenn schon die Chartreuse von Champmol keineswegs alle schöpferischen Kräfte für sich in Anspruch nahm, so war es doch dieser Auftrag vor allem, welcher die Werkstätte von Dijon beschäftigte, jene von den Herzögen bevorzugte Werkstätte, in der ein neuer Stil sich entfaltet hat.

Gewiß hat der bildnerische Genius Burgunds seinen Anteil an diesem Gelingen, und man darf unter den förderlichen Umständen auch nicht die ausgezeichnete Qualität und den Reichtum der Steinbrüche in der Nähe der Hauptstadt des Herzogtums außer acht lassen. Aber keiner der Faktoren übertrifft denjenigen, der in der

Willenskraft der Fürsten wurzelt. Die Werkstätte war eine staatliche Einrichtung. Durch Daueraufträge war ihre Existenz gesichert. Der Meister, der hier ungestört arbeitete und dessen Zukunft durch das herzogliche Budget garantiert war, hatte die Muße, seine Ausdrucksformen zu suchen, sie zu vervollkommnen und auszuführen. Die Leistungen zeugen von der Gunst dieser Voraussetzungen.

Dennoch kann eine künstlerische Ausdrucksform nicht voll zur Entfaltung gelangen ohne das Genie eines großen Künstlers, welcher befähigt ist, die harmonische Verschmelzung der verstreuten Schönheitselemente zu vollziehen, die sozusagen in der Atmosphäre seiner Zeit schweben. Es war das große Glück der Werkstätte von Dijon, daß an ihrer Spitze der größte Bildhauer des Jahrhunderts, Claus Sluter, stand.

*

Die Bildhauerarbeiten an der Chartreuse von Champmol waren Jean de Marville übertragen worden, der wahrscheinlich der Schöpfer der Muttergottes am Portal ist. Aber erst sein Schüler Sluter, der ihm 1389 folgte, war der wirkliche Meister der neuen Schule, und er ist es vor allem, der den Ruhm der herzoglichen Werkstätte begründete.

Sluter stammte aus Haarlem. In den Niederlanden geboren, war er Untertan des burgundischen Staates. Es wäre also kindisch zu behaupten, wie es manche Kritiker getan haben, daß ein Niederländer keine »burgundische« Kunst schaffen konnte. Die »Länder« haben wohl das Recht, den Ruhm ihres »Monseigneur« auf dem Gebiet der Kunst zu vermehren, ebenso wie sie ihren Beitrag leisten zur politischen und wirtschaftlichen Macht ihres Herrn.

Zudem war Sluter ein Künstler von so überwältigender Größe, daß er weit über jegliche lokale oder regionale Begrenztheit hinausreichte. Sein Meißel ist einer der kühnsten, die je von einer Menschenhand geführt wurden. Zahlreich sind die Werke dieses wunderbaren Instruments, von denen wir nur andeutungsweise wissen und die leider verlorengingen. Was uns aber davon erhalten ist, sei es am Portal der Chartreuse, am Mosesbrunnen oder am Grabmal Philipps des Kühnen, genügt, um seinem Schöpfer den gebührenden Platz anzuweisen: er steht mit Michelangelo auf einer Stufe.

Von den Elementen, die er verschmolz, waren die einen seinem Geburtsland eigen, den Niederlanden, in denen zu dieser Zeit ein ausgesprochen gegenständlicher Realismus triumphierte. Andere wieder stammten aus seiner Wahlheimat Burgund, das seiner Vergangenheit einen sicherlich ebenso unbeirrbaren, machtvollen Realismus verdankte, der aber sozusagen humaner, vergeistigter war und von einem aus dem eigenen Temperament fließenden Gefühl für Ausgewogenheit und kompositorischer Begabung gespeist wurde. Andere Elemente weisen auf Paris und Bourges hin, wo die Kunst bereits sich mit Glück darin versucht hatte, die künstlerische Eingebung mit dem französischen Bedürfnis nach Maß und Geschmack zu verbinden. Und wieder andere stiegen aus dem tiefsten Innern des schöpferischen Genius empor: die Gabe, Widersprechendes mit den Forderungen der Schönheit in Einklang zu bringen, die individuelle physische Erscheinung mit der Vorstellung einer Idealfigur, die verschiedenen Einzeltypen zu einem Ganzen zu verschmelzen.

Die Juden, die für den Mosesbrunnen Modell standen, der — davon zeugen die Gewänder — mit Sicherheit der Aufführung eines Mysterienspiels nachgebildet ist, scheinen aus einem Ghetto gekommen zu sein[2]. Man spürt bei den Figuren, daß sie das lebendige Vorbild unerbittlich genau wiedergeben. Aber die körperliche Erscheinung des alten Kindes Israels, das für den Moses ausgewählt wurde, eine der eindrucksvollsten Gestalten, hinderte den Bildhauer keineswegs daran, in dieser Nachformung eines leibhaftigen Menschen seine Auffassung vom Führer des Volkes Israel beim Abstieg vom Berg Sinai zum Ausdruck zu bringen. Das Auge des Verkünders der zehn Gebote, noch verzückt von der Begegnung mit Jehova, leuchtet vom übernatürlichen Widerschein des göttlichen Blicks. Man vergleiche den Moses Sluters mit dem Moses Michelangelos, und man wird deutlich fühlen, daß die beiden Künstler sich ebenbürtig sind.

Jeder der anderen fünf Propheten, welche die Seiten des Monuments zieren, ist mit der gleichen Meisterschaft behandelt: gleiche Genauigkeit der Ausführung, gleicher Realismus der Details, gleiche Kraft in der Darstellung eines Typus[3]. Der von den Propheten geweissagte Tod Christi ist das Thema des Werkes. Über dem Sockel des Brunnens war die Vollstreckung des Urteils dargestellt in Form einer Kreuzigungsgruppe, die am 30. Juni 1399 bereits aufgerichtet war. Damals fehlten noch die für den sechseckigen Sockel vorgesehenen Prophetenfiguren, die erst 1401 hinzukamen. Sie sind das letzte Werk des Künstlers und zeigen ihn auf dem Höhepunkt seines Schaffens. Leider wurde die Kreuzigungsgruppe zerstört, ein unersetzlicher Verlust. Aber man rettete wenigstens den Kopf des Gekreuzigten, der im Archäologischen Museum von Dijon aufbewahrt wird, ein Fragment von unschätzbarem Wert.

Die Kunstkritik hat Sluter als Realisten eingestuft. Sie hat allzu leichtfertig die Rolle außer acht gelassen, welche das Spirituelle in seiner Kunst spielt. Das Antlitz des Gekreuzigten, mit geschlossenen Augen, ist ein geistiges Werk im wahrsten Sinne des Wortes. Es trägt das Zeichen der erhabensten Inspiration aus dem christlichen Glauben.

Weit entfernt, einem groben und oberflächlichen Realismus zu verfallen, der die Züge des Gemarterten grimassenhaft verzerrt hätte, oder seine Zuflucht zu dem überkommenen formelhaften Darstellungsschema zu nehmen, hat Sluter das Antlitz seines Christus mit einem göttlichen, tiefen und dennoch serenen, unendlich friedvollen Schmerz geprägt. Das ist Christus, und in Christus der Gott. Der irdische Tod ereilt ihn nicht, wie er einen Menschen treffen würde. Ein toter Gott ist kein menschlicher Leichnam. Bei ihm scheint das Leben nicht entwichen zu sein, sondern in Schlaf gesunken. Sogar ohne menschliches Leben muß diese menschliche Hülle die bleiben, in der ein Gott wohnte und wieder wohnen wird, mit einem Wort: in diesem Stein ist das Mysterium der Inkarnation Christi und das Wunder der Wiederauferstehung verborgen. Woraus hat der Bildhauer die Inspiration zu diesem erhabenen Haupt geschöpft, wenn nicht aus dem wahren und tätigen christlichen Glauben, der ihn dahin führte, daß er in einem Kloster starb?

Ein so vollendetes Werk wie der Christuskopf kündet von der Reife eines Künstlers. Claus Sluter ist nicht auf einen Schlag zu solcher Größe gelangt. Bevor er als Gehilfe von Jean de Marville nach Dijon kam, hatte er in Brüssel gearbeitet. An Hand der Rechnungsbücher der Herzöge lassen sich einige seiner Werke genau datieren. Die Muttergottes am Mittelpfeiler des Portals von Champmol ist in diesen Rechnungsbüchern nicht enthalten. Aber die übri-

XIII *Claus Sluter, Prophetenkopf*

XIV *Claus Sluter, Prophetenkopf*

XV *Claus Sluter, Prophetenkopf*

XVI *Claus Sluter, Christuskopf*

gen Statuen an diesem Portal zeigen die Übereinstimmung des künstlerischen Fortschritts mit den Daten ihrer Entstehung. Die Schutzheiligen Katharina und Johannes der Täufer verraten nicht die Meisterhand wie die Figuren des Herzogspaares, Philipps des Kühnen und Margaretes von Flandern, und wenn man das schönste dieser Bildwerke nennen soll, so ist es gewiß dasjenige des Valois, der die Fürbitte der Muttergottes anruft.

Der kniende Herzog von Sluter ist der Mann der Tat im Gebet. Die Inbrunst des gen Himmel erhobenen Blicks verleiht diesem gespannten Gesicht mit seinen scharfen Zügen und kompakten Formen einen religiösen Adel, der von dem wunderbar strahlenden Blick erleuchtet wird. In seinem Bittgebet vergißt der Fürst nicht das Irdische. Er ist kein demütiger Sünder, er ist das Staatsoberhaupt im Gespräch mit der Muttergottes, die er anruft. Wie auch immer das Gebet sei, das sich zwischen den geschlossenen Lippen formt, die Bitte um den Erfolg der herzoglichen Politik wird dabei miteingeschlossen sein. Gehen wir noch weiter: die Magie des Meißels ist so groß, daß die Statue zu einem Dokument wird. Das Bildwerk beschwört die Person. Bis zur »houppelande« ist alles so charakteristisch, daß man auf den ersten Blick den Gründer der herzoglichen Linie der Valois erkennt. Sluter hat ihn mit jener überlegenen Meisterschaft behandelt, welche unter dem Gewand den Körper sichtbar macht, mit jenem unnachahmlichen Geschick, das den Stoff in einfacher, überlegter, edler Form anordnet. Wahrscheinlich hat es keine Schule in der Kunst des Faltenwurfs so weit gebracht, daß in ihm Bewegung und sogar Gefühl zum Ausdruck kommen, wie die Schule Sluters.

Diese Kunst erscheint an der Tumba Philipps des Kühnen bis zur äußersten Virtuosität entwickelt. Allerdings hatte Sluter, dem der Herzog sein Mausoleum in Auftrag gegeben hatte, nicht die Zeit, das Werk fertigzustellen. Er hinterließ es unvollendet seinem Neffen Claes van de Werve, der sein Schüler und Erbe seiner Arbeit war. Man kann nicht exakt bestimmen, wie weit das Monument beim Tod des Meisters gediehen war, der – das genaue Datum steht nicht fest – zwischen dem 24. September 1405 und dem 31. Januar 1406 verstarb. Aber sein Geist hat sich unauslöschlich diesem Werk aufgeprägt. Er hat die Entwürfe für die beiden ersten »pleurants«

gemacht. Er hat die ganze Anlage, vielleicht bis in die Einzelheiten, die Prozession mit einundvierzig Figuren erdacht, die in schmalen Nischen aus Alabaster angeordnet sind.

Diese Prozession stellt wahrheitsgetreu den Leichenzug dar und ist das faszinierend Einmalige an diesem Werk. Die Schule von Dijon erneuert und belebt wieder ein Thema, das schon zur Formel erstarrt war: die sonst unpersönlichen und rein ornamentalen Figuren bekommen hier eigenes Leben, eine schöpferische Eingebung verleiht ihnen Seele und Bewegung, gibt jeder von ihnen Gesicht, Charakter und individuelle Gebärde.

In der »Pantomime« der Klagenden »scheinen alle Möglichkeiten, Schmerz durch Bewegung auszudrücken, erschöpft zu sein, vielmehr wären erschöpft, wenn Natur und Leben den Bildnern nicht ein unerschöpfliches Reservoir liefern würden«. Die burgundische Bildhauerkunst versteht es, »zugleich mit unendlich erfinderischer Kunstfertigkeit aus der Kleidung selbst Vorteil zu ziehen und die Draperie zu gebrauchen, um Gemütsstimmungen auszudrücken«[4].

Daß es auch bei genauer Untersuchung nicht möglich ist, zu unterscheiden, welche von den »pleurants« von Claus Sluter oder Claes van de Werve sind, gereicht ohne Zweifel dem Neffen zur Ehre, der sich so vollkommen in die Auffassung seines Onkels eingelebt hat, daß ihm eine fast ebenbürtige Leistung gelang. Er verstand es, nicht nur die Arbeitsweise, sondern auch die künstlerischen Intentionen des großen Mannes, dessen eindringliche Lehren er aufgenommen hatte, zu seinen eigenen zu machen. Nichts konnte dem Fortbestand und der Einheitlichkeit der Schule besser dienen als die Übernahme dieses Auftrags.

Claes van de Werve hat es noch erlebt, wie sich die ersten Erscheinungen eines Abstiegs bemerkbar machten. Johann ohne Furcht legte schon weniger Wert auf die Werkstätte von Dijon als sein Vater und setzte die Besoldung des Meisters herab, ein beunruhigendes Zeichen eines nicht wieder gutzumachenden Rückschritts. Nur der Wunsch des Herzogs, für sich selbst und Margarete von Bayern ein Grabmal zu hinterlassen, das ein Pendant zur Tumba Philipps des Kühnen und Margaretes von Flandern bilden sollte, erhält noch die Einrichtung des ersten Herzogs am Leben.

Künstlerisch ist die Tumba Johanns ohne Furcht, die im Museum von Dijon neben der Philipps des Kühnen steht, nur eine dem Zeitgeschmack angepaßte Replik von dieser. Noch reicher an dekorativem Aufwand, hält sie sich jedoch streng an die ursprüngliche Konzeption. Diese Genauigkeit ist um so bemerkenswerter, als die Künstler, welche Claes van de Werve folgten und das zweite Grabmonument ausführten, aus verschiedenen Ländern stammten. Juan de la Huerta stammt aus Aragón, Antoine le Moiturier aus Avignon. Der letztere jedenfalls kam nach Dijon als der Metropole burgundischer Kunst, wobei zu bedenken ist, daß der Stil der Schule von Dijon schon bald überallhin, insbesondere in die Provence, ausgestrahlt hatte[5].

*

In der Tat haben wenige Schulen eine breitere Wirkung gehabt als jene, die durch Sluter berühmt wurde. In allen französischen Provinzen und im Ausland findet man burgundische Kunst, entdeckt man burgundischen Einfluß.

Das außergewöhnliche Ansehen der Herzogsgräber hat aller Orten Nachahmungen hervorgerufen, in Souvigny im Bourbonnais, in Bourges und anderwärts, insbesondere aber in Burgund selbst.

Ihr künstlerischer Gedanke hat am Ende noch eine Erneuerung erfahren in der herrlichen Tumba des Seneschalls Philippe Pot, des berühmten Sprechers der Generalstände von 1384. Sie hat im Louvre ihren würdigen Platz gefunden. Der unbekannte Künstler hat in kühner und selbständiger Weise die Slutersche Idee abgewandelt, indem er die »pleurants« in natürlicher Größe wiedergab und in Träger der Grabplatte umformte. Auf den Schultern dieser acht Männer, von denen jeder individuell gestaltet ist in seiner Körperhaltung und der Art des Schreitens, deren Gesichtsausdruck man trotz der herabgezogenen Kapuze zu erraten glaubt, liegt die Steinplatte, auf welcher die Gestalt des Toten im Schmuck seiner Waffen würdevoll ausgestreckt ist[6].

*

Sluters Schüler haben nicht nur die Bildhauerarbeiten für Tumben geschaffen. Sie haben auch andere Aufträge ausgeführt, unter denen Darstellungen der Grablegung Christi einen breiten Raum einnehmen.

Das bedeutendste Stück ist dasjenige von Tonnerre. Mit Sicherheit stehen die Künstler dieser Grablegung Christi, Jean Michel und Georges de la Sonnette, sowie die Entstehungszeit, das Jahr 1454, fest. Es ist eine meisterliche Darstellung des nackten Körpers, die mit seltener Exaktheit die Entspanntheit des Leichnams ausdrückt. Die beiden anderen, Jesus in das Leichentuch einhüllenden Hauptfiguren Joseph von Arimathäa und Nikodemus, sind kraftvoll behandelt, und die aus dem Vorgang sich ergebende Überschattung durch die Traurigkeit ist von den Künstlern in eine verhaltene Form gebracht, die den Gesichtern etwas Edles verleiht und damit der Gefahr entgeht, durch eine naturalistische Wiedergabe die Alltäglichkeit der Modelle hervorzuheben. Bei den fünf übrigen traditionellen Figuren – die Muttergottes, Johannes, Maria Magdalena, Salome und Maria Kleophas – ist der Schmerz mit einer Verschiedenheit im Ausdruck behandelt, der eine tiefe Wirkung ohne unnötigen Schwulst und ohne Emphase hervorbringt.

Zahlreiche Muttergottes- und Heiligenstatuen sind aus den Werkstätten der Schule hervorgegangen, deren Schöpfungen mit dem fortschreitenden 15. Jahrhundert immer häufiger werden. Die Tätigkeit der von den Werken Sluters beeinflußten Künstler muß ungeheuer gewesen sein, da trotz der nicht bezifferbaren Verluste in Museen, Kirchen und Sammlungen noch so viele Kunstwerke übriggeblieben sind, die man zur »burgundischen Kunst« rechnet.

Die Städte und Marktflecken in der französischen Provinz sind reich an Beispielen: die Muttergottes in Saint-Jean-de-Losne, die köstliche Muttergottes mit der Rose, welche früher einmal in Dijon selbst eine kleine Mauernische in der Rue Porte-aux-Lions schmückte und die, aus diesem Asyl vertrieben, eine Zufluchtstätte im Louvre fand, nicht zu reden von so vielen anderen Muttergottes- und Heiligenbildwerken, noch von so vielen anderen verschiedenen Motiven, die hier nicht aufgezählt werden können und deren im übrigen niemals unternommene Inventarisierung der Mühe wert wäre.

*

Selbstverständlich sind bei dieser unglaublichen Produktivität nicht nur Meisterwerke entstanden. An diesen weniger wertvollen Stücken fällt mehr das technische Können in die Augen, und man sieht, wie die ursprünglichen Vorzüge sich in Nachteile verwandeln. Jede von einem Genie begründete Schule wird im Lauf der Zeit zu einer vorwiegend handwerklichen Betätigung. Das ist der unvermeidliche Preis dafür, daß etwas in Mode gekommen ist. Die Stunde des »Manierismus« hat geschlagen. Eine »burgundische« Muttergottes erkennt man auf den ersten Blick. Sie ist kurz und stämmig, mit kräftigen Knochen, der realistische Gesichtsausdruck neigt zur Gewöhnlichkeit. Der Faltenwurf ist weit und wird unter dem Meißel eines zweitklassigen Meisters leicht allzu füllig und schwer, so daß die Transparenz der Formen verschwindet, die früher auch das Stoffliche belebte. Das anschauliche Beispiel einer solchen mittelmäßigen Arbeit ist die Muttergottes, welche der Zerstörung der Sainte-Chapelle de Monseigneur entging und heute an einem Wandpfeiler der Église Notre-Dame in Dijon aufgestellt ist.

Wenn die emsigen Verfertiger einer zur Industrie gewordenen Kunst zu Recht der Vergessenheit anheimfielen, so hätten es die besten Schüler der Meister verdient, daß ihre Namen bekannt und im Gedächtnis geblieben wären. Bis zum heutigen Tage sind indessen nur sehr wenige ausgegraben worden wie etwa Jacques Morel oder die Brüder de la Sonnette, wandernde Künstler, die wie Antoine le Moiturier die Kunst der Chartreuse von Champmol verpflanzten, oder wie jener Philippe Biguerny, mit dem Beinamen de Bourgogne, der in Toledo rühmlich den Meißel führte und mitten im 16. Jahrhundert Spanien tapfer gegen den italienischen Einfluß verteidigte[7].

*

Gerade zur Zeit ihrer stärksten Ausstrahlung wird die Schule von Dijon von neuen Einflüssen berührt.

Schon für die Zeit Claus Sluters sind solche Einwirkungen festzustellen. Im Jahr 1393 war der Meister der Werkstätte von Dijon von seinem Herzog nach Mehun-sur-Yèvre geschickt worden, und vielleicht trugen die Herrlichkeiten, die er dort betrachten konnte, dazu bei, seinen Genius zu beflügeln[8]. Jedenfalls drangen am Ende des 15. und mehr noch zu Anfang des folgenden Jahrhunderts die Loire-Schule und die italienische Schule in die burgundische Kunst ein. Allerdings hatte die Loire-Schule vorher selbst den weitreichenden Einfluß der Chartreuse von Champmol erfahren. Aber sie hatte noch viele andere Anregungen aufgenommen und verarbeitet. Es ist die Zeit, in der die verschiedenen Richtungen, welche sich die Herrschaft in der Welt der Kunst streitig machen, sich vermischen, so wie die Muttergottes von Autun, die sogenannte Vierge Bulliot, die Verbindung einstmals rivalisierender Kunstauffassungen darstellt, wie manche Grabdenkmäler, z. B. die Tumben in Brou, als Meisterwerke eines aus allen diesen Durchdringungen hervorgegangenen Mischstils gelten können.

Recht besehen, besteht die Schule von Dijon noch in der aus vielerlei Quellen stammenden Kunst fort, die in Frankreich mit dem Beginn der Neuzeit immer weiter um sich greift. Weit entfernt zu erlöschen nach einer glanzvollen Herrschaft, überlebt sie und trägt zur Entfaltung einer neuen, allgemeingültigeren und mehr französischen Kunst bei, so daß man abschließend behaupten darf, daß die Schule von Dijon die erste Etappe in der großen Erneuerung der französischen Bildhauerkunst ist.

*

Die plastische Begabung, von jeher das hervorstechendste Merkmal der burgundischen Kunst, ist wahrscheinlich der Grund dafür, daß es nur auf diesem Gebiet eine spezifische »burgundische« Kunst gegeben hat. Die kirchliche Architektur zur Zeit der Herzöge scheint zu keinem selbständigen Stil gelangt zu sein, und die Wahrscheinlichkeit ist gering, daß die Schlösser der Herzöge, wenn sie erhalten geblieben wären, dieser Beobachtung widersprochen hätten. Das einzige aus dieser Zeit noch vorhandene, allerdings wundervolle Baudenkmal ist das herrliche Hospital von Beaune, ein Stiftung des Kanzlers Nicolas Rolin, das vorzüglich erhalten und voller Erinnerungen ist, mit dem Rogier van der Weyden zugeschriebenen Flügelaltar, einem der großen Meisterwerke der französisch-flämischen Malerei, auf dem der Kanzler Rolin und seine Frau Guigonne de Salins kniend in der Haltung der Donatoren zu sehen sind. Dieses großartige Altarwerk verschafft uns einen zwanglosen Übergang von der Skulptur zur Malerei.

Die in Burgund vorhandenen Wunder des Pinsels wurden alle von außen eingeführt. Das will nicht heißen, sie hätten an Ort und Stelle keine Nachahmung gefunden, aber es ist kaum zu bestreiten, daß der Norden seine absolute Überlegenheit in der Tafelmalerei noch unerschütterlich behauptet. Bilder sind leicht zu transportieren. Es lag also kein Anlaß vor, in Dijon neben einer Bildhauerwerkstätte noch eine Malerwerkstätte zu gründen. War es nicht das Gegebene, die Aufträge der großen Herzöge in ihren niederländischen Besitzungen ausführen zu lassen?

Das schmälert die Verdienste dieser Fürsten nicht im geringsten. Denken wir daran, daß Holland und Flandern unseren Herzögen tributär waren und zum burgundischen Staat wie zum burgundischen Kunstbereich gehörten wie das Herzogtum selber oder die Freigrafschaft.

Das soll uns jedoch nicht veranlassen, diesem Kapitel ein Gesamtbild dieser Kunst einzufügen, die einen so bedeutenden Platz in der allgemeinen Geschichte der Kunst einnimmt. Schon der Umfang des vorliegenden Werkes gebietet uns, darauf zu verzichten. Dennoch empfiehlt es sich für unser Vorhaben, die Grundzüge in Erinnerung zu bringen und eine Erklärung dafür zu geben, warum diese Kunst so tief in das eigentliche Burgund eingedrungen ist.

Gerade zur Zeit, als die Niederlande von den Herzögen als politisches Gebäude aufgerichtet wurden, blühte dort eine Kunst von starker Ursprünglichkeit, die flämische und niederländische Kunst, und ebenso wie der künstlerische Genius Burgunds am liebsten sich des Meißels als Werkzeug der Interpretierung bediente, drückte der Genius der Niederlande sich am adäquatesten mit dem Pinsel aus.

Will man Sluter etwas Ebenbürtiges an die Seite stellen, so sind es die Brüder van Eyck, die mit vollem Recht den ersten Platz einnehmen. Jan van Eyck, geboren 1385, gestorben 1441, wurde von Philipp dem Guten bei mehreren diplomatischen Missionen beschäftigt. In dieser Eigenschaft begab er sich nach Portugal, Spanien und Den Haag. Fraglich bleibt, ob er auch nach Italien reiste. Seine Begabung für religiöse Themen ist begrenzt, sein Talent als Porträtist überragend. Er sieht scharf und gibt das Gesehene haargenau wieder. Dem durchdringenden Blick entspricht eine unfehlbare Hand. Es ist im übrigen unmöglich, einigermaßen genau festzustellen, welcher Anteil auf seinen Bruder Hubert und auf ihn selbst entfällt, und man kann annehmen, daß mehrere Werke eine Gemeinschaftsarbeit der beiden unzertrennlichen Meister sind. In der herrlichen »Anbetung des Lammes«, dem sogenannten Genter Altar, hat man den Beweis dafür[9].

Zudem sind die Brüder van Eyck nicht bloß durch ihre eigenen künstlerischen Leistungen berühmt geworden, sondern vielleicht noch mehr durch Schüler, die sie herangebildet haben. Den Haag war der eigentliche Mittelpunkt ihrer Schule. Schüler wie Albert van Ouwater, Gertgen tot Sint Jans und der ebenfalls aus Haarlem stammende Dirk Bouts haben den eifrig gepflegten Realismus, der die Grundlage der Lehre ihrer Meister bildete, bis zur letzten Konsequenz fortgeführt.

Rogier van der Weyden, auch Rogier de la Pasture genannt, dessen Werkstatt zwischen 1435 und 1464 erstaunlich produktiv war, ist wahrscheinlich kein unmittelbarer Schüler der Brüder van Eyck gewesen. Seine Neigung zum leidenschaftlich Bewegten sticht scharf von der Vorliebe der Begründer der Schule für abgeklärte Gelassenheit ab. Rogier verfügt über eine unübertreffliche Kraft, starken Gemütsbewegungen Ausdruck zu verleihen, wie die großartige »Kreuzabnahme« im Escorial zeigt. Wie bereits vermerkt, scheint auch der Altar in Beaune von ihm zu stammen. Das Leuchten der Farbe läßt unwillkürlich an das Porträt Rolins von van Eyck auf der »Madonna des Kanzlers Rolin« im Louvre denken.

Die niederländische Malerei stand in der zweiten Hälfte des 15. Jahrhunderts in höchster Blüte. Zu gleicher Zeit wie Rogier van der Weyden und nach ihm sind Maler wie der Meister von Flémalle, wie Simon Marmion, Hugo van der Goes, »dieser Rastlose, der im Wahnsinn verdämmern sollte«, der bewundernswerte Maler bürgerlicher Interieurs Quinten Metsys und schließlich der große Memling am Werk, womit die Liste bedeutender Namen keineswegs erschöpft ist. Die Originalität der Maler, die im Gefolge der Brüder van Eyck hervortraten, schwindet erst, als der grundverschiedene, übermächtig werdende Geschmack am italienischen Stil sich mit französischen Ausstrahlungen mischt.

*

Unbestreitbar waren die großen Herzöge bezaubert von dieser Kunst, die so machtvoll dem innersten Wesen der reichsten unter ihren Landen Ausdruck verliehen hat[10]. Das Mäzenatentum der

XVII *Rogier van der Weyden, Mittelteil des Jüngsten Gerichts*

XVIII—XIX *Melchior Broederlam, Mariae Verkündigung und Darbringung im Tempel*

XX *Tenture des Kanzlers Rolin*

Herzöge hat, beginnend mit Philipp dem Kühnen, von Anfang an in reichem Maße zum Gedeihen der Malerei beigetragen.

Außerdem spielte in der burgundischen Skulptur des 15. Jahrhunderts die Malerei eine Rolle. Die Figuren an den Herzogsgräbern waren bemalt, ebenso die Propheten der Kreuzigungsgruppe von Champmol. Moses z. B. hatte einen roten Talar, einen goldenen, blaugefütterten Mantel, Zacharias war ebenfalls in Rot, David in Blau mit goldenen Sternen, Jeremias in Dunkelblau und Jesaias, der Betrübteste von allen, in Brokat. Die von Hennequin de Hacht angefertigte Brille des Jeremias war aus vergoldetem Kupfer. Alle hatten goldene Mäntel und standen auf einem grünen Postament. Die polychrome Plastik war übrigens noch im 16. Jahrhundert beliebt, wie es die zauberhafte Figur der Antoinette de Fontette zeigt, die aus dem Schloß von Drée in das Museum von Dijon gelangte.

Die Malerei hat sich jedoch nicht damit begnügt, der Plastik Hilfsdienste zu leisten. Sie verlangte ihre eigenen Rechte. Die Fresken in Notre-Dame in Dijon zeugen davon. Sie sind offenkundig von den Niederländern beeinflußt.

Darüber hinaus liefern die Rechnungsbücher und die erhalten gebliebenen Kunstwerke zahllose Beweise dafür, daß viele niederländisch-flämischen Maler im Herzogtum gearbeitet haben.

Unter den von Philipp dem Kühnen geförderten Meistern haben wir Jean de Beaumetz schon kennengelernt. Er stammte aus dem Artois, und der Herzog schätzte ihn außerordentlich, denn er wurde zum Gefährten Sluters auserkoren, als er 1393 nach Mehun-sur-Yèvre reiste. Jean Maelweel bemalte die Propheten am Mosesbrunnen und porträtierte Johann ohne Furcht[11]. Henri Bellechose, ein Brabanter, Jacques de la Baerze und Melchior Broederlam haben das Kunstgut des Herzogreichs Burgund um mehrere Werke bereichert. Zum Beispiel sind Melchior Broederlam die Altarflügel im Museum zu Dijon zu verdanken. Schon im Jahr 1387 hatte der gleiche Künstler im Hafen von Sluis das für die Expedition gegen England bestimmte Schiff Philipps des Kühnen mit Malereien geschmückt. Es war in Blau und Gold gehalten, große Wappenschilde umgaben den Pavillon auf dem Heckkastell; die Segel waren mit Margeriten und den Anfangsbuchstaben des herzoglichen Paares P. und M. und dem Wahlspruch des Fürsten »Il me tarde« bestreut.

An die Malerei schließt sich die Tapisserie an. Sie war eine der am meisten geübten Künste des 15. Jahrhunderts, und wir sprachen bereits im Kapitel über Philipp den Kühnen als Mäzen über die Vielfalt der Stätten, von welchen diese prunkvollen Wandbehänge in alle Welt hinausgingen[12]. Arras und Flandern wetteiferten darin. Die Leistungen der Teppichwirker haben wie die Schöpfungen der Bildhauer aus Dijon und der Maler aus den Niederlanden Frankreich und Europa erobert.

Goldschmiedekunst und Musik[13], verschiedene Zweige der angewandten Kunst und erlesenes Kunsthandwerk haben ihren entsprechenden Anteil an der Entfaltung aller im Bereich des Schönen möglichen Ausdrucksformen, und es ist sicher, daß, wenn die politischen Träume des Hauses Valois sich verwirklicht hätten, wenn Großburgund, endgültig gefestigt, sich als politisches Gebilde in der Welt behauptet hätte, damit ein großes Zeitalter der Künste innerhalb der Kultur der Menschheit heraufgekommen wäre.

Elftes Kapitel

HÖFISCHES LEBEN

Unerhörter Glanz ging im 15. Jahrhundert vom burgundischen Herzogshof aus. Man hatte offensichtlich den Ehrgeiz, alle anderen Herrscher in den Schatten zu stellen. In diesem Jahrhundert, wo Fürstenverehrung und Sucht nach prunkvollem Leben im Schwange sind wie eine tyrannische Religion, hat es das Haus Burgund darauf abgesehen, sozusagen alle Rekorde zu brechen. Galt es, durch verschwenderischen Aufwand, durch den funkelnden Glanz der Feste, den Ruhm der »pas d'armes«, die Üppigkeit der Bankette, das Fehlen der Königskrone wettzumachen und dadurch den Eindruck zu erwecken, daß man ihrer würdig sei, da man ja an Großzügigkeit diejenigen überbot, die allzu eifersüchtig auf ihren ausschließlichen Besitz pochten? Es sieht ganz danach aus. Politischer Größenwahn steckt anscheinend hinter dieser unentwegten Besessenheit, das Herzogshaus zum glänzendsten unter allen in der Christenheit regierenden Fürstenhäuser zu machen, an die erste Stelle der herrschenden Dynastien aufzusteigen und dafür zu sorgen, daß allenthalben Reichtum, Großmut und Kunstsinn »derer von Burgund« gerühmt werden[1].

Eine Spezialität des Hauses Burgund waren die Bankette. So wie sie zum Zeitpunkt des Vertrags von Arras in verschwenderischem Maße gegeben wurden, dienten sie bei allen anderen Gelegenheiten dazu, die Gäste der großen Herzöge gefügig zu machen. Die riesengroßen Küchenräume mit den ungeheuren Feuerstellen, die heute noch im Palast der Herzöge in Dijon zu sehen sind, vermitteln uns eine Vorstellung von den pantagruelischen Menus, die in einem solchen gastronomischen Laboratorium zubereitet werden konnten.

Die Gastmähler waren von einer Üppigkeit und einem Raffinement, welche die Qualität und die Vielfalt der Gerichte veranschaulichen. Die Länge dieser nicht enden wollenden lukullischen Schmausereien hätte auch die Ausdauerndsten zur Strecke gebracht, wäre die Reihenfolge der Gänge nicht unterbrochen worden durch »entremets«, das heißt spektakuläre Vorführungen, bei denen der Zeremonienmeister seinen Reichtum an Einfällen beweisen konnte. Es waren Pantomimen mit einer komplizierten, nie dagewesenen Maschinerie, bemannte Burgen, Kunststücke von Akrobaten, Darbietungen seltener oder symbolischer Tiere und dergleichen. Eines Tages wurde z. B. eine riesige Pastete aufgetragen, in deren Innerem ein Orchester von zwölf Musikern Platz genommen hatte.

Das bekannteste der vom Hof veranstalteten Gastmähler war das berühmte Fest des sogenannten »Vœu du Faisan«. Es wurde am 17. Februar 1454 zu Lille gegeben. Die Chronisten haben dessen Pracht mit großem Vergnügen gepriesen. Der Held des Abends war ein lebender Fasan im vollen Federschmuck, der eine schwere Kette aus Gold und Edelsteinen um den Hals trug. Der Riese Hans stellte den »Grand Turc« vor. Sodann trat die »Dame Église« klagend vor und sprach ihre wortreiche »complainte«. Sie erinnerte an die jüngst geschehene Katastrophe der Eroberung Konstantinopels durch die Türken und beschwor die Anwesenden, ihr zu Hilfe zu kommen. Zuerst wurde der Herzog, darauf die Gäste, insbesondere die Ritter vom Goldenen Vlies, ermahnt:

»Vous, chevaliers, qui pourtez la Thoison,
N'oubliez pas le très divin service.«

Philipp der Gute gelobte darauf feierlich vor allen Anwesenden, den Kreuzzug zu unternehmen. Dann folgte das Gelübde des Grafen von Charolais und eines jeden der hohen Herrn, in der Reihenfolge ihres Ranges. Das Gelübde wurde bei Gott, Unserer Lieben Frau und dem »faisant« abgelegt. Eine theatralische Szene, deren luxuriöse Aufmachung und die verschwenderische Pracht von Juwelen und kostbaren Stoffen durchaus dazu angetan waren, die Macht der großen Herzöge in die Wolken zu erheben, die aber, so ehrlich sie gemeint gewesen sein mag, dennoch nicht von der Vergeltung der Christen am Sultan sanktioniert wurde. Die dieses Gelübde ablegten, waren, dem Beispiel des Herzogs folgend, sehr darauf bedacht, die Möglichkeit höherer Gewalt offenzulassen, um nicht in den sauren Apfel beißen zu müssen.

Bei einem solch feierlichen Bankett hatte man seinen Stolz nicht allein in die kulinarischen und theatralischen Genüsse gesetzt, man hatte noch höher gegriffen. Sogar das Gewand eines Gastes ging zu Lasten der herzoglichen Kasse. In den Akten sind ausführlich alle Einzelheiten über Stoffe, Stickereien, Fransen, Kleider und Schmuck verzeichnet, die den hohen Herrn, Hofbeamten und einfachen, zum Festmahl befohlenen Soldaten geliefert wurden. An Farben waren Weiß, Grau und Schwarz zugelassen. Es mußten bezahlt werden »quatre cent cinquante-six aulnes et demie de drap de layne noir et gris par moitié pour faire cent douze robes, ... cinquante aulnes de drap blanc dont ont esté froncées les manches desdites robes, ... trois cent cinquante aulnes et demie d'autre drap blanc employé à doubler la quantité de quarante-sept robes de drap de soye, aussi gris et noir«; letztere waren für die zum Bankett geladenen Ritter und Edelleute des herzoglichen Hofhalts bestimmt[2].

*

Seit dem 13. Jahrhundert war das Turnier zum Höhepunkt der Ritterspiele geworden. Der Verfasser der Dichtung »Guillaume le Maréchal« erzählt uns schon von jenen »combats à la française«, »conflictus gallicus«, in denen die besten Kämpfer in solch reichem Übermaß Pferde und Gefangene gewannen, daß von Schreibern eigens darüber Buch geführt werden mußte. Während des Hundertjährigen Krieges erfreute sich das Turnier, die Schule der Tapferkeit par excellence, noch größerer Beliebtheit und war von noch kostspieligerem Aufwand begleitet. Auf Pferden mit reichen Schabracken führen die ganz in die Harnische eingeschlossenen Ritter gewandt ihre Lanzen und Schwerter, die sowohl in der feinen Ziselierung wie in der Qualität der Härtung sich überbieten. Man läßt sie mit großen Kosten aus dem Orient, Italien und Spanien kommen. Der Hof von Burgund ergreift jede Gelegenheit, um Turniere im großen Stil zu veranstalten. Von sehr weit her, aus Schottland und Kastilien, Ungarn und England, Portugal und Aragón kommt man herbei. Die bekanntesten Turnierkämpfer haben sich schon vorher herausgefordert und finden sich hier ein, um die Wettspiele dieses aristokratischen Sports auszutragen.

Der etwas eintönige Vorgang des Kampfes zu Pferde oder zu Fuß wird von abwechslungsreichen, ganz neuartigen Arrangements aufgelockert, wahren Meisterwerken der Phantasie. Jedesmal muß eine Überraschung ausgedacht werden, die an Pracht und Originalität alles Bisherige überbietet, wie der »pas de l'arbre de Charlemagne« oder der »pas de l'arbre d'or«, der »pas de la belle Pèlerine« oder der »pas de la Fontaine aux Pleurs« und viele andere.

Der »pas de l'arbre de Charlemagne« zum Beispiel fand im Juli und August 1443 in Marsannay-la-Côte, in der Nähe von Dijon, statt. An einem Baum, dem sogenannten »arbre de Charlemagne«, waren zwei symbolische Wappenschilde aufgehängt. Man hatte zwei Turnierplätze eingerichtet, von denen der eine dem Kampfspiel zu Fuß, der andere dem Kampfspiel zu Pferde vorbehalten war. Für die vornehmen Zuschauer war eine prächtig ausgestattete und eigens für sie erbaute Tribüne errichtet worden. Weitläufige Vorbereitungen wurden getroffen, um in den benachbarten Schlössern Perrigny, Marsannay und Couchy alles herzurichten für einen bequemen und luxuriösen Aufenthalt der aus allen Richtungen herbeiströmenden Gäste. Nach Ansicht von Kennern gab es gleich am ersten Tag, an dem in einem Kampf zu Fuß mit Streitaxt und Stoßdegen der Burgunder Charny und der Kastilier Saavedra aufeinander trafen, glänzende Gänge. Die am Baum aufgehängten Schilde wurden mit großem Pomp von den Siegern nach Notre-Dame in Dijon gebracht.

Der »pas de la Fontaine aux Pleurs« fand in der Ebene von Chalon-sur-Saône statt. Zu Füßen des Bildes der Muttergottes »fut figurée une dame moult honnestement et richement vestue, et de son chief en simple atour; et tenoit manière de plourer tellement que les larmes couroient et tomboient sur le costé senestre où fust une fontaine figurée«. Da waren das Haus der Schiedsrichter, die Zelte der Ritter, die Kampfbahnen, Tribünen, kurz, der ganze dazu gehörende teure Rahmen, innerhalb dessen sich unvergeßliche Kämpfe abspielten, jeden Tag von neuem, und zum Schluß eine Prozession, mit der die ein wenig in Vergessenheit geratene »dame des pleurs« ihre Rolle ausgespielt hatte.

Die Auswüchse der Turniere fanden ihre Kritiker, und bekümmert darüber macht sich jener Eustache Deschamps, den wir schon unter den Hofpoeten antrafen, zum Sprecher der Moralisten, die es wagen, diese Verschwendung von Energie und wertvollen Geisteskräften zu bedauern.

Zitieren wir von seinen mehr gehaltvollen als formvollendeten, aber keineswegs verächtlichen Versen die folgenden:

»On se destruit pour un pou de plaisance
Où nul bien n'a fors sotie et folour,
Orgueil de cuer, vaine gloire et despence
Que les chétis veulent nommer honnour,
Ou chascun pert, du bien commun l'amour
Cesse et perist, dont maint sont malostrus.
Jouste et tournois en guerre n'est qu'errour.
Que ne laissons vanité pour vertus?«

*

Daß der Realismus Deschamps' die Zukunft ankündigt, davon haben die Helden des Tages, die Professionellen des Kampfplatzes, für die das Turnier die beste Vorbereitung auf den Krieg ist, keine Ahnung. Der wahre Ritter eilt von Turnier zu Turnier, aber auch, wo immer es die Ereignisse gestatten, von Schlacht zu Schlacht.

Namentlich Jacques de Lalaing, »le bon chevalier«, wie er genannt wird, und besser noch: das Vorbild des Ritters in diesem Jahrhundert, hält es so. Er ist die Idealgestalt des sterbenden Rittertums: Lalaing, schön wie Paris, gottesfürchtig wie Aeneas, klug wie Odysseus und kampfbegeistert wie Hektor, jedoch mild nach der Schlacht, bescheiden und von makellosen Manieren. Lalaing, der an keinem Morgen die Messe versäumt und der keine andere Leidenschaft kennt als den Kampf.

Dichter haben in Prosa und in Versen um die Wette seine Taten besungen, und seine von Georges Chastellain verfaßte Grabschrift verdient, festgehalten zu werden:

»Cy gist celui qui clair plus que l'ivoire
Prit chasteté pour pilier de sa gloire.«

Mit dem Mittelalter ist der edle Geist der »gentillesse« noch nicht erloschen. Ihm wird im 16. Jahrhundert Burgund neuen Glanz verleihen, und unter Ludwig XIV. erobert Condé beim Klang der Geigen die hochburgundischen Festungen; ja, noch viel später werden Kriegshelden im Spitzenjabot die rühmlichen Taten ihrer Ahnen, der Paladine, erneuern. Dennoch ist es so, daß die Fortschritte der Belagerungskunst und Artillerie im ausgehenden 15. Jahrhundert dem Rittertum furchtbar Konkurrenz machen. Es ist ein Zeichen der Zeit und ein geradezu ergreifendes Symbol, daß Jacques de Lalaing nicht durch den wohlgeführten Lanzenstoß einer edlen Hand endet, sondern durch eine Kanonenkugel, die irgendein Mann niederen Standes von der Geschützbedienung gelöst hat, der keine Ahnung hatte von den Ehrbegriffen der Ritterschaft.

*

Neben dem Ritter hat die Frau ihren bevorzugten Platz innerhalb der höfischen Lebenssphäre. Sie ist die Königin der Festmähler und Turniere. Für sie greifen die Helden zu den Waffen und für sie ziehen sie in den Kampf.

Im Hinblick auf das weibliche Geschlecht herrschen im Mittelalter zwei gegensätzliche Strömungen. Da gibt es eine feindliche Tendenz, die literarisch ihren Ausdruck findet in den unfreundlichen Versen des, wie Huizinga sagt, »skeptischkühlen« Fortsetzers des Rosen-Romans, Jean de Meun, und man könnte Stellen anführen, an denen sich leicht beweisen ließe, daß das Altfranzösische ebenso wie sein Vorbild, das Latein, bisweilen die Schicklichkeit mißachtet, während der ältere Dichter jenes Poems, Guillaume de Loris, »noch dem höfischen Ideal« der hohen Minne huldigte. Die der Frau wohlgesonnene Strömung scheint gelegentlich sogar auf dem Wege zu einer zeitlich vorweggenommenen Frauenbewegung. Christine de Pisan, Schützling Philipps des Kühnen, beabsichtigt, von ihrer Feder zu leben, und setzt als Witwe stolz ihre Ehre darein, ihren Lebensunterhalt selbst zu verdienen:

»Seulète suis et seulète veuil estre.«

Und wenn sie den Ruhm der Jeanne d'Arc feiert, die das Vaterland gerettet hat:

»Ce que pas hommes fait n'eussent«,

preist die Dichterin damit ihr Geschlecht, und zwar im vollen Bewußtsein der Tatsache, daß keine Heldin durch ein Ereignis der Weltgeschichte je zu dem von der Jungfrau erreichten Ruhm gelangte.

Christines schönes Selbstvertrauen ist Vorbote einer in weiter Ferne liegenden Zukunft:

»Elle fut Tulle et Catton
Tulle car en toute éloquence
Elle eut la rose et le bouton,
Catton aussi en sapience.«

Für seinen Teil zieht Olivier de la Marche jedoch die gesellschaftlich gewandte Dame und die Hausfrau der schreibenden Frau vor:

»Vous, josnes filles qui désirés honneurs,
Laissiés là lettre, tout ouvrage et escolle,
Le beau maintien qui tant a de valeur,
Aprenés-le et le faites de cœur
Pour avoir loz qui legier court et volle.
Car je juge d'escript et de parolle
Qu'i n'est au monde tel trésor ne chevance
Milleur pour femme que bonne contenance.«

Wir werden uns hüten, darüber jenen Untertanen Ludwigs XI. zu befragen, der ein Tunichtgut war und sich François Villon nannte. Er führt uns geradewegs wieder zum Ewig-Weiblichen zurück, das alle Dichter zu allen Zeiten um die Wette besingen:

»Corps féminin, qui tant es tendre,
Poly, souef, si précieux ...«

Von den beiden widerstreitenden Ansichten, Verachtung und Verherrlichung der Frau, scheint die ältere Auffassung des Guillaume de Loris noch einmal aufzuleben. Der Marschall Boucicaut stiftete einen Ritterorden zu Ehren der Frau, den »ordre de l'écu verd à la dame blanche«. Philipp der Kühne gründete am 14. Februar 1401 eine große »Cour d'Amour« im Hôtel d'Artois in Paris, »à l'onneur, loenge et recommandacion et service de toutes dames et damoiselles«. Vor diesem Areopag sollten Debatten geführt werden in der

Form von Liebesprozessen wie an mittelalterlichen Minnehöfen, und man verteilte Preise für jene Gedichte, die im Gegensatz zur Verleumdung des Jean de Meun die Ehre und Tugend der Frauen priesen. Diese Einrichtung war allerdings nur von kurzer Dauer. Anton von Brabant, eines der Mitglieder der Gesellschaft, und viele seiner Gefährten waren nicht dafür geschaffen, sich als Verteidiger des weiblichen Geschlechts aufzuwerfen.

*

Unter den Ereignissen in der Geschichte der Herzöge, die in die Annalen des höfischen Lebens eingetragen sind, muß der Gründung des Ordens vom Goldenen Vlies ein besonderer Platz eingeräumt werden.

Die dritte Heirat Philipps des Guten, seine Ehe mit Isabella von Portugal, gab 1429 den Anstoß dazu. Er war trotz des noch bestehenden Bündnisses ein Gegenstück zum englischen Hosenbandorden. An der goldenen Kette der Ritter des neuen Ordens war ein in der Mitte aufgehängtes Widderfell in Gold befestigt, wie es insbesondere auf dem schönen Porträt in Chantilly zu sehen ist, auf dem ein unbekannter Meister der flämischen Schule, van Eyck vielleicht, den »grand bâtard« Anton, einen der Ritter, vollendet dargestellt hat.

Mit prunkvollen Festen wurde diese Ordensgründung begangen, dessen Kapitelsitzungen stets mit großem Pomp gefeiert wurden. Das Privileg, die Ordensritter zu ernennen, ging durch Erbschaft auf Karl V. über und blieb später Spanien und Österreich vorbehalten.

Der erste Patron des Goldenen Vlieses war selbstverständlich Jason. Die Argonautensage stand am Ausgangspunkt dieser Ordensstiftung. Aber dann kam man zu der Überlegung, daß das Patronat eines Heiden nicht sehr wünschenswert sei. Man besah sich die Sage etwas genauer und entdeckte Schliche, die nicht ganz ehrenhaft erschienen. Manch einer hatte offenbar auch eine gewisse Ähnlichkeit zwischen Jasons Skrupellosigkeit gegenüber Medea und der gegen Frankreich verfolgten burgundischen Politik gewittert. Man setzte also Gideon an die Stelle Jasons. Olivier de la Marche erklärt diesen Wechsel ziemlich ausführlich[3]. Dafür verantwortlich war

Jean Germain, Bischof von Chalon-sur-Saône und erster Kanzler des Ordens. Der gelehrte Kirchenfürst bezog sich auf die Bibel, genauer gesagt auf das 6. Kapitel im Buch der Richter. Er führte an, daß Gideon, »ein Korndrescher«, ein Vlies auf dem Boden ausbreitete und Gott bat, auf die Erde und nicht auf das Vlies regnen zu lassen. Das Wunder geschah. Darauf breitete er ein zweites ähnliches Vlies aus und flehte darum, daß dieses Mal des Himmels Tau nur auf das Vlies und nicht auf die Erde herabfalle, ein Wunsch, der ebenfalls in Erfüllung ging. Auf diese Zeugnisse hin ließ der Bischof Gideon an Jasons Stelle als Schutzherrn des Ordens wählen, und aus diesem Grunde schmückte die auf einem Wandteppich dargestellte Geschichte Gideons das Hôtel d'Artois in Paris[4].

Die Kette des Goldenen Vlieses wurde befreundeten Herrschern, wie den Königen von England und Aragón verliehen, auch berühmten Dienern des Herzogshauses, wie zum Beispiel dem »grand bâtard« Anton.

Nach den Statuten gehört ein ganzer Beamtenstab mit allegorischen Namen zum Orden des Herzogs. Der Wappenkönig heißt »Toison d'or«. Die Herolde tragen Namen von Ländern, die dem Herzog untertan sind, wie »Charolais« und »Zélande«. Der erste der »poursuivants« heißt »Fusil« nach dem Emblem Philipps des Guten, dem Feuerstein.

*

Das höfische Leben hält in allen seinen Äußerungen auf strengste Etikette. Ein bis ins kleinste ausgearbeitetes Protokoll regelt seinen Gang. Die Rangordnung wird aufs peinlichste eingehalten. Eine komplizierte Hierarchie von Hofbeamten ist den verschiedenen Zweigen des Hofdienstes zugeordnet. Wir sehen an den Beförderungen von Georges Chastellain oder Olivier de la Marche, auf welche Weise mit dem Erklimmen der Rangstufen ein Mann von Format und gutem Willen Karriere machen kann. Die wirklich ausgeübte Tätigkeit im Hofdienst wechselt mit vertraulichen Missionen ab, denn innerhalb dieses Stabes, den der Fürst ernährt, unterhält und sich durch Geldgeschenke verpflichtet, findet er die zuverlässigen Männer, auf die er vertrauen kann, um die geheimsten Aufgaben zufriedenstellend zu lösen.

Olivier de la Marche ist der typische Vertreter dieser adligen »écuyers«, von denen man unbedingte Ergebenheit erwarten kann. Er hat nämlich nicht nur aus Pflichtgefühl »gedient«. Aus Neigung kam er zum Leben in der großen Welt und bei Hofe. Keiner war mehr als er davon überzeugt, daß die Prunkentfaltung und der Luxus der »esbattements« für den Nimbus des Herrscherhauses, dem er sich geweiht hatte, unentbehrlich seien. Die burgundische Literatur ist gewöhnlich sehr weitschweifig in der Beschreibung solcher Szenen, die nach unserer Meinung straffer zusammengefaßt als bis ins Unendliche im einzelnen erzählt werden könnten. Wir spüren deutlich, welch ungeheures Vergnügen er am umständlichen Ausspinnen seiner Berichte empfindet, und gerade dieses Vergnügen ist charakteristisch. Worte und Sätze fließen ihm unerschöpflich aus der Feder, die das geringste Detail aufs minutiöseste festhält. So beschreibt er uns das Ritual, welches das tägliche Leben des Herzogs mit seinen streng geregelten Handhabungen begleitet. Als Beispiel eine auf den »service de la paneterie« bezügliche, sehr treffende Stelle, an der wir nur die unerläßlichen Kürzungen vorgenommen haben:

»Le duc a ung premier panetier et cinquante escuyers panetiers, et sont conduits à la guerre et à la paix soubs le premier panetier er sont gouvernés par cinq chiefs de chambre ordonnez par le prince, dont chascun a neuf panetiers soubz luy, et chevauchent tous soubz la cornette du premier panetier en une escadre ...

Quant le prince veult disner et qu'il est couvert, l'huissier de salle va quérir le panetier qui doibt servir ce jour et le maine en la paneterie. Et là le sommelier de la paneterie baille une serviette audit panetier et la baise en faisant créance. Et le panetier la met sur son espaule senestre, les deux bous pendans devant et derrière. Et puis, le sommelier luy baille la salière couverte, laquelle ledit panetier doibt porter entre ses dois, tenant le piet et le ventre de la salière, en difference du goubellet, qui se doibt porter par le piet. Et va le panetier après l'huissier de la salle, la teste nue ...

Le panetier assiet la viande sur la table, et puis prend son assay et le baille aux autres, l'ung après l'autre. Et se remet le panetier au bout de la table, devant la nef, et sert le duc à deux fois, et à chascune fois de douze ou treize mets.

Et le souper se sert à une fois.

Et doibt le panetier prendre ung des couteaulx et mettre le sel de la grande sallière en la petite et faire son assay, et le mettre devant le prince[5].

Le panetier prend au buffet les oublies et, s'il y a assemblée au banquet, il peut asseoir les oublies devant tous ceulx qui sont assis à la table du prince et non aultres.«

»Die hierarchischen Verordnungen des höfischen Haushalts sind von pantagruelischer Üppigkeit, wo sie sich auf die Mahlzeiten und die Küche beziehen«, schreibt J. Huizinga in seinem Buch »Herbst des Mittelalters«. Wir entnehmen diesem Werk noch einige Zeilen: »Die Hoftafel Karls des Kühnen mit all den mit nahezu liturgischer Würde geregelten Diensten von ›panetiers‹ und Vorschneidern und Mundschenken und Küchenmeistern glich der Aufführung eines großen und ernsten Schauspiels. Der ganze Hof aß in Gruppen zu zehn, in abgesonderten Zimmern, bedient und bewirtet wie der Herr, alles sorgfältig nach Rang und Stand geordnet. Alles war so gut geregelt, daß all diese Gruppen rechtzeitig nach ihrer Mahlzeit den Herzog, der noch an der Tafel saß, begrüßen konnten, ›pour luy donner gloire‹ ... In der Küche ... sitzt der diensttuende Koch in einem Sessel zwischen Herd und Anrichte, von wo aus er den ganzen Raum übersehen kann. In seiner Hand muß er einen großen hölzernen Löffel halten, ›der ihm zu zweierlei Zwecken dient: zum ersten, um Suppe und Saucen zu kosten, zum andern: um die Küchenjungen anzutreiben, ihre Pflicht zu tun, und, wenn nötig, auch mal dreinzuschlagen‹. Bei seltenen Gelegenheiten, z. B. bei den ersten Trüffeln oder dem ersten neuen Hering erscheint der Koch wohl einmal selbst zum Servieren, eine Fackel in der Hand.«

Die Ernennung zum Amt des Küchenmeisters ist ein Ereignis. Olivier de la Marche, auf den wir uns hier nochmals berufen, teilt uns mit, wie es dabei zugeht, »Wenn am Hof eines Fürsten ein Koch angestellt werden muß, müssen die Hofmeister (›maîtres d'hôtel‹) die Junker der Küche (›escuyers de cuisine‹) und alle diejenigen, die in der Küche angestellt sind, einen nach dem anderen aufrufen; und durch feierliche Wahl, von jedem unter Eid vollzogen, muß der Koch angestellt werden« (Huizinga).

Der Fürst, welcher eine solche Menge Personal zu unterhalten hat, ohne Umstände Gäste großzügig einlädt und im wahrsten Sinne des Wortes offene Tafel hält, gibt nicht nur Unsummen aus, von denen die Listen über die Ausgaben der Hofhaltung in den Archiven von Dijon noch beredter zeugen als die riesigen Herdstellen in den Küchen, sondern er ist auch von Staats wegen zu einem Leben dauernder Repräsentation verurteilt, in das ein Ludwig XI. sich keinesfalls fügte, mit dem aber allem Anschein nach die vier einander folgenden Herzöge spielend fertig geworden sind. Notfalls erleichterte ihnen eine gewisse Art von Berufsehre deren Beschwerlichkeiten.

Im übrigen erfuhren wir bereits im Kapitel über Philipp den Kühnen von dem Luxus, mit dem sich das Oberhaupt des burgundischen Staates umgibt. Wir wollen darauf nicht zurückkommen, aber einige dem Bereich der weiblichen und männlichen Kleidung entnommene Einzelheiten und Besonderheiten aus dem Privatleben nachtragen[6].

*

Wollen wir wissen, was Margarete von Flandern bei der Hochzeit ihres Sohnes trug, so erlauben uns die zur Verfügung stehenden Unterlagen die Beantwortung dieser Frage, mag sie auch indiskret sein.

Die Herzogin war in eine »houppelande« aus karmesinroter Seide gekleidet, die ein weiß gemustertes, mit goldenen Sternen übersätes Untergewand aus Samt sehen ließ. Bei der kirchlichen Zeremonie derselben Hochzeit bestand das Gewand der Herrn aus zweifarbigem Tuch, grün und weiß, mit dazu passendem Samt und Seide. Und der Herzog? Er war in grünen und weißen Seidendamast gekleidet, der schachbrettartig in kleine Vierecke aufgeteilt und mit Goldplättchen verziert war.

An die Hochzeitsgäste wurden Geschenke verteilt: Spangen, Seidenstoffe, Geschmeide.

Prinz Johann von Rethel, der zukünftige Johann IV. von Brabant, wurde am 11. Januar 1403 geboren. Die Vorbereitungen für seine Geburt liefern ein schönes Beispiel für die Vorkehrungen, welche bei Familienzuwachs getroffen wurden. Man hat den »trousseau de la gésine« kommen lassen. Er umfaßt zwei Wiegen, eine kleine und ein »bers de parement«, der nur im Vorzimmer steht. Letzterer ist nur zum Staatmachen da und wurde von einem aus der Moselgegend stammenden Meister seines Fachs, Jehan de Liége, Möbelschreiner in Paris, hergestellt. Eine vollständige Ausstattung ist vorbereitet, Tücher aus scharlachbemaltem, mit cyprischem Gold brochiertem Stoff, mit einem hochroten, mit zehn goldenen Kreuzen geschmückten Behang; eine hermelingefütterte Überdecke.

Der »bers de parement« war bemalt und mit echtem, brüniertem Gold gefaßt; das Holzgestell mit einem Brettchen verziert, um den Kopf des Kindes darauf zu legen. Diese Arbeit hatte ein Maler und Kammerherr des Herzogs ausgeführt, dessen Name uns bekannt ist, Christophle Besain.

Als die Erbin Karls des Kühnen, Maria von Burgund, geboren wurde, lag ihre Mutter auf einer »couchette« vor dem Kamin und das Kind in einer Wiege. Außerdem waren Prunkbetten aufgestellt worden und mit allem versehen, was zu einem besonders eleganten Bettzeug gehört. Im Zimmer der kleinen Maria befanden sich zwei Betten in Grün und Violett, die beiden Betten im Zimmer der Herzogin hatten grüne Gardinen. Im Vorzimmer stand noch ein großes Bett, das mit karmesinfarbigem Atlas ausgeschlagen war.

Eine Tochter des Herzogs von Burgund, die sich verheiratet, muß eine reichhaltige Garderobe mitnehmen. Hier zum Beispiel diejenige, welche die dem Sohn und Erben Karls VI. bestimmte Verlobte einpacken läßt, jene Margarete, die zweimal Dauphine ist, jedoch niemals Königin wird. Um an ihrem Ankunftstag ihren zukünftigen Gemahl zu begrüßen, trägt sie ein vollständiges Gewand, ein »ensemble« mit offenem »surcot« aus grüner Seide. Am Hochzeitsmorgen legt sie ein Kleid aus cyprischen Goldfäden an, darauf scharlachrote Felder gemalt waren. Nach dem Mittagsmahl jedoch zieht sie sich um und kleidet sich in ihr kostbarstes Gewand, einen Mantel aus einem anderen cyprischen Goldstoff mit dazu passender »houppelande«, um »aller à l'église le lendemain de ses noces« – zum Dankgebet für eine noch vollkommen geistige Verbindung, bemerkt dazu Henri David, die auch nicht darüber hinausgehen wird, da der erste mit einer burgundischen Prinzessin verheiratete Dauphin starb, bevor er noch das zehnte Lebensjahr erreicht hatte.

So folgt auf den rot-goldenen Glanz die Farbe der Trauer. Aber »brunette« und »noir de Lierre« sind nicht von langer Dauer, sie werden vom Weiß der Halbtrauer und sehr bald von Rot abgelöst.

Philipp der Gute vergaß nicht leicht. Der Tod seines Vaters traf ihn so schwer, daß er sich nicht auf die strengste Einhaltung der Trauerzeit beschränkte, sondern sein ganzes Leben lang eine Vorliebe für Schwarz zeigte und es sich zur Gewohnheit machte, sich in diese ernste Farbe zu kleiden, so prächtig es auch geschah.

*

Wie damals an allen Fürstenhöfen üblich, übernimmt von Berufs wegen ein »fol« oder eine »folle« die Aufgabe, die Langeweile zu vertreiben. Unter Philipp dem Guten erhält der Hofnarr Coquinet beträchtliche Geldgeschenke, und um die gleiche Zeit erfreute sich eine Närrin enormer Beliebtheit. Man bezeichnete diese goldblonde Zwergin Philipps von Burgund als »moult gracieuse« und kannte sie überall unter dem Namen »Madame d'Or«. Sie ist in den Rechnungsbüchern zu wiederholten Malen eingetragen und trieb zwischen 1421 und 1434 mancherlei Schabernack.

Anläßlich eines 1430 zu Ehren der neuen Herzogin, Isabella von Portugal, veranstalteten Festes wurde ein »entremets« aufgeführt. Es wird uns von dem Chronisten Le Fèvre de Saint-Remy beschrieben: »Y eut un grand entremetz d'un grand pasté où il y avoit ung mouton tout vif taint en bleu et les cornes dorées de fin or.« Der Riese Hans – der, wie wir sahen, eine Rolle spielte, als man das Fest des »Vœu du Faisan« in Szene setzte – befand sich am Tage, als die Herzogin gefeiert wurde, in Gesellschaft eines Schafs im Innern der Pastete. Er war »vestu en habit de beste sauvage«. Als die Pastete geöffnet wurde, sprangen das Schaf und auch der Mensch heraus, und es begann eine Balgerei zwischen dem Riesen und der Zwergin. Solcher Art waren die Überraschungen, die man den Gästen bereitete. Immer wieder mußte man auf unerhörte Einfälle kommen, wenn die auf etwas Neues versessenen Zuschauer dieser Belustigungen nicht überdrüssig werden sollten.

Diese »entremets« sollten wie Zirkusnummern, mit welchen die Veranstalter ihre Gäste ergötzen, immer wieder verschieden sein.

Führen wir also noch einige Beispiele an: auf einem ungesattelten Pferd »richement couvert de soye vermeille« sitzen zwei Trompeter, »doz contre doz«; das Pferd macht im Rückwärtsgang die Runde im Saal, während seine Reiter eine »batture de leur trompette« blasen; ein apokalyptisches Ungeheuer, halb Greif, halb Mensch, »qui chevauche un sanglier et qui, de son coté, porte un bateleur en posture savante«, d. h. mit den Beinen in der Luft; ein wunderbar schöner und großer Hirsch, »tout blanc et à longues cornes d'or«, auf dem ein zwölfjähriger Knabe sitzt und das gerade moderne Chanson singt: »Je ne vis oncques la pareille«.

Man sieht: an dem vornehmen Herzogshof, dessen militärischer Glanz auch einer der Anziehungspunkte ist, herrscht reges Leben. Die Diplomaten geben ihm noch ihre persönliche Note, denn alle Wege führen zum Hof von Monseigneur und von ihm fort. Für die Gesandten der ausländischen Mächte, welche dorthin kommen, wechseln geschäftliche Besprechungen mit kurzweiligen Belustigungen ab, die sie anstandshalber mit ihrer Anwesenheit beehren müssen. Am Hof der großen Herzöge wird auf ganz andere Art verhandelt als zur gleichen Zeit am Hof des kaum auf die Etikette bedachten Königs von Frankreich, Ludwigs XI. Den Zeitgenossen des alternden Philipp ist dieser atmosphärische Gegensatz bewußt. Für den Vasallen haben sie nur Lob und für den Lehnsherrn nur Tadel. Nach ihrer Ansicht verdiente es der Onkel und nicht der Neffe, die Krone zu tragen. Bestimmt haben die beiden letzten Vertreter der herzoglichen Linie in der geheimen Hoffnung, sie dem Schicksal abzujagen, die Pracht der ursprünglichen Begründer des glanzvollen Rufs Burgunds bewußt überboten.

Zwölftes Kapitel

DER BURGUNDISCHE STAAT

Als Karl der Kühne vermeinte, das Ziel einer Wiederherstellung des lotharingischen Reiches nahezu erreicht zu haben, indem er in Trier den Traum seines Vaters endgültig zu verwirklichen suchte, kam es eigentlich nur mehr darauf an, die Titulatur mit den Tatsachen in Einklang zu bringen. Der Staat der Herzöge war praktisch einer Monarchie gleichwertig geworden und übertraf sogar an Bevölkerungszahl und Reichtum die meisten Monarchien Europas im 15. Jahrhundert, deren es mehrere viel weniger glanzvolle gab.

Offensichtlich hat sich hier in wenigen Generationen eine Großmacht herausgebildet. Die vier Herzöge haben mit ihren emsigen und kraftvollen Händen die Stücke eines Mosaiks zu einem Ehrfurcht gebietenden Ganzen zusammengefügt, obwohl man nicht weiß, mit welchem Namen man es belegen soll. Schon die Zeitgenossen waren sich über die Bezeichnung nicht schlüssig: »grand duché d'Occident« oder »grand duché du Ponant«. Jedenfalls schien dieses Großherzogtum des Abendlandes oder Großherzogtum des Westens, dieser im Bau befindliche und schon so weit ausgedehnte Staat, der durch keine natürlichen Grenzen behindert, unaufhörlich wuchs, dazu berufen, zwischen dem gegen den Atlantik zurückweichenden Frankreich und den längs des Rheins sich zusammendrängenden deutschen Ländern eine Stellung einzunehmen, die bisher noch keine Staatsbildung auf die Dauer behauptet hatte.

Für die historische Betrachtung ergeben sich damit ganz neue Perspektiven. Zwei Königreiche des neuzeitlichen Europa, Holland und Belgien (Holland, Seeland, Friesland, Zütphen, Flandern, Brabant, Limburg, Namur, Mecheln und Lüttich) sind ja nur ein kleiner Teil dieses Staates, selbst wenn man die nordfranzösischen Departements des Pas-de-Calais und der Somme (französisches Flandern, Artois und Picardie) dazunimmt. Das ganze Küstengebiet von der Mündung der Somme bis zur Zuidersee bezeichnet den nördlichen Randstreifen, eine herrliche Wassergrenze, wo Schelde und Rhein sich durch den Dünengürtel graben und ihre Häfen für den immer mehr aufblühenden Handel des Hinterlandes, den regsamsten Zentren der mittelalterlichen Industrie zur Verfügung stehen.

Luxemburg mit seinen Anhängseln, inzwischen auch das Herzogtum Lothringen und das Ober-Elsaß bildeten eine Gruppe von Besitzungen, die das Bindeglied zwischen den flämischen und den eigentlich burgundischen Ländern waren.

Ihr Kern waren das Herzogtum Burgund und die Freigrafschaft, an welche sich Gebiete von geringerer Bedeutung anreihten, wie das Mâconnais, Auxerrois oder die Grafschaft Charolais, welche, wie wir bereits sahen, die Rolle eines herzoglichen Delphinats spielte.

Mußte nicht der Herr über so viele Länder das Gefühl haben, daß seiner Würde eine Königskrone – wenn nicht sogar die Kaiserkrone – gebühre? Vom Jura, von dessen Höhen man jenseits des Schweizer Flachlands die Zinnen der Hochalpen erblickt, bis zu den Polder in Friesland, von den Weinbergen im Mâconnais bis zu den Dünen von Den Helder, von den bescheidenen Ladeplätzen an der Saône bis zu dem aufstrebenden Handelshafen Antwerpen, von den klaren Zuflüssen der mittleren Rhone bis zu den befruchtenden Nebeln von Seeland sind verschiedenste Landschaften und Stämme in einem lebensvollen, noch unbenannten staatlichen Gebilde zusammengefaßt zu einer durch Personalunion repräsentierten Einheit, die sich dank ihrer sich ergänzenden Hilfsquellen immer mehr festigt. Vermutlich bevölkern fünf bis sieben Millionen Einwohner diese vielfältigen burgundischen Länder. Das entspricht der Einwohnerzahl Preußens im 18. Jahrhundert. Und gerade Burgund schien einen Augenblick lang auf dem Weg zu sein, in Frankreich die Rolle zu übernehmen, die später Preußen in Deutschland spielte. Wenn ein Herzog von Burgund ein Friedrich II. gewesen wäre und die Teilstücke Burgunds wie die Preußens zusammengefügt worden wären, so wäre die Einheit Frankreichs am Beginn der Renaissance ebensowenig zustande gekommen wie die Einheit Deutschlands, solange der österreichisch-preußische Dualismus währte. Wäre der Traum Burgunds in Erfüllung gegangen, so wäre nach der Meinung Leopold von Rankes Frankreich ein Kleinstaat geworden.

In dem zerstückelten Europa des 15. Jahrhunderts mischt sich der Herzog als Oberhaupt eines Staates, der faktisch eine Großmacht vorstellt, in alles ein, hat überall seine Gesandten und betreibt gewissermaßen eine europäische Politik.

Er unterhielt, wie wir schon hörten, im Nahen Osten enge Beziehungen zu Ungarn, finanzierte Missionen nach Palästina, kämpfte an der Donau, schickte Schiffe ins Schwarze Meer, und wir sahen, wie er Genua begehrte. Die Fäden seiner geflissentlich gegen den König von Frankreich arbeitenden Diplomatie laufen nach Mailand, Venedig, Florenz und Neapel. Er verbündet sich mit dem Königshaus von Neapel und versucht, nachdem er die französischen Absichten in Süditalien durchkreuzt hat, sie auch in Spanien zu vereiteln, wo er den Onkel des Königs von Neapel, Johann II. von Aragón, unterstützt, dem Ludwig XI. das Roussillon entreißen will.

Diese von den Historikern zumeist vernachlässigte burgundische Politik in Spanien bietet ein gutes Beispiel für die Einstellung der Herzöge, für die internationale, allseitige Reichweite der herzoglichen Diplomatie. Es lohnt sich, diesen Absichten einmal nachzugehen.

Schon vor dem Regierungsantritt Ludwigs XI. hatte sich zwischen dem Herzogshof und dem Haus Aragón eine Annäherung angebahnt. Um 1461 war der Plan einer Heirat zwischen Maria von Burgund, der Tochter des Grafen von Charolais, und Ferdinand, dem Sohn Johanns II., aufgetaucht. Ein erstaunlicher Vorgriff der Geschichte, die von diesem Augenblick an eine dynastische Verbindung einleitete, aus der schließlich die Machtstellung Karls V. hervorgehen sollte. Die beiden nur kurz Verlobten, Ferdinand und Maria, waren offensichtlich dazu bestimmt, wie auch immer sich das Schicksal wenden möge, in der Ahnentafel des größten Habsburgers einen symmetrisch angeordneten Platz einzunehmen. (Vgl. Stammbaum Burgund und Habsburg.)

Das zwischen Johann II. und Ludwig XI. am 9. Mai 1462 in Bayonne geschlossene Bündnis, demzufolge französische Truppen unter dem Kommando des Grafen Gaston de Foix der damals ausgebrochenen Revolution der Katalanen entgegengeworfen werden, verzögert für eine Zeitlang das Zustandekommen eines Freundschaftsvertrages zwischen Aragón und Burgund[1].

Aber schon wechselt das Bild auf der anderen Seite der Pyrenäen. Die Katalanen haben sich nicht ergeben. Heinrich IV. von Kastilien, den sie gegen Johann II. zu Hilfe gerufen hatten, läßt sie nach einem Schiedsspruch Ludwigs XI. im Stich. Dieser begnügt sich nicht damit, Aragón als Preis für einen Dienst, den er gar nicht geleistet hat, das Roussillon und die Cerdagne abgenötigt zu haben, sondern er intrigiert mit dem Ziel, sich in Barcelona als Lehnsherr anerkennen zu lassen. Um diesen allzu gefährlichen Beschützer loszuwerden, holen die Katalanen den Konnetabel von Portugal, Dom Pedro, den Erben des alten Grafengeschlechts von Urgel, aus Ceuta in Marokko, wo er im Kampf steht. Dom Pedro nimmt den Titel eines Königs von Aragón an, tritt als Konkurrent Johanns II. auf und setzt sich in Barcelona fest.

Nun ist aber Dom Pedro, der König der Katalanen, ein Neffe der Herzogin von Burgund, Isabella von Portugal. Kein Wunder, daß nun zwischen dem in der katalanischen Hauptstadt regierenden Fürsten und dem burgundischen Hof enge Beziehungen angeknüpft werden.

In den Archiven lassen sich die Spuren dieses Einverständnisses verfolgen. Dom Pedro ersucht seine Tante Isabella und Philipp den Guten um Beistand. Unter anderem wird Don Jaime von Aragón mit einer Gesandtschaft an den Hof von Burgund geschickt[2]. Burgundische Ritter, die sich zufällig in Barcelona befanden, erklärten sich bereit, auf dem Schlachtfeld von Urgel für den Neffen der Herzogin zu kämpfen[3], ohne allerdings Niederlagen verhindern zu können, die das Königtum Dom Pedros alsbald in eine mißliche Lage brachten.

Zweifellos steht die Anwesenheit einiger burgundischer Krieger auf katalanischem Boden im Jahr 1465 in Zusammenhang mit dem Kreuzzugsversuch des »grand bâtard« Anton.

Philipp der Gute, dessen Altersschwäche eine triftige Entschuldigung dafür war, daß er nicht selbst an der Spitze des so oft angekündigten heiligen Zuges stand, hatte, wie wir schon hörten, den von ihm am meisten geliebten und glänzendsten seiner illegitimen

Söhne beauftragt, ihn im Nahen Osten zu vertreten. Es handelte sich im übrigen zunächst um eine Vorhut. Sie zählte zwölf Schiffe und 2000 Mann, die sich am 21. Mai 1464 mit großem Getöse in Sluis eingeschifft hatten. Der »große Bastard« sollte das Ziel seines Vorhabens freilich nicht erreichen. Er machte eine Zwischenlandung in Ceuta, wo der König von Portugal seinen Beistand anrief. Zwar machte er sich um die Befreiung der von den Marokkanern belagerten Stadt verdient, aber durch einen Sturm auf dem Rückweg wurde das Gros seiner Truppen nach Marseille abgetrieben. Einige abgesplitterte Detachements brachten Dom Pedro eine allerdings begrenzte Hilfe, die aber angesichts der Unzulänglichkeit seiner eigenen Streitmacht immerhin noch zu schätzen war.

Es war auch dem Beistand Burgunds zu verdanken, daß der König der Katalanen nach dem militärischen Fehlschlag sein Ziel durch eine eheliche Verbindung beinahe erreicht hätte.

Dom Pedro war unverheiratet. Er hatte an eine Schwester der Königin von Frankreich, Charlotte von Savoyen, gedacht und in diesem Sinne seine Fühler ausgestreckt. Die Verärgerung Ludwigs XI., dessen Platz er in Barcelona, ohne zu zögern, eingenommen hatte, war aber so heftig, daß eine Heirat, die aus dem jungen Oberhaupt des katalanischen Staates einen Schwager des Königs von Frankreich gemacht hätte, sich sehr bald als illusorisch herausstellte. Auf den Vorschlag erfolgte überhaupt keine Antwort. Daraufhin kam Dom Pedro der Gedanke oder wurde ihm eingeflüstert, eine Verbindung mit dem englischen Königshaus einzugehen. Es ist kaum zweifelhaft, daß die Herzogin von Burgund ihren Neffen in diese Richtung wies oder ihn ermutigte. Es handelte sich darum, ihm Margarete von York zur Gemahlin zu geben, welche die dritte Frau Karls des Kühnen werden sollte. Der König der Katalanen beschreibt am 28. März 1466 bis ins kleinste Detail und als Mann von Geschmack seinem Sekretär, der mit dem Kauf beauftragt war, den Ring, welchen er seiner englischen Braut zu überreichen gedachte[4]. Ausweislich einer Quittung kostete ihn der Diamant nicht weniger als 200 Livres.

Dieses Heiratsprojekt wurde durch den Tod des Verlobten hinfällig. Dom Pedro starb am 29. Juni, zugrunde gerichtet durch Krankheit, Enttäuschungen, Kummer und Überanstrengung[5].

Hierauf beriefen die Katalanen auf den vakanten Thron René von Anjou, und dieser Erbonkel hatte von vornherein die sofortige Unterstützung eines so wenig uneigennützigen Neffen, wie es Ludwig XI. war. Das war Grund genug für Karl den Kühnen, der inzwischen Herzog von Burgund geworden war, seine hispanische Politik auf Johann II. umzustellen. Demzufolge nahm er die ursprünglich vorhandene Gegebenheit wieder auf. An eine Verbindung der beiden Familien allerdings war nun nicht mehr zu denken. Ferdinand, der Erbe Johanns II., war Isabella von Kastilien versprochen, und Maria sollte von ihrem Vater dem Bruder Ludwigs XI., Karl von Frankreich, anverlobt werden, den der Hof von Burgund für sich gewinnen wollte, wie wir bereits sahen. So bahnt sich ein politisches Bündnis an, und die formellen Verträge knüpfen dessen Bande fester. Die Gesandten Johanns II., Don Hugo de Urrea und Don Francés Berenguer, reisten, nachdem sie sich nach London begeben hatten, an den Hof von Burgund und unterzeichneten das Bündnis am 22. Februar 1469. Der also geknüpfte Zusammenschluß zwischen Aragón und Burgund wurde noch enger nach der Wiedereinsetzung Eduards IV. im Jahr 1471. Am 1. November hatten sich der Herzog von Burgund, der König von England und der König von Aragón in einem regelrechten Dreibund zusammengefunden.

Dieses Mal handelt es sich nicht mehr um vage Freundschaftsbeteuerungen, sondern um präzise und bindende Bestimmungen. Unter den umständlichen Artikeln, in welchen sich die Diplomatie des 15. Jahrhunderts noch gefällt, treten deutlich die für Frankreich höchst gefährlichen Klauseln eines Defensivbündnisses hervor. Ludwig XI. wird ständig als Feind der vertragschließenden Parteien bezeichnet. Angesichts seiner Ländergier garantieren sich die Verbündeten gegenseitig die Unverletzlichkeit ihrer Staaten. Und damit zwischen Burgund und Aragón wegen der gelösten Verlobung Ferdinands und Marias auch nicht die Spur eines Hintergedankens zurückbleibe, wird den beiden Neuerwählten, Ferdinand und Isabella, gestattet, den Vertrag mit zu unterzeichnen.

Die Allianz von 1471 gehörte nicht zu jenen platonischen Bündnissen, an denen die Geschichte des 15. Jahrhunderts so reich ist; die Ereignisse sollten nicht auf sich warten lassen, um deren Wirksamkeit auf die Probe zu stellen.

Von vornherein stellten sich Johann II. und Karl der Kühne im Geiste des engsten Einverständnisses gegen ihren gemeinsamen Feind Ludwig XI. Im Vertrauen auf eine energische Zusammenarbeit ging Johann II. beherzt in die Offensive. Der Herzog von Burgund galt überall in Aragón als Mitstreiter am gleichen Werk wie der Landesherr selber. Wir finden einen Niederschlag der herrschenden öffentlichen Meinung in den Betrachtungen des Vikars von Gerona, Alfonsello: »Gott ist es«, schreibt er, »welcher den erlauchten Herzog von Burgund, den Waffenbruder unseres Königs von Aragón, gegen den abscheulichen Tyrannen, den König von Frankreich, aufgerufen hat, und der Herzog verfolgt den Tyrannen so heftig, daß er seiner Gewalt nicht entrinnen kann[6].«

Derart gestützt, gelingt es Johann II., nicht nur Barcelona zurückzuerobern und die Ruhe wiederherzustellen, sondern er gewinnt auch noch das Roussillon zurück, das die französischen Truppen sechs Jahre besetzt hielten, und als der König von Frankreich ein neues Heer entsendet, um Perpignan zu belagern, wohin Johann II. sich höchstselbst begeben hat, verhallt der Hilferuf dieses Fürsten an seinen Verbündeten nicht ungehört.

Am 28. März 1473 schreibt Karl der Kühne an seinen »Waffenbruder« einen schön klingenden Brief, der es verdient, hier in extenso übersetzt zu werden[7]:

»An den allervortrefflichsten und allermächtigsten Fürsten, den König von Aragón und Sizilien, meinen Herrn und lieben Vetter.

Allererlauchtigster und allervortrefflichster Fürst, lieber Herr und Vetter.

Zuvor empfehle ich mich Ihnen.

Mehrmals wurde ich von meinem teuren Bruder und Vetter, dem Herzog von der Bretagne im Namen des Königs von Frankreich, unserem gemeinsamen Feind, und auch von dem Konnetabel desselben Königs aufgefordert, mit ihm bis zum ersten April vierzehnhundertdreiundsiebzig einen Waffenstillstand zu schließen, beginnend an Ostern. Ich habe gern meine Einwilligung gegeben, jedoch unter der ausdrücklichen Bedingung, daß mit Ihrem Einverständnis von meinen Bundesgenossen und Alliierten Eure Majestät ausdrücklich mit eingeschlossen wird.

Nach der Unterzeichnung dieses Waffenstillstandes erfuhr ich von der gemeinen und grausamen Ermordung meines Vetters, seligen Angedenkens, des Grafen von Armagnac. Er wurde von den Soldaten des Königs, unseres Feindes, getötet, obwohl die Burgen und Festungen von Lectoure in aller Form kapituliert hatten und freies Geleit zugesichert und das Wort des Königs feierlich gegeben worden war.

Ich erfuhr außerdem, daß der gleiche König von Frankreich daran dachte, die durch die Übergabe von Lectoure frei gewordene Armee gegen Sie zu führen.

Als ich diese Nachricht erhielt, gab ich 1000 Lanzenreitern, die ich in Italien angeworben hatte und die ich in Anbetracht des Waffenstillstandes nach Burgund abziehen wollte, umgehend den Befehl, sich sofort in Bewegung zu setzen.

Ich beabsichtige in der Tat, daß diese Truppen zusammen mit den burgundischen Kontingenten gegen unseren Feind vorgehen, wenn er durch einen Angriff auf Eure Majestät den Waffenstillstand bricht.

Ich werde ihm an der Spitze meiner Truppen keine Ruhe lassen. Zu diesem Zweck habe ich den allervortrefflichsten und allererlauchtesten Fürsten, meinen Herrn und Bruder, den König von England, und meinen schon genannten Vetter, den Herzog von der Bretagne, um Beistand angerufen. Ich habe sie durch Briefe und Boten inständig gebeten, es mir gleichzutun und auf den gemeinsamen Feind einen gemeinsamen Druck auszuüben.

Zwar vertraue ich darauf, daß sie ihrer Pflicht nachkommen werden und bin davon überzeugt, daß alle beide, der Herzog von der Bretagne und der König von England, Wachsamkeit und Tatkraft beweisen werden. Sollten sie jedoch entgegen meinen Erwartungen daran gehindert sein, diese Aufgabe zu erfüllen, so bin wenigstens ich, was mich betrifft, unverzüglich und ohne Hintergedanken, entschlossen, energisch vorzugehen.

Außerdem habe ich bereits durch die Vermittlung meiner Gesandten beim Konnetabel von Frankreich Protest eingelegt; denn ich wünsche, daß unser gemeinsamer Feind weiß: die Sache Eurer Majestät und meine sind in diesem Punkt miteinander verbunden, und wir haben in diesem Punkt gemeinsame politische Interessen, und keiner kann einen von uns angreifen, ohne daß der andere sich dazwischen wirft.

Jedes für Eure Majestät glückliche oder unglückliche Ereignis ist es für mich in gleichem Maße und ich kann einer Gefahr, die Ihrer Krone droht, nicht aufmerksamer begegnen als einer Gefahr, die mich selber bedroht.«

Die Notifikation des französisch-burgundischen Waffenstillstandes, die am 23. Mai im französischen Feldlager vor Perpignan stattfand, trug entscheidend dazu bei, daß die Belagerung aufgehoben und Ludwig gezwungen wurde, den Vertrag von Perpignan vom 17. September zu unterzeichnen, durch den das Roussillon neutral wurde und eine diplomatische Regelung zwischen Frankreich und Aragón in Aussicht genommen wurde.

Daß die Politik des Herzogs sich mit diesem Nachdruck über eine solche Entfernung auswirken konnte, ist ein schlagender Beweis für die Weltweite der burgundischen Absichten, für den unbegrenzten Aktionsradius der großen Herzöge.

*

Begreiflicherweise besaß der aus Stücken um Stückchen zusammengesetzte burgundische Staat keine einheitlichen verfassungsrechtlichen Institutionen.

Entstanden ist er nicht durch vorhergehende gründliche Überlegungen oder durch Eroberungen mit dem Schwert, sondern, wie es der Zufall gab, durch Aneinanderfügen von Seigneurien, die durch geschickte Einbringung von Erbschaften und Abtretungen unter einem Staatsoberhaupt zusammenkamen. So entsteht der Eindruck von einem Konglomerat, ein Charakteristikum, das zum Ausdruck kommt in der langen Reihe der Titel, die im übrigen sich immer wieder geändert haben, je nach dem Zugang oder Abgang von Lehen. So nennt sich in einer hochwichtigen Urkunde Philipp der Gute: »Herzog von Burgund, Lothringen, Luxemburg, Limburg und Geldern, Graf von Artois, Flandern, Burgund, Pfalzgraf von Hennegau, Holland, Seeland und Zütphen, Markgraf des Heiligen römischen Reiches, Herr von Friesland, Salins und Mecheln ...«[8], wobei Lothringen Nieder-Lothringen entspricht.

Bei jeder dieser Seigneurien, die unter seine Botsmäßigkeit gekommen sind, hatte der Fürst mit wenigen Ausnahmen sich bereit gefunden, die Freibriefe zu bestätigen, die Gewohnheiten anzuerkennen, die Rangordnung der öffentlichen Ämter, die Eigentümlichkeiten der Einrichtungen, die Landessprache zu achten, und sich darauf beschränkt, die lehensherrliche Autorität (»suzeraineté«) geltend zu machen und das Funktionieren der Behörden zu kontrollieren. Infolgedessen würde jedes Lehen eine gesonderte Darstellung erfordern, die hier nicht am Platz ist, sondern in die Lokalgeschichte gehört. Unerläßlich ist es jedoch, die hauptsächlichsten Institutionen durchzugehen, welche die Herzstücke dieses riesigen Komplexes, das Herzogtum Burgund, die Grafschaft Burgund und die Niederlande, zu verwalten hatten.

Zunächst das Herzogtum! Wir sahen bereits, daß die Grundpfeiler des Verwaltungsapparats seit den Zeiten der Kapetinger erhalten blieben. Es waren dies die fünf, im 13. Jahrhundert vollends ausgebildeten »bailliages«: Autun und Montcenis, Auxois, Chalon, Montagne (Châtillon-sur-Seine). Die »baillis« waren unter den Valois wie unter den Kapetingern die wichtigsten Repräsentanten der herzoglichen Regierungsgewalt. Getragen von einem starken Traditionsbewußtsein und bewährten juristischen Grundsätzen, wachen sie über die Geschicke der Untertanen. Sie sind die Hüter der Interessen ihres Herrn und zugleich die Fürsprecher der Bedürfnisse der Untertanen. Unter den herzoglichen »baillis« im 15. Jahrhundert finden sich nicht wenige überragende, tatkräftige und selbständige Persönlichkeiten. Ihnen vor allem sind in den ruhigeren Zeiten zwischen den Kriegen entschiedene Fortschritte im Gedeihen der örtlichen Verhältnisse zu verdanken; wir erwähnen nur die energischen und hartnäckigen »baillis« in Autun oder Mâcon, die Schritt für Schritt die herzogliche Amtsgewalt gegenüber der Anmaßung und den Übergriffen der Bischöfe und Offizialgerichte durchzusetzen wußten.

Der Organisation der Rechtsprechung ließen die Herzöge besondere Fürsorge angedeihen. Eine ansehnliche Reihe von Verordnungen verbesserte das Gewohnheitsrecht. Unter Philipp dem Guten ist dieses Recht selbst Gegenstand einer kritischen Überarbeitung, die in der am 26. August 1459 bekanntgegebenen Reduktion der »Coutumes générales du pays et duché de Bourgogne« zum Ausdruck kommt. Ihre in Artikel unterteilten fünfzehn Hauptabschnitte behandeln nach Art eines Gesetzbuchs die verschiedenen Gebiete des Privatrechts.

Ein Appellationsgericht wird den grundherrlichen und kommunalen Gerichten übergeordnet, die nach den Normen des mittelalterlichen Gewohnheitsrechts verfahren: die »Jours Généraux«. Dieses Appellationsgericht ist zugleich die höchste Instanz für bestimmte Privilegierte. Es stellt eine Art »Parlement« dar, hat seinen Sitz in Beaune und besteht aus einem Präsidenten, etwa zwanzig »conseillers« und sogenannten »chevaliers d'honneur«. Seine Mitglieder werden vom Herzog ernannt und empfangen für jede Sitzung eine Entschädigung.

Es sei jedoch vermerkt, daß die französische Krone nie damit einverstanden war, daß die in Beaune ergangenen Urteile von dem Einspruch des Pariser »Parlements« ausgenommen waren. Mehr noch als das: der Herzog selbst, Pair des Königreichs, war und blieb als solcher dem Pariser »Parlement« in rechtlichen Dingen verantwortlich. Mehrmals wurden Philipp der Gute und nach ihm Karl der Kühne vor dieses »Parlement« geladen. Sie leisteten dem keine Folge[9]. Durch diese Vorladungen, wenn sie auch fruchtlos blieben, wahrte das Königtum seinen Anspruch auf Souveränität, unterband die Verjährung und hielt damit an dem Band fest, das trotz der politischen Verhältnisse, trotz der außergewöhnlichen Macht des Oberhaupts des burgundischen Staates die Apanage der Valois für alle Zeiten an das Königreich band, ganz so wie einst die normannischen Herzöge, obwohl sie Könige von England geworden waren, dennoch französische Vasallen geblieben waren.

Neben den »bailliages« vervollständigen der »Grand Conseil« und die »États de Bourgogne« das Bild der wesentlichsten Institutionen des Herzogtums. Auch sie gehören zur Hinterlassenschaft aus der Zeit der Kapetinger.

Der »Grand Conseil« ist eine Art Staatsrat. Er befaßt sich mit allen entscheidenden politischen und administrativen Fragen. Seit 1446 finden die Sitzungen regelmäßig statt. Doch ist zumindest seit 1422 in Dijon eine »Chambre de Conseil« eingerichtet worden, und sie ist es, welche die Regierung praktisch ausübt. Ihr Präsident wird häufig »le président de Bourgogne« genannt. Eine bedeutende Rolle im »Conseil« spielt der Kanzler. Er hat die Schlüsselposition inne.

Aber bisweilen gibt es einen »chef de Conseil« neben dem Kanzler. Die Bischöfe von Tournai, Jean de Thoisy und Jean Chevrot, haben diese Stellung bekleidet, wie wir bereits sahen.

Die Stände treten einmal im Jahr zusammen, meistens in Dijon, manchmal aber auch in Beaune oder Chalon. Sie bestehen aus den Vertretern der Geistlichkeit, des Adels und der wichtigsten Städte, deren Abgesandte die Sprecher des Dritten Standes sind[10]. Während ihrer Sitzungen werden Steuern und Abgaben beraten, deren Einhebung den von den Ständen ernannten »élus« übertragen wird[11].

Wenn wir vom Herzogtum zur Freigrafschaft übergehen oder, wie sie damals hieß: »la Comté«, stellen wir in erster Linie fest, daß dieses theoretisch als Reichslehen geltende Gebiet praktisch seine eigenen Institutionen hat, in die das Reich nicht eingreift.

*

Dem aufmerksamen Blick fallen sehr viele Ähnlichkeiten mit dem Herzogtum auf, vor allem das System der »baillis«. Nachdem die »bailliages« in der Grafschaft unter König Philipp dem Schönen, der »seigneur« dieses Landes war, feste Gestalt angenommen hatten, wurden sie unter den Valois-Herzögen endgültig heimisch. Zu den beiden im Beginn des 14. Jahrhunderts bestehenden kapetingischen »bailliages«, dem Amtsbezirk des Oberlandes in Vesoul und dem des Unterlandes in Poligny, fügte Philipp der Gute 1442 den Amtsbezirk Dôle hinzu, der aus der Teilung des »bailliage« des Unterlandes entstand.

Das »Parlement« der Grafschaft hatte durch herzogliche Ordonnanz vom 30. Mai 1396 seinen endgültigen Sitz in Dôle erhalten. Dieser Gerichtshof bekräftigte seine Macht, indem er die größten Barone zur gelegenen Zeit vorlud. Er bestätigte sie noch deutlicher mit der Veröffentlichung der »Coutumes générales du comté« im Jahr 1460. Dank dieser Kodifikation konnten alle Gerichte in der Grafschaft nach einem geschriebenen, unveränderlichen Gesetz Recht sprechen.

Zum Zweck einer besseren Ausbildung seiner Rechtskundigen und Räte am »Parlement« sowohl in der Freigrafschaft wie im Herzogtum gründete Philipp der Gute im gleichen Jahr 1460 in Dôle eine Universität, die schnell aufblühte und sich vor allem durch ihre juristische Fakultät auszeichnete.

Gleichfalls im 15. Jahrhundert beobachten wir eine lebhafte Entwicklung der Stände der Grafschaft, wobei wiederum die Herzöge die treibende Kraft sind. Ihr Ursprung ist nicht genau bekannt, sie stammen jedenfalls aus dem kommunalen Leben und beginnen seit 1384 stärker hervorzutreten. Wenigstens ist dies das Datum, an dem der Herzog-Graf zum erstenmal an einem einzigen Ort die Delegierten der Gemeinden des »bailliage« des Oberlandes versammelt, anstatt Kommissare in die verschiedenen Städte auszuschicken, um Steuern und Abgaben zu fordern und einzutreiben. Kurze Zeit später wird diese Methode in dem »bailliage« des Unterlandes angewandt. In der Folge werden beide Versammlungen zusammengelegt. Die Stände sind da: die beiden steuerpflichtigen, Geistlichkeit und Bürger, und der Adel, der sich seiner Verpflichtungen durch persönliche Dienstleistung entledigt, abgesehen von bestimmten Ausnahmefällen. Im Laufe des Jahrhunderts kommt es so weit, daß die drei Stände gemeinsam in Salins tagen. Da unter Karl dem Kühnen die Ständeversammlung in Salins immer häufiger um Bewilligung von Geldmitteln angegangen wird, entschließt sie sich aus Vorsicht, ausdrücklich festzulegen, daß die in der Grafschaft erhobenen Gelder ausschließlich in der Grafschaft selber verwendet werden müssen. Auf diese Weise bürgert sich der Brauch ein, daß jede Hilfe für auswärtige Zwecke verweigert wird.

Die Regierungsgewalt in der Freigrafschaft war, wie man sieht, unter den Valois straff organisiert. Sie sah sich jedoch eingeschränkt durch das Vorhandensein einer freien Reichsstadt im Herzen des Landes. Das selbständige Besançon bildet gewissermaßen eine Enklave[12]. Es verwaltet sich selbst und wählt seine eigenen Beamten. Dank seiner Privilegien ist es eine Art Stadtrepublik. Diese Unabhängigkeit war allerdings nicht unangetastet geblieben, denn die Herzöge von Philipp dem Kühnen bis zu Karl dem Kühnen hatten unentwegt danach getrachtet, Besançon unter ihre Kontrolle zu bringen. Sie haben zu diesem Zweck die inneren Kämpfe sich zunutze gemacht, bei denen die bürgerliche Oberschicht und das Volk aneinander gerieten. Dieser Trick erinnert an ihre Taktik in Lüttich, wennschon es in Besançon aus guten Gründen nicht zu den gleichen heftigen Krisen kam. Am Schluß wurde praktisch eine Art Protektorat ausgeübt, eine »gardienneté«, wie die Quellen es nennen. Ein Stadtkapitän und ein Richter, beide auf Dauer eingesetzt, repräsentieren den Herzog-Grafen. Sie üben über die Republik Besançon, deren Privilegien jedenfalls in der Theorie nicht berührt wurden, eine strenge und wachsame Aufsicht aus.

Das Bindeglied zwischen Herzogtum und Grafschaft Burgund bildete die »Chambre des Comptes« in Dijon, deren Zuständigkeit sich über beide Länder erstreckte.

Selbstverständlich konnte ein gemeinsamer oberster Rechnungshof den Dualismus der beiden burgundischen Länder nicht vollständig aufheben. Aber bei aller Verschiedenheit, gelegentlicher Eifersüchtelei und gewissen Widersprüchen des Wesens und der Aspirationen wirkten sie doch zusammen und trugen jedes an seinem Teil zum Ruhm der Dynastie bei.

*

Nicht weniger beachtlich sind die Verdienste der Herzöge um die Verwaltung der Niederlande.

Philipp der Kühne hatte es verstanden, in Flandern die feudalen Einrichtungen durch eine »Chambre des Comptes« abzulösen. Die Errichtung dieses Rechnungshofes mit Zuständigkeit für ein ganzes Gebiet spricht deutlich für ein entschiedenes Streben nach Vereinheitlichung. Die Erben des ersten Herzogs brauchten ihre neuen Landgewinne nur in diesen Rahmen einzufügen, der demzufolge so bleiben konnte, wie ihn der Schwiegersohn Ludwigs von Maele vorgezeichnet hatte.

Durch eine nicht minder beachtenswerte Neuerung brach Philipp mit den Gewohnheiten der verflossenen Ära: er wies nicht nur der »Chambre des Comptes« einen festen Sitz in Lille an, sondern er machte ihr auch zwei Sitzungen täglich, am Morgen und am Abend, zur Pflicht und sorgte für einen Sitzungsraum, für Beamte und Gehälter. Für die Fragen des Rechtswesens rief er einen »Conseil de Flandre« ins Leben.

Dieser »Rat von Flandern« entspricht etwa den »Jours Généraux« des Herzogtums Burgund. Er unterscheidet sich insofern von ihnen, als er sich nicht für dauernd an einem Platz etabliert, sondern nacheinander in verschiedenen Städten: von 1405 bis 1407 in Oudenarde, 1407 bis 1439 in Gent, 1439 in Kortrijk, 1440 bis 1447 in Gent,

1447 bis 1451 in Dendermonde, von 1451 bis 1463 in Ypern und schließlich von 1463 ab ständig in Gent.

Der »Conseil« bestand aus dem »président de Flandre«, acht »conseillers«, einem Generalprokurator, einem »avocat fiscal« (Fiskalvogt), einem »greffier« (Gerichtsschreiber), einem »receveur des exploits« (Steuerreceptor), »huissiers« (Türhütern bzw. Gerichtsdienern) und einem »garde des chartes« (Urkundenbewahrer), der das Archiv betreute.

Der unveränderlich in Lille verbliebenen »Chambre des Comptes« oblag es, das Finanzgebaren der »baillis« und der anderen Beamten zu kontrollieren. Ihr Amtsbereich erstreckte sich auch auf die Somme-Städte. Während beim »Conseil de Flandre« zwei Amtssprachen zugelassen waren, Flämisch und Französisch, galt in der »Chambre des Comptes« ausschließlich Französisch als Amtssprache.

Die Stände von Flandern sind so organisiert wie die Stände der großen Lehnsgebiete innerhalb Frankreichs: Langue d'Oïl, Langue d'Oc, Champagne, Normandie usw. Sie versammeln sich entweder in Brüssel, Gent, Brügge oder irgendeiner anderen Stadt; es steht dem Herzog zu, den Tagungsort nach Belieben zu bestimmen. Die drei großen Städte Flanderns: Gent, Brügge, Ypern werden allgemein die »trois membres de Flandre« genannt.

Flandern ist wie Burgund in »bailliages« eingeteilt. Über diesen Amtsbezirken schwebt die Autorität einer Art von Oberbeamten, der mit dem Titel eines »souverain bailli de Flandre« ausgestattet ist und dem Fürsten direkt untersteht. Als Musterbeispiel einer Verwaltungskarriere kann man jene von Colart de Commynes, Sire de Renescure anführen, dem Vater des Geschichtsschreibers Philippe de Commynes. Colart war nacheinander Gouverneur von Cassel (1429), »bailli« von Gent (1432), »souverain bailli« von Flandern (1435); später wurde er zum Ritter vom Goldenen Vlies ernannt. Er starb 1453.

Dem Beispiel seines Vaters, Philipps des Kühnen, folgend, hatte Herzog Anton von Brabant sich vorgenommen, das Herzogtum, welches er von seiner Großtante bekommen hatte, mit einer durchgreifenden, planmäßigen Verwaltungsorganisation auszustatten. Im Jahr 1406 hatte er in Vilvorde eine »Chambre des Comptes« und einen »Conseil de Justice« eingesetzt. Die »Chambre des Comptes«

dehnte in der Folge ihren Zuständigkeitsbereich auf Holland, Seeland, Friesland und Luxemburg aus. Dem »Conseil de Justice« war allerdings kein langes Leben beschieden. Er wurde durch die Stände erledigt, dank der Schwäche des trottelhaften ältesten Sohnes des Herzogs Anton, Johann IV. 1422 schaltete sich ein »régiment« ein, das den »Conseil« durch eine Art Abordnung, gebildet aus dem Adel und den großen Kommunen, ersetzte.

Die angesichts des Kleinmuts Johanns IV. von den flandrischen Ständen begangene Eigenmächtigkeit und der Selbständigkeitsdrang aller Schichten nötigten Philipp den Guten nach der Eingliederung Brabants zu besonders schonender Behandlung dieses eifersüchtigen Landes. Glücklicherweise gelang es dem dritten Herzog, durch taktvolles Vorgehen mit den Schwierigkeiten fertig zu werden. Mittels einer etappenweise durchgeführten Reform baute er das Justizwesen in Brabant aus. Schließlich wurde noch unter der Bezeichnung »Cour de Brabant« ein Appellationsgericht gebildet. Präsident war der Kanzler des Herzogtums. Außer einem Generalprokurator gehörten ihm sechs Richter an, von welchen vier von der Landschaft und zwei vom Fürsten ernannt wurden. Dieser Gerichtshof war die oberste Instanz des kleinen Herzogtums Brabant.

Die gleiche Rolle fiel in Holland, Seeland und Friesland der »Cour de Hollande« zu, die sich zunächst aus neun Mitgliedern zusammensetzte. Wie beim »Conseil de Flandre« unter Philipp dem Kühnen erstreckte sich die Kompetenz der »Cour de Hollande« sowohl auf das Finanz- wie auf das Gerichtswesen. Aber auch hier wurde eine Teilung der Gewalten vorgenommen. Aus einer einheitlichen Organisation wurden zwei Institutionen: die »Chambre des Comptes« in Den Haag, welche 1463 mit derjenigen in Brüssel zusammengelegt wurde, und die speziell mit der Rechtsprechung betraute eigentliche »Cour«.

Im Hennegau war die Verwaltung bei einem »grand bailli« zentralisiert, in Luxemburg bei einem »lieutenant-gouverneur«. Generell wird die Lokalverwaltung den Einheimischen überlassen, den Flamen in Flandern, Brabantern in Brabant, Hennegauern im Hennegau, Holländern in Holland und so fort. Die von Philipp dem Guten gegründete Universität Löwen zieht Studenten aus allen burgundischen Ländern an.

In den berühmten »Ordonnances de Thionville« aus dem Jahr 1473 findet ein bedeutender Plan zur Vereinheitlichung seine Bestätigung: Schaffung eines »Parlement« in Mecheln, das alle bis dahin vom »Grand Conseil« ausgeübten Befugnisse übernimmt und als Appellationsgericht für die ganzen Niederlande konstituiert wird; Neugestaltung des Finanzwesens durch die Aufhebung der »Chambres des Comptes« in Lille und Brüssel und Schaffung einer einzigen »Cour« für die ganzen Niederlande, die in Mecheln errichtet wird, wo auch eine »Chambre du Trésor« und eine »Chambre des Généraux« ihre Sitzungen abhalten. Karl der Kühne hatte für Mecheln eine besondere Vorliebe. Er beabsichtigte, es zu nichts geringerem als zum Verwaltungszentrum der Niederlande zu machen, für die er mehr noch als sein Vater großes Verständnis hatte.

*

Bei aller Verschiedenheit der staatlichen Einrichtungen in den Landen des Herzogs manifestiert sich die Einheit des burgundischen Staates durch gewisse zentrale Organe, mit deren Hilfe der gemeinsame Herr aller Seigneurien seine Kontrolle ausübt. Der »Grand Conseil«, der den Herzog bei jedem Ortswechsel begleitet und dem wir auf unserem Weg schon begegnet sind, sowie der Kanzler, dessen Rolle wir noch näher zu beschreiben haben, zeugen von dieser Tatsache.

Die imposanteste Verkörperung des burgundischen Kanzlers war Nicolas Rolin. Er wurde 1380 in Autun geboren. Advokat in Paris, war er später Advokat am »Parlement« von Dôle. Unter Johann ohne Furcht war er dem Kanzler Jean de Thoisy zugeteilt und zeichnete sich bei den ihm übertragenen vielfältigen Geschäften und Missionen solchermaßen aus, daß er zu dem Zeitpunkt, als Thoisy, der ihn in die Staatsgeschäfte eingeweiht hatte, sein hohes Amt wegen seines Alters niederlegen mußte, aber weiterhin noch »Chef du Conseil« blieb, dessen Nachfolger wurde.

Der Kanzler war nicht nur Siegelbewahrer und Chef der herzoglichen Kanzlei. Tatsächlich kam, vor allem bei Rolin, diese Stellung derjenigen eines Ministerpräsidenten gleich.

Rolin wurde am 3. Dezember 1422 zum Siegelbewahrer ernannt. Er verwaltete dieses Amt bis zu seinem Tode am 18. Januar 1462, wenngleich ganz am Ende seiner Laufbahn seine Macht wegen des überwiegenden Einflusses der Croy am Hof des gealterten Philipp des Guten erheblich abgenommen hatte. Dessen ungeachtet spielte dieser schlaue und umsichtige Bürgerliche vierzig Jahre lang die entscheidende Rolle in der Innen- und Außenpolitik. Wir stellten dies schon anläßlich der konkreten Tatsachen fest und wir holten die offizielle Aussage Georges Chastellains über sein umfassendes Wirken ein. Rolin hat überall seine Hände im Spiel. Wir bekommen den Eindruck von einer verborgenen, nicht faßbaren Kraft, die alle Fäden in der Hand hält und die notfalls auch vor unpopulären Maßnahmen nicht zurückschreckt. Er ist ein unvergleichlicher Arbeiter mit überlegenen Kenntnissen auf zahlreichen Gebieten. Sein Nachfolger war Pierre de Goux. Unter Karl dem Kühnen wahrte dann Guillaume Hugonet, der als Vermächtnis der Herzogin Maria verblieb, die Stellung mit einer Pflichttreue, die bis zur Hingabe seines Lebens ging, denn er wurde ebenso wie der Sire de Humbercourt der Feindseligkeit der Flamen geopfert.

Wie so viele andere führende Männer der Geschichte verstand es Nicolas Rolin, bei aller Ergebenheit gegenüber seinem Herrn für den eigenen Vorteil zu sorgen. Dennoch kann die Nachwelt das Verhalten dieses Geschäftstüchtigen milde beurteilen, denn für ihn spricht sein Mäzenatentum. Er war der Gründer des Hospitals in Beaune, und man sieht ihn, wie wir bereits vermerkten, mit seiner Frau Guigonne des Salins kniend und in der vorgeschriebenen Haltung der Stifter auf dem bekannten, Rogier van der Weyden zugeschriebenen Triptychon, der unvergänglichen Zierde der weltberühmten Gründung in Beaune[13].

*

Neben dem Kanzler spielen noch andere Würdenträger, deren Kompetenzen sich in vielen Fällen auf die gesamten Besitzungen des Fürsten erstrecken, eine Rolle: der Marschall von Burgund als Chef des herzoglichen Landheeres, der Admiral von Flandern als Chef der Seestreitkräfte, der »chambellan« (Kämmerer), der »grand écuyer« (Oberstallmeister), nicht zu reden von den einfachen Hofchargen, deren Überfülle und Prachtaufwand uns bekannt sind.

Auf dem Gebiet der Finanzen wurde eine den allgemeinen Bedürfnissen des Staates, welcher hierbei in seinem Gesamtumfang berücksichtigt wird, angepaßte Verwaltung eingerichtet. Es gibt einen »receveur de toutes les finances« neben dem »receveur général des finances du duché de Bourgogne« und dem »receveur des finances des Pays-Bas«. Diesem Generalsteuereinnehmer unterstehen die »receveurs particuliers«. Ein Beamter, welcher »trésorier-gouverneur« genannt wird, erfüllt die Funktion des »inspecteur« und überzeugt sich davon, daß die Steuerkassen stimmen. Der »audiencier« nimmt die Gebühren für die Ausfertigung von Urkunden ein; der »argentier« überwacht die Ausgaben; der »maître de la Chambre aux deniers« führt genau Buch über die Auslagen des Fürsten und seiner kostspieligen Hofhaltung. Man schätzt den Gesamtertrag der Steuern im Herzogtum auf etwa 100 000 Pfund. Die Einkünfte des Fürsten im Jahr 1455 werden mit 900 000 Dukaten beziffert, eine Summe, die annähernd den Einkünften der Republik Venedig entspricht, während die Republik Florenz nur über ein Viertel dieser Summe, der Papst über die Hälfte verfügen können[14].

Auf diese Weise war das Oberhaupt des burgundischen Staates in der Lage, nicht nur seine teure Hofhaltung und den komplizierten Verwaltungsapparat zu unterhalten, sondern auch ein Heer, entsprechend seinem Herrschaftsbereich und seiner Politik.

In Nachahmung Karl VII. hat Karl der Kühne die »Ordonnanzkompagnien« geschaffen. Es waren ihrer zweiunddreißig. Dazu kamen noch die Kontingente der Vasallen und Aftervasallen, auf Grund des »ban« und »arrière-ban«, d. h. des vollen Aufgebotsrechts, so daß der Herzog unter seinem mit dem Andreaskreuz geschmückten Banner 15 000 Soldaten mobilisieren konnte, wozu 300 Geschütze kamen, nicht mit eingeschlossen die schwere Artillerie der befestigten Plätze und Städte. Darüber hinaus konnte der Herzog noch Söldner anwerben, Schweizer oder Italiener. Karl der Kühne verstand sich auf das Kriegshandwerk[15]. Mit Sorgfalt und Sachkenntnis hat er das burgundische Heer aufgebaut. Wenn er mit seiner Diplomatie seine Ziele nicht erreichte, so stand ihm noch seine Kriegsmaschine als ein Instrument von außergewöhnlicher Schlagkraft zur Verfügung. Es sei vermerkt, daß es ihm beinahe gelungen wäre, als Kapitän seiner Italiener den Colleoni zu gewinnen, eben jenen, dessen Reiterstandbild sich zu Venedig im Schatten von San Marco erhebt. Aber die Serenissima verweigerte ihre Zustimmung und vereitelte damit den Plan, zu welchem der Medailleur Candida sein diplomatisches Geschick zur Verfügung gestellt hatte. Beim Versuch, Söldner anzuwerben, kann man mitunter über ein Hindernis stolpern, wie wir es soeben geschildert haben. Im allgemeinen waren dieser Anwerbung von Söldnern nur durch die finanziellen Mittel Grenzen gesetzt.

In keinem Jahr reichten die Einnahmen des Landesherrn aus dem Domanialbesitz oder das Steueraufkommen der Untertanen aus. Das heißt, daß ein dauerndes Defizit bestand und daß der Staat der Herzöge, ebenso wie die ihn umgebenden anderen Staaten, ähnlich den modernen Staaten zu verschiedenen Notlösungen greifen mußten, um Geld zu beschaffen.

Die Financiers, die den Fürsten Kredite gewähren und daraus ein Geschäft machen, leihen notfalls gegen Pfand. Wir erinnern uns, daß Philipp der Kühne sich damit beholfen hat. Geschmeide, Tafelgeschirr und sogar Kronen müssen für Zwecke der Sicherheit herhalten. Wir sollten jedoch auf die großen Herrn des Jahrhunderts nicht allzusehr wegen ihrer Geldkalamitäten herabsehen. Diese Verpfändungen unterscheiden sich nicht wesentlich von den gängigen Methoden unserer Notenbanken, die sich durch Goldreserven zu sichern suchen.

Unter den gewaltigen Geschäftemachern, an die sich der Staat in einer Notlage wenden kann, befindet sich jener Dino Rapondi, der, wie wir sahen, sich anheischig machte, die Lösegelder von Nikopolis aufzubringen. Rapondi war ein Finanzgenie von äußerster Findigkeit, über den Froissart nur in bewundernden Worten sprach und der noch zu Lebzeiten mit Ehrungen überhäuft wurde und mehr noch nach seinem Tode, denn er wurde in der Sainte-Chapelle de Monseigneur in Dijon beigesetzt. Seine bis ins 18. Jahrhundert vorhandene Statue stellte ihn mit einer großen, an seinem Gürtel hängenden Geldkatze, einer »aumônière«, dar[16]. Noch mehrere Landsleute aus Lucca leisteten Dienste gleicher Art, wie z. B. Thomas Portinari. Das Zentrum ihrer Tätigkeit war Brügge. Die italienischen Bankiers und insbesondere die Florentiner belebten mit der ganzen Macht ihres internationalen Ansehens den wirtschaftlichen Aufschwung der Niederlande, des Gebiets, in dem Arbeit und Wohlstand in überragender Weise gediehen.

*

Damit kommen wir ganz von selber dazu, eine Skizze der wirtschaftlichen und sozialen Lage zu geben, der letzten Seite jenes burgundischen Staates, von dem das vorliegende Kapitel gewissermaßen eine Gesamtübersicht bieten soll.

Wohlstand und Reichtum dieses Staates unter der Führung der großen Herzöge setzten die Zeitgenossen in Erstaunen. »Terre de promission«, sagt Philipp de Commynes, dem es wohl anstand, ein Urteil abzugeben, und der weiterhin schreibt: »estoient les subjects de ceste maison de Bourgogne en grande richesse à cause de la longue paix qu'il y avoient eue et par la bonté du prince soubs qu'ils vivoient, lequel tailloit peu ses subjects.«

In der Tat, die Börse der Untertanen wurde geschont – mit Ausnahme der letzten Zeit, als die Gefahr drängte. Die Politik der Herzöge brachte es zustande, daß die Wogen der französisch-englischen Kriege an den äußersten Grenzen verebbten und den Untertanen die harten Schicksalsschläge erspart blieben, unter denen die übrigen Gebiete des französischen Lehnsbereichs so sehr zu leiden hatten. Abgesehen von gelegentlichen Streifzügen von Wegelagerern, abgesehen von einigen aufeinanderfolgenden schweren Jahren mit schlechten Ernten, wie etwa 1438, herrschte in den burgundischen Landen Ruhe und Friede, und es ließ sich dort gut leben.

Alles zielte auf eine Begünstigung des wirtschaftlichen Aufschwungs hin. Durch Ackerbau und Handel wurden Bauer und Städter im Herzogtum reich. Im Hafen von Auxerre herrscht reges Leben. In Châtillon wird Tuch hergestellt wie in einer flämischen Stadt. Von den Lagern der am Wasser gelegenen Flecken im Saône-Tal werden die damals schon gepflegten und geschätzten Weine der Côte d'Or verschickt. Von Chenôve, wo die berühmten Keltern der Herzöge sich befinden, bis nach Rully und Mercurey, liefern die immer sorgfältiger angebauten Weinberge immer begehrtere, erlesene Weine. Flandern und England führen sie mit großen Kosten ein. Beaune dehnt seine Vororte aus. Das Hospital wird gebaut und erhält durch Kunstwerke hohes Ansehen. Dijon hat um 1436 sechs- bis siebentausend Einwohner und wächst auf zwölf- oder dreizehntausend um 1460 an. Dient auch die bescheidene, von Claes van de Werve verschönerte »maison aux singes« immer noch als Rathaus, so zeichnen sich die Umrisse der sieben Pfarrkirchen, der Sainte-Chapelle de Monseigneur, die Türme der Abteien und Klöster und der zwanzig ansehnlichen kleineren Kirchen gegen den Himmel wie eine stolze Kompagnie von Piken ab. Dijon, Rastplatz der großen Überlandstraßen, erhält neues Leben. Damit wächst die Zahl der Gasthöfe. Die Stadt summt vom Sprachengewirr des herumlungernden Soldatenvölkchens, der Hunderte von Reisenden aller Schichten, der italienischen Gesandten auf dem Wege nach Paris, der Bettelmönche, die für ein paar Tage im neuerbauten Kloster der Cordeliers beherbergt werden, der Scharen von geldschweren südländischen Kaufleuten, die zu den Märkten von Troyes streben oder von dort zurückkommen. Nicht ohne Grund war Burgund von jeher als ein großes Durchgangsland bekannt.

In den Niederlanden reichen sich Handel und Gewerbe die Hand. Rivalen auf politischem Gebiet, machen diese beiden Formen wirtschaftlicher Aktivität nolens volens gemeinsame Sache, Großbürgertum und Arbeiterschaft sind aufeinander angewiesen.

Chastellain rühmt die Vorzüge dieser Städte: »leurs habitants qui sont sans nombre, leurs richesses et puissances, leur habitude de la marchandise, leur abondance de tous biens.« Und Commynes ist voller Bewunderung für ihre Annehmlichkeiten: »Convis et bancquets plus grands et plus prodigues que en nul autre lieu, des baignoiries et autres festoyemens.« Ihr Lebensstandard, wie wir sagen würden, war außerordentlich hoch.

Der ausgezeichnete Feingehalt der von den Herzögen in Umlauf gesetzten Münze war nur auf Grund dieses Wohlstandes möglich, hat aber seinerseits wieder dazu beigetragen, ihn zu fördern. Deshalb wird die gesunde Währung geschützt und das Prägen der Münzen peinlich genau überwacht.

Gewiß hat das Bild des Wirtschaftslebens in den Niederlanden auch seine Schattenseiten, und manchmal wirkt die Politik als störender Faktor[17]. Die Entwicklung der technischen Verfahren wirft überdies alle Vorausberechnungen über den Haufen. Da in England allmählich eine Textilindustrie entsteht, geht die Tuchfabrikation zurück. Den Briten war es inzwischen eingefallen, daß sie, da sie das Rohmaterial besaßen, es ja auch selber verarbeiten könnten, anstatt es den belgischen Webern zu schicken. Die Ausfuhr der englischen Wolle wird demzufolge durch den aufkommenden Protektionismus erschwert. Sogar die schärfsten Beobachter sahen diesen Wandel der Dinge als vorübergehende Krise an. Sie irrten sich, denn es war eine unwiderrufliche Verlagerung der Schwerpunkte.

Während die großen Betriebe zurückgehen, kann sich jedoch die Kleinindustrie in der Provinz behaupten. Cassel, Bailleul, Poperinghe und Tourcoing stehen in voller Blüte. Die Leinenweberei ist im Vordringen, die Teppichwirkerei wird heimisch. Gent wird zu einem bedeutenden Umschlagplatz für Getreide. Brüssel verlegt sich auf die Herstellung von Luxusartikeln. Lüttich erlebt die Entwicklung des Kohlenbergbaus und der Metallindustrie.

Gent ist das Haupt Flanderns, »caput Flandriae«, wie es der Nürnberger Arzt Hieronymus Münzer nennt. Er besuchte Flandern im Jahr 1495. Bei einer Turmbesteigung hat dieser Reisende, ein guter Beobachter, gesehen, daß Gent inmitten der von Windmühlen belebten Felder sich sternförmig vor ihm ausbreitete. Ein anderer Reisender, diesmal ein Spanier, Pedro Tafur, erwähnt ebenfalls die Windmühlen als Kennzeichen der Landschaft, außerdem Torf als Brennmaterial und Bier als Getränk. Im übrigen behauptet er, daß keine Armee stark genug sei, um sich der mächtigen Stadtmauer von Gent zu nähern, hinter der 60 000 Fußsoldaten bereitstehen, denn jeder Bürger habe seine Lanze und seinen Harnisch. Der Nürnberger bemerkt, daß Gent ebenso weitläufig sei wie Paris, fügt aber hinzu, daß die Bevölkerung abnehme, so daß seiner Schätzung nach nur die Hälfte der Häuser bewohnt sind. So war es nicht zu Zeiten der Herzöge. Nach den Worten Münzers waren die Häuser groß und gut gebaut. Durch Öffnen von Schleusen konnte die Stadt innerhalb von drei Stunden in eine Insel verwandelt werden. Adlige, Weber und Handwerker beherrschten das Bild. Es bestand eine enge Zusammenarbeit zwischen Stadt und Land. Die Bevölkerung lebt vom Handel. Auf der Messe sieht man solche Mengen Leinen, Leinengarn, Tuch und Wolle, daß man nach Aussage unseres bayerischen Doktors meinen könnte, der überwiegende Teil der Produktion Deutschlands ergieße sich nach Gent. Es gibt zwei Märkte: den Kornmarkt und den Markt mit den übrigen Erzeugnissen, beide gruppieren sich um die St.-Jakobs-Kirche.

Brügge hat, ebenso wie Gent, das Aussehen einer Metropole. Trotz des Rückgangs seiner Webereien kann es noch glauben, sich auf dem Höhepunkt seiner glücklichen Zeit zu befinden. Die Kunst bringt deren Herrlichkeit zum Ausdruck. Das Vermächtnis an Gebäuden aus der Zeit Ludwigs von Maele wird nun erweitert um das oberste Geschoß des herrlichen, in der Zeit von 1393 bis 1396 erbauten Belfrieds, der 1427 vollendeten Kirche vom Heiligen Grab, der Lagerhallen von Damme, die aus dem Jahr 1464 stammen, und dem 1465 erbauten Hôtel Gruuthuuse. An Festtagen sind der Schmuck der Häuser, die Beleuchtung und die Umzüge traumhaft schön und ganz dazu angetan, Einheimische und Fremde in höchste Begeisterung zu versetzen. Jene, die wie Münzer in normalen Zeiten dorthin kommen, sind von der Lage, den Bauwerken und der wirtschaftlichen Regsamkeit stark beeindruckt. In eine weite Ebene mit verstreut liegenden Windmühlen eingebettet, wird die Stadt durch eine Steinmauer geschützt, deren kreisförmiger Grundriß an denjenigen von Mailand erinnert, einer Stadt von etwa gleicher Bedeutung, Kanäle und Brückchen wie in Venedig, ordentlich gepflasterte Straßen, große Plätze, freundliche Gärten, gut gekleidete Bewohner, Frauen mit frischen Farben, rundlichen Formen und hellen Gewändern, deren Lebenslust ebenso auffällt wie der religiöse Mystizismus – das sind Charakteristika, die unseren Besuchern ebenso imponieren wie das Leben und Treiben an der »Bourse« oder das reichhaltige Angebot der Märkte. Jede »nation« hat ihre zum Teil unterirdischen Warenlager, die unter den Arkaden der Börse ihre Ausgänge haben. Die »Ostrelins« – die Kaufleute der Hanse – bringen Bier, Häute, Wachs, Pelzwerk aus Rußland, Möbel- und Bauhölzer, Pech für die Schiffe. Spanien schickt Wolle, Eisen, Seide, Früchte (in erster Linie Feigen, Apfelsinen, Trauben), Öl, Reis, Wein, Getreide und die kleinen Felle der Lämmer, die bei den Pelzhändlern so begehrt sind. Tafur bemerkt, Orangen und Zitronen kommen so frisch an, als seien sie eben gepflückt worden. England liefert Wolle, Blei und Zinn, Tuch aus London, Venedig Gewürze,

Duftstoffe und Brokate. Frankreich ist vor allem mit seinen Weinen vertreten. Sie kommen vornehmlich, wenn auch nicht ausschließlich, aus Burgund, und zwar in solchen Mengen und so hochwertig, daß die Verbrauchssteuer, die auf den Weinen liegt, die Haupteinnahme Brügges darstellt. Auf der anderen Seite werden vor allem Erzeugnisse der flämischen Industrie angeboten: kostbare Wollgewebe in verschiedenen Farben, ganz feines Leinen und gewirkte Wandbehänge. Münzer erzählt uns noch über das »Palais de Justice« mit den vergoldeten Statuen der Grafen und Gräfinnen und außerdem vom Johannis-Hospital. Er bewundert den Hafen von Sluis, der so geschützt liegt, und vergleicht ihn mit dem Hafen von Lissabon, obwohl er viel größer und tiefer sei. Das flämische Venedig ist auf dem Gebiet der Malerei die Rivalin von Florenz. Wie die Stadt der Medici ist es ein bedeutender Geldmarkt und beherbergt die bedeutendsten Banken in Nordeuropa. Die Italiener unterhalten dort Filialen, und das Kreditgeschäft treibt an den Ufern der Lys so üppige Blüten wie am Arno. Philipp der Gute übertrieb keineswegs, wenn er 1450, als Brüssel seine Glanzzeit hatte, diese Stadt mit einigem Stolz bezeichnete als »la plus renommée par le monde par le fait de la marchandise qui se y hante et des marchans qui y repairent«.

Brüssel[18], wo kein so reges Leben herrscht, besitzt einen Herzogspalast, den Tafur 1438 mit Johann von Luxemburg Seigneur de Hautbourdin, Bastard von Saint-Pol, als Cicerone besichtigte. Er hat den Hofstaat der Herzogin bewundert, der nicht weniger als zweihundert auf ihre Kosten lebende Hofdamen zählte. Er hat auch »de bien jolies maisons« an den Straßen bestaunt, das Rathaus und außerhalb der Stadtmauer die herzogliche Residenz Tervueren, ihre ausgedehnten Gärten und Wildgehege mit Hirschen und Rehen. War nicht schon Eustache Deschamps voll des Lobes für das angenehme Leben in Brüssel, die prächtigen Kapaune und die Rheinweine, mit welchen die künftige Hauptstadt Belgiens ihre Gäste bewirtet?

Antwerpen, die brabanter Stadt, die im Lauf des 14. Jahrhunderts immer mehr hervortritt und sich anschickt, Sluis als Hafen von Brügge den Rang abzulaufen und ihre Rivalin Mecheln zu überflügeln, verdankt seinen mächtigen Aufstieg der burgundischen Herrschaft. Als Hafen von Limburg profitiert es vom Bergbau, der sich in diesem Land entwickelt[19]. Außerdem eignet es sich den Stapelplatz Mecheln an. Mehr als jede andere Stadt in den Niederlanden ist es voller Leben und in völligem Einvernehmen mit den Herzögen heimst es mehr als irgend eine andere deren Gunstbeweise ein. Seine Messen an Pfingsten und am Sankt-Bavo-Tag erreichen den gleichen Rang wie die ehemaligen Messen in der Champagne. »Ce sont les plus belles du monde«, behauptet Tafur. Der größte Teil der Messe wird auf einem großen Platz abgehalten. Aber auch an anderen Stellen wird verkauft: Bilder in einem Franziskanerkloster, Tapisserien in einer Johannes dem Täufer geweihten Kirche, Goldschmiedearbeiten in einem Kloster der Dominikaner und verschiedene andere Waren in anderen Kirchen und Klöstern. Der Zustrom ist groß. Dort sind »les plus belles choses du monde« zu kaufen, und es ist »le tout disposé avec ordre«. Vor der Stadt, außerhalb der Tore, erstreckt sich eine lange Straße, die auf der einen Seite von großen Pferdeställen und auf der anderen von Gasthöfen gesäumt wird. Der Herzog hält es nicht unter seiner Würde, die Messe zu besuchen, und Tafur, der die Messen in Genf und Frankfurt aus eigener Anschauung kennt, verbürgt sich dafür, »qu'aucune n'est comparable à celle-ci«. Antwerpen ist in der Tat in mächtigem Aufschwung begriffen. Auf der Schelde und ihren Nebenflüssen werden sowohl Bodenerzeugnisse als auch Industrieprodukte transportiert. Die Antwerpener »Bourse de Commerce«, die alle anderen Warenbörsen an Alter übertrifft, stammt aus dem Jahr 1460. Die größten Geschäfte werden hier abgewickelt. Diese gewaltige Betriebsamkeit erweckt und befeuert das Lütticher Land zu neuem Eifer, indem es den Vorsprung Ostflanderns gegenüber dem an der See liegenden Teil Flanderns betont, der mit Brügge dem allmählichen Abstieg entgegengeht.

Denn Lüttich erhebt sich wieder. Unter Philipp dem Guten heimgesucht und noch härter von der erbitterten Wut, mit der Karl der Kühne den mißlungenen Aufstand von 1468 rächte, erfährt die Stadt am Ende des Jahrhunderts trotz allem einen neuen Aufschwung. Sie verdankte das der großen Zukunft seiner Kohlengruben, aber auch der unvergleichlichen Fruchtbarkeit der umliegenden landwirtschaftlichen Gebiete, wo das Korn eine Höhe erreicht »wie ein Mann zu Roß«. So schreibt Hieronymus Münzer und kommt zu dem Schluß: »Das Land ist ein großes Geschenk der Natur.« Über der Erde und unter der Erde stehen Lüttich in der Tat unvergleichliche Schätze zu Gebote.

In Holland, wo Dordrecht, das häufig von den Schiffen der Hansestädte und der Ostseeländer angelaufen wird, als einzige Stadt vor dem 15. Jahrhundert einen internationalen Handel hatte, beginnt nunmehr Amsterdam sein Ansprüche geltend zu machen. Dennoch bleiben Holland und Seeland wie Artois, Hennegau und Brabant vorwiegend noch Länder mit Ackerbau und Viehzucht. An der Küste bietet der Fischfang eine vortreffliche Einnahmequelle. Die Küstengebiete Frieslands und der Zuidersee profitierten reichlich davon. Der Heringshandel verdankt dem zu Beginn des 15. Jahrhunderts eingeführten Verfahren, den Fisch in Salz einzulegen, eine Entwicklung, die eine große Zukunft verspricht.

*

Der Reichtum und Wohlstand der Lande, über welche die Dynastie der großen Herzöge gebietet, beruht nicht zuletzt auf der Verschiedenheit der vielen Stücke jenes Mosaiks, das wir in Ermangelung einer besseren Bezeichnung burgundischen Staat nennen[20], denn sie ergänzen und steigern sich gegenseitig und gleichen damit das Manko eines Kollektivbewußtseins aus, von dessen Regungen nichts zu verspüren ist. Es gibt jedoch andere historische Gebilde, wie z. B. die bis zu der allzu gewaltsamen Erschütterung des ersten Weltkrieges bestehende, zusammengewürfelte Monarchie der Habsburger, die den Beweis liefern, daß eine Personalunion unter bestimmten Umständen in der Lage ist, sehr verschiedenartigen, aber aufeinander angewiesenen Ländern eine dauerhafte Lebensform zu geben.

Dreizehntes Kapitel

KARL DER KÜHNE

Seine Fehler

Das englisch-burgundische Bündnis, welches für Karl den Kühnen den Gipfelpunkt seines Lebens bedeutete, war ohne Zweifel verheißungsvoll. Eduard IV. und Karl stellten die Bindungen aus den Zeiten Johanns ohne Furcht und Heinrichs V. wieder her. Die gefürchtete Vereinigung der Kräfte, welche fast das Frankreich Karls V. erdrückt hätte, drohte nun das Frankreich Ludwigs XI. zugrunde zu richten. Wird der Hundertjährige Krieg in seiner neuen Phase mit dem Sieg der Verbündeten enden?

Die entscheidende Stunde ist gekommen. Wird Ludwig XI., der in Übereinstimmung mit dem Lancaster Heinrich VI. von einer Zerstückelung des burgundischen Staates träumte, nach dem zweiten Sturz des unglücklichen englischen Fürsten eine durch die Koalition zwischen York und Burgund herbeigeführte Teilung Frankreichs erleben?

Darauf hoffen die beiden Schwäger. Zu diesem Zweck haben sie am 25. Juli 1474 den Vertrag von London geschlossen, der erschreckende Perspektiven eröffnet. Zu den dem Geheimpakt von 1417 und dem unheilvollen Vertrag von Troyes aus dem Jahr 1420 entnommenen Bestimmungen kommen reichliche Versprechungen, die dem burgundischen Staat gemacht werden. Der Herzog von Burgund wird Eduard als König von Frankreich anerkennen. Er verpflichtet sich, ihm bei seiner Ankunft in Frankreich mit mehr als 10 000 Mann zu Hilfe zu kommen. Eduard wiederum wird noch vor dem 1. Juni 1473 mit mehr als 10 000 Mann landen. Die augenblicklich unter französischer Lehnshoheit stehenden Besitzungen des Herzogs sollen jeder Lehnspflicht ledig werden. Ihnen sollen sich ausgedehnte, ebenfalls völlig unabhängige Gebiete als Abrundung angliedern, insbesondere die Grafschaft Eu, Picquigny, die Somme-Städte, einige Domänen des Grafen Saint-Pol (d. h. jene, die weder der französischen Krone noch den Herzögen der Normandie und Guyenne lehnbar sind), die Diözese von Tournai, die Grafschaften Guines und Rethel, der französische Teil des Herzogtums Bar, die Grafschaft Champagne, die Diözese von Langres, die Grafschaft Nevers und die Baronie Donzy.

Somit stand der Herzog kurz davor, zusätzlich zu seinen ausgedehnten Reichslehen ein riesiges zusammenhängendes Reich zu beherrschen, das der zerstückelten Monarchie der Kapetinger entrissen wird und sogar jene Ehrfurcht gebietende Kathedrale von Reims mit einschließt, zu welcher der König von England und Frankreich — eines sehr klein gewordenen Frankreich, das nicht mehr wert ist, Frankreich genannt zu werden — nach einem Sonderparagraphen des Vertrages freien Zutritt am Tage der Salbung haben soll.

Daß es nicht ausgeschlossen schien, ein solches Programm auszuführen, läßt ahnen, in welchem Maße die weitreichenden burgundischen Träume auf gleicher Linie mit dem Zusammenbruch der Größe Frankreichs verlaufen.

Doch mit Träumen allein ist es nicht getan. Nicht einmal Verträge zu unterzeichnen genügt. Man muß auch in der Lage sein, sie zu verwirklichen, man muß verstehen, die auf diplomatischem Wege getroffenen Vereinbarungen in konkrete und greifbare Resultate umzusetzen.

Im Besitz einer so vielversprechenden Urkunde wie des Vertrags von London hätte Karl der Kühne sich im Osten auf die Verteidigung beschränken, mit seinen vielen Nachbarn ein gutes Verhältnis anstreben und alle Kräfte anspannen müssen, um im Westen zum Zeitpunkt der englischen Landung bereit zu sein.

Er tat genau das Gegenteil, denn da der Angriff Yorks erst für Juli 1475 vorgesehen war, bekam Deutschland nicht nur mehr denn je die Drohung der Eroberungsgelüste des Herzogs zu spüren, sondern er ließ sich 1474 zu einer aktiven Politik innerhalb der Grenzen des Deutschen Reiches verleiten. Als Krönung seiner Unbesonnenheit mischt er sich in einen innerdeutschen Streit um das Erzbistum Köln und, um seinen jungen Verwandten Robert von Bayern zu unterstützen, jenen Prälaten, den keiner haben wollte, zögerte er nicht, sein Heer in Richtung auf den Rhein in Marsch zu setzen, wo er sozusagen zum Zeitvertreib Neuß belagerte. Mehrere Führer der burgundischen Armee waren so wenig von dem baldigen Fall der Festung überzeugt, daß sie, nach Aussage von Molinet, ihre Zelte »par plaisance« in Form von Kastellen mit Galerien und Gärten aufstellten.

Keiner hat die Verirrung Karls des Kühnen an dieser Wende seiner Laufbahn härter getadelt als Commynes: »Et luy avoit Dieu troublé le sens et l'entendement, car, toute sa vie, il avait travaillé pour faire passer les Angloys, et, à ceste heure qu'ils estoient prests, il demeuroit obstiné à une chose impossible ...« Commynes, der nun im Dienst Ludwigs XI. seht, hat den Irrtum seines ehemaligen Herrn durchaus richtig beurteilt[1].

*

Zu diesem Irrtum kamen weitere Fehler hinzu im Verlauf des Jahres 1474, das den großen Wendepunkt im Schicksal Burgunds bedeutet.

Der Herzog hatte die Verwaltung seiner Herrschaftsgebiete im Elsaß dem »bailli« Peter von Hagenbach übertragen. Dieser habgierige und rohe Mensch hatte zahllose Gewalttätigkeiten und Ungeschicklichkeiten begangen und dadurch die Stadt- und Landbevölkerung gegen sich und seinen Herrn aufgebracht.

Durch Zwischenfälle in Unruhe geraten, befürchteten die Eidgenossen einen Anschlag auf ihre stolze Unabhängigkeit und wurden – ein unerhörtes Paradoxon – zu einem Bündnis mit dem Haus Österreich getrieben, dessen unversöhnliche Feinde sie bis dahin gewesen waren.

Es ist wohl kaum notwendig zu sagen, daß bei den nun zustande kommenden Übereinkünften und Winkelzügen, welche die Einkreisung des ungestümen Herzogs bezwecken, dessen ruhelosen Ehrgeiz nunmehr alle Nachbarn fürchten, die Hand Ludwigs XI. zu spüren ist.

Verkündete Karl nicht in Dijon in seiner programmatischen Rede die Wiederherstellung des lotharingischen Reiches?

Friedrich III. und Herzog Sigmund von Tirol, der entsetzt ist über die allzu große Macht und die offensichtlich zum Krieg treibende Politik des Herzogs, leihen den Vorschlägen des Königs von Frankreich ein williges Ohr. Verbündet mit den Schweizern, in deren Land sie hochbezahlte Söldner anwerben will, webt »die Spinne« (»universelle araignée«) ihr immer dichter werdendes Netz, so daß Ludwig XI. hoffen kann, dem Schwager Eduards IV. anderwärts soviel zu schaffen zu machen, daß er dem englischen König bei seiner Landung keinen nennenswerten Beistand leisten kann.

Im Jahr 1474 bricht der Aufstand der elsässischen Städte gegen Hagenbach aus. Die Situation kompliziert sich durch den Rückkauf der elsässischen Besitzungen, der Herzog Sigmund mit Hilfe französischer Kredite ermöglicht wurde[2]. Mit einem Schlag ist damit das Vorhaben Karls des Kühnen am Oberrhein vereitelt, während am Mittelrhein Neuß weiterhin Widerstand leistet und den heimlichen Plan des Belagerers scheitern läßt, dessen Ziel es war, Protektor des Kurfürstentums Köln zu werden, wie er es bereits über die Fürstbistümer Utrecht und Lüttich war.

Peter von Hagenbach trug in hohem Maß dazu bei, seinen Herrn in Mißkredit zu bringen. Durch seine Gewaltherrschaft hat er unablässig die freiheitsdurstige Bevölkerung zu leidenschaftlichen Beschwerden gereizt. Aus reiner Halsstarrigkeit wollte der Herzog ihnen kein Gehör schenken. Es hat ihm im Gegenteil noch Spaß gemacht, seinen »bailli« zu decken. Ganz plötzlich brach der Aufruhr aus. Der unbeliebte »Landvogt«[3] wird von den Rebellen in Breisach gefangen. Straßburger Soldaten greifen ein. In wenigen Tagen ist das Land von den Burgundern befreit. Aller Orten verbreitet sich lauter Jubel: »confondant avec leur délivrance les solennités de Pâques qui en avaient marqué l'époque, tous, jusqu'aux petits enfants, chantaient:

> Le Christ est ressuscité, le gouverneur est pris.
> Réjouissons-nous.
> Sigismond sera notre consolateur; Kyrie eleison!«

Indem Sigmund die verpfändeten Gebiete, die er nicht hatte verwalten können, wieder in Besitz nahm, wurden sie dem Herzog auf legalem Weg abgenommen. Alles in allem: ein großer Knalleffekt.

XXI *Rogier van der Weyden, Karl der Kühne*

XXII *Unbekannter Meister, Isabella von Bourbon, Gemahlin Karls des Kühnen*

XXIII *Unbekannter Meister, Maria von Burgund, Tochter Karls des Kühnen*

XXIV *Meßkelch, Beute von Murten*

Sigmund war in aller Eile am 30. April 1474 in Breisach eingetroffen und ließ Hagenbach von Richtern aburteilen, die auf seinen Wunsch vom Magistrat der Stadt bestimmt wurden. Gegen den »Landvogt« wurde eine gewaltige Anklageschrift verfaßt.

Um die juristische Form zu wahren, hatte man dem Angeklagten einen Advokaten zur Verfügung gestellt: »Herr von Hagenbach«, brachte der vor, »erkennt keinen anderen Richter und keinen anderen Herrn an als den Herzog von Burgund, von dem er Auftrag hatte und Befehle erhielt. Er hatte kein Recht, die Befehle, mit deren Ausführung er betraut war, zu bekritteln, und er hatte die Pflicht zu gehorchen. Ist es denn nicht bekannt, wie weit Soldaten ihrem Herrn und Gebieter Gehorsam schulden? ...« Die Richter berieten lange und, nachdem sie verkündet hatten, daß ihnen das Recht zustehe, über die dem »Landvogt« zur Last gelegten Verbrechen zu befinden, ließen sie ihn schließlich um sieben Uhr abends beim Schein der Fackeln vorführen und gaben ihren Urteilsspruch ab, der auf Tod lautete. Es rührte ihn nicht weiter, und er bat nur um die Gnade, enthauptet zu werden. Acht Scharfrichter aus verschiedenen Städten meldeten sich, um das Urteil zu vollstrecken. Dem Henker von Kolmar, der als der geschickteste galt, wurde der Vorzug gegeben. Vor der Hinrichtung »wurde Hagenbach seiner Ritterwürde und aller Ehren für verlustig erklärt«.

Über das tragische Geschick seines »bailli« geriet Karl der Kühne in einen seiner heftigsten Wutanfälle. Aber er verstand es überhaupt nicht, aus den Ereignissen die Lehre zu ziehen, etwas mäßiger und vernünftiger zu werden. Als Verbündete der elsässischen Städte schlagen die im Solde Frankreichs stehenden Schweizer die Burgunder am 13. November 1474 bei Héricourt (unweit von Belfort). Der Kaiser schließt mit dem König von Frankreich den Vertrag von Andernach (31. Dezember 1474 und 17. April 1475).

Und während der Herzog sich auf die Belagerung von Neuß versteift, das standhaft Widerstand leistet, und dort die Nachricht erhält, daß die Landung der Engländer, wie verabredet, im Sommer 1475 stattfinden werde, erhebt sich gegen ihn ein weiterer, von Ludwig XI. aufgestachelter Gegner: René II. von Lothringen.

*

Dem Herzog von Lothringen war nicht nur vom König von Frankreich, sondern auch von Kaiser Friedrich III. und allen, die Angst vor dem burgundischen Ehrgeiz hatten, tüchtig zugesetzt worden. Mit dem Eintritt in die Koalition der Gegner Burgunds entschloß sich René dazu, in aller Form Karl dem Kühnen einen Fehdebrief zu übersenden, der am 10. Mai 1475 überbracht wurde. »Der Herold traf im Feldlager vor Neuß ein. Nachdem er dem Herzog den Fehdebrief vorgelesen hatte, warf er ihm einen mit Blut befleckten Fehdehandschuh vor die Füße, das Zeichen für den Krieg mit Feuer und Schwert, den er soeben erklärt hatte. Aus Furcht vor dem gewaltigen Zorn des Herzogs floh er daraufhin voller Verwirrung. Der Herzog ließ ihn zurückholen, antwortete in aller Ruhe und ließ ihm, gnädig, wie es Brauch war, ein schönes Gewand und eine Summe Geldes aushändigen[4].« Offensichtlich dachte Karl, daß die Gelegenheit äußerst günstig sei, um sich jenes Herzogtum Lothringen anzueignen, das den burgundischen Staat so prächtig abgerundet hätte.

Indem nun Ludwig XI. den Herzog von Lothringen gerade kurz vor dem Eingreifen Eduards IV. gegen Karl in den Krieg trieb, hatte er einen entscheidenden Schlag geführt. Die meisterhafte Geschicklichkeit der »universelle araignée[5]« sollte zusätzlich zu den bei seinem Rivalen sich häufenden Irrtümern zum Vorteil des französischen Königtums und zur Bestürzung des Hauses Burgund die Krise des Jahres 1475 auslösen, auf der die Fehler von 1474 so schwer lasteten.

Die Kampfansage des Lothringers wurde darum so ungeheuer gefährlich, weil der König von Frankreich dem von den beiden Londoner Vertragspartnern bestimmten Landungstermin zuvorgekommen war. Ludwig hatte, das Erlöschen der laufenden Waffenstillstandsverträge am 1. Mai, deren Ungültigkeit automatisch den Kriegszustand wiederherstellte, ausnutzend, entgegen seinen sonstigen Gewohnheiten, die Offensive ergriffen. Sein geschmeidiges Wesen wußte sich den Umständen anzupassen.

Indem Ludwig Truppen nach Burgund und in die Freigrafschaft warf[6], wollte er Vorteil daraus ziehen, daß Karl sich am Rhein festgebissen hatte. Dadurch glaubte er nicht nur die herzogliche Streitmacht abzulenken, sondern auch die französischen Feudalherrn einzuschüchtern, die sichtlich zögerten, an diesem Spiel teilzunehmen, indem sie mit dem englisch-burgundischen Zusammengehen das Abenteuer einer zweiten »Ligue du Bien Publique« verbanden. Vielleicht hoffte sogar der König, Eduard IV. noch in letzter Minute zurückzuhalten; er ließ daher zur gleichen Zeit im Ärmelkanal Kriegsschiffe kreuzen, um ihm Eindruck zu machen.

In militärischer Hinsicht wurde der schwerste Schlag gegen die Picardie geführt. Dort kommandierte Ludwig in eigener Person die Truppen. Zwischen dem 1. und 18. Mai stürmte er eine ganze Reihe von festen Plätzen, insbesondere Bray-sur-Somme, Ancre (das spätere Albert), Montdidier, Roye, Moreuil, Corbie, Doullens. Sodann tritt der König auf Grund einer Falschmeldung von einem Angriff der Engländer auf die Normandie den Rückzug an. Eduard IV. geht am 4. Juli in Calais an Land.

*

Ohne Zweifel war von den beiden Unterzeichnern des Londoner Paktes Eduard IV. derjenige, welcher am zuverlässigsten sein Wort gehalten hat. Die unter seiner Führung stehende Invasionsarmee betrug nicht weniger als 13 000 Soldaten. Nach Commynes' Aussage hatte noch nie ein prächtigeres Heer den Kanal überquert[7]. Die Zahl dieser Streitmacht lag wesentlich über dem im Vertrag vorgeschriebenen Minimum. Fast alle Barone und hohen englischen Herrn waren mit dabei, in erster Reihe die Herzöge Clarence und Gloucester, die Brüder des Herrschers; die Herzöge von Norfolk und Suffolk; die Grafen Ormond, Northumberland und Arundel; Anthony Woodville, Graf von Rivers, der Bruder der Königin Elisabeth; die Lords Boyd, Scrops, Ferrers, Stanley, Hastings, Howard, Grey of Ruthyn und einhundertundfünfzig Ritter. Die Mannschaften waren vorzüglich ausgerüstet, die Bogenschützen beritten. England pflegt sich auf keinen Kampf einzulassen, es sei denn nach sorgfältigster Vorbereitung.

Die Artillerie unter Führung von John Sturgeon war stark. Zum Ausheben der Schützengräben bediente man sich einer neuen Erfindung, eines riesigen Pflugs, der von fünfzig Pferden gezogen wurde. Das Lagergerät war verbessert worden, und der König, der

Annehmlichkeiten liebte, hatte sich zu seinem eigenen Gebrauch ein zerlegbares, mit Leder bezogenes Holzhaus bauen lassen.

So also war das herrliche Invasionsheer beschaffen, das Karl der Kühne eigentlich mit Freuden hätte begrüßen müssen, und es wäre das Gebot der Klugheit gewesen, ihm gleich nach der Landung mit der größtmöglichen Zahl von Truppen, die Burgund stellen konnte, zu Hilfe zu eilen.

Vor seiner Einschiffung hatte Eduard, wie es Brauch war, von Dover aus seinen Fehdebrief durch einen Wappenherold überbringen lassen. Der Nachkomme Philipps VI. wurde darin feierlich aufgefordert, das Königreich der Kapetinger dem legitimen Erben zurückzugeben. Ludwig XI. erteilte selbstverständlich eine Absage. Er nahm sich jedoch die Mühe, dem mit dem Abzeichen des Hosenbandordens geschmückten Überbringer der Botschaft die Gründe auseinanderzusetzen, die seiner Ansicht nach Frankreich und England geneigt machen sollten, ein gütliches Übereinkommen zu schließen. Er überreichte dem Herold 300 Taler und 30 Ellen rotes Tuch und versprach ihm weitere 300 Taler, wenn eine Einigung zustande käme. Der Hosenband-Ritter war von einem solchen Empfang überrascht und erkannte diese Höflichkeiten wenigstens insofern an, als er vorschlug, daß Ludwig, sollte er einen Herold in das englische Lager entsenden, vielleicht durch die Vermittlung der Lords Stanley und Howard freies Geleit für eine Gesandtschaft erhalten würde.

Karl der Kühne hatte endlich beschlossen, die Belagerung von Neuß aufzuheben. Bevor er sich aus dem Staub machte, hatte er den ihm verbündeten deutschen Fürsten ein großartiges Festessen gegeben. Bald darauf traf er – mit einer kleinen Eskorte – in Calais ein. Bei seinem Anblick riefen einige Engländer »Verrat«. Wo waren die versprochenen 10 000 Mann geblieben? Der Herzog erklärte, daß nur die Schwierigkeit der Verpflegung ihn daran gehindert habe, seine Armee heranzuführen. Er machte den Vorschlag, seinen im Feldlager vor Neuß ausgearbeiteten Plan anzunehmen. Die Engländer, deren Streitmacht, wie er meinte, groß genug sei, »um Frankreich und Italien bis nach Rom hinab zu erobern«, sollten vom Vermandois aus in Frankreich eindringen und dann über Saint-Quentin und Laon nach Reims vorrücken. Unterdessen würden die

Burgunder den Herzog von Lothringen, der sich zum König von Frankreich geschlagen habe, vernichten, durch das Herzogtum Bar marschieren und sich mit ihren Verbündeten in der Champagne vereinigen.

Zur Unterstützung des von ihm entworfenen Planes machte Karl der Kühne gewichtige Überlegungen geltend: das französische Heer könne höchstens die Normandie verteidigen, den Zugang zu der Champagne beherrsche ein Freund, ein Verwandter, der Graf von Saint-Pol, Ludwig von Luxemburg, der, obwohl er Konnetabel in Frankreich sei, von seiten seines Königs keinerlei Befehle erhalten habe – und das aus gutem Grund! Und wenn Eduard erst einmal in Reims gesalbt sei, werde er leicht als legitimer König von Frankreich anerkannt werden, und die Mehrzahl der Kronvasallen des Königreichs schließe sich ihm an.

Eduard stimmte diesem schönen Plan zu. Am 16. oder 18. Juli setzte er sich mit Karl in Bewegung. Die Engländer marschierten über Ardres und Guines und kampierten am 19. in der Nähe von Saint-Omer. Von Saint-Omer aus erreichten sie dann über Thérouanne am 23. Fauquembergue, darauf Ruisseauville und Azincourt, wo sie zwei Nächte verbrachten; über Blangy und Saint-Pol kamen sie um den 28. nach Doullens. Dort stießen zu ihnen Karl der Kühne, der sich in Fauquembergue von Eduard getrennt hatte, um seiner Stadt Arras einen Besuch zu machen, die ihm unaufhörlich Sorgen bereitete. In Doullens nahmen der König und der Herzog eine Truppenbesichtigung vor, die drei Tage dauerte.

Da Ludwig XI. nunmehr den Plan des Gegners durchschaute, handelte er dementsprechend. Das mächtige Heer, das Karl VII. aufgebaut hatte und das sein Sohn noch verstärkte, war in einer festen Hand ein wirksames Verteidigungsinstrument. Der König läßt in der Normandie einige Truppenteile unter dem Befehl des »bailli« von Rouen und des Marschalls de Gamaches zurück und begibt sich selbst nach Beauvais, wo er am 31. Juli trotz der dort herrschenden Pestepidemie einzieht. Während er Instruktionen für die Verteidigung von Beauvais gibt, macht er sich große Sorgen um Reims. Er befiehlt am 28., die Stadt in Verteidigungszustand zu versetzen und beauftragt Raulin Cochinart, die dringend notwendigen Arbeiten voranzutreiben.

Inzwischen steckt der Admiral von Frankreich, Ludwig von Bourbon, zwei Dörfer in der Umgebung von Arras in Brand, schlägt die Garnison der Stadt und nimmt am 27. Juli Johann von Luxemburg gefangen. Am 28. befiehlt der König Torcy, Saint-Just und L'Isle, Doullens niederzubrennen, sobald das feindliche Heer aus der Stadt abgezogen ist.

Nachdem Eduard in Gesellschaft seines Schwagers und Verbündeten Karl die Truppenschau abgehalten hatte, nahm er den Vormarsch wieder auf. Am 1. August sind die Engländer in Acheux, am 2. in Ancre und am 3. in Curlu. Nach dem Übergang über die Somme kampieren sie am 5. in Éclusier-Vaux nahe bei Péronne und haben damit den Fluß im Rücken.

Ludwig verläßt daraufhin Beauvais, kommt am 4. August durch Creil, wo seine Artillerie zusammengezogen ist, und trifft am 5. in Compiègne ein, von wo aus er unermüdlich die Reimser zur Arbeit anspornt, die Tag und Nacht die Befestigungen ihrer Stadt verstärken. Der »grand maître« Antoine de Chabannes, Graf von Dammartin, befindet sich in Noyon mit einem glänzenden Stab, wie auch der König einen solchen um sich hat. Man merkt, daß für den Ausgang des Krieges äußerst wichtige Operationen nahe bevorstehen.

Unter diesen Umständen war der Besitz von Saint-Quentin von ausschlaggebender Bedeutung. Diese Stadt befand sich immer noch in den Händen des Grafen von Saint-Pol, einer höchst suspekten Figur. Er lavierte, denn er verfolgte zwischen den großen Fürsten eine eigene Politik, die ihn zwang, angesichts des unsicheren Stands der Partie eine zögernde Haltung einzunehmen. Von beiden Seiten wurde er umworben, und er wußte nicht, zu wem er sich schlagen sollte. Das Eintreffen der Engländer in Sluis, die Ankunft des Herzogs von Burgund, fast zur gleichen Zeit, am 6. August in Péronne, alles das drängte ihn zu einem Entschluß. Endlich sandte er einen Kurier nach Péronne, der eine Geheimbotschaft überbrachte, in der er sich verpflichtete, dem Herzog Gehorsam zu leisten. In vollem Vertrauen auf diese Zusage verkündete Karl dem englischen König, daß die Festung übergeben würde. Eduard war überzeugt und führte darauf einen Teil seiner Armee nach Saint-Quentin. Doch statt des freundlichen Empfangs, mit dem die Engländer gerechnet hatten, ließ Saint-Pol, als sie herankamen, zu ihrer größten Verblüffung das Geschützfeuer eröffnen und Plänkler ausrücken. Nach einem Scharmützel, bei dem es auf beiden Seiten Tote gab, kehrte die englische Vorhut bei strömendem Regen ins Lager zurück.

Die Enttäuschung war bitter. Wohl konnten die Engländer von dem südlich von Péronne gelegenen Saint-Christ aus, wohin sie ihr Feldlager verlegt hatten, Streifzüge durch das Land bis nach Falvy machen, aber die französische Armee vergalt Gleiches mit Gleichem. Im übrigen hatte Eduard fest mit einer Erhebung der französischen Feudalen gerechnet. Angesichts des ungewissen Verlaufs der Dinge wollten die hohen Herrn jedoch nicht Farbe bekennen. Wahrscheinlich hätten sie eindeutig Partei ergriffen, wenn der Herzog von Burgund Arm in Arm mit seinem königlichen Schwager an der Spitze der Koalition marschiert wäre. Die Tatsache, daß der beste Teil der burgundischen Truppen bewegungsunfähig im Osten festgehalten wurde, war ganz dazu angetan, die Taktik des Abwartens zu empfehlen. Nicht einmal der Herzog von der Bretagne, von dem die Engländer in erster Linie eine rasche Stellungnahme erhofft hatten, rührte sich, obwohl Eduard seine Verpflichtungen gegen Franz II. erfüllt hatte. Seit dem 12. Juni hatten Andley und Duras Befehl, die 2000 Bogenschützen, die dem Herzog zugesagt waren, nach der Bretagne zu führen. Trotzdem verhielt sich Franz II. abwartend. Unter der Hand nahm er sogar Fühlung mit Ludwig XI. In Kenntnis dieser Tatsache oder aus Unentschlossenheit verzichteten die Engländer darauf, nach der Betragne zu ziehen.

So viele Enttäuschungen machten den König mit dem Zeichen der weißen Rose skeptisch, sogar in bezug auf seinen Verbündeten, Karl den Kühnen. Wo blieb schließlich der Beweis dafür, daß die burgundische Armee in der Lage war, in kürzester Frist den Herzog von Lothringen zu vernichten? Sollte der ihm entwickelte Plan eine Falle gewesen sein? Barg er nicht die Gefahr, den Engländern die ganze Last des Abenteuers aufzuladen? Sogar das Verhalten Karls des Kühnen war verdächtig. Mit Rücksicht auf seine Untertanen in der Picardie ließ er die Tore seiner Städte vor den Engländern schließen. Er widersetzte sich ihrem Einzug in Péronne. Durch diese Maßnahmen wurde zwar die Einwohnerschaft geschützt, die Verbündeten jedoch kamen in eine höchst unangenehme Lage. Zwischen

Amiens und Saint-Quentin hatten sie keine befestigte Stadt, auf die sie sich hätten stützen können. Beim Herannahen der kalten Jahreszeit sahen sie sich vergebens nach Winterquartieren um. In dieser von allem entblößten Gegend, die im vergangenen Frühjahr allzusehr unter den Angriffen der Franzosen gelitten hatte, sehnte sich Eduard nach dem vergnüglichen Leben, das er in London zu führen gewohnt war. Man war weit entfernt von dem lustigen und einträglichen Krieg, auf den sich der schöne König aus dem Hause York Hoffnungen gemacht hatte.

Commynes bemerkt einmal, die italienische Methode sei es, noch während des Kampfes diplomatische Verhandlungen aufzunehmen. Ludwig XI. ist diese Taktik durchaus vertraut. Diesmal gedenkt er sich ihrer zu bedienen. Der dem Überbringer des Fehdebriefes bereitete Empfang spricht deutlich dafür.

Bevor Eduard IV. noch die Somme erreichte, hatte er zu Ludwig den Wappenkönig Irland mit zwei »pousuivants« (Gehilfen) entsandt. Der König beauftragte den Admiral von Frankreich, den Bastard Ludwig von Bourbon, die englischen Emissäre zu empfangen, worauf der Herold ein zweistündiges geheimes Gespräch mit dem Herrscher persönlich hatte und von ihm beim Abschied 200 Goldtaler erhielt. In aller Heimlichkeit wurde ans Werk gegangen. Ludwig XI. war in seinem Element. Da Eduard sich dem Eindruck nicht entziehen konnte, daß das Bündnis mit Burgund ihm nur Enttäuschungen bescherte, machte er sich immer mehr mit dem Gedanken an einen raschen, wahrscheinlich lohnenden Friedensschluß vertraut, der es ihm erlauben würde, das für den Feldzug bereitgestellte Geld für Vergnügungen auszugeben.

Karl der Kühne ist wieder nach Lothringen zurückgekehrt. Er wird vollständig von dem Krieg gegen René II. in Anspruch genommen. Eduard fühlt sich weniger gebunden. Gerade in diesem Augenblick machen die Engländer einen Gefangenen, den ersten in diesem Krieg. Es ist ein Knappe von Jacques de Grassay, Edelmann im Hofstaat Ludwig XI. Eduard läßt den Knappen frei. Bei seiner Rückkehr wird er gründlich befragt, und sein Bericht bestimmt den König von Frankreich, einen Emissär in das feindliche Lager zu schicken. Dieser Agent ist Mérindot, der, als Herold verkleidet, sein Glück versuchen soll[8].

Mit dieser List hatte man vollen Erfolg. Nach seiner Ankunft in den englischen Linien wird Mérindot vor Eduard IV. geführt und erklärt, daß es der Wunsch des Königs von Frankreich sei, mit dem König von England in Frieden zu leben. Er setzt Eduard auseinander, auf welche Gefahren er sich einlasse, wenn er den Feldzug fortführe. Er versichert ihm, daß eine ehrenhafte und endgültige Einigung leicht zu erreichen sei. Schließlich rückt er mit dem Vorschlag heraus, daß ein Geleitbrief für eine Gesandtschaft ausgestellt werden solle, wobei die Wahl des Ortes und Zeitpunkts für die Verhandlungen dem englischen Herrscher überlassen bliebe. Ludwig XI. sei bereit, wenn man es wünsche, Geleitbriefe für die von Eduard ernannten Unterhändler auszustellen.

Kurz gesagt: das Spiel war schon im voraus gewonnen. Die erbetenen Geleitbriefe werden ausgefertigt. Eduard ist dafür, daß die Verhandlungen zwischen den Linien stattfinden, und von Saint-Christ aus macht sich ein Herold auf den Weg, der sich die zum Schutz der englischen Delegierten bestimmten Geleitbriefe aushändigen lassen soll. Damit ist eine Verbindung fest geknüpft, und die Verhandlungen können beginnen.

Am 14. August treffen sich in Dives vier Franzosen und vier Engländer. Von Ludwig XI. wurden ernannt: der Admiral von Frankreich, Ludwig von Bourbon, Jean Daillon, Seigneur de Lude, der Bischof von Évreux, Jean Héberge, und Jean Blosset, Seigneur de Saint-Pierre. Eduard IV. bestimmte William Dudley, Dekan an King's Chapel, Lord Howard, John Morton und Thomas Saint-Léger, Offizier bei der Leibgarde. Getreu ihrer althergebrachten Gewohnheit verlangten die Engländer zunächst einmal die Krone von Frankreich, zumindest aber die Normandie und Guyenne; das war reine Formsache. Dann aber kommen die konkreten Vorschläge. Eduard wäre zufriedengestellt, wenn Ludwig ihm innerhalb von vierzehn Tagen 75 000 Taler als Entschädigung für die Kriegskosten zahle. Dann wird die Freundschaft der beiden Könige in einem Vertrag festgelegt. Ludwig setzt Eduard eine jährliche Pension von 50 000 Talern auf Lebenszeit aus und wird auf seine Kosten den Dauphin mit einer englischen Prinzessin vermählen, die ein Leibgedinge von 60 000 Pfund jährlich erhalten soll.

Es war ein genialer Einfall Ludwigs XI., jegliche Diskussion zu unterbinden, indem er ohne weiteres diese Bedingungen in Bausch und Bogen akzeptierte. Noch nie war eine Verhandlung so schnell zu Ende geführt worden. Schon am nächsten Tag, dem 15. August, überbrachten die französischen Bevollmächtigten ihren Verhandlungspartnern die Zustimmung ihres Herrn. Die Engländer wurden beim Wort genommen, und das war praktisch auch das letzte Wort im Hundertjährigen Krieg.

*

Karl der Kühne war auf dem Weg nach Lothringen, wo er seinen Kleinkrieg voranzutreiben gedachte, und befand sich am 13. August in Valenciennes, um dort die Versammlung der Hennegauer Stände abzuhalten. In Valenciennes erfuhr er die bestürzende Neuigkeit, daß die beiden Könige Verhandlungen aufgenommen hatten.

Er macht schleunigst kehrt, kommt wieder nach Péronne zurück und eilt ins Lager von Saint-Christ. Unterdessen war das Malheur bereits geschehen.

Am 19. stellt der Herzog seinen Schwager zur Rede. Er fragt ihn, ob es stimme, daß er mit Frankreich verhandle. Auf seine bejahende Antwort hin packt ihn die Wut. Er beschimpft ihn auf englisch. In bitteren Worten vergleicht er sein Verhalten mit dem seiner Vorgänger auf dem Thron von England. Eduard antwortet im gleichen Ton. Er beschuldigt seinen Kritiker, die Verpflichtungen des Vertrags von London nicht eingehalten zu haben. Am nächsten Tag wiederholt der Herzog seine Vorwürfe, erreicht aber weder einen Widerruf noch eine Zusicherung. Schließlich räumt er das Feld mit der stolzen Erklärung, daß er auf die Engländer verzichten könne und das beweisen werde, indem er frühestens drei Monate nach der Rückkehr der britischen Armee in ihr Land jenseits des Kanals einen Waffenstillstand mit den Franzosen schließen werde.

Somit war jenes Bündnis aufgekündigt, das dem Nachfolger Karls VII. so große Sorgen bereitet hatte.

Das englische Heer verbrüderte sich mit dem französischen. Vor den Stadttoren von Amiens hatte man reich besetzte Tafeln aufgestellt. Die Briten wurden auf Kosten des Königs von Frankreich bewirtet. Angeblich sah man eines Morgens 9000 von ihnen sich an diesem üppigen Büfett gütlich tun. Die Begegnung in Picquigny, welche am 29. August stattfand, war verbunden mit Vertragsabschlüssen, die in ihrer endgültigen Form den Frieden zwischen den beiden nunmehr ausgesöhnten Königshäusern bestätigen.

*

Man hätte während der auf die Vereinbarungen von Picquigny folgenden Zeit damit rechnen können, daß Ludwig XI., wenn er sein Heer schon einmal bei der Hand hatte, sofort seinen Streit mit Burgund mit Waffengewalt zum Austrag bringen würde, zumal der Herzog es nicht für nötig hielt, gegen die Ausführung des englisch-französischen Waffenstillstandes Einspruch zu erheben, und erklärte, daß er erst drei Monate nach der Rückkehr der letzten in Calais gelandeten Engländer den Kampf einstellen wolle.

Ludwig gedachte jedoch seine Lieblingsbeschäftigung wieder aufzunehmen. Die Einkreisung seiner Gegner mit diplomatischen Mitteln und die Schleichwege hatten für ihn mehr Reiz als die Zufälligkeiten des Schlachtenglücks.

Trotz der von Karl dem Kühnen begangenen Fehler war die Lage Burgunds immer noch glänzend. Der Freundschaftsvertrag mit König Johann II. von Aragón war noch in Kraft. Das innige Einvernehmen zwischen Aragón und Burgund war mit einem Vertrag zwischen Burgund und Neapel gekoppelt, und der Traum einer Vermählung Marias von Burgund mit dem Prinzen Friedrich von Tarent, dem Sohn des Königs Ferdinand von Neapel, war gerade zu diesem Zeitpunkt aktuell. Friedrich von Tarent befand sich bei seinem zukünftigen Schwiegervater und war bereit, an den Überfall auf Lothringen teilzunehmen.

Der von Aragón ausgeübte Druck hatte Karl noch zu einem weiteren Freund verholfen, dem mailändischen Sforza, der bisher stark in der französischen Allianz engagiert war, nun aber das Steuer herumwarf. Insgeheim trat auch noch Savoyen in diesen Bund ein. Obwohl Jolanthe von Savoyen eine Schwester Ludwigs XI. war, zögerte sie nicht, die Annäherung zwischen Mailand und Burgund zu begünstigen. Es geschah versteckterweise, denn indem sie vorgab, mit Bern zu verhandeln und an der Koalition gegen Burgund teilzunehmen, hatte sie im Gegenteil in anderer Richtung gearbeitet und für Sforza und Karl den Kühnen den Vertrag von Moncalieri vom 30. Januar 1475 zustande gebracht.

Wenn Karl daher nach dem Abzug der Engländer eine Kehrtwendung vorgenommen, wenn er sich im Osten frei gemacht und mit all seinen Freunden gegen Ludwig XI. gestellt hätte, so wäre es ihm vielleicht gelungen, durch Einschüchterung ein erträgliches Abkommen zu erzielen wie Eduard IV. Aber er war ganz besessen von dem Problem Lothringen und seinen Ambitionen im Osten. Infolgedessen verlegte er sich auf die Taktik, im Westen einen Aufschub zu erreichen, sich auf dieser Front durch einen Waffenstillstand zu decken und nicht nur die lothringische, sondern auch die Schweizer Frage durch Waffengewalt zu lösen, denn er wollte unter keinen Umständen die durch Überrumpelung erlittene Niederlage bei Héricourt auf sich sitzen lassen.

Ludwig XI. förderte mit seiner gewohnten Verschlagenheit diese Politik des Gegners, welche seinen geheimsten Absichten dienlich war. Aus diesem Grunde ging er darauf ein, mit dem Herzog von Burgund den neunjährigen Waffenstillstandsvertrag von Soleuvre vom 13. September 1475 zu unterzeichnen. Auf beiden Seiten gab man in wenig ehrenvoller Weise seine Bündnisse auf. Karl verzichtete auf sein Bündnis mit Aragón und Ludwig auf sein Bündnis mit Lothringen. In dieser finsteren Angelegenheit machte der König das gute Geschäft. Durch die Ausschaltung Johanns II. brachte er Karl um einen im Hinblick auf gemeinsame Ziele vielversprechenden Beistand und vor allem rechnete er wohl damit, daß René um so unversöhnlicher wäre, je übler ihm Burgund mitspielte. Außerdem dachte er nicht daran, auf eine heimliche Unterstützung des Lothringers zu verzichten. Darüber hinaus wurde durch ein gesondertes Abkommen der Graf von Saint-Pol der königlichen Strafverfolgung ausgeliefert – eine weitere, nicht sehr rühmliche Hinterhältigkeit von seiten der beiden Vertragspartner.

Während Karl der Kühne durch einen Blitzfeldzug die festen Plätze und die Hauptstadt des lothringischen Herzogtums, Nancy, in Besitz nahm[9], geschah es, daß Ludwig XI. mit der Beihilfe des Herzogs sich an dem Konnetabel rächte.

Saint-Pol hatte jahrelang ein falsches Spiel mit Ludwig, Eduard und Karl getrieben. Eduard, der die Sache von Saint-Quentin nicht vergessen hatte, hatte vor seiner Überfahrt über den Kanal Ludwig einen Brief zugesandt, in welchem Saint-Pol am Vertrag von

Picquigny Kritik übte, den König von England beschwor, sich nicht darauf zu verlassen, und ihm voraussagte, daß er von seinem Mitunterzeichner nicht eingehalten werden würde. Als man den Grafen entlarvt hatte, ging er aus Angst vor dem König von Frankreich zum Herzog von Burgund über. Er flüchtete sich auf den Boden des Herzogtums und versprach, Karl dem Kühnen Saint-Quentin zu übergeben. Von der Kanzlei des Herzogs hatte er einen mit dem großen Staatssiegel versehenen Schutzbrief erhalten. Inzwischen bemächtigte sich der König der Stadt Saint-Quentin. Der Herzog fühlte sich zum Narren gehalten, vermutete – wahrscheinlich zu Unrecht – ein neues Betrugsmanöver und beging daraufhin selbst einen ausgemachten Treubruch, indem er seinen eigenen Schutzbrief mißachtete und seinen Gast dem Gericht des Königs preisgab.

In dieser Sache nahm es der Valois von Burgund an Doppelzüngigkeit mit dem Valois von Frankreich auf.

Jean Blosset, Seigneur de Saint-Pierre, verhaftete Saint-Pol[10]. Der Konnetabel kam vor das »Parlement«, wurde zum Tode verurteilt und am 20. Dezember 1475 vor dem Hôtel de Ville enthauptet.

*

Schwer lastet jetzt auf Lothringen die Faust Karls des Kühnen. Er hat die Hauptstadt in seinem Besitz. Der Erfolg seiner Strafaktion beflügelt ihn und ermutigt ihn, so fortzufahren. Zwar hat die Herausforderung Renés II. ihre Sühne bekommen, aber die Schweizer, welche es wagten, den Herzog anzugreifen und seine Truppen bei Héricourt zu überrumpeln, haben auch eine Lektion nötig. In diesem Stadium wird die ganze Politik des verblendeten Fürsten von seiner Rachsucht diktiert.

Ludwig XI. hatte diese psychische Reaktion vorausgesehen. Gerade deswegen hatte er in Soleuvre verhandelt. Er rechnet damit, daß sein großer Gegner eines Tages in diesem aussichtslosen Rennen zusammenbrechen wird wie etwa der Stier, der vom einen Ende der Arena, aus der kein Entkommen ist, zum anderen stürmt. Neutral ist der König nur zum Schein. Er hat René geholfen und wird ihm auch weiterhin helfen. Er hat sich mit den Schweizern in der Konstanzer »Ewigen Richtung« geeinigt, zu der ihm sein Abgesandter, der Bischof von Grenoble, Jost von Silenen, verholfen hat und die das denkwürdige Datum vom 29. März 1474 trägt. Das Roussillon war besetzt worden, da Johann II. von Aragón im ungelegensten Moment von Burgund fallengelassen wurde, und außerdem ganz Spanien damals von den Händeln um die Erbfolge in Kastilien in Anspruch genommen war. Die französischen Feudalen verhalten sich ruhig[11]. Nichts hindert Ludwig XI. daran, aufmerksam die Vorgänge im Osten zu verfolgen. Als Unterzeichner des Waffenstillstandsvertrags von Soleuvre weiß der König ganz genau, daß das Schicksal Burgunds vor Ablauf der neun ausschlaggebenden Jahre entschieden sein muß[12]. Die Trilogie der vernichtenden Niederlagen Burgunds wird auf der großen Bühne der Geschichte gespielt werden. Sie ist die Krönung der machiavellistischen Berechnungen der »universelle araignée«.

Vierzehntes Kapitel

DAS ENDE EINER REGIERUNG UND EINES HERRSCHERHAUSES

Die Auseinandersetzung zwischen dem Herzog von Burgund und den Schweizern war in ein akutes Stadium getreten. Die von den Eidgenossen den elsässischen Städten geleistete Unterstützung und die Verpflichtungen, die sie Frankreich gegenüber eingegangen waren, die Absichten der Berner auf das Waadtland, die Überrumpelung am 13. November 1474 bei Héricourt, die Verbindung zwischen den Schweizern und René II. von Lothringen – alles steuerte auf einen Krieg zwischen Burgund und der Schweiz hin. Der Trotz der Eidgenossen war angestachelt. Hinter der Aufrüstung des unbezähmbaren Bergvolks stand das Geld Frankreichs. Der Graf von Romont, Jakob von Savoyen, Oheim des Herzogs von Savoyen und Statthalter der Freigrafschaft, hatte den Groll seiner Nachbarn in Bern erregt und eine Fehde vom Zaun gebrochen, der ein regelrechter Angriff gefolgt war. Um die Wut Karls des Kühnen noch mehr zu reizen, erteilte Ludwig XI. ihm weise Ratschläge und bot sich als Vermittler in dem Streit an, von dem er sich doch in seinem Innersten das Straucheln und den Sturz seines Feindes erhoffte. Mäßigung zu predigen, war das beste Mittel, den Herzog dahin zu bringen, daß er sich Hals über Kopf in den Krieg stürzte[1]. Es kam, wie es kommen mußte. Karl versuchte nicht auf diplomatischem Wege, die verzwickte Situation zu entwirren, die durch seine Fehler entstanden war. Er hatte nichts anderes mehr im Kopf, als allen mit Waffengewalt seinen Willen aufzuzwingen.

Zuerst einmal mußten die Schweizer erledigt werden. Der erste Feldzug gegen sie beginnt im Januar 1476. Der Herzog rückt mit etwa 15 000 Mann vor. Er macht sich an die befestigte Stadt Grandson. Seine Geschütze richten schlimme Verheerungen an. Die Stadt kapituliert. Karl zeigt sich sofort von seiner grausamen und unerbittlichen Seite. Das beste Mittel ist, diese Schurken durch Terror niederzuwerfen. Von drei Henkern läßt er vierhundert Verteidiger aufknüpfen, weitere Opfer kommen durch Ertränken im See um.

Durch diese Heldentaten angefeuert, fällt es dem Herzog ein, in Richtung Neuchâtel zu marschieren und den Schweizern das Val de Travers, d. h. den Weg in die Freigrafschaft abzuschneiden[2]. Um dieses Ziel zu erreichen, hat er das halbverfallene Schloß Vaumarcus besetzen lassen.

Empört über die Greueltaten in Grandson, beschließen die Eidgenossen, sich am 1. März nach Vaumarcus in Bewegung zu setzen. Ihr Plan ist, den Feind in diese Richtung zu locken, um ihn dann von einem eigens abkommandierten Detachement im Rücken anzugreifen.

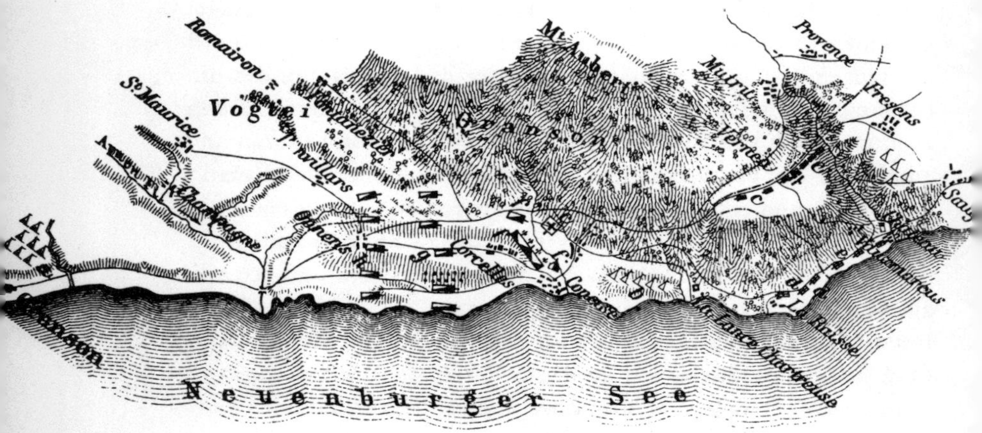

Plan der Schlacht bei Grandson: a) Lager Karls des Kühnen; b) Neuabgestecktes Lager der Burgunder; c) Eidgenössische Vorhut; d) Verlorener Haufen der Schweizer; e) Nachhut; f) Burgundische »Bataille«, die Elite-Truppe, unter dem »großen Bastard«; g) »Bataille« (Treffen) unter Karl dem Kühnen; h) »Bataille« unter Johann von Kleve und F. v. Egmont.

Das solchermaßen vorbereitete Manöver entging vollkommen dem Scharfblick des Herzogs. Er tappte in die Falle, die man ihm gestellt hatte. Bei seinem Vormarsch auf Neuchâtel beging er die Unvorsichtigkeit, seine Vorhut am Morgen des 2. März durch einen Engpaß am Abhang des Mont-Aubert marschieren zu lassen. Dort wurde sie von den Schweizern gestellt und in wirrem Durcheinander zurückgeworfen.

In diesem Augenblick hob sich der Nebel. Um seiner Vorhut die Zeit zu lassen, sich wieder zu formieren, stellte der Herzog seine Artillerie auf der rechten Seite auf, am Abhang des Plateaus von Corcelles, so daß sie den Ausgang des Hohlwegs unter Feuer nehmen konnte. Das Fußvolk wurde hinter den Geschützen postiert. Die von Louis de Chalon, Seigneur de Châteauguyon, befehligte Reiterei kletterte an den Hängen des Mont-Aubert empor mit dem Ziel, sich auf die rechte Flanke des Feindes zu stürzen. Es kam jedoch so, daß die Artillerie, die nicht die richtigen Feuerbefehle erhielt, überhaupt keine Wirkung hatte. Karl schickte seine Fußsoldaten zu früh zum Sturm auf die feindlichen Gevierthaufen, die Louis de Chalon nicht ins Wanken bringen konnte.

Unterdessen erklimmen die nach Vaumarcus dirigierten Schweizer auf die Nachricht, daß die Schlacht begonnen habe, eine Schlucht und eilen herbei. Überrascht von ihrer unvorhergesehenen und lärmenden Ankunft, die mit großem Getöse die Alphörner von Uri und Unterwalden verkünden, deren Schall von den Bergen zurückgeworfen wird, gibt der Herzog allzu bestürzt Befehl zum Rückzug. Er hatte die Absicht, freies Gelände zu gewinnen und hinter dem Flüßchen Arnon, das sein Feldlager schützte, Deckung zu suchen. Dieser Befehl wurde falsch verstanden und führte vollends zu einer Panik. Ein unwiderstehlicher Ansturm der Schweizer warf darauf die Burgunder teils auf den Arnon, teils in das nahe gelegene Sumpfgebiet zurück[3].

Es scheint, daß die italienischen Söldner zuerst die Flucht ergriffen. Der Herzog brüllte sie an und sparte nicht mit Flüchen, ja er schlug sogar mit dem blanken Schwert auf sie ein. Aber es half nichts, es gelang ihm nicht, das Desaster aufzuhalten. Beinahe allein auf dem Kampfplatz geblieben, völlig erschöpft von Schmerz und Zorn, wandte er sich schließlich selber zur Flucht, begleitet nur von fünfen seiner Diener, und erreichte in einem pausenlosen Ritt das sechs Meilen entfernte Jougne im Jura. Barante erzählt, sein Hofnarr habe ihm zugerufen: »Ah Monseigneur, nun sind wir richtige Hannibale!« Um das Salz dieser Anspielung zu verstehen, muß man wissen, daß die historische Erinnerung an den punischen Feldherrn und seinen Alpenübergang den Herzog beschäftigte, seit er sich vorgenommen hatte, das reisige Bergvolk zu züchtigen.

Die Panik war dadurch entstanden, daß die Burgunder in einer Schlucht angegriffen worden waren und sich deshalb nicht entfalten konnten. Schlimmer noch als die Flucht war, daß sie ihren Feinden, die über einen so vollständigen Sieg selber verwundert waren, eine unermeßliche Beute überlassen mußten. Zwar wurden die Kronjuwelen gerettet, aber 500 Geschütze, 400 Zelte, 600 Fahnen, 400 Pfund an Silber, Teppiche und Stickereien (die sich heute zum Teil im Berner Museum befinden), der »Sancy«, der Diamant des Herzogs, sein Hut und sein Schwert, das Petschaft mit seinem Geheimsiegel (heute im Kantonsarchiv von Luzern) und viele andere Trophäen waren verloren. Auf burgundischer Seite sind unter den Opfern Châteauguyon, Qentin de la Baume, Louis Rolin und Jean de Lalaing zu nennen.

Der Überfall bei Grandson war gewiß wieder gutzumachen, aber er fand doch ein starkes Echo in der ganzen abendländischen Welt. Dieser mächtige und so stolze Herzog, der nach der Königswürde strebte und vor dem seine sämtlichen Nachbarn zitterten, war also nicht unüberwindlich?

Der Besiegte vom 2. März befürchtete, daß ihm Ludwig XI. in den Rücken fallen könnte, und entsandte schleunigst den Sire de Contay, Louis le Jeune, zu ihm. Der König, welcher den Ausgang der Schlacht zwischen dem 8. und 10. März in Notre-Dame du Puy erfahren hatte, wohin er mit Commynes gepilgert war, hatte sich nach Lyon begeben, um die Entwicklung der Ereignisse besser verfolgen zu können. Er nahm Louis le Jeune sehr freundlich auf und beruhigte ihn: er denke nicht daran, von dem noch gültigen Waffenstillstandsvertrag zurückzutreten. Der Emissär des Herzogs konnte sich jedoch an den Gassenhauern, die er zu hören bekam, ein Bild machen von der Wirkung der Niederlage auf die öffentliche Meinung.

In der Tat: das Ansehen des Herzogs war erschüttert. Allenthalben schöpften diejenigen, die er eingeschüchtert hatte, neuen Mut. In Flandern wird darüber gestritten, ob ihm Beistand geleistet werden soll. In Geldern gärt es. Der Herzog von Mailand leitet bereits Verhandlungen ein, um der französischen Allianz wieder beizutreten. René von Anjou, der sich vorübergehend mit Karl dem Kühnen versöhnt hatte und sogar daran dachte, für ihn sein provençalisches Erbteil bereitzuhalten, rückt von ihm ab und wünscht nichts mehr, als wieder in Gnaden bei seinem Onkel, dem König von Frankreich, aufgenommen zu werden. Ohne das Doppelspiel aufzugeben, hält sich Savoyen schließlich noch die Möglichkeit einer halben Wendung offen. Nur Johann II. von Aragón rührt sich nicht. Er sieht zu, wie sich die Bindung an den Herzog, der ihn auf wenig feine Art in Soleuvre hat fallenlassen, löst und findet sich mit dem Verlust des Roussillon ab, weil er glaubt, daß dieser nur von kurzer Dauer sei, und weil er, sein hohes Lebensziel, die Einheit Spaniens, verfolgend, es sich selbst oder seinem Sohn vorbehält, die alte Grenze zurückzugewinnen, wenn es soweit ist, daß die spanische Großmacht, zu der er die Fundamente legt, feste Gestalt angenommen hat.

Der König von Neapel, der im Kielwasser Aragóns segelt, hält zwar dem Besiegten von Grandson die Treue. Wenn er jedoch bei dieser Vorkriegspolitik bleibt, so geschieht es deshalb, weil sein Sohn Friedrich sich um die Hand Marias von Burgund bewirbt. Friedrich, der bei Grandson mitgekämpft hat, wird auch an den Vorbereitungen der Vergeltungsschlacht teilnehmen. Zum Gefolge des neapolitanischen Prinzen gehört der Arzt Angelo Cato, der zukünftige Erzbischof von Vienne, der den Herzog behandelt. Unterdessen verteilt Ludwig XI. großzügiger denn je Gelder an seine Bundesgenossen[4].

Commynes hat eine unvergeßliche Schilderung Karls des Kühnen nach der Schlacht bei Grandson gegeben, deren dokumentarische Unterlagen er sicherlich seinem Freund Angelo Cato verdankt, dem er ja auch seine »Mémoires« gewidmet hat.

Die Gesundheit des Herzogs verschlechtert sich. Sein seelisches Gleichgewicht hat einen schweren Schock erlitten. Er wird geradezu zum Neurastheniker. Seine körperliche Verfassung ändert sich von

Grund auf. Sein hitziges Temperament, dem man bis dahin durch Verzicht auf den Genuß von Wein, durch kühlende Getränke und Rosenkonfitüren Beruhigung verschafft hatte, verlangt nun stärkende und krampflösende Mittel. Er läßt sich den Bart wachsen, den er erst dann abnehmen lassen will, wenn er seine Waffenehre wiederhergestellt hat. Trotzdem läßt ihn Angelo Cato rasieren. Der Herzog ist jähzorniger denn je und nicht mehr ganz bei Troste, nach Commynes' hartem Wort: »diminué de son sens«[5]. Er wußte tatsächlich nicht mehr, wo aus und wo ein. Überall sieht er Feinde, »qui par avant se tenoit quasi en muce«, plötzlich mutig werden und »bouter leurs cornes dehors«. Diese bildhaften Ausdrücke erinnern an den Stil von Commynes, sind aber von Molinet.

Wenn der Herzog auch von seinen Untertanen nicht im Stich gelassen wird, so gibt es zumeist doch ein großes Gefeilsche bei seinen Geldforderungen. Nicht einmal bei den Getreuesten entdecken wir die Spur einer Regung nationaler Gefühle, mit deren Kraft das Schicksal zu zwingen wäre und in kritischen Augenblicken das Vertrauen wiederhergestellt werden könnte[6].

Um die Vermählung Marias mit Maximilian, die an Stelle des Heiratsprojekts zwischen Burgund und Neapel wieder auf der Tagesordnung steht, schneller voranzutreiben, entschließt sich Friedrich III. zu einem Bündnis, das am 14. April 1476 in Lausanne zustande kommt. Der Kaiser und das Haus Österreich geben die Allianz mit den Schweizern auf, ein diplomatischer Sieg ohne große Tragweite, denn daß der wankelmütige Kaiser aus mehr oder minder ehrlichen Gründen zum Feind übergeht und den fragwürdigen Freundschaftvertrag zwischen Österreich und der Schweiz unter Preisgabe des Elsaß bricht, fällt bei der Verteilung der Kräfte nicht ernsthaft ins Gewicht.

Nur ein eindeutiger Sieg der burgundischen Waffen über die Eidgenossen konnte den Herzog aus seiner mißlichen Lage retten. Karl war sich darüber völlig im klaren. Trotz seiner zerrütteten Gesundheit zog er deshalb in aller Eile in Lausanne mit fieberhaftem Eifer ein Heer zusammen, mit dem er Revanche zu nehmen hoffte. Seine Effektivstärke ist schwer abzuschätzen, sie lag bestimmt unter 10000 Mann[7]. Außerdem war das Behelfsmäßige nicht zu verkennen und verhieß für den Ausgang der Sache wenig Gutes.

Vergebens rät der Herzog von Mailand Karl dem Kühnen, nicht so schnell wieder zu den Waffen zu greifen. Er hört nicht auf die Stimme der Vernunft. »Il avoit jà l'ouye bouchée et l'entendement troublé«, stellt Commynes tadelnd fest, mit einem Scharfblick, der die Folgen voraussieht. Aber was sollte schon die Vernunft diesem aus dem Gleichgewicht geratenen Fürsten zu sagen haben, für den alles nur mehr eine Prestigefrage ist? Er könne, so versichert er, »vor der Welt nicht mit der Schande leben, von einem Volk von Wilden geschlagen worden zu sein«[8]. Je größer die Schwierigkeiten werden, desto höher versteigt sich sein Ehrgeiz. Wenn die Rechnung mit den Schweizern beglichen ist, will der Herzog weiterkämpfen. Er wird den König von Frankreich bis nach Paris verfolgen und außerdem Savoyen besetzen. Das sind unkluge Vorhersagen. Sie verurteilen den Mann, der kurz nach einer schweren Niederlage solche großsprecherischen Reden führt.

*

Indessen wird das Heer für die burgundische Vergeltung aufgestellt. Der Graf von Romont und der Fürst von Tarent sollen es führen unter dem obersten Kommando des Herzogs persönlich. Die Schweizer erkennen die drohende Gefahr, und um ihr zu begegnen, bedrängen sie den König von Frankreich, doch das Seinige zu der notwendigen Anstrengung aller Kräfte beizutragen. Ludwig XI. hält sich immer noch in Lyon auf und empfängt dort den Bischof von Grenoble, Jost von Silenen, den großen Vermittler zwischen den Eidgenossen und Frankreich. Der Prälat fordert den König auf, »die Last des ganzen Spiels« nicht seinen heimlichen Verbündeten zuzuschieben. Ludwig jedoch bleibt gelassen bei seinem unerschütterlichen Vorsatz, nur Ratschläge und Geld zu geben. Augenscheinlich ist er fest davon überzeugt, daß die Schweizer, die, unterstützt von lothringischen Kontingenten, über eine etwa gleich starke Streitmacht verfügen, solange, bis René II. selbst am 2. Juni zu ihnen stößt, in der Lage sind, mit den feindlichen Truppen fertig zu werden, die von dem völlig irregeleiteten Herzog zu rasch auf die Beine gestellt und unzureichend vorbereitet in den Kampf geworfen werden.

Am 27. Mai 1476 verläßt Karl der Kühne Lausanne. Acht Tage kampiert er etwa zehn Kilometer entfernt auf der Hochebene von

Morrens, von wo aus er am 4. Juni den Weg über Échallens durch das Broye-Tal nimmt und am 9. vor Murten (Kanton Fribourg) eintrifft. Tags zuvor war der Überläufer Adrian von Bubenberg, ein vornehmer Berner, der früher vom Herzog eine Pension bezogen hatte, mit 1500 bis 2000 Mann in diese kleine befestigte Stadt eingezogen, die das Südufer des nach ihr benannten Sees beherrscht. Das Städtchen war gewissermaßen das vorgeschobene Bollwerk der Berner, die es dem Grafen von Romont entrissen hatten. Etwa 1000 Bewaffnete standen in Fribourg. Falls die solchermaßen angelegte Linie zusammenbrechen sollte, hatte man eine zweite Verteidigungslinie entlang dem Sarine- und Saane-Tal mit den Brückenköpfen Laupen und Gümmenen eingerichtet.

Nachdem Romont eine Rekognoszierung bis in die Umgegend von Aarberg vorgenommen hatte, kam er zurück und ließ die Zelte im Nordosten von Murten aufschlagen, während Karl der Kühne im Süden des Ortes, auf den Höhen von Courgevaux Stellung bezog. Man schrieb den 10. Juni. Tags darauf wurde die Belagerung von Murten begonnen.

Murten hielt über den See die Verbindung mit Bern aufrecht. Der Herzog läßt seine Leute bis zur Erschöpfung Laufgräben ausheben, seine schweren Geschütze richten große Verwüstungen an. Die Verteidiger, weit entfernt, sich aus der Ruhe bringen zu lassen, antworten mit heftigen Ausfällen. Ein Sturmangriff am 10. Juni mißlingt wegen der schweren Verluste der Belagerer. Am 21. tritt ein lächerliches Ereignis ein: auf den ausdrücklichen Befehl seines Vaters, des Königs Ferdinand von Neapel, verläßt Friedrich von Tarent das Feldlager. Nicht allein die Tatsache, daß der Hof von Burgund auf den Gedanken an eine Vermählung Marias mit Maximilian zurückgekommen war, hatte Ferdinand, der sich an der Nase herumgeführt sieht, verstimmt, sondern Ludwig XI. hatte inzwischen die Freundschaft zwischen Burgund und Neapel untergraben, indem er Friedrich die Hand seiner jüngsten Tochter, Jeanne la Boiteuse, der zukünftigen Herzogin von Orléans, in Aussicht stellte[9]. Es war also dem König von Frankreich, der den Sforza in Mailand und den Kaiser wieder auf seine Seite gezogen und der, nunmehr im Besitz des Roussillon, seine Position durch den Waffenstillstandsvertrag mit Aragón in Ordnung gebracht hatte, gelungen, dem Herzog von

Burgund auch noch den letzten Verbündeten, den König von Neapel, abspenstig zu machen.

Am gleichen Tag, als Friedrich von Tarent Karl den Kühnen verläßt, stellt sich in frappierender zeitlicher Übereinstimmung René von Lothringen, der in das Lager des Gegners geeilt ist, den Kantonen zur Verfügung.

Das war die diplomatische und militärische Lage, als bei Murten die Entscheidungsschlacht stattfand.

Den See im Rücken, ohne die Möglichkeit eines Fluchtweges im Fall einer Niederlage, wurden die Belagerer am 22. von den schweizerischen Heerhaufen angegriffen. Die wackeren Gebirgler hatten eine ausgezeichnete Kenntnis des Terrains. Darüber hinaus waren sie im Vorteil, weil sie die Hänge herabkamen und die zusammenlaufenden Täler sowie die Deckung der Wälder ausnutzen konnten. Während Bubenberg den Grafen Romont in Schach hielt, ließ der Herzog sich von der Offensive des Gegners überraschen und konnte das Schlachtfeld nicht behaupten.

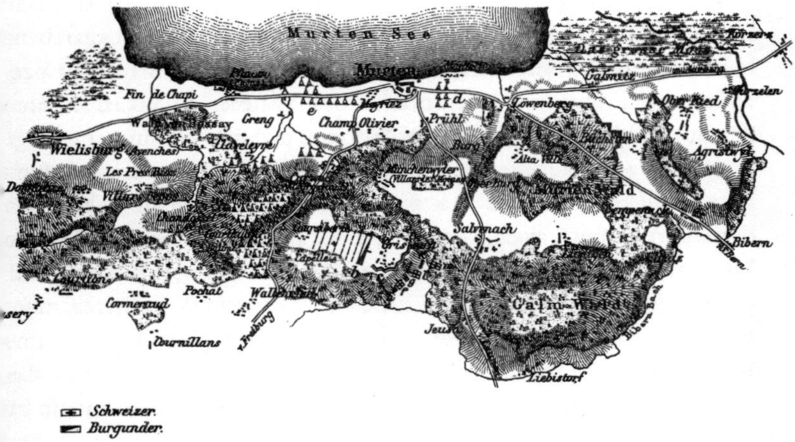

Plan der Schlacht bei Murten: a) Burgundisches Hauptlager; b) Vorbereitete Stellung Karls des Kühnen; c) »Grünhag« (Verschanzung); d) Lager des Grafen Romont; e) Lager der italienischen Söldner; f) Vorhut der Eidgenossen; g) Reiterei der Verbündeten; h) 1000 Freiknechte; i) Straßburger Kartaunen; k) Schweizer Geschütze; l) Verlorener Haufen unter Waldmann; m) Nachhut unter Hertenstein.

Am Morgen hatte sich eine feindliche Abteilung durch den Wald von Murten herangeschlichen, war aber wieder verschwunden, als sie der zwischen Cressier und Coursiberlé schön in einer Schlachtreihe aufgestellten Burgunder ansichtig wurden. Es regnete, und um 11 Uhr läßt der Herzog im Glauben, die Sache sei zu Ende und der Feind ziehe sich zurück, seine Leute wieder ins Quartier einrücken. Um 12 Uhr jedoch brechen die Schweizer nach einem getarnten Marsch in hellen Haufen über den »Grünhag« bei Cressier vor. Obwohl sie von den englischen Bogenschützen und der burgundischen Artillerie beschossen werden, gewinnen sie das Plateau. In einem Hohlweg werden der Herzog von Lothringen und Hans von Hallwyl an der Spitze der eidgenössischen Vorhut handgemein mit den Burgundern. Damit die Reiterei vorstürmen kann, nimmt der Herzog die Artillerie zurück, aber dieser Befehl verursacht wie in Grandson eine Panik. Das Fußvolk weicht. Die Reiterei versucht die Schlacht zu retten. Aber das Eintreffen der schweizerischen Nachhut unter Führung Kaspars von Hertenstein besiegelt die Niederlage.

Was dann folgte, war ein grauenhaftes Gemetzel. Viele Flüchtende ertranken im See. In Wahrheit konnten sich die in Lausanne hastig zusammengerafften Söldner, die schlecht geführt und ungenügend einexerziert waren, nicht mit den rauhen Burschen aus den Alpen messen, die noch dazu glühende Patrioten waren.

Es war genauso gekommen, wie es Ludwig XI. vorausgesehen hatte. Die hohen Herrn aus der Umgebung des Herzogs konnten die wilde Auflösung der Truppen nicht aufhalten und mußten den Flüchtenden folgen. Die Schlacht von Murten war noch viel mörderischer als die Schlacht bei Grandson. Etwa 8000 Kämpfer, zum größten Teil Fußvolk, waren dabei umgekommen. Ihre sterblichen Reste wurden in zwei großen Beinhäusern beigesetzt, die eine Gedenkkapelle trennte[10]. Das »Ossuaire des Bourguignons« trug die Inschrift:

»Deo Optimo Maximo.
Inclyti et fortissimi Burgundiae ducis exercitus,
Moratum obsidens, ab Helvetia caesus
Hoc sui monumentum reliquit.«

Es wurde 1798 von einem durchziehenden Revolutionsheer zerstört, das darin eine Beleidigung Frankreichs sah.

Man machte nicht so reiche Beute wie in der Schlacht bei Grandson. Trotzdem fielen den Siegern prächtige Stoffe, edle Pelze, herrlich gearbeitete Waffen, ein Porträt des Herzogs und kostbare Kirchengeräte in die Hände.

*

Der Herzog war ohne Aufenthalt nach Morges am Genfer See durchgeritten. Dort hörte er am Morgen des 23. die Messe. Gegen sechs Uhr abends traf er bei der Herzogin von Savoyen in Gex ein. Er hielt sich dort bis zum 27. auf. Dann begab er sich über Saint-Claude, Poligny und Arbois nach La Rivière im heutigen Departement Doubs. Von diesem kleinen Ort aus ließ er seine Befehle ergehen, um, koste es, was es wolle, ein neues Heer aufzustellen. Die fieberhafte Tätigkeit, die er entfaltet, die Heiterkeit, die der mailändische Gesandte an ihm beobachtet haben will – nichts kann die Geschichte über die wirkliche Verfassung des Besiegten von Murten hinwegtäuschen. Commynes ist der Zeuge dafür, daß der Herzog über sein Mißgeschick völlig verzweifelt war. Wie hätte es auch anders sein können?

Karl beherrscht nicht wie Ludwig XI. die Kunst, in sich zu gehen, wenn ihm etwas schiefgegangen ist, und in aller Stille zur rechten Zeit jene zweckmäßigen Vorkehrungen zu treffen, durch welche die schlimmsten Fehlentscheidungen wiedergutzumachen sind. Ganz im Gegenteil: der Herzog läßt sich zu weiteren kopflosen Taten hinreißen.

Seiner Meinung nach muß man sich augenblicklich wieder aufrichten. Er ist mehr denn je das Opfer seiner plötzlichen Eingebungen, wie Commynes sagt: »car plus estoit embrouillé, plus s'embrouilloit.«

Der beste Beweis dafür ist der gerade in diesem Moment am Hof von Burgund zur Unzeit verübte Anschlag auf das Haus Savoyen. Die Herzogin Jolanthe von Savoyen, die Schwester Ludwigs XI., hatte Burgund ihr Wohlwollen bewiesen, ohne sich gänzlich bloßzustellen und ein Bündnis mit dem Feind ihres Bruders zu schließen.

Unter dem Vorwand, es gehe das Gerücht um, daß der König demnächst Savoyen einziehen werde, entschließt sich Karl der

Kühne, angeblich um dem König zuvorzukommen und sich zu schützen, zu einem Handstreich und verletzt damit jegliches Völkerrecht. Jolanthe war verwitwet und seit dem 3. Juli 1475 Regentin. Der Herzog will sich ihrer und ihres ältesten Sohnes, des zwölfjährigen jungen Herzogs Philibert, bemächtigen. Es gab einen ungeheuren Skandal.

Jolanthe hatte sich von Gex aus, wo sie den Herzog kurz nach der Niederlage bei Murten empfangen hatte, auf den Weg nach Genf begeben. Sie wurde kurz vor der Stadt, in Grand-Saconnex, von Olivier de la Marche überrascht, der den Auftrag zu dieser dreisten Entführung hatte. Der Chronist hat es selbst berichtet und im Bewußtsein der unrühmlichen Rolle, die er dabei spielte, mit folgenden Worten vor der Nachwelt entschuldigt: »Je le fiz pour saulver ma vie, car le duc mon maistre estoit tel qu'il vouloit que l'on fist ce qu'il commandoit sous peine de perdre la teste.«[10] Der Streich gelang übrigens nur zum Teil. Philibert und sein kleiner Bruder wurden von einem der Genossen Oliviers, Lodovico Taglianti aus Ivrea »gestohlen«. Zuerst versteckte man die kleinen Prinzen in den Getreidefeldern am Rand der Straße, und dann brachte sie der Haushofmeister Geoffroy de Riverol nach Chambéry. Die Herzogin indessen, welche La Marche auf seinem Pferd entführte, wurde über den Jura nach Saint-Claude und von dort erst nach Rochefort-sur-Nenon bei Dôle und dann weiter nach Schloß Rouvres in der Nähe von Dijon geschafft.

Auf diese Behandlung hin rief Jolanthe ihren Bruder zu Hilfe. Im Grund war es Ludwig sehr lieb, daß er die Gelegenheit wahrnehmen konnte, um Savoyen von der burgundischen Hypothek zu befreien. Der Emissär der gefangenen Herzogin, Geoffroy de Riverol, wendet sich an Commynes, der die Angelegenheit dem König vorträgt. Unverzüglich erhält Riverol die Zusicherung, daß man sofort eingreifen werde. Charles d'Amboise, Seigneur de Chaumont, wird in seiner Eigenschaft als Gouverneur der Champagne den Befehl zur Ausführung bringen. Die Sache glückte vollkommen. Mit zweihundert Lanzen entführt der Seigneur de Chaumont Jolanthe aus Rouvres und geleitet sie nach Langres. Der König, welcher sich nach seinem Aufbruch aus Lyon auf dem Wasserwege von Roanne nach Plessis-lez-Tours begeben hatte, beschied seine Schwester, nach diesem Schloß zu kommen. Er empfing sie, wie der Chronist berichtet, an der Pforte mit der freundlichsten Miene und begrüßte sie mit den Worten: »Madame la Bourguignonne, vous soyez la très bien venue.« Sie sah es ihm an, daß er scherzte, und gab die sehr kluge Antwort: »qu'elle estoit bonne Françoise.« Gerade das war der Wunsch Ludwigs XI. Das Abschwenken Savoyens, das, ohne mit Burgund befreundet zu sein, doch mit ihm sympathisiert hatte, war der Schlußstein zum Gesinnungswechsel von Anjou, Neapel und Mailand.

*

Jetzt war Karl der Kühne völlig isoliert. Das zweite Debakel in der Schweiz hat seinem Ansehen aufs schwerste geschadet. Die von ihm einberufenen Stände sind tief erbittert, sei es in Flandern, dem Herzogtum Burgund oder der Freigrafschaft. Die Politik eines kriegerischen Imperialismus hat eine unheilvolle Wirkung auf die unter sich verschiedenen Herrschaftsgebiete, die, nur dynastisch geeinigt, des Fundaments eines gemeinsamen Staatsbewußtseins entbehrten.

Von den mit dem Schwert gewonnenen Ländern verblieb nur noch Lothringen dem allzu eilfertigen Eroberer, der es sich in den Kopf gesetzt hat, daß alle seine Nachbarn sich unverzüglich seinen Launen zu fügen hätten.

Unvermeidlich strebt Lothringen im Gefolge der eidgenössischen Siege nach seiner Befreiung. Herzog René war einer der Helden von Murten. Nachdem er bereits für die Schweizer eine Lanze gebrochen hat, beabsichtigt er, angesichts der totalen burgundischen Niederlage, sein eigenes Lehnsgebiet wiederzugewinnen.

Im August 1476 bereits war er vor Nancy erschienen. Aber der allzu verfrühte Versuch, sich der Stadt zu bemächtigen, war mißglückt. Dann hatte er sich darauf beschränkt, erst Lunéville und hierauf mit einem tollkühnen Vorstoß Épinal zu nehmen. Danach zog er sich nach Straßburg zurück. Dort stellt er mit Hilfe der elsässischen und oberrheinischen Städte ein neues Heer auf. Als er von neuem vor dem ungenügend verteidigten Nancy auftaucht, kommt er am 6. Oktober durch einen ungestümen Angriff wieder in den Besitz seiner Hauptstadt.

Lag es am Willen oder am Unvermögen des Herzogs, daß er in

Lothringen nicht schnell genug handelte, um einer Überrumpelung vorzubeugen? Wie es auch gewesen sein mag: daß Nancy fiel, versetzte ihm einen neuen, furchtbaren Schlag. Zweifellos war es für einen Präventivangriff zu spät geworden, da die luxemburgischen Kontingente, mit denen der Herzog gerechnet hatte, zu lange auf sich warten ließen. Vielleicht hatte er sich auch darauf verlassen, daß die Besatzung länger Widerstand leisten würde, der er den Schutz von Nancy anvertraut hatte und die beinahe ohne Schwertstreich sich ergeben hatte.

Nach den Schlachten bei Grandson und Murten hat nun für die burgundische Macht bei Nancy die letzte Stunde geschlagen.

Karl der Kühne verließ sein Feldlager in La Rivière am 25. September. Sein Ziel war, die mit seinen Waffen eroberte Hauptstadt von Lothringen zu schützen. Er marschierte über Besançon, Vesoul, Joinville, Bulgnéville und Neufchâteau auf Toul. Als er am 11. Oktober, sechs Tage nachdem Nancy gefallen war, in Toul eintraf, hatte er nur die Wahl, entweder sich zurückzuziehen oder an der Rückeroberung der verlorenen Stadt festzuhalten. Er entschied sich für das letztere, ohne die Unzulänglichkeit seiner Truppen zu bedenken. Der Herzog begann »courir après l'esteuf«, wie es Commynes anschaulich nennt, der diesmal seine Formulierung dem Schlagballspiel entlehnt. Dem wegrollenden Ball nachzulaufen, heißt, hinter seinem Schatten herrennen.

Nancy mit Waffengewalt wieder an sich zu bringen, war zu diesem Zeitpunkt ein Vabanquespiel. René II. war seinem Gegner an Streitkräften weit überlegen. Dank der finanziellen und diplomatischen Hilfe, mit der Ludwig XI. nicht geknausert hatte, standen ihm außer seinen lothringischen Truppen noch 12 000 Schweizer zur Verfügung. Der heimlichen Aufmunterung des Königs folgend, waren sogar Franzosen in seine Dienste getreten[11].

Solcher Art gestützt, bezieht René II. mit annähernd 15 000 Mann in Saint-Nicolas-de-Port Stellung. Trotz aller Enttäuschungen auf sein Glück vertrauend, wagt sich Karl der Kühne an die Belagerung der Festung Nancy, ohne mit der Wimper zu zucken. Daß der Graf von Campobasso, Condottiere im Dienst des Herzogs von Burgund, zum Feind überging, trug dazu bei, die kritische Lage der zahlenmäßig unterlegenen Belagerer noch zu verschlimmern[12]. Von den insgesamt 10000 Mann, die, wie es scheint, in die Musterungslisten eingetragen waren, konnte Karl nach der zuverlässigen Aussage von Olivier de la Marche in Wirklichkeit mit nicht mehr als 2000 einsatzfähigen Kämpfern rechnen.

Unter diesen Umständen stand die Partie allzu ungleich. Nichts beweist schlagender, daß Karl seinen Beinamen zu Recht trägt, als die Verwegenheit, mit der er in dieser Situation sich eigensinnig darauf versteifte, trotz des schreienden Mißverhältnisses seiner Kräfte zu denen des Feindes das Schicksal herauszufordern. Dem Grafen von Chimay, der ihm die erdrückende Übermacht des Gegners entgegenhielt, wußte er lediglich mit der Prahlerei zu antworten: er werde »die Schlacht liefern, selbst wenn er ganz allein kämpfen müßte[13]«. Es zeigt sich, daß der Herzog bei der blindwütigen Jagd nach Wiederherstellung seines Prestiges jeden vernünftigen

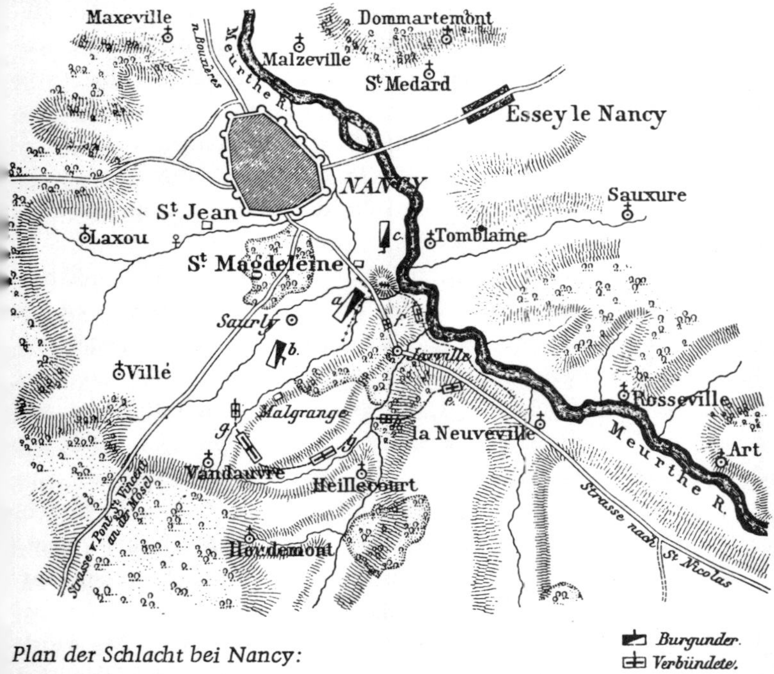

Plan der Schlacht bei Nancy:

Burgunder.
Verbündete.

a) Burgundisches Fußvolk; b) Rechter Reiterflügel der Burgunder; c) Linker Reiterflügel; d) Vorhut der Verbündeten; e) Troß; f) Plänkler des Verlorenen Haufens; g) Verlorener Haufen; h) Nachhut.

Rat in den Wind schlägt und, nach dem berufenen Urteil von Commynes, sich »wie ein Verrückter« aufführt.

Unter solchen Umständen konnte die Schlacht von Nancy am 5. Januar 1477 nur in einem fürchterlichen Desaster enden.

Karl stellte seine Truppen auf einem Plateau im Südosten von Nancy auf, das zwischen den in die Meurthe mündenden Flüßchen Madeleine und Jarville gelegen ist. Der treu gebliebene Condottiere Jacopo Galeotto bezieht mit der Vorhut, die sich als linker Flügel entfaltet, am Abhang des Hügelrückens Stellung, mit dem Blick auf Tomblaine. Die Nachhut bildet den rechten Flügel und nimmt am Wald von Saurupt Aufstellung, von wo aus man das Vorrücken Renés überblicken zu können glaubt. Außerdem kann hier die burgundische Artillerie zuverlässig Sperrfeuer legen.

Der Stab der Bundesgenossen hingegen beschließt, die Taktik der Schlacht von Murten wieder anzuwenden und die von den Jarville-Wäldern gedeckten feindlichen Stellungen zu umgehen. Die Angreifer passieren den Bach Heillecourt und gewinnen die Ebene von La Malgrange. Dann schwenken sie nach rechts in die Wälder von Saurupt ab und brechen genau im Rücken der burgundischen Gefechtsordnung hervor. Jean de Baude von der Kompagnie des jungen Johann von Lothringen, ein Sohn des Grafen Antoine de Vaudémont, trug das große Banner der Muttergottes.

Der unvorhergesehene Angriff führt fast sofort eine Panik herbei. Wieder erschallen die Alphörner von Uri und Unterwalden mit großem Getöse und verbreiten Angst und Schrecken. Unter den Burgundern ergreifen viele die Flucht, die übrigen werden an Ort und Stelle niedergehauen. Campobasso und seine Italiener, die zum Feind übergegangen waren, schnitten die Übergänge über die Meurthe ab. Da Galeotto und seine Gefährten noch rechtzeitig entkamen, eilten sie nach Metz, um Schutz in dieser Festung zu finden.

Die Kriegsbeute war unermeßlich. Das burgundische Feldlager wurde von den Lothringern, Elsässern und Schweizern geplündert. Was man nicht fortschleppen konnte, wurde in Brand gesteckt. Der Helm des Herzogs wurde an Ludwig XI. gesandt. Sein Ring wurde von einem Schweizer aufgelesen und 1478 von den Gebrüdern Schacht dem Herzog von Mailand geschenkt. Der Waffenrock des Herzogs, welchen die Elsässer von der Leiche gerissen hatten, wurde als Trophäe am Straßburger Münster aufgehängt und ist leider verschwunden; die Fahnen befinden sich im Zeughaus von Solothurn, dessen Miliz an der Schlacht teilgenommen hatte; der Trinkbecher Karls des Kühnen, der vom Feldzeugmeister Heinrich Strübin vom Boden aufgelesen wurde, ist in Liestal, dessen Soldaten das Basler Korps verstärkt hatten. Und schließlich wurde noch – nach Commynes – die Ordenskette mit dem Goldenen Vlies für zweihundert Dukaten in Mailand verkauft.

Zwei Tage nach der Schlacht entdeckte man den Leichnam des letzten der großen Herzöge nackt und entstellt im Schlamm des Teiches von Saint-Jean, auf dessen Eisdecke gekämpft worden war. Er wurde auf Grund der eingeschlagenen Zähne des Herzogs und der Narben einer bei Montlhéry erhaltenen Verwundung identifiziert. Mit dem vierten Valois sank der Stern des von Philipp dem Kühnen gegründeten Staates, den seine Nachfolger, einschließlich des letzten, unermüdlich erweitert und vergrößert hatten.

*

Commynes hat mit packenden Worten geschildert, wie außer sich vor Freude Ludwig XI. war, als ihm die Katastrophe bei Nancy gemeldet wurde. Der Ausgang hatte alle Erwartungen übertroffen. Das war nicht nur der militärische Zusammenbruch Burgunds, sondern das bedeutete den Tod des schrecklichen Herzogs. Wie hätten die Überbringer einer solchen Botschaft nicht mit offenen Armen aufgenommen werden sollen?

Das Gegenstück zu der ausgelassenen Freude, die im Schloß von Plessis-lez-Tours herrscht, wo der König seinen nächsten Schachzug überlegt, ist das Entsetzen und die völlige Ratlosigkeit, die sich der Herzogin Maria in Gent bemächtigen.

Verwaist, von feindseligen Flamen und treulosen Ratgebern umgeben, steht Maria, noch nicht ganz zwanzigjährig, am tragischsten Wendepunkt ihres Schicksals. Der burgundische Staat ist aus den Fugen, bis in die Grundfesten erschüttert und droht einzustürzen. Es gibt keinen Herzog mehr, kein Geld, kein Heer. Dem Staat der Herzöge fehlt die treibende Kraft. Überall herrschen Zweifel und Schrecken. Die junge Erbin dieser allzu schwer belasteten Hinterlassenschaft hat Angst, einen falschen Schritt zu tun. Sie ist so furchtsam, daß sie es nicht wagt, eine spanische Gesandtschaft zu empfangen, die eben in Flandern eingetroffen ist[14]. Konnte sie das Risiko eingehen, durch ein verdächtig wirkendes Verhalten den Zorn ihres gefürchteten obersten Lehnsherrn, des Königs von Frankreich, auf sich zu ziehen? Zudem ist dieser König noch ihr Pate. Würde er sich nicht zu ihrem Beschützer aufwerfen?

Den äußeren Umständen nach konnte es so scheinen, als sei durch den Tod des vierten Herzogs, der keine männlichen Erben hinterließ, ein einfaches juristisches Problem entstanden, ähnlich demjenigen, wofür man vor etwas mehr als hundert Jahren nach dem Hinscheiden Philipps von Rouvres so leicht eine Regelung gefunden hatte. Der einzige heikle Punkt dabei wäre die Frage gewesen, an wen das herzogliche Erbe, in Ermangelung eines männlichen Nachkommens, fallen sollte. Tatsächlich aber nahmen die Dinge fast sofort einen ganz anderen Verlauf. Es stellte sich schnell heraus, daß die Regelung der Erbfolge Tür und Tor für Streitigkeiten von unabsehbarer Tragweite öffnen würde. Im Januar 1477 war Frankreich mächtiger und selbstsicherer als im Jahr 1361; Ludwig XI. war ein anders gearteter Politiker als Johann der Gute. Hinzu kam, daß Europa in einer Umbildung begriffen war. Neue Staatsformen traten hervor, das feudalistische System wurde von dem unaufhaltsam vordringenden Prinzip der Staatsraison immer mehr in den Hintergrund gedrängt[15].

Ludwig XI. hatte die Wahl zwischen zwei Möglichkeiten des Verhaltens gegenüber der angstgepeinigten und im Augenblick aller Mittel entblößten jungen Herzogin: er konnte als Freund oder Feind der Waise auftreten. Ludwig entscheidet sich weder für das eine noch für das andere, er will aus der gegebenen Situation den doppelten Gewinn ziehen. Lavieren und Verstellung, Schmeichelei und Lüge, das ist seine Kunst, die undurchsichtige, bewegliche Taktik, die er befolgt. Commynes hat dieses Verhalten nicht gutgeheißen. In seinen Augen hat sein Herr, den er bei manchem Anlaß bewundert, in dieser sehr heiklen Angelegenheit geirrt: »Estant hors de toute crainte, Dieu ne lui permit pas de prendre ceste matière par le bout qu'il la debvoit prendre.« Man könnte kein einleuchtenderes und strengeres Urteil fällen. Diese kritische Bemerkung des Tischgenossen Ludwigs XI. rechtfertigt das Gebot strikter Zurückhaltung für jede Geschichtsschreibung, die Anspruch auf eine unparteiische Haltung erhebt.

Während Ludwig XI. im Norden auf Péronne losgehend mit brutaler Hand Arras und Cambrai in seinen Besitz bringt, entsendet er in die eigentliche Bourgogne 6000 vorzüglich ausgerüstete Soldaten unter der Führung des Dreigespanns Jean de Chalon, Fürst von Orange, Georges de La Trémoille, Seigneur von Craon, und Charles d'Amboise, Gouverneur der Champagne. Zur gleichen Zeit schickt er nach Dijon einen vom 9. Januar datierten verlogenen Brief, in dem er den Untertanen des verstorbenen Herzogs sein Beileid ausspricht und sein herzliches Mitgefühl für die junge Herzogin, sein »Patenkind«, zum Ausdruck bringt. Das Schreiben endet mit dem vielsagenden Satz: »Parquoy vous avisons que à nulle main ne soubs autre vous mectés fors en la nostre, et nous y garderons le droict de nostre dicte filliole comme dict est.«

Man kann das falsche Spiel mit seinem »Töchterchen«, zu dem sich Ludwig entschlossen hat, nicht deutlicher bezeichnen als er selber in diesen wenigen Zeilen. Er verlangt, daß Burgund sich ihm ausliefere, indem er sich als Beschützer der Herzogin gibt, die er ausraubt. Zugleich ist er noch stolz darauf, Gent zu besetzen und über die Niederlande zu herrschen. Commynes hat entschieden recht. Eine uralte Wahrheit ist hier angebracht: wer zuviel unternimmt, führt nichts richtig zu Ende.

Um seine Machenschaften zu tarnen, kommt der König auf den Gedanken einer Heirat zwischen Maria und dem Dauphin Karl, damals noch ein Kind von sieben Jahren, während Maria neunzehn alt war. Commynes riet dennoch zu einer sofortigen Verlobung, die, nach seiner Ansicht, das Schicksal des burgundischen Staates auf gütlichem Wege zum Vorteil des französischen Königshauses entschieden hätte. Außer dem Altersunterschied verhinderte jedoch das Widerstreben der Niederlande und der Freigrafschaft, sich dem Königreich anzuschließen, dieses Arrangement.

Das Heiratsobjekt vorschützend, wurde die königliche Armee jedenfalls einmal in Marsch gesetzt. Sie zog am 1. Februar in Dijon ein. In wenigen Tagen war das ganze Herzogtum besetzt. Im Augenblick erhob sich kein ernstlicher Widerstand. Die Stände des Herzogtums hatten Jean de Chalon, einen Freigräfler, der sich Ludwig XI. angeschlossen hatte, als Repräsentanten des Königs offiziell empfangen. Vorausgesetzt, daß die Privilegien des Herzogtums nicht angetastet würden, akzeptierte die Versammlung den Herrscher Frankreichs als angeblichen Beschützer und künftigen Schwiegervater ihrer Fürstin.

Somit schickten sich anscheinend die Vertreter Burgunds in das Unvermeidliche. Das Mâconnais, wo die Erinnerung an die Zeit französischer Herrschaft noch nicht verblaßt war, ging unter dem Antrieb von Jean de Damas den gleichen Weg[16]. Die Städte wurden von La Trémoille geschickt »übernommen« und überwacht. Versprechungen und Bestechungen besorgten den Rest. Kurz: die irregeführte Anhänglichkeit an das Haus Burgund verstummte.

Alles wäre demnach reibungslos verlaufen, wenn nicht die Intrigen von Jean de Chalon, die Geldgier und Brutalität von La Trémoille, die beide im Trüben fischten, unvermutet den Aufstand vom 26. bis 29. Juni in Dijon ausgelöst hätten.

Diese Revolte war eine spontane Volkserhebung. Die einfachen Leute riefen den Namen Marias von Burgund; sie nahmen Besitz von der Tour Saint-Nicolas und holten das königliche Banner herunter. Der »président de Bourgogne«, Jean de Jouard, welcher versuchte, die Ordnung wiederherzustellen, wurde niedergemacht.

Von der Hauptstadt griff das Feuer auf das ganze Land über. Für einen Augenblick schien das gesamte Herzogtum in einen Hexenkessel verwandelt: Beaune, Semur, Châtillon, Seurre, Verdun und viele andere kleinere Orte, in denen es zu Unruhen oder zum offenen Aufstand kommt, bedrohen die örtlichen Machthaber, indem sie – schlecht und zu spät – eine Art Liga für die Unabhängigkeit auf die Beine stellen.

Diese Begeisterung war allerdings nur ein Strohfeuer. Außerdem brachte Charles d'Amboise dank seiner Wendigkeit und Energie die Sache wieder in Ordnung. Am 12. Oktober zum Statthalter von Burgund ernannt, bezwingt dieser gewandte Politiker in einem gefährlichen Augenblick die Opposition. Die Städte werden, nicht ohne Gewaltanwendung, zur Raison gebracht, wie zum Beispiel in Seurre und in den Marktflecken an der Saône, die sich, von der Freigrafschaft unterstützt, entschlossen dem französischen Vorgehen widersetzten. Mit Hilfe einschüchternder militärischer Demonstrationen und geschickt verteilten Besatzungstruppen gelingt es in Kürze, die Ruhe wiederherzustellen.

Ludwig XI. erschien persönlich am 31. Juli 1479 in Dijon. In der Kirche Saint-Bénigne nahm er den Lehnseid der neuen Kronvasallen entgegen. Trotzdem zog er sich schon am 3. August wieder in das befestigte Schloß Talant zurück, viel zu eilig, um nicht den Verdacht zu erwecken, daß er wenig Vertrauen in den Gesinnungswandel der Burgunder setzte.

Im Grunde wußte er genau, daß er das Herzogtum erpreßt hatte. Da man mit einem neuen Aufflammen des Lokalpatriotismus rechnen mußte, ließ der König ein stark bewehrtes Schloß bauen, weniger zum Schutz seiner Eroberung, als um sie fester in der Hand zu halten, während er zugleich dafür sorgte, daß zuverlässige Männer in die bereits bestehenden Behörden wie das »Parlement«, die »Cour de Comptes« und Ämter aller Art, welche die nunmehr gebildete »Provinz« von den Herzögen übernommen hat, eingeschmuggelt werden.

*

Das Herzogtum Burgund war jedoch nur ein Teil des burgundischen Staates. Das Erbe Karls des Kühnen wird sehr bald in seinem ganzen Umfang zum Einsatz eines Riesenspiels auf dem Schachbrett der europäischen Politik. Spanien erinnert sich der ehemaligen Bündnisse zwischen Aragón und Burgund. Es sympathisiert mit der Erbin des Mannes, der 1473 die französische Offensive im Roussillon aufgehalten hat. Die Stände von Flandern verhalten sich defensiv und legen großen Wert darauf, eine Entscheidung über das Schicksal der belgischen Lande herbeizuführen. England, das dieses Schicksal angeht, ist auf dem Quivive. Margarete von York, die Schwester Eduards IV. und Witwe des verstorbenen Herzogs, befindet sich bei ihrer Stieftochter Maria. Die junge Fürstin hat sich wieder gefangen. Sie handelt und findet Worte wie eine Herzogin. Wenn schon ihr Einspruch gegen das Vorgehen Ludwigs XI., ihres sogenannten Beschützers, den sie am 23. Januar 1477 vor den Ständen von Burgund der Hinterhältigkeit beschuldigt, weil er sie nur um ihr Erbe bringe, geringen Eindruck macht, so entgegnet sie auf den verdächtig scheinenden Plan einer Heirat mit dem Dauphin durch die Bekanntgabe ihrer Verlobung mit dem Habsburger Maximilian. Unter den zahlreichen Bewerbern um ihre Hand hat die reiche Erbin denjenigen gewählt, den sie für den fähigsten Verteidiger ihres Erbes hält: den Sohn des Kaisers.

Ebenso wie Ludwig die Vermählung Ferdinands von Aragón mit Isabella von Kastilien nicht verhindern konnte, durch die Spanien zu einer für Frankreich bedrohlichen Einheit wurde, hatte er es verstanden, die Ehe Marias mit Maximilian zu hintertreiben, mit der seinem Land die österreichische Gefahr erstand. Die Kritik von Commynes ist nur allzu richtig. Zu allem Unglück wird auch noch der Sohn von Maria und Maximilian, Philipp der Schöne, die Tochter der Katholischen Könige, Johanna die Wahnsinnige, heiraten, und der Enkel beider ist Karl V. Indem Ludwig XI. die Tochter des letzten großen Herzogs in die Arme eines Erzherzogs und künftigen Kaisers trieb, hat er dem Königreich, das er von den Kriegen mit den Engländern befreite, die Vorbedingungen für einen zweiten Hundertjährigen Krieg geschaffen, den langen, in der Geschichte berühmten Zweikampf mit der habsburgischen Macht.

Ludwig selbst bekommt ihn schon im Anfangsstadium zu spüren. Zwar gelingt es ihm, die Bourgogne, die Picardie und das Artois zu behalten, aber er kann es nicht hindern, daß Maximilian die Freigrafschaft, Flandern und die Niederlande in Besitz nimmt. Darüber kommt es zu einem verworrenen Krieg. Der Sieg der Kaiserlichen bei Guinegate am 29. Juli 1479 führt zum Kompromiß des Vertrags von Arras vom 23. Dezember 1483, durch den Ludwig XI., schon ein kranker Mann und dem Zusammenbruch nahe, mit Hilfe eines neuen Heiratsprojekts den durch die Katastrophe von Nancy ausgelösten, schwierigen Erbfolgestreit beilegen möchte. Maria von Burgund war am 27. März 1482 an den Folgen eines Sturzes vom Pferd in Brügge gestorben. Ihre Tochter, Margarete von Österreich, soll den Dauphin heiraten, der ihretwegen auf seine englische Verlobte verzichtet. Während Frankreich die Bourgogne und die Picardie behält, sollen das Artois, die Freigrafschaft, das Mâconnais und Auxerrois, Salins, Bar-sur-Seine und Noyers von den Maximilian zugesprochenen Besitzungen abgetrennt werden und die Mitgift Margaretes bilden.

Alles schien gütlich geregelt, da der herrliche Gesamtkomplex der Niederlande dem zukünftigen Kaiser verblieb. Doch schon bald war alles wieder in Frage gestellt. Unter der Regentschaft der Beaujeu (Ludwigs Schwester Anna und ihres Gemahls Pierre de Beaujeu) geht das Projekt einer Ehe zwischen Karl VIII. und Margarete in die Brüche, und Karl VIII. heiratet Anna von der Bretagne. Sofort flammte der Streit zwischen Österreich und Frankreich wieder auf[17]. Eine Revision des Vertrags von 1483 erwies sich als unumgänglich, er wurde durch den Vertrag von Senlis vom Mai 1493 ersetzt. Frankreich verzichtete auf das Artois und die Freigrafschaft zugunsten Philipps des Schönen, des Sohns Maximilians, behielt jedoch die übrigen Gebiete.

Demnach verblieben den Habsburgern aus dem Bestand des burgundischen Staates nicht nur die Niederlande, sondern auch die beiden in Senlis wieder abgetretenen Provinzen. Karl V. wird die Bourgogne als sein Eigentum zurückfordern, die um ein Haar dem Kaiserreich einverleibt worden wäre, da der bei Pavia besiegte und in Madrid gefangen gehaltene Franz I. sie herausgeben mußte. Wenn sie trotzdem Frankreich nicht verlorenging, so verdankt sie es der von den Ständen verkündeten Unveräußerlichkeit ihres Bodens und der Rückgewinnung durch die Waffen des reisigen Renaissance-Königs[18].

Das politische Werk der großen Valois-Herzöge ging also nicht zugrunde. Wenn auch der Staat, dessen Bausteine sie zusammentrugen, auseinandergerissen wurde, so künden doch die Überreste einstiger Größe den folgenden Jahrhunderten von ihrem glühenden Streben und erfolgreichen Handeln. Die Bourgogne ist Frankreich erhalten geblieben, die Freigrafschaft kehrte zurück, Flandern, Artois und die Picardie sind den gleichen Weg gegangen, und die Königreiche Belgien und Holland, die von jenen Fürsten, denen es im 15. Jahrhundert nicht gelang, den Königstitel zu erwerben, geformt wurden, bestehen noch in der Welt von heute, als wollten sie von dem wahrhaft königlichen Rang ihrer eigentlichen Gründer zeugen.

SCHLUSSBEMERKUNG

Lotharingien oder einen neuen burgundischen Staat, in dem mit den lotharingischen Gebieten die Gesamtheit der verschiedenen burgundischen Länder des hohen Mittelalters eingeschlossen wären, erstehen zu lassen, ist der Traum der großen Herzöge gewesen. Das liegt klar zutage, und ebenso evident ist es, daß dieser Traum auf dem Höhepunkt der letzten Regierung beinahe verwirklicht worden wäre. Die Geschichte der vier Herrscher während eines Jahrhunderts legt reichlich Zeugnis davon ab.

Was Philipp der Gute 1447 bei Friedrich III. nicht erreichen konnte, was Karl dem Kühnen bei der Komödie in Trier, die demselben Kaiser so wenig zur Ehre gereicht, aus den Händen glitt, wäre schwerlich dem Herzog entgangen, wenn es ihm gelungen wäre, die letzte Phase des Hundertjährigen Krieges siegreich zu beenden. Die Ausführung des auf den Teufelspakt vom Jahr 1417 und das Abkommen von Troyes aus dem Jahr 1420 folgenden Vertrags von London hätte um 1475 zu einem durch die vereinigten englisch-burgundischen Heere erzwungenen Frieden geführt, einem zweiten Vertrag von Brétigny, durch den der Weg zum Bau eines neuen Europa frei geworden wäre, in dem der Staat der Herzöge, eine von jeder Lehnshoheit unabhängige, mächtige Monarchie in voller Freiheit sich mit seinen ungezählten, fest zusammengefügten Territorien hätte weit ausbreiten können.

War es aber nicht, mangels einer Einheit der Rasse, der Sprache, der Interessen diesen Territorien von Anfang an verwehrt, zu einem lebensfähigen Gebilde zusammenzuwachsen? War das große Unterfangen von vornherein zum Scheitern verurteilt? Solche Bedenken laufen auf die unnötige Anerkennung des höchst gefährlichen Dogmas hinaus, daß sich das historische Geschehen mit absoluter Zwangsläufigkeit vollziehe[1]. Bedenken, die überdies widerlegt werden durch die Geschichte anderer Staatengebilde ähnlich universellen Charakters, z. B. die Donaumonarchie, auf die wir schon verwiesen haben und die dank einer glücklichen Ergänzung der wirtschaftlichen Voraussetzungen ihrer verschiedenen Bestandteile eine erstaunliche Lebenskraft und Beständigkeit bewiesen haben.

Richtiger wäre der Gedanke, daß das Schicksal des im Werden begriffenen Staates vom Spiel zufallsbedingter Möglichkeiten abhing, deren Zusammentreffen zumeist das wirkliche Geheimnis des historischen Dynamismus enthält. Vielleicht haben die Herzöge den richtigen Weg zum Erfolg außer acht gelassen; vielleicht hätte man bei der Errichtung dieses Reiches, für dessen Gründung, so wie die Dinge lagen, keine zwingende Notwendigkeit bestand, weniger Rücksicht auf den Stolz und die Besorgnisse der französischen Oberlehnsherrn nehmen und eine übernationale Politik bis zum Ende weiter verfolgen und daran festhalten müssen, anstatt sich dauernd zu bemühen, sie mit den wechselnden Verlockungen und Aussichten der französischen Innenpolitik in Einklang zu bringen[2]. Wahrscheinlich hätte man in gerader Richtung auf der von Johann ohne Furcht vorgezeichneten Bahn weitergehen, bedenkenlos und ohne zurückzublicken, das französische Blut verleugnen müssen, das Philipp der Gute wieder in seinen Adern kreisen fühlte. Um den Entscheidungskampf gegen Ludwig XI. auf der Seite Eduards IV. zu gewinnen, hätten die von Commynes in der Schicksalsstunde aufgezeigten Fehler nicht gemacht werden dürfen. Kurz: es wäre unerläßlich gewesen, sich bis zuletzt auf die dringendsten politischen Fragen zu konzentrieren und sie, eine nach der andern, im richtigen Moment zu lösen ohne Übereilung oder Verzug.

Karl der Kühne jedoch war ein ungeduldiger und impulsiver Mensch. Dadurch wurde alles verdorben. Aber das ist nur ein Faktum, kein unabänderliches Fatum. Wie sollte man auch darin, daß er Fehler über Fehler beging, eine geschichtliche Notwendigkeit sehen? Wir wollen uns einen Augenblick lang vorstellen, daß durch eine Schicksalslaune in dem sich überkreuzenden Stammbaum der Valois Ludwig XI. Herzog von Burgund und Karl nicht Graf von

Charolais, sondern Dauphin und später König von Frankreich geworden wäre: wer wagte zu behaupten, daß unter diesen umgekehrten Voraussetzungen der Einheitsstaat Frankreich festen Bestand bekommen hätte und Großburgund dem Untergang geweiht gewesen wäre?

Wie dem auch sei, das Fazit ist offenkundig: die Katastrophe war vernichtend. Großburgund, das kometenhaft am Horizont der Geschichte aufgetaucht war, ist jäh und unwiderruflich verschwunden. Es ist mit dem Unglückstag der Schlacht bei Nancy untergegangen.

Geblieben ist jedoch der Glanz imposanter Erfolge: der Aufschwung der Niederlande, ein Vermächtnis an die Nachwelt, das hohe Ansehen, in dem das prunkvolle Hofleben stand, die Erinnerung einer regen literarischen Tätigkeit und einer fruchtbaren, eifrig gepflegten Geschichtsschreibung und schließlich noch der Ruhm einer Kunst, die ihren Platz unter den wunderbarsten Kulturformen hat, die Völkern und Fürsten am meisten zur Ehre gereichen: Geschmack, Schönheitssinn und die Sehnsucht des Menschen nach einem höheren Lebensstil.

Anmerkungen

Einführung (S. 5–6)

1 Als »grand duc du Ponant« wird Philipp der Gute zum erstenmal erwähnt von Chastellain (Ausg. Kervin v. Lettenhove, Bd. II, S. 150), während ihn Molinet (Ausg. Doutrepont u. Jodogne, Bd. II, S. 591) »le très grand et renommé duc d'Occident« nennt.

1. Kapitel (S. 7–16)

1 Das Wort wird dem christlichen Dichter Sidonius Apollinaris, Bischof von Clermont (ca. 430–480) zugeschrieben. Zum Thema Burgund im Hohen Mittelalter vgl. Henri Drouot u. Joseph Calmette, Histoire de Bourgogne, Paris, Boivin, 6. Aufl.

2 Näheres über diese Tendenzen findet sich in den ersten Kapiteln von Calmette, Charlemagne, sa vie et son œuvre, Paris, Albin Michel, 1945.

3 Genaue Definition von »comitatus« und »pagus« ibid. S. 221, Anm. 12.

4 Vgl. Calmette, L'effondrement d'un Empire et la naissance d'une Europe, Paris, Aubier, Les grandes crises de l'histoire.

5 Vgl. Calmette, La Société féodale, Paris, Colin, 6. Aufl., 1947.

2. Kapitel (S. 17–27)

1 Vgl. J. Dhont, Note sur les deux premiers ducs de Bourgogne, in: Annales de Bourgogne, 1941, S. 30 ff.

2 Vgl. Jean Richard in: Annales de Bourgogne, 1946, S. 111.

3 Über Ludwig d. Hl. s. Calmette in: Les grandes figures, hrsg. von S. Charléty, Paris, Larousse, u. ders., Études médiévales, Toulouse, 1946.

4 Vgl. Calmette, La société féodale.

5 Vgl. die Arbeiten von Ch. Petit-Dutaillis.

3. Kapitel (S. 28–41)

1 Vgl. die Stammtafeln Kapetinger und Valois, sowie Philipps v. Rouvres, und die interessanten Studien verschiedener Juristen in: Mémoires de la Société pour l'histoire du droit et des institutions des anciens pays bourguignons, 1935–36. Zum gleichen Thema s. Pocquet du Haut-Jussé in: Annales de Bourgogne, 1937.

2 Näheres bei Calmette, Charles V, Paris, A. Fayard, 1945.

3 Vgl. Dom Plancher, Histoire de Bourgogne, Bd. II, Belege Nr. CCCVI ff., S. 247–268.

4 Ibid., Belege Nr. CCCXII.

5 Der entscheidende Passus in den »Lettres Patentes« vom November 1361 lautet: »Joannes Dei gratia Francorum rex. Notum facimus per presentes tam presentibus quam futuris, quod, cum nuper, per mortem charissimi filii nostri Philippi ducis Burgundiae, ducatus Bur-

gundie com juribus et pertinentiis universis nobis in solidum *jure proximitatis non ratione corone nostre debitus* ad nos fuerit devolutus, et in nos jure successorio translatus, ac a nobis tanquam noster acceptatus, ipsum eumdem ducatum Burgundie ... nostre felici corone Francorum de nostra certa scientia et auctoritate regia donamus, unimus, conjungimus et inseparabiliter solidamus ...«

6 Tourneur-Aumont, La bataille de Poitiers, Paris, 1940. Vgl. Calmette, Charles V, wo der Versuch einer Rehabilitation des zweiten Valois-Königs widerlegt wird, und F. Lot, L'art militaire et les armées au Moyen Age, 1946, Bd. I, S. 370.

7 Vgl. Maurice Prou, Étude sur les relations politiques du pape Urbain V avec Jean II et Charles V, S. 11 u. 14, Dokumente 2 u. 3, sowie Paul Fournier, Le royaume d'Arles et de Vienne, S. 497.

8 Dom Plancher, a.a.O., Bd. III, Dokument No. III.

9 Pierre Petot, L'avènement de Philippe le Hardi en Bourgogne, in den, Anm. 1 zum dritten Kapitel, erwähnten Mémoires. – Vgl. auch J. Faussemagne, L'apanage ducal de Bourgogne dans ses rapports avec la monarchie française, Lyon, 1937.

4. Kapitel (S. 42–75)

1 Faussemagne, a.a.O.

2 E. Petit (de Vausse), Ducs de Bourgogne de la maison de Valois, Bd. I, Philippe le Hardi, Paris, 1904; ein Werk, von dem nur der erste Band erschien, ebenso wie von Otto Cartellieri, Geschichte der Herzöge von Burgund, Bd. I, Philipp d. Kühne, Leipzig, 1910.

3 Zitat nach der »nouvelle édition« in acht Bänden, Paris, Librairie académique Didier et Cie, 1860, von Barante, Histoire des ducs de Bourgogne de la Maison de Valois, Bd. I, S. 81.

4 Vgl. zum politischen Aspekt dieser Verbindung die Betrachtungen von Henri Pirene, Histoire de Belgique, Bd. II, Buch II, Kap. 1. – Vgl. auch Calmette, La société féodale, S. 182.

5 Vgl. Calmette, Charles V, Kap. XVII f.

6 Vgl. J. Calmette u. E. Déprez, L'Europe occidentale de la fin du XIVe siècle aux guerres d'Italie, 1. Teil, Bd. VII der Histoire du Moyen Age, in der von G. Glotz hrsg. Histoire générale, Paris, Presses Universitaires 1937. – Siehe auch Calmette, Chute et Relèvement de la France sous Charles VI et Charles VII, Paris, Hachette, 1945.

7 Vgl. Calmette, a.a.O.

8 Barante, Bd, I, S. 138–139.

9 Ibid., S. 149.

10 Ibid., S. 151.

11 Ibid., S. 165. Die beste Darstellung der Ereignisse in Flandern gibt H. Pirenne, der auch sonst stets zu Rate zu ziehen ist. Dazu die schöne Studie von H. Laurent u. F. Quicke, Les origines de l'État bourguignon, l'accession de la Maison de Bourgogne aux duchés de Brabant et de Limbourg, Bd. I, Brüssel 1939.

12 Eduard Perroy, L'Angleterre et le grand schisme, Paris, 1933, Kap. V.

13 Ibid., S. 197–198.

14 Léon Mirot, L'emploi du flamand dans la chancellerie de Charles VI, in: Bibliothèque de l'École de Chartes, 1896, S. 55. – Vgl. Pirenne, Histoire, Bd. II, S. 188.

15 Cabaret d'Orville, Chronique du bon duc Loys de Bourbon, hrsg. v. Chazaud (Société de l'Histoire de France), S. 181; Eustache Deschamps, hrsg. von Queux de Saint-Hilaire, Bd. VI, No. 1145.

16 Pirenne, Histoire, Bd. II, S. 176.

17 L'apparicion maistre Jehan de Meun et le Somnium super materia schismatis d'Honoré Bonet, hrsg. v. Ivor Arnold, S. 100.

18 Jacques d'Avout, La querelle des Armagnacs et des Bourguignons, Paris 1943, S. 27 ff., 40, 71; Poquet du Haut-Jussé, Philippe le Hardi, régent de Bretagne, Rede vor der Akademie von Dijon am 20. Dez. 1933; ders., Les séjours de Philippe le Hardi en Bretagne, in: Mémoires de la Société d'Histoire et d'Archéologie de Bretagne, Bd. XVI, 1935. – Vgl. die Ausführungen von Léon Mirot: Les raisons de la rupture entre Philippe le Hardi et Louis d'Orléans, auf dem Kongreß der Association bourguignonne des Sociétés savantes in Dijon 1935 u. Michel de Boüard, La France et l'Italie au temps du Grand Schisme, Paris 1936.

19 D'Avout, a.a.O., S. 68.

20 Pocquet du Haut-Jussé, Le retour de Nicopolis, in: Annales de Bourgogne, 1937, S. 296. – F. Lot, a.a.O., Bd. II, S. 217 ff.

21 Barante, Bd. II, S. 55 (nach Le Religieux de Saint-Denis, hrsg. v. Bellaguet, Bd. III, S. 149), wo das Alter des Herzogs falsch angegeben ist. Der Fehler wiederholt sich bei Champion und Paul de Thoisy, Bourgogne France-Angleterre au traité de Troyes, Paris 1943, S. 24. Über die Schulden des Herzogs ibid., S. 25.

5. Kapitel (S. 76–86)

1 Der Verf. stützt sich in diesem Kap. auf die Forschungen seines ehemaligen Schülers und »hervorragenden Kenners« der burgundischen Kunst Henri David und dessen Schriften: Philippe le Hardi, duc de Bourgogne, protecteur des arts, Dijon, 1937, und Philippe le Hardi au

début du XVe siècle, Dijon 1945, Auszüge aus Annales de Bourgogne, September und Dezember 1944 (I. Patriarcat d'un prince du sang; II. Les ors du couchant).

2 Inventaire du mobilier de Charles V, hrsg. von Labarthe, Paris, 1871.

3 Moranvillé: L'inventaire de l'orfèverie et des joyaux de Louis Ier, duc d'Anjou, in der Bibliotheque de l'École des Chartes, 1901. Das Siegel des Herzogs ist abgebildet in: René Gandilhon, Inventaire des sceaux de Berry, Bourges, 1933, Taf. X.

4 Paul Gauchery, Influence de Jean de France, duc de Berry, sur le développement de l'architecture et des arts à la fin du XIVe et au début du XVe siècle, Archäologischer Kongreß in Bourges 1898 (Société française d'archéologie); Hiver de Beauvoir, La librairie de Jean de Berry au château de Mehun-sur-Yèvre, Paris, 1860; P. Durrieu, Les très riches heures du duc de Berry, in: Gazette des Beaux-Arts, 1904; Henri Malo, Les très riches heures du duc de Berry, hrsg. in der Zeitschrift Verve, 1943.

5 F. S. D. Darwin, Louis d'Orléans, S. 91 ff. – Otto Cartellieri, Philipp der Kühne, S. 146. – Der Wert der Geschenke war mitunter beträchtlich hoch, vgl. H. David, Philippe le Hardi, duc de Bourgogne, protecteur des arts, S. 12; ders., Annales de Bourgogne, 1944. Siehe auch B. Pocquet du Haut-Jussé, Les dons du roi aux ducs de Bourgogne, in: Mémoires de la Société pour l'histoire du droit et des institutions des anciens pays bourguignons, 1939 u. 1940–41.

6 Eine Notiz über Barthélemy l'Anglais findet sich bei Ch.-V. Langlois, La connaisance de la Nature et du Monde au Moyen Age, Ausg. 1911, fehlt jedoch in der Ausg. von 1927. Die Übersetzung von Corbechon ist von 1372. Vgl. dazu Claude Herfray-Rey, Jean Corbechon traducteur de Barthélemy l'Anglais, Abh. d. École des Chartes, 1944, S. 59 ff., insb. S. 66.

7 Henri David, Philipp le Hardi, protecteur, S. 15 u. S. 83, Anm. 1.

8 Henri David, a.a.O., S. 11. – Ders., Patriarcat, S. 10.

9 Henri David a.a.O., S. 39. – E. Teilhard de Chardin, Registre de Barthélemy de Noces, officier du duc de Berry, in: Bibliothèque de l'École de Chartes, 1891, S. 251.

10 Über die Aufenthalte des Herzogs auf den Schlössern des Königs und seiner Brüder, sowie über seine Bautätigkeit, siehe Henri David, a.a.O., S. 6, 20–25.

11 Eine gründliche Monographie in drei Bänden über die Chartreuse de Champmol verdanken wir Cyprien Monget, Dijon 1898–1905. Über die Ausstattung des Schlosses Germolles vgl. L. Armand-Galliat in:

Annales de Bourgogne, 1942, S. 311–313, ferner die in der Collection des grands sculpteurs français, Paris, Pierre Tisné, erscheinende Arbeit von Henri David, Claus Sluter, étude historique et artistique.

6. Kapitel (S. 87–153)

1 Henri Pirenne, Histoire, Bd. II, S. 209; Pierre Champion u. Paul de Thoisy, a.a.O., S. 28; Coville, Les Cabochiens et l'Ordonnance de 1413, Paris, 1888, S. 29.

1a Eine sehr einleuchtende Erklärung für die Devise »Ic houd« gibt J. Huizinga: »Im Streit mit dem Herzog von Orléans waren Devise und Emblem des Johann ohne Furcht entstanden. Ludwig von Orléans hatte als Emblem einen knorrigen Stock gewählt mit dem Wahlspruch: ›Je l'envie‹, einem Spielausdruck, der soviel hieß als: ›ich lade ein, ich fordre heraus‹. Sein Neffe von Burgund gab die technische Antwort, aber in seinem flämischen: ›Ic houd‹ (das heißt ›angenommen‹), und stellte dem knorrigen Stock den drohenden Hobel entgegen. In ›Ic houd‹ steckte vielleicht das Wortspiel ›ich haue‹ verborgen.« Vgl. Huizinga, Im Bann der Geschichte, übertragen von Werner Kaegi u. a., 2. Aufl., Basel 1943, S. 263 und den dortigen Hinweis auf J. Six, De orde van den knoestigen stok en de schaaf, Med. K. Akad. v. Wetensch. 58 B[3], 1924. (Bemerkung d. Übers.)

2 B. Pocquet du Haut-Jusse, Jean sans Peur, son but et sa méthode, in: Annales de Bourgogne, 1942, S. 181.

3 Léon Mirot, in: Annales de Bourgogne, 1939, S. 132. – Ders., Jean sans Peur 1398 à 1405, in: Annuaire-Bulletin de la Société de l'Histoire de France, 1938.

4 Über die Einzelheiten dieser Verhandlungen siehe P. Champion u. P. de Thoisy, a.a.O., S. 90, Anm. 1. – Félix de Coussemaker, Thierry Gherbode, premier garde des chartes de Flandre et secrétaire des ducs de Bourgogne Philippe le Hardi et Jean sans Peur, in: Annales du Comité flamand, Bd. XXVI, 1902.

5 Vgl. das, allerdings unvollendete, Werk von Marcel Thibault, Isabeau de Bavière, reine de France, sa jeunesse, Paris 1903, S. 426.

6 Barante, Bd. II, S. 99.

7 Coville, a.a.O., S. 20.

8 P. Raymond, Enquête du Prévôt de Paris sur l'assassinat de Louis duc d'Orleans, in der Bibliothèque de l'École des Chartes, 1865.

9 P. Cauchon, Chronique de la Pucelle, hrsg. v. Vallet de Viriville, S. 381.

10 Barante, Bd. II, S. 115–116.

11 Thomas Basin, hrsg. v. Ch. Samaran, Bd. I, S. 11. – Vgl. J. d'Avout, a.a.O., S. 89.

12 Barante, Bd. II, S. 117.

13 P. Cauchon, Chronique normande, hrsg. v. Ch. de Rodillard de Beaurepaire, Rouen, 1876, S. 382. – Barante, Bd. II, S. 119.

14 Vgl. das von Cartellieri analysierte Dokument der Archives du Nord, in: Beiträge zur Geschichte der Herzöge von Burgund. – Coville, Jean Petit. La question du tyrannicide au commencement du XVe siècle, Paris, 1932, und die Rezension d. Verf. im Journal des Savants, April 1933.

15 Pocquet du Haut-Jussé, Jean sans Peur, in: Annales de Bourgogne, 1942, S. 195, und J. d'Avout, a.a.O., S. 198.

16 Nicolas de Baye, Journal, hrsg. von Tuetey (Société de l'Histoire de France), Bd. I, S. 360. – Léon Mirot, Autour de la paix de Chartres, in: Annales de Bourgogne, 1931, und J. d'Avout, a.a.O., S. 107 ff.

17 J. d'Avout, ibid., S. 120. – Coville, Les Cabochiens, S. 94.

18 Brun, Lettres avignonnaises, Bd. XIII, 1936. Brief vom 24. Dez. 1407.

19 J. d'Avout, a.a.O., S. 145 ff. – P. Champion und P. de Thoisy, a.a.O., S. 90 und 92. – B. Pocquet du Haut-Jussé, Jean sans Peur, in: Annales de Bourgogne, 1942.

20 H. Moranvillé, Remontrances de l'Université de Paris et de la ville de Paris à Charles VI sur le gouvernement du royaume, in: Bibliothèque de l'École des Chartes, 1890.

21 J. d'Avout, a.a.O., S. 111.

22 B.-A. Pocquet de Haut-Jussé, Deux féodaux, Bourgogne et Bretagne, Paris, 1935.

23 Pirenne, Histoire, Bd. II, S. 209.

24 J. d'Avout, a.a.O., S. 227.

25 Ibid., S. 238. – Über Azincourt vgl. Lot, a.a.O., Bd. II, S. 9 ff.

26 J. Calmette und E. Déprez, a.a.O., S. 336. – Das Schriftstück ist publiziert v. Rymer, Foedera, Bd. IX, S. 394. – Was Paul Colin, Les ducs de Bourgogne, S. 133, zum Thema sagt, ist ungenau und phantasiert.

27 Albert Mirot, Charles VII et ses conseillers assassins présumés de Jean sans Peur, in: Annales de Bourgogne, 1942, S. 187 ff. – J. d'Avout, a.a.O., S. 293–300. – Der Schädelbefund ist veröffentlicht in: Mémoires de la Comission des Antiquités de la Côte-d'Or, 1901–1903. – A. Kleinclausz, Histoire de Bourgogne, S. 146–147.

28 Calmette, Textes et documents d'histoire, Paris, S. 127.

29 Unsere Beurteilung Johanns ohne Furcht unterscheidet sich nur in Nuancen von B. Pocquet du Haut-Jussé, der allerdings die Politik des Herzogs zu systematisch und zu wenig den empirischen Gegebenheiten Rechnung tragend zu betrachten scheint. – Siehe auch P. Durieu, Jean sans Peur, duc de Bourgogne, lieutenant et procureur général du

diable ès parties d'Occident, in: Annuaire-Bulletin de la Société de l'Histoire de France, Bd. XXIV, 1887.

7. Kapitel (S. 154–204)

1 P. Champion und P. de Thoisy, Bourgogne France-Angleterre, S. 167 bis 174. – Chastellain, hrsg. v. Kervyn de Lettenhove, Bd. I, S. 43–59. – P. Bonenfant, Philippe le Bon, Brüssel, 1943, Sammlung Notre Passé (mit Bibliographie). – Vgl. außerdem J. Huizinga, La physionomie morale de Philippe le Bon, in: Annales de Bourgogne, 1922.

2 Chastellain, hrsg. v. Kervin, Bd. VII, S. 220.

3 Andanças é viages de Pero Tafur por diversas partes del mondo avidos (1435–1439), Madrid, 1874, S. 248.

4 Bonenfant, a.a.O., S. 18–19. – Ders., L'origine du surnom de Philippe le Bon, in: Annales de Bourgogne, 1944, S. 100–103.

5 Bonenfant, a.a.O., S. 29–34. – Siehe auch Huizinga, Le déclin du Moyen Age, S. 25.

6 E. Déprez, Un essai d'union nationale à la veille du traité de Troyes, in: Bibliothèque de l'École des Chartes, 1938. – Calmette, Chute et relèvement de la France sous Charles VI et Charles VII, Paris, Hachette, 1945.

7 P. Champion und P. de Thoisy, a.a.O., S. 232–236.

8 Calmette, Chute et relèvement, Paris 1945.

9 P. Champion und P. de Thoisy, a.a.O., S. 253.

10 Die Worte Philipps lauteten, nach le Févre de Saint-Remy, Bd. I, S. 239: »il estoit desplaisant de ce qu'il n'avoit eu fortune d'avoir esté à laditte bataille, fust pour la mort ou pour la vie«.

11 Chastellain, Bd. I, S. 210.

12 C. Rutherford, The forgeries of Guillaume Benoit, in: English historical Review, 1915.

13 Pirenne, Histoire, Bd. II, S. 227.

14 Calmette, Jeanne d'Arc, Paris, Presses Universitaires, 1946, in der Sammlung Que sais-je?

15 C. Latten, Isabelle de Portugal, duchesse de Bourgogne et comtesse de Flandre, in: Revue de Littérature comparée, Bd. XVIII, 1938. – P. Colin Les ducs de Bourgogne, S. 163 ff.

16 Calmette, Jeanne d'Arc, S. 84. – Ders., Chute et relèvement, S. 184.

17 Du Fresne de Beaucourt, Histoire de Charles VII, Bd. II, S. 519. – Friedrich Schneider, Der europäische Friedenskongreß von Arras, 1435, und die Friedenspolitik Papst Eugenius' IV. und des Basler Konzils, Graz, 1919.

18 B.-A. Pocquet du Haut-Jussé, Deux Féodaux, S. 153, Anm. 1. – Ders., Le connétable de Richemont, seigneur bourguignon, in: Annales de Bourgogne, 1936.

19 »Et Dieu savait les grands chères et banquets qui furent«, sagt Guillaume Gruel, Chronique d'Arthur de Richemont, hrsg. v. Levavasseur, Paris, 1890, S. 377.

20 »An infortunate jingo movement«, schreibt Ramsay, Lancaster and York, Oxford, 1892, Bd. I, S. 475.

21 Bonenfant, Philippe le Beau, S. 73–74; Le projet d'érection des États bourguignons en royaume en 1447, in: Le Moyen Age, Bd. XLV, 1935. – J. Huizinga, L'État bourguignon, ses rapports avec la France et les origines d'une nationalité néerlandaise, in: Le Moyen Age, 1930–1931.

22 Pirenne, Cambridge Medieval History, Bd. VIII, S. 358.

23 Labroquères Reisebericht ist veröffentlicht von Scheffler, Le voyage d'Outre-Mer, Paris, 1892.

24 Näheres über den Aufenthalt des Dauphins in Burgund in: Calmette, Autour de Louis XI, Éditions de Fontenelle.

25 Calmette, ibid., Kap. IV, S. 71 ff.

26 Barante, Bd. IV, S. 264.

27 P. Champion und P. de Thoisy, a.a.O., S. 360.

28 Bonenfant, Philippe le Beau, S. 27. – Cartellieri, Am Hofe, S. 185.

8. Kapitel (S. 205–230)

1 Damals bürgert sich diese Sitte überall ein, z. B. in England (Prince of Wales), in Kastilien (Prinz von Asturien) usw.

2 Pirenne, Histoire, Bd. II, S. 290.

3 Ibid., S. 291, mit Bezugnahme auf Olivier de la Marche, Bd. II, S. 207. – Siehe auch John Barthier, Charles le Téméraire, Brüssel (1944), S. 13.

4 Bonenfant, Philippe le Bon, S. 85.

5 Pirenne, Histoire, S. 293–294.

6 Bonenfant, Philippe le Bon, S. 91–92, 319.

7 Calmette, Le grand règne de Louis XI, S. 110. – F. Lot, a.a.O., Bd. II, S. 86 ff.

8 Pirenne, Histoire, Bd. II, S. 299. – Calmette, L'origine bourguignonne de l'alliance austro-espagnole, in: Bulletin de la Société des Amis de l'Université de Dijon, Mai 1905. – Louis Stouff, Les possessions bourguignonnes dans la vallée du Rhin, Paris, 1904; Les origines de l'annexion de la Haute-Alsace à la Bourgogne, Paris, 1901; Catherine de Bourgogne et la féodalité de l'Alsace autrichienne ou essai des ducs de Bourgogne pour constituer une seigneurie bourguignonne en Alsace, Paris, 1913.

9 Calmette, Le grand règne de Louis XI; L'unité espagnole, Paris, Flammarion; La Question des Pyrénées et la Marche au Moyen Age, Paris, J.-B. Janin.

10 J. Huizinga, L'État bourguignon, ses rapports avec la France et les origines d'une nationalité néerlandaise, in: Le Moyen Age, 1930–1931.

11 Henri Chabeuf, Charles le Téméraire à Dijon, in: Mémoires de la Société bourguignonne de géographie et d'histoire, 1903. – J. Robert de Chevanne, Les guerres en Bourgogne de 1470 à 1475, Paris, A. Picard, 1934. – Ders., Épisodes des dernières luttes au duché de Bourgogne (1470–1475), in: Association bourguignonne des Sociétés Savantes, Dijon 1937, S. 45. – André Leguai, Dijon et Louis XI, in: Annales de Bourgogne, 1945. – F. Lot, a.a.O., Bd. II, S. 106 ff.

9. Kapitel (S. 231–252)

1 Die maßgebenden Ausgaben der Historiker – von Chastellain abgesehen – sind: Monstrelet, hrsg. v. Drouët d'Arcq, 6 Bde., Paris, 1857–1862; Mathieu d'Escouchy, hrsg. v. Du Fresne de Beaucourt, 3 Bde., Paris 1863–1864; Pierre de Fénin, hrsg. v. Mlle Dupont, Paris, 1837; Jean de Wavrin, hrsg. v. ders., 3 Bde., Paris 1859–1863. Alle diese Ausgaben befinden sich in der Collection de la Société de l'Histoire de la France. Eine neue Ausgabe von Jean de Wavrin hat William Hardy in 5 Bänden veröffentlicht, London 1864–1891, Roolls series. – Jean Strenger, Note sur les rapports entre la continuation anonyme de Monstrelet, les Mémoires de Jacques du Clercq et les Chroniques d'Angleterre de Jean de Wavrin, in: Annales de Bourgogne, 1946.

2 Georges Chastellain, Œuvres, hrsg. v. Kervyn de Lettenhove, 8 Bde., Brüssel, 1863–1866. Die Studie von Kennet Urwyn, Georges Chastellain, Paris, 1937, ist nach der Rezension von Dupire, Humanisme et Renaissance, Bd. V, S. 1, 1938, zu verbessern. – Siehe ferner Luc Hommel, Chastellain, u. Gustave Charlier, Commynes, in der belgischen Sammlung Notre passé, Brüssel, 1945. – Das Geburtsdatum Chastellains (1415) hat Hommel festgestellt. – Molinet, Chronique, hrsg. v. Georges Doutrepont u. Omer Jodogne, 3 Bde., Brüssel, 1935–1937; N. Dupire, Jean Molinet, sa vie, les œuvres, Paris, 1932.

3 Obwohl ein guter Burgunder, will Chastellain doch ein guter Franzose bleiben. Vgl. seine noble Erklärung (Ausg. Kervyn, Bd. IV, S. 21): »Doncques qui Anglois ne suis mais François, qui Espagnol ne Ytalien ne suis mais François, de deux François, l'un roi, l'autre duc, j'ai escript les œuvres.« Sie widerlegt übrigens den Irrtum mancher Historiker, daß es im 15. Jahrhundert keinen Patriotismus gegeben habe.

4 Olivier de la Marche, Mémoires, hrsg. v. Beaune et d'Arbaumont, 4 Bde., Paris, 1883–1888; H. Stein, Olivier de la Marche, poète et diplomate bourguignon, Brüssel, 1888, Mémoires de l'Académie de Belgique, XLIX; Nouveaux documents sur Olivier de la Marche, in der gleichen Sammlung 1932; La date de naissance d'Olivier de la Marche, in: Mélanges Pirenne, 1926.

5 Edmond de Dynter, Chronicon ducum Brabantiae, hrsg. v. P. de Ram, 3 Bde., Brüssel, 1854–1860; Adrien de But, Chronique, hrsg. v. Kervyn de Lettenhove, Brüssel, 1870; Jean de Haynin, Mémoires, hrsg. v. R. Chalon, 2 Bde. in 1, Mons, 1842; Chroniques relatives à l'histoire de Belgique sous la domination des ducs de Bourgogne, hrsg. v. Kervyn de Lettenhove, Brüssel 1870–1876; Jacques de Hemricourt, Œuvres, hrsg. v. Bormans, Bagot u. Poncelet, 3 Bde., Brüssel 1910–1931.

6 Georges Doutrepont, La littérature à la Cour de Bourgogne, Paris, 1909. – Ders., Les mises en prose des épopées et des romans de chevalerie du XIVe et du XVe siècle, Brüssel, 1939. – Œuvres complètes d'Antoine de la Salle, hrsg. v. Desonay, 2 Bde., Liége und Paris 1941.

7 Edwards Billingsham, Gérart de Rossillon, poëme bourguignon du XIVe siècle, New Haven, 1939; vgl. die Besprechung in den Annales de Bourgogne, 1930, S. 36 ff.

8 Georges Doutrepont, a.a.O., S. 226.

9 Olivier de la Marche, Bd. I, S. 49–50.

10 Über die Herkunft des Abzeichens siehe: Annales de Bourgogne, 1939, S. 150–151.

11 Über Labroquère siehe Anm. 23 zum siebenten Kapitel. Vgl. Doutrepont, a.a.O., S. 246.

12 In extenso lautet der Titel: Epistre lamentable et consolatoire sur le fait de la desconfiture lacrimable du noble et vaillant roy de Honguerie par les Turcs devant la ville de Nicopolis en l'empire de Boulguerie, adreçant à très puissant, vaillant et très sage prince royal, Phelippe de France, duc de Bourgoingne, ladite épistre aussi adreçant en substance et non pas en sa forme à très excellans princes et roys de France, d'Angleterre, de Behaigne et de Honguerie en especial, et par conséquent à tous les roys, princes, barons, chevaliers et communes de la crestianté catholique, de par un vieil solitaire des Célestins de Paris, qui pour ses grans péchiés n'est pas digne d'estre nommé.

13 Vgl. Doutrepont, a.a.O., S. 152 ff. und die Richtigstellungen von Émile Roy in seiner Rezension, in: Revue bourguignonne, publiée par l'Université de Dijon, 1910. Vgl. auch Piaget, in: Romania XVIII, 1889, S. 439–452.

14 Vgl. zu den wirklichen Tatsachen F. Lot, a.a.O., Bd. II, S. 37, Anm. 6.
15 Doutrepont, a.a.O., S. 363.
16 Ibid., S. 379.
17 Für Philipp den Guten als Leser haben wir das Zeugnis von Guillaume Fillastre; siehe Cartellieri, Am Hofe, S. 185.
18 Ch. Samaran, Vasco de Lucena à la Cour de Bourgogne, in: Bulletin des Études portugaises et de l'Institut français au Portugal, Coimbra, 1938; Robert Bossuat, Vasque de Lucena traducteur de Quinte-Curce (1468), in: Bibliothèque d'Humanisme et Renaissance, Bd. VIII, 1946. – Über die literarischen Neigungen Marias von Burgund siehe Georges H. Dumont, Marie de Bourgogne, Brüssel, 1945, Kap. 11.

10. Kapitel (S. 253–266)

1 L. Courajod, Leçons professées à l'École du Louvre, 3 Bde., Paris, 1887–1890. – Raymond Rey, L'art gothique, Paris, H. Laurens. – A. Kleinclausz, Claus Sluter et la sculpture bourguignonne du XVe siècle, Paris, o. J.; Aenne Liebreich, Claus Sluter, Brüssel, 1936, Recherches sur Claus Sluter, Brüssel, 1938, u. H. David, Claus Sluter, Paris, Pierre Tisné.
2 Es ist richtig, daß die Juden durch herzogliche Ordonnanz aus Dijon vertrieben wurden, ehe Sluter seine Arbeit begann. Aber Calmettes Schüler Henri David vermutet, daß er sich auf Modellskizzen stützte, die er in den Niederlanden gemacht hatte.
3 Siehe Raymond Rey, a.a.O., S. 281, Anm. 1.
4 Vgl. – außer André Michel, Histoire de l'Art, Bd. III, S. 596 – Henri Drouot, La mort de Sluter et la fin de sa carrière, in: Bulletin monumental, 1911; Le nombre des pleurants aux tombeaux des ducs de Bourgogne, in: Revue de l'Art chrétien, 1911; Henri David, L'art de Sluter d'après les Prophètes de Champmol, in: Revue belge d'archéologie et d'histoire de l'art, 1934; Claus Sluter tombier ducal, in: Bulletin monumental, 1934. – Henri David, Mehun-sur-Yèvre et Germolles, in: Annales de Bourgogne, 1936. – Siehe auch Henri Drouot, Autour de la Pastorale de Claus Sluter, in: Annales de Bourgogne, 1942, S. 7–24.
5 Henri David, Quelques artistes méridionaux en Bourgogne, in: Annales du Midi, 1936.
6 Henri David, Autour du tombeau de Philippe Pot, in: Annales du Midi, 1942. – Siehe auch Henri David, in: Annales de Bourgogne, 1947, S. 206 ff.
7 Vgl. Calmette, Histoire de l'Espagne, Paris, Flammarion. Ein »Jean de

Bourgogne« findet sich als Mitglied des Hofgesindes des Erzbischofs von Toledo 1495 erwähnt (De Laborde, Les ducs de Bourgogne, Bd. I, CXXXIII, Anm.).

8 Henri Drouot, La visite de Claus Sluter à André Beauneveu, in: Revue du Nord, August 1936.

9 Zur Frage der Brüder Van Eyck vgl. Raymond Rey, a.a.O. (mit Bibliographie zur flämischen Malerei).

10 Henri David, Au pays de Claus Sluter, in: Annales de Bourgogne, 1939, S. 194 ff.

11 Ibid., S. 192 ff.

12 Vgl. Raymond Rey, a.a.O., wo die verschiedenen Schulen exakt und kritisch behandelt sind.

13 Als Hauptrepräsentant der »Burgundischen Schule« der Musik unter Maria von Burgund und Maximilian gilt Jossequin Despres. Aus der herzoglichen Epoche seien nur die Namen Gilles Binchois, Pierre Fontaine, Jacques Vide, Nicolas Grenan, Gilles Joye erwähnt. Ihre wichtigsten Werke sind vorzüglich ediert von Jeanne Marix, Les Musiciens à la Cour de Bourgogne au XVe siècle, 1420–1467, Paris, Éditions de l'Oiseau-Lyre, 1937. – Vgl. auch die Arbeiten von Maurice Emmanuel, L'art choral bourguignon in: Mémoires de l'Académie de Dijon, 1925, und Norbert Duffourcq, Esquisse d'une histoire de l'orgue en France, Paris, 1935; Documents inédits relatifs à l'orgue en France, Paris, 1934, S. 47, 50 und 73.

11. Kapitel (S. 267–281)

1 Otto Cartellieri, Am Hofe der Herzöge von Burgund, Basel, 1926. – Ders., Theaterspiele am Hofe Karls des Kühnen von Burgund, in: Germanisch-Romanische Monatsschrift, Bd. IX, 1921; Ritterspiele am Hofe Karls des Kühnen, in: Tijdschrift voor Geschiedenis, Bd. XXXVI, 1921. – Vgl. auch J. Huizinga, Le déclin du Moyen Age, S. 312.

2 Cartellieri, Das Fasanenfest, in: Historisch-politische Blätter, CLXVII, 1922; Die ritterliche Gesellschaft am burgundischen Hof, in: Historische Zeitschrift, 1915.

3 Olivier de la Marche, Mémoires, Bd. IV, S. 164–166. – J. Doutremont, La littérature française à la cour des ducs de Bourgogne, S. 152.

4 Chastellain, Bd. II, S. 190.

5 Olivier de la Marche, Mémoires sur l'état de la Maison du duc; Auszüge in J. Calmette u. H. Drouot, La Bourgogne, Paris, H. Laurens. – Edmond Faral, La vie quotidienne au temps de saint Louis, Paris, Hachette, 1942, S. 165.

6 Henri David, Philippe le Hardi au début du XVe siècle, in: Annales de Bourgogne, 1944.

12. Kapitel (S. 282–308)

1 Calmette, L'Unite espagnole, Paris, Flammarion; La question des Pyrénées et la Marche d'Espagne au Moyen Age, Paris, J.-B. Janin. – Eine erschöpfende Darstellung der burgundischen Politik in Italien und im vorderen Orient verlangt noch gründliche archivalische Forschung.

2 Archiv der Krone Aragóns, Barcelona, Intrusos, passim; Madrid, Biblioteca de la Academia de la Historia, Salazar, A 7, fol. 52.

3 Archiv der Krone Aragóns, Intrusos No. 43, fol. 34. Alonso de Palencia, Bd. VII, S. 7, hrsg. in der Biblioteca de autores españoles. – Vgl. auch Calmette, Dom Pedro, roi des Catalans et la Cour de Bourgogne, in: Annales de Bourgogne, 1946.

4 Archiv der Krone Aragóns, Intrusos No. 27, fol. 65; Madrid, Biblioteca de la Academia de la Historia, Salazar, A 7, fol. 54, Brief an Barthomeu Gari. – Dazu Calmette, Louis XI, Jean II et la Révolution catalane, Toulouse, 1903, S. 261, und J. Ernest Martínez-Ferrando, Pere de Portugal, »rei dels Catalans«, Barcelona, 1936. S. 104 ff.

5 Calmette, a.a.O., S. 531; ders., Deux lettres du XVe siècle en portugais aux archives municipales de Barcelone, in: Études médiévales, Toulouse, 1946.

6 Fidel Fita, Los reys d'Arago y la Seu de Girone, Barcelona, 1873, 2. Teil, S. 28.

7 Calmette bringt den lateinischen Text in seinem Buch: Louis XI, Jean II et la Révolution catalane, Toulouse, 1903, S. 367.

8 Calmette, L'origine bourguignonne de l'alliance austro-espagnole, in: Bulletin de la Société des Amis de l'Université de Dijon, 1905; Études médiévales, Toulouse, 1946.

9 J. Huizinga, Le Moyen Age, 1931, S. 24 ff. – Siehe auch John Bartier, a.a.O., S. 233, Anm. 1.

10 André Leguai, Dijon et Louis VI, in: Annales de Bougogne 1945–1947.

11 Billioud, Les États de Bourgogne aux XIVe siècle, Dijon, 1922. – Édouard Andt, La Chambre des Comptes de Dijon à l'époque des ducs valois, Paris, 1924.

12 Georges Gazier, Du mode d'élection des magistrats municipaux à Besançon du XIIIe siècle à la conquête française (1674), in: Bulletin des Travaux historiques, phil. et hist., 1932–1933.

13 Monographien über Rolin oder Jean de Thoisy sind noch nicht ge-

schrieben. Vgl. jedoch Bonenfant, Philippe le Bon, S. 122, und meine Hinweise in: L'Élaboration du Monde moderne, S. 110.

14 Pirenne, Histoire, Bd. II, S. 403. – B.-A. Pocquet du Haut-Jussé, Les chefs des finances ducales de Bourgogne, Dijon, 1937. – Zum Steuerwesen vgl. Pierre Petot, L'avènement de Philippe le Hardi en Bourgogne, in: Mémoires de la Société pour l'histoire du droit et des institutions des anciens pays bourguignons, 1936.

15 Details bei F. Lot, L'art militaire, Bd. II, S. 114 ff.

16 Eine Abbildung von 1726 nach einer Zeichnung von Jean Perron findet sich in Paris, Arsenal, Ms. 3901 (L. Mirot und E. Lazzareschi, Lettere di mercanti Lucchesi da Bruges e da Parigi, Lucca, 1929, in: Bolletino Storico luchese, S. 180).

17 René Gandhilon, Politique économique de Louis XI, Rennes, 1940.

18 G. Desmarets, P. Bonenfant und Fr. Quicke, Le développement territorial de Bruxelles au Moyen Age, Brüssel, 1935.

19 Maurice Jans, Histoire économique du duché de Limbourg sous la Maison de Bourgogne, Brüssel, 1938. – R. Marquant, La vie économique à Lille sous Philippe le Bon, Paris, 1941, in: Bibliothèque de l'École des Hautes Études, Heft 277.

20 Chastellain, Bd. II, S. 150; Molinet, Bd. II, S. 591.

13. Kapitel (S. 309–326)

1 Man weiß nichts über die Beziehungen von Commynes zu Ludwig XI. zwischen 1468 und 1472. Vgl. die Ausg. Commynes' von Mlle Dupont in der Société de l'Histoire de France, Bd. III, S. 11. Vgl. Commynes, Mémoires, Bd. III, XI und Olivier de la Marche, Mémoires, Buch II, Kap. 7, Bd. III, S. 211.

2 Toutey, Charles le Téméraire et la ligue de Constance, Paris, 1902. – Barante, Bd. VI, S. 371.

3 In der Orig.-Ausg. wird hier der Begriff »Landvogt« gebraucht, den Calmette für eine genaue Entsprechung von »bailli« hält. – Das nachfolgende Zitat ist aus Barante, Bd. VI., S. 377.

4 Barante, Bd. VII, S. 23. – Siehe Calmette, Charles V, S. 283–284.

5 Der Ausdruck »l'universelle araignée« für Ludwig XI. wurde von den burgundisch gesinnten Chronisten Chastellain und Molinet geprägt.

6 J. Calmette u. G. Périnelle, Louis XI et l'Angleterre, Paris, Picard, 1930.

7 Commynes, Ausg. Calmette, Bd. II, S. 77. – Vgl. F. Lot, a.a.O., S. 89 ff.

8 Commynes, Ausg. Calmette, Bd. II, S. 295 ff.

9 Pfister, Histoire de Nancy, Bd. I, S. 403.

10 Calmette, Le grand règne de Louis XI, S. 182–186.

11 Ch. Samaran, La Maison d'Armagnac au XVe siècle et les dernières luttes de la féodalité dans le Midi de la France, Paris, 1908, Mémoires et documents, hrsg. von der École des Chartes, Bd. VII, S. 185–194.

12 Eine, allerdings unvollständige, Analyse der Fehler Karls des Kühnen gibt Marcel Brion, Charles le Téméraire, grand duc d'Occident, Paris, Hachette, 1947.

14. Kapitel (S. 327–349)

1 Hoch und B. de Mandrot, Morat et Charles le Téméraire, Neuchâtel, 1876; Hans Wattelet, Die Schlacht bei Murten, Bern, 1926; Toutey, Charles le Téméraire et la ligue de Constance, Paris, 1902. – M. Reymond, Les objectifs des Suisses dans la guerre de Bourgogne, Dijon, 1937, S. 49–50.

2 B. de Mandrot, im zweiten Bd. seiner Ausg. von Commynes, Société de l'Histoire de France, S. 346, Anm. 2. – F. Lot, a.a.O., Bd. II, S. 118–119.

3 Barante, Bd. VII, S. 144.

4 Degert, Les Toulousains et les origines de la diplomatie française, in: Revue historique de Toulouse, Bd. VIII, 1921. – Benedetto Croce, Il personaggio italiano che essorto il Commynes a scrivere i »Mémoires«, Angelo Catone, in Atti della R. Academia di Scienze Morali e Politiche, Bd. LVI, Neapel, 1932.

5 Das Urteil Commynes' wird vom Gesandten Neapels, Palomar, bestätigt; vgl. Gingins-la-Sarra, Dépêches des ambassadeurs milanais sur les campagnes de Charles le Hardi duc de Bourgogne de 1474–1477, 2 Bde., Genf, 1858, Bd. I, S. 363. – Zum Heiratsprojekt des Fürsten von Tarent und Marias von Burgund vgl. Calmette, Le projet de mariage bourguignon-napolitain en 1474, in: Bibliothèque de l'École de Chartes, Bd. LXXII, 1911.

6 Robert de Chevanne, La guerre en Bourgogne de 1470 à 1475, Paris, A. Picard, 1934; Épisodes des dernières luttes au duché de Bourgogne (1470–1475), Dijon, 1937, S. 45. – G. Gazier, Les rapports de Charles le Téméraire avec la ville de Besançon, zitiert in: Annales de Bourgogne, 1938, S. 148. – John Bartier, Charles le Téméraire, S. 196.

7 F. Lot, a.a.O., Bd. II, S. 121.

8 Gingins-la-Sarra, Bd. II, S. 210: »Vivere al mundo con questa infamia de essere stato rotto da questi populi bestiali«. – Zu den bei den Untertanen umlaufenden Gerüchten vgl. J. Billioud, Les États de Bourgogne au XIVe et au XVe siècle, S. 146–153, und Calmettes Rezension in: Bibliothèque de l'École de Chartes, LXXXIV, 1923, S. 127.

9 Der Herzog von Lévis-Mirepoix scheint in seiner etwas romanhaften

Monographie, Jeanne de France, fille de Louis XI, Paris, 1943, von diesem Heiratsprojekt nichts zu wissen.

10 Barante, Bd. VII, S. 181–182. – E. Déprez, Jérôme Münzer et son voyage dans le Midi de la France en 1494–1495, in: Annales du Midi, 1937, S. 54.

11 Gingins-la-Sarra, a.a.O., Bd. II, S. 326.

12 Calmette, L'unité espagnole, S. 127 ff.

13 Benedetto Croce, Un condottiere italiano del quattrocento, Cola di Monforte, conte di Campobasso, e la fede storica del Commynes, Bari, 1934, und Calmette, Campobasso et Commynes, in: Annales de Bourgogne, 1935.

14 Molinet, Bd. I, S. 229. – Toutey, a.a.O., S. 374. – Pfister, Histoire de Nancy, Bd. I, S. 476. – Zu der immer noch offenen Frage nach den sterblichen Resten Karls des Kühnen und seiner dritten Gemahlin vgl. Henry Drouot, Les restes de Marguerite d'York et de Charles le Téméraire, in: Annales de Bourgogne, 1937, S. 259. Siehe auch, John Bartier, Charles le Téméraire, S. 270.

15 Calmette, Une ambassade espagnole à la cour de Bourgogne, in: Bulletin hispanique, Januar 1905. – André Leguai, Dijon et Louis XI, in: Annales de Bourgogne, 1945–1947.

16 Jean Faussemagne, L'apanage ducal de Bourgogne dans ses rapports avec la monarchie française (1363–1477), Lyon, 1937. – Calmette, L'Europe et le péril allemand, Paris, Aubier, 1947.

17 Jean Roussot, Le Mâconnais et la Bourgogne, in: Annales de Bourgogne, 1946.

18 A. Voisin, Français ou Bourguignons, in: Annales de Bourgogne, 1941, S. 38–39. – Zur Krise in den Niederlanden vgl. Georges H. Dumont, Marie de Bourgogne, Brüssel, 1945.

19 Henri Hauser, Le traité de Madrid et la cession de Bourgogne à Charles-Quint, in: Revue bourguignonne, Bd. I, XXII, Dijon, 1912; Les débuts de l'Age moderne, Peuples et Civilisations, Paris, Alcan, Bd. VIII, S. 378.

Schlußbemerkung (S. 350–352)

1 J. Huizinga, Le Moyen Age, 1930–1931, S. 170 ff. – Nicht übereinstimmen kann der Verfasser mit dem Grundgedanken der im übrigen »brillanten und fesselnden« Arbeit von Gaston Roupnel, Histoire et Destin, Paris (1943).

2 J. Huizinga, Le Moyen Age, 1930–1931, S. 5, hat diesen Dualismus glänzend analysiert.

Nachwort zur Übersetzung

Der Verfasser des vorliegenden Werkes stützt sich, von seinen zahlreichen eigenen Veröffentlichungen abgesehen, in der Hauptsache auf die französische Literatur zu seinem Thema, wie aus den Anmerkungen hervorgeht. Bei mehreren Fußnoten des Originals empfahl es sich, sie in die Darstellung einzuarbeiten, was sich zwanglos bewerkstelligen ließ. Im übrigen aber schien es gerechtfertigt, diese Verweise auf die knappste Form zu bringen, in der sie dem deutschen Leser, der sich einen Überblick über ein nicht leicht erreichbares Material verschaffen will, immerhin nützlich sein dürften. Wer sich eingehender mit dem Stoff befassen will, sei noch verwiesen auf die reichlichen Literaturangaben in der deutschen Ausgabe von J. Huizingas glänzendem »Herbst des Mittelalters« und auf das Schrifttum, das M. H. Boehm in seinem Buch »Geheimnisvolles Burgund« (München, 1944) zusammengestellt hat. Außer diesen beiden Werken fühlen sich die Übersetzer insbesondere verpflichtet den geistvollen Studien Huizingas, die in dem Band »Im Bann der Geschichte« (Basel, 1943) enthalten sind, sowie F. Baethgens »Europa im Spätmittelalter« (Berlin, 1951) und den zwei bedeutenden Abhandlungen H. Heimpels, die den Wunsch erwecken, daß uns der Göttinger Historiker doch noch mit einer Monographie über Karl den Kühnen beschenken wird.

Nicht unerwähnt bleiben darf M. J. Friedländers monumentale Darstellung der niederländischen Malerei (9 Bde., Berlin 1924–31), H. Beenkens »Hubert und Jan van Eyck« (München, 1941), Friedrich Winklers Standardwerk »Die flämische Buchmalerei« (Leipzig, 1925), Ghislaine de Boom »Marguerite d'Autriche-Savoie et la Pré-Renaissance« (Paris – Brüssel, 1935), G. Troeschers Werk über Claus Sluter (Freiburg i. Br., 1932) und endlich die vorbildliche Publikation von Florens Deuchler »Die Burgunderbeute« (Verlag Stämpfli, Bern, 1963), aus der wir einige Bilder entnehmen konnten.

Bei dem Bemühen, dem historisch interessierten Laien einen möglichst anziehenden Text zu bieten, haben uns die unvermeidlichen Fachausdrücke, die sich nur in seltenen Fällen im Deutschen sachlich genau wiedergeben lassen, viel Kopfzerbrechen gemacht. Nach reiflichem Überlegen haben wir die französischen Termini beibehalten. Um dem Leser aber nicht zuviel zuzumuten, wurde ein annähernd treffender deutscher Ausdruck in Klammern hinzugesetzt oder versucht, den Begriff durch den Zusammenhang klarzumachen. Schwieriger liegen die Dinge bei spezifischen Einrichtungen wie z. B. »bailli«, »prévôt«, »prévôt des marchands« oder »parlement«. Zwar hat Calmette einmal im Text selber das Wort

»Landvogt« gebraucht im Glauben, es gebe exakt wieder, was unter einem »bailli« zu verstehen ist. Indes kann man schwerlich von einem »Landvogt« von Paris sprechen, und wir dürfen uns in diesem Betracht auf Huizinga berufen, der angesichts der zahllosen Chargen des durch eine höchst komplizierte Etikette geregelten burgundischen Hofes von der unüberwindlichen Schwierigkeit einer Übersetzung der Titel spricht. Vielleicht ist es jedoch bei den vorhin genannten Fachausdrücken angebracht, wenigstens ein paar kurze Hinweise zu geben, bei denen wir uns hauptsächlich an Haberkerns »Hilfwörterbuch für Historiker« halten.

»Parlement« hat mit dem modernen Begriff nicht das geringste zu tun. Mitglieder dieser Institution waren im 15. Jahrhundert nicht nur Juristen, sondern auch die Pairs von Frankreich. Das Parlement war der oberste Gerichtshof des Landes und besaß einen enormen politischen Einfluß infolge der ihm zustehenden Verwaltungsbefugnisse, insbesondere durch das Recht der Protokollierung der königlichen Ordonnanzen, die erst durch die Registrierung des Parlements Gesetzeskraft erhielten. Die Registrierung konnte nur durch ein »lit de justice« erzwungen werden, d. h. eine feierliche Sitzung, präsidiert vom König, gegen dessen Urteil als oberstem Richter kein Einspruch möglich war. Die burgundischen Herzöge haben, wie wir sahen, in den neuerworbenen Ländern oberste Gerichtshöfe eingerichtet, die »parlement« genannt wurden.

Der »bailli« – sein Amtsbezirk heißt »bailliage« – war königlicher Beamter, in früher Zeit für die gesamte Verwaltung in administrativer, richterlicher, finanzieller und militärischer Beziehung. Als Richter steht er zwischen dem »parlement« und dem »prévôt«.

Königlicher oder lehensfürstlicher Beamter, war auch der »prévôt« mit administrativen und richterlichen Aufgaben betraut. Der Pariser »prévôt des marchands« war ursprünglich Vorsteher der Gilde der Seine-Schiffer, er vertrat später die Stadt nach außen und wurde schließlich Stadtoberhaupt, ohne die alte Bezeichnung abzulegen, die bis zur Französischen Revolution beibehalten wurde.

Bezeichnenderweise gibt es auch das Amt des »maître de requête« bis 1791, obwohl es im Lauf der Jahrhunderte seine große Bedeutung verloren hatte. Zur Zeit unserer Herzöge hatte der Requetenmeister Appellationen und Bittschriften zu prüfen, war zugleich Richter für privilegierte Personen, Siegelfälschungen und dergleichen und wurde oft für sehr wichtige Missionen verwendet.

Wir verweisen an dieser Stelle insbesondere auf das Kapitel »Der burgundische Staat«, wo Calmette die Verdienste der Herzöge um die Vereinheitlichung des Rechts und der Verwaltung gewürdigt hat. H. R.

INHALTSÜBERSICHT

BILDERVERZEICHNIS

Das Porträt Philipps des Guten auf dem Schutzumschlag stammt von Rogier van de Weyden, Dijon, Museum.

Fotos: Giraudon I, IV, VIII, IX, X, XII, XVII, XXIII; Trincano II, XVI; Bulloz II; A.C.I VII, XXII; Bildarchiv Foto Marburg XI; Archives Photographiques XVIII–XIX; Bruckman XXI; Peter Ammon, Luzern XXIV.

Die Abbildungen VI und XXIV konnten wir dank dem freundlichen Entgegenkomme des Verlags Stämpfli & Cie Bern der Publikation von Florens Deuchler »Die Burgunde beute« entnehmen. Zu danken haben wir auch Professor Theodor Müller, Direktor de Bayerischen Nationalmuseums, München, und dem Bernischen Historischen Museum, di uns bei der Beschaffung der Vorlagen behilflich waren.

REGISTER

Verwendete Abkürzungen: Bf. = Bischof; Ebf. = Erzbischof; Gf. = Graf; Gf.in = Gräfin; Gr.schaft = Grafschaft; Hzg. = Herzog; Hzg.in = Herzogin; K. = Kaiser; Kd. = Kardinal; Kfst. = Kurfürst; Kg. = König; Kg.in = Königin.

STAMMTAFELN

PHILIPP VON ROUVRES

tto, Pfalzgraf v. Burgund
⚭ *Mahaut v. Artois*

Johanna v. Burgund ⚭ Philipp V., Kg. v. Frankreich

- Johanna
  † 1397
  Gräfin v. Burgund u. Artois
  ⚭ *Odo IV. Herzog v. Burgund*
  - Philipp
    † 1346
    - Philipp v. Rouvres
      † 1361
- Margarete v. Frankreich
  ⚭ *Ludwig v. Nevers Graf v. Flandern*
  - Ludwig v. Maele
    - Margarete v. Flandern

BAYERN-BURGUND-FRANKREICH

Albrecht I. † 1404
Herzog v. Bayern

- Wilhelm IV.
  Graf v. Hennegau u. Holland † 1417
  ⚭ *Margarete v. Burgund*
  - Jakobäa v. Hennegau
    ⚭ *1° Johann v. Touraine*
    2° Johann v. Brabant
    3° Humphrey v. Gloucester
    4° Franz v. Borselle
- Margarete
  ⚭ *Johann ohne Furcht*
  † 1419
- Johann
  Bischoff v. Lüttich
  † 1425

Stephan II. † 1375
Bruder Albrechts I.

- Stephan III. † 1413
  Hz. v. Bayern
  - Isabeau
    ⚭ *Karl VI.*
    † 1422
  - Ludwig v. Bayern
    der Gebartete

FLANDERN UND BURGUND

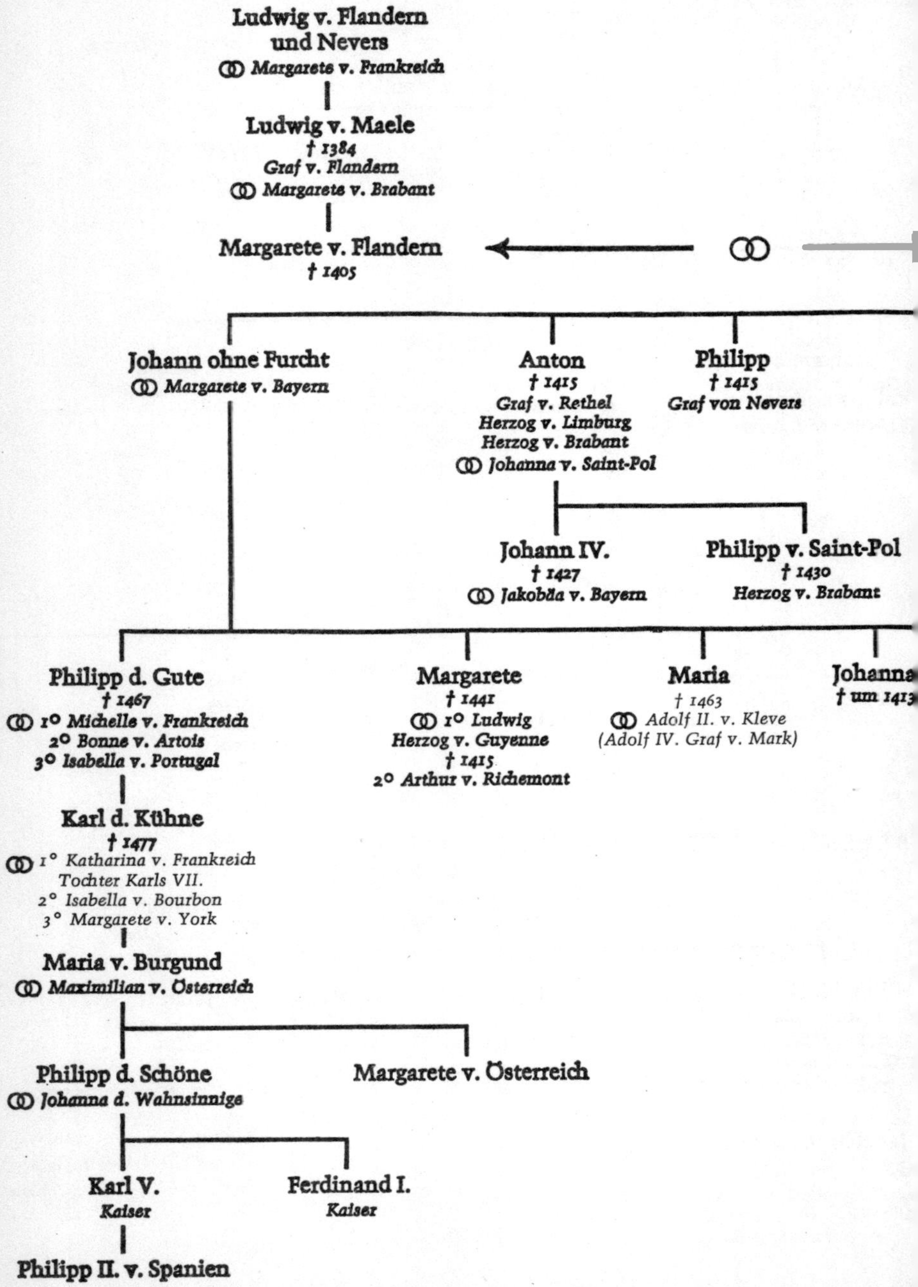

Karl v. Valois

Philipp VI.
König v. Frankreich ← ⚭ → *Johanna v. Burgund*

Robert
Herzog v. Burgund

Johann d. Gute
König v. Frankreich
⚭ *Bonne v. Luxemburg*
Schwester Kaiser Karls IV.

Philipp d. Kühne
† 1404

Margarete
Gräfin d'Ostrevent
† 1441
⚭ *Wilhelm v. Bayern*

Katharina
† 1426
⚭ *Erzherzog Leopold IV.*

Maria
† 1422
⚭ *Amadeus VIII. v. Savoyen*

Isabella
† 1412
⚭ *Olivier Graf v. Penthièvre*

Katharina
⚭ *Ludwig v. Anjou*
Graf v. Guise
Sohn Ludwigs II. v. Anjou

Anna
† 1432
⚭ *Bedford*
Regent v. Frankreich

Agnes
⚭ *Karl v. Bourbon*

BURGUND UND LUXEMBURG

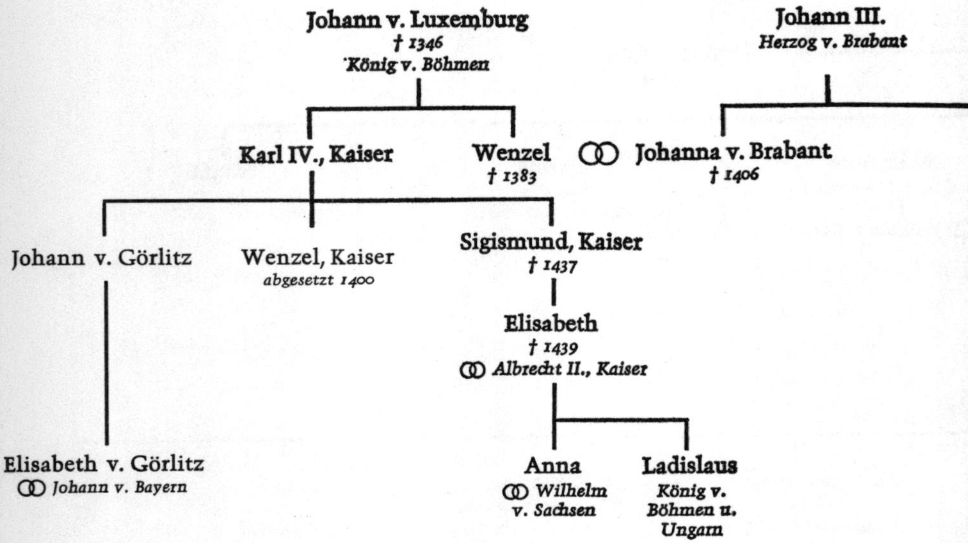

Philipp V.
König v. Frankreich

Ludwig v. Flandern u. Nevers ⚭ Margarete
† 1346 — † 1382
(Erbin v. Nevers, Artois u. der Freigrafschaft)

Margarete v. Brabant ⚭ Ludwig v. Maele
† 1384
Graf v. Flandern

Margarete v. Flandern
† 1405
(Erbin d. Vaters, der Großmutter u. ihrer Tante v. Brabant)
⚭ Philipp d. Kühnen
Herzog v. Burgund † 1404

Johann ohne Furcht
† 1419
Herzog v. Burgund

Anton
Herzog v. Brabant
(Erbe v. Johanna v. Brabant)
⚭ Johanna v. Saint-Pol

Philipp
† 1415
Graf v. Nevers

Johann IV.
† 1427
Herzog v. Brabant

Philipp
† 1430
Graf v. Saint-Pol,
dann Herzog v. Brabant

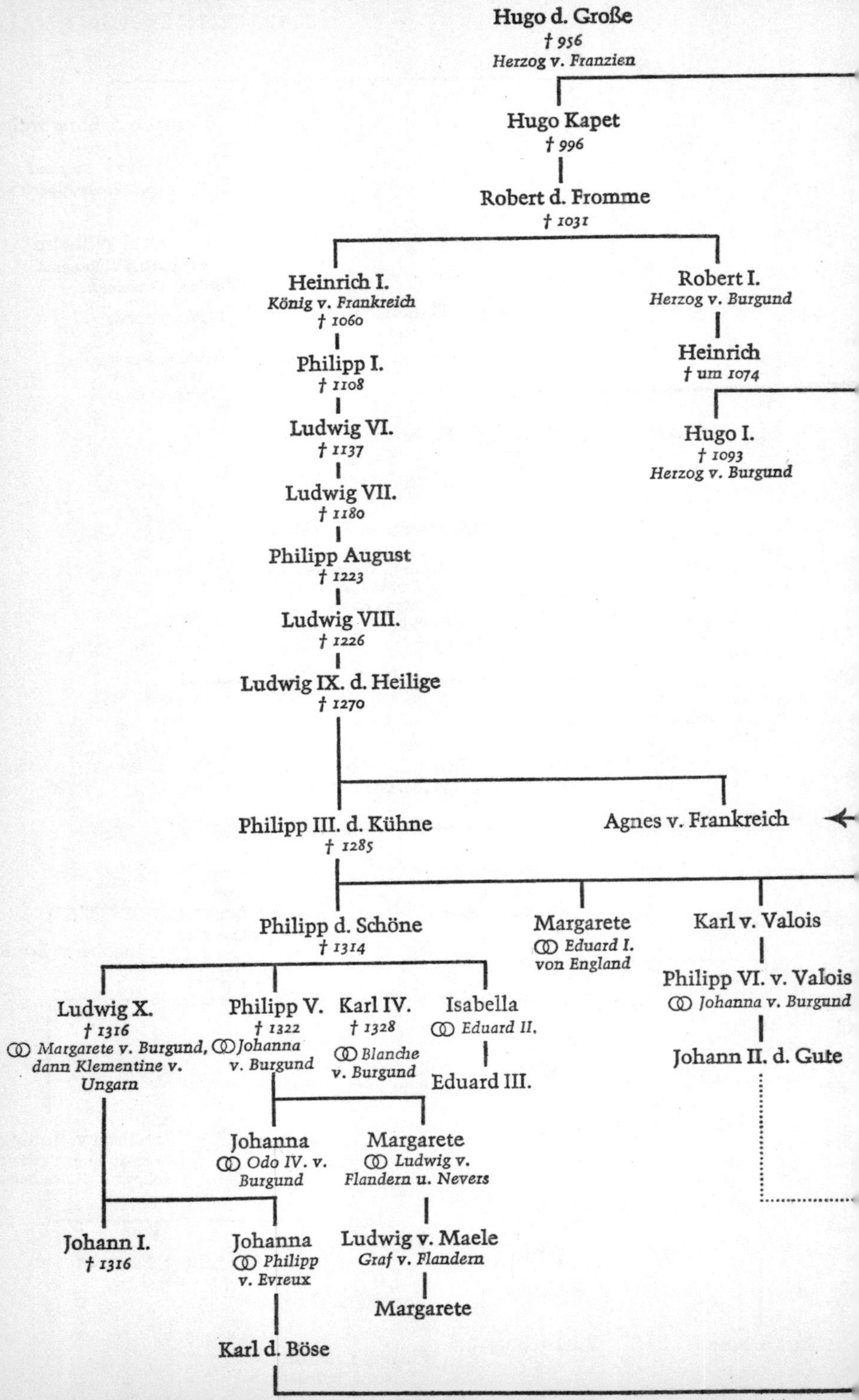
Hugo d. Große
† 956
Herzog v. Franzien
Hugo Kapet
† 996
Robert d. Fromme
† 1031
Heinrich I.
König v. Frankreich
† 1060
Robert I.
Herzog v. Burgund
Heinrich
† um 1074
Hugo I.
† 1093
Herzog v. Burgund
Philipp I.
† 1108
Ludwig VI.
† 1137
Ludwig VII.
† 1180
Philipp August
† 1223
Ludwig VIII.
† 1226
Ludwig IX. d. Heilige
† 1270
Philipp III. d. Kühne
† 1285
Agnes v. Frankreich
Philipp d. Schöne
† 1314
Margarete
⚭ Eduard I.
von England
Karl v. Valois
Philipp VI. v. Valois
⚭ Johanna v. Burgund
Johann II. d. Gute
Ludwig X.
† 1316
⚭ Margarete v. Burgund,
dann Klementine v.
Ungarn
Philipp V.
† 1322
⚭ Johanna
v. Burgund
Karl IV.
† 1328
⚭ Blanche
v. Burgund
Isabella
⚭ Eduard II.
Eduard III.
Johanna
⚭ Odo IV. v.
Burgund
Margarete
⚭ Ludwig v.
Flandern u. Nevers
Johann I.
† 1316
Johanna
⚭ Philipp
v. Evreux
Ludwig v. Maele
Graf v. Flandern
Margarete
Karl d. Böse

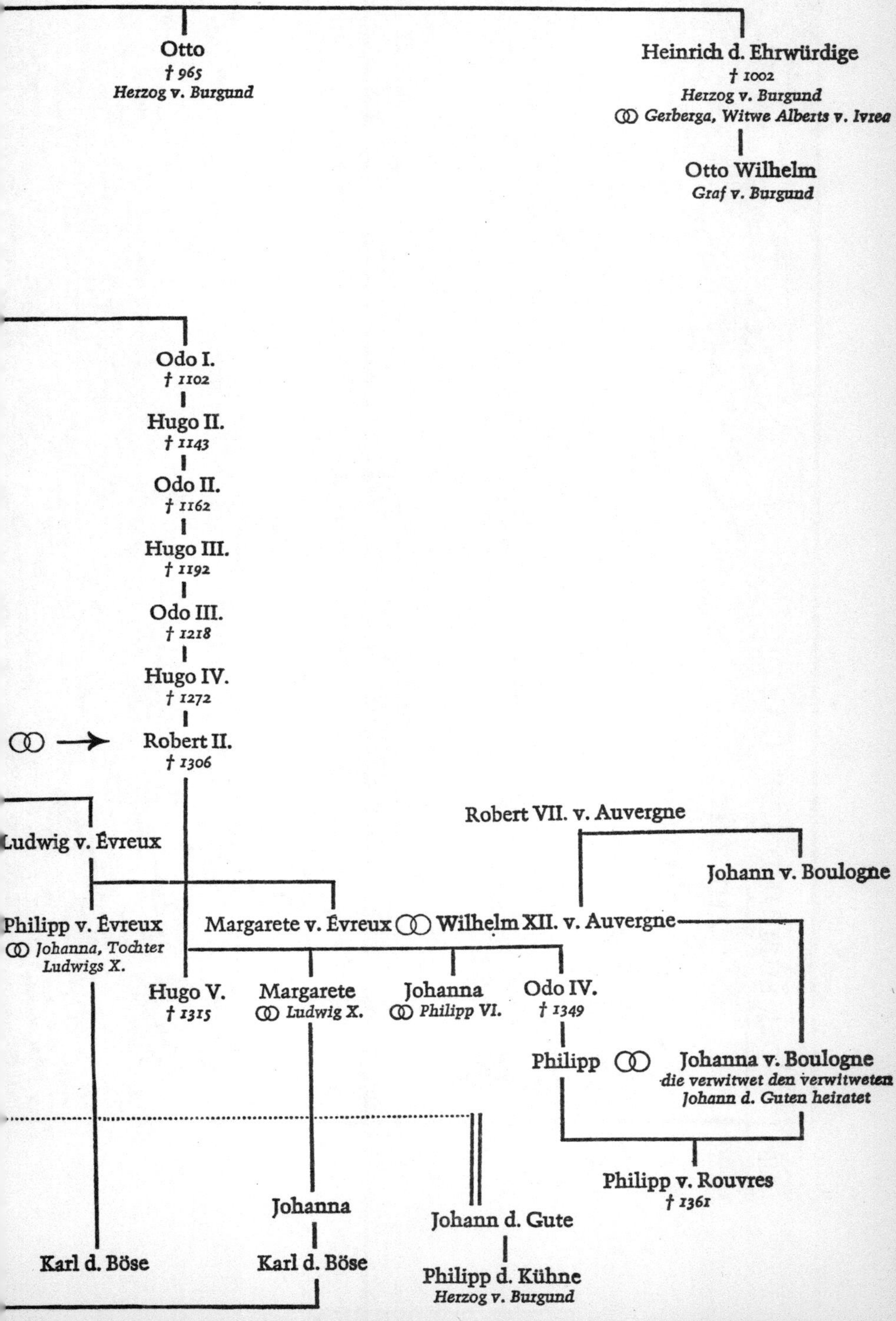
Otto
† 965
Herzog v. Burgund
Heinrich d. Ehrwürdige
† 1002
Herzog v. Burgund
⚭ Gerberga, Witwe Alberts v. Ivrea
Otto Wilhelm
Graf v. Burgund
Odo I.
† 1102
Hugo II.
† 1143
Odo II.
† 1162
Hugo III.
† 1192
Odo III.
† 1218
Hugo IV.
† 1272
⚭ →
Robert II.
† 1306
Robert VII. v. Auvergne
Ludwig v. Évreux
Johann v. Boulogne
Philipp v. Évreux
⚭ Johanna, Tochter Ludwigs X.
Margarete v. Évreux ⚭ Wilhelm XII. v. Auvergne
Hugo V.
† 1315
Margarete
⚭ Ludwig X.
Johanna
⚭ Philipp VI.
Odo IV.
† 1349
Philipp ⚭ Johanna v. Boulogne
die verwitwet den verwitweten Johann d. Guten heiratet
Philipp v. Rouvres
† 1361
Johanna
Johann d. Gute
Karl d. Böse
Karl d. Böse
Philipp d. Kühne
Herzog v. Burgund

DER BURGUNDISCHE STAAT
ZUR ZEIT
KARLS DES KÜHNEN
KGR. ENGLAND
FRIESLAND
BISTUM MÜNSTER
GELDERN
SEELAND
FLANDERN
BRABANT
ARTOIS
HENNEGAU
NAMUR
JÜLICH
LIMBURG
HESSEN
NASSAU
HERZOGTUM LUXEMBURG
Süder See
Strasse von Calais

KÖNIGREICH FRANKREICH
HERZOGTUM ORLEANS
GFT. JOIGNY
GFT. BLOIS
GRAFSCHAFT NEVERS
HZM. BOURBON
HERZOGTUM
GFT. FOREZ
BEAUJOLOIS
AUVERGNE
LANGUEDOC
DAUPHINÉ
HZM. SAVOIEN
HZM. BURGUND
FREIGFT.
LOTHRINGEN
HZM.
SUNDGAU
BREISGAU
WIRTEMBERG
ZWEIBRÜCKEN
VERDUN
STRASSBURG
BASEL
LANDE DER EIDGENOSSEN
GFT. GREYERZ
WALLIS
REPUBLIK DER DREI BÜNDE
HZM. MAILAND
MONTFERRAT
MANTUA
REPUB
Paris
Dijon
Nevers
Autun
Chalo.
Mâcon
Besançon
Dôle
Salins
Gray
Vesoul
Luxeuil
Nancy
Genf
Lyon
Bern
Basel
Freiburg
Zürich
Turin

DIE VALOIS VON FRANKREICH UND VON BURGUND

- **Karl V.** † 1380 ⚭ *Johanna v. Bourbon*
  - **Karl VI.** † 1422 ⚭ *Isabeau v. Bayern*
    - **Karl** † 1386
    - **Johanna** † 1390
    - **Isabella** † 1409 ⚭ 1° *Richard II.* 2° *Karl v. Orléans*
    - **Johanna** † 1433 ⚭ *Johann, Sohn d. Herzogs v. Bretagne (d. künftige Johann V.)*
    - **Karl** † 1401 *Dauphin*
    - **Maria** † 1438 *Priorin in Poissy*
  - **Katharina** ⚭ *Jean, Graf v. Montpensier*
  - **Ludwig** † 1407 *Herzog v. Orléans* ⚭ *Valentine Visconti*
    - **Karl** † 1465 ⚭ 1° *Isabella v. Frankreich* 2° *Bonne v. Armagnac* 3° *Maria v. Kleve*
      - **Ludwig XII.**
    - **Philipp** † 1420 *Graf v. Vertus*
    - **Johann** † 1468 *Graf v. Angoulême (Ahne Franz I.)*
- **Ludwig** † 1384 Herzog v. Anjou, König v. Neapel ⚭ Margarete v. Blois
  - **Ludwig II.** ⚭ *Jolanthe v. Aragón Königin v. Sizilien*
- **Johann** † 1416 *Herzog v. Berry* ⚭ 1° *Johanna v. Armagna[c]* 2° *Johanna v. Boulogne*
  - **Jean** † 1397 *Graf v. Montpens[ier]*

Johann d. Gute

Philipp d. Kühne
Herzog v. Burgund
(s. Stammtafel Flandern u. Burgund)

Johanna
† 1373
⚭ *Karl d. Bösen, König v. Navarra*

Maria
⚭ *Robert Herzog v. Bar*

Isabella
⚭ *Gian Galeazz Visconti*

Valentine
⚭ *Ludwig v. Orléans*

Bonne
† 1418
⚭ *Bernhard VII. v. Armagnac*

Karl d. Edle
König v. Navarra

Pierre
† 1412
Graf v. Mortain

Johanna
† 1437
⚭ *Johann VI. v. Bretagne*

Johann IV.
† 1450
Graf v. Armagnac

Bonne
⚭ *Karl v. Orléans*

Bernhard
Graf v. Picardie

Johann V.
† 1442

Arthur v. Richemont
† 1458

---

ohann V.

Isabella

Michelle
† 1422
⚭ *Philipp d. Guten*

Ludwig
† 1415
Dauphin Herzog v. Guyenne
⚭ *Margarete v. Burgund*

Johann
† 1417
Dauphin Herzog v. Touraine
⚭ Jakobäa v. Bayern

Katharina
† 1438
⚭ 1° *Heinrich V.*
2° *Owen Tudor*

Karl VII.
† 1461
⚭ *Margarete v. Anjou*

Philipp
(tot geb. 1407)

Ludwig XI.
† 1483
⚭ *Charlotte v. Savoyen*

Karl v. Frankreich
† 1472

Katharina
⚭ Karl d. Kühne

Anne
⚭ *Pierre v. Beaujeu*

Johanna
⚭ *Ludwig v. Orléans (d. künftigen Ludwig XII.)*

Karl VIII.
⚭ *Anna v. Bretagne*

DAS ENGLISCHE HERRSCHERHAUS

Eduard
Prince of Wales
(d. Schwarze Prinz)
† 1376
⚭ *Joan of Kent*

Richard II.
† 1399
⚭ *Isabella v. Frankreich*

Lionel d'Anvers
Herzog v. Clarence
† 1368
⚭ *Elisabeth v. Burgh*

Philippa
⚭ *Edmund Mortimer*

Roger Mortimer
Graf v. March
⚭ Eleonore v. Holland

Edmund

Edmund **Roger**

Anne
⚭ *Richard*
Graf v. Cambridge
† 1415

John v. Gent
† 1399
Herzog v. Lancaster
⚭ *1° Blanche v. Lancaster*

Heinrich IV.
† 1413
⚭ *Mary Bohun*

Philippa
⚭ *Johann I.*
v. Portugal

Elisabeth
⚭ *John Holland*
Herzog v. Exeter

Heinrich V.
† 1422
⚭ *Katharina*
v. Frankreich
die, verwitwet,
Owen Tudor heiratet

Thomas
† 1421
Herzog v. Clarence

John
† 1435
Herzog v. Bedford
⚭ *Anna v. Burgund*

Humphrey
† 1447
Herzog v.
Gloucester

Heinrich VI.
† 1471
⚭ *Margarete*
v. Anjou

Eduard v. Lancaster
† 1471
Prince of Wales
⚭ *Anne Neville*

Edmund
⚭ *Margarete*
Beaufort

Heinrich VII.
⚭ *Elizabeth*
v. York

Jasper
Graf v.
Pembroke

Thomas
Mönch in
Westminster

John Beaufo[rt]
† 1410
Graf v. Somers[et]

John II.
† 1444
Herzog v.
Somerset

Edm[und]
† 14[..]
Herz[og v.]
Som[erset]

Margaret
⚭ *1° Edmund*
Tudor
2° Sir Henry
Stafford
† 1481

Marga[ret]
Beau[fort]

Richard
Neville
† 1471
⚭ *Anne Beauchamp*
u. wird Graf
v. Warwick

John
Montagu
† 1471

Isabella
⚭ *George*
Herzog v.
Clarence

Margaret
⚭ *Sir Richard*
Pole

Joan
⚭ *William*
Graf v. Arundel

Anne
⚭ *1° Ed[...]*
v. Lancas[ter]
2° Richar[d]

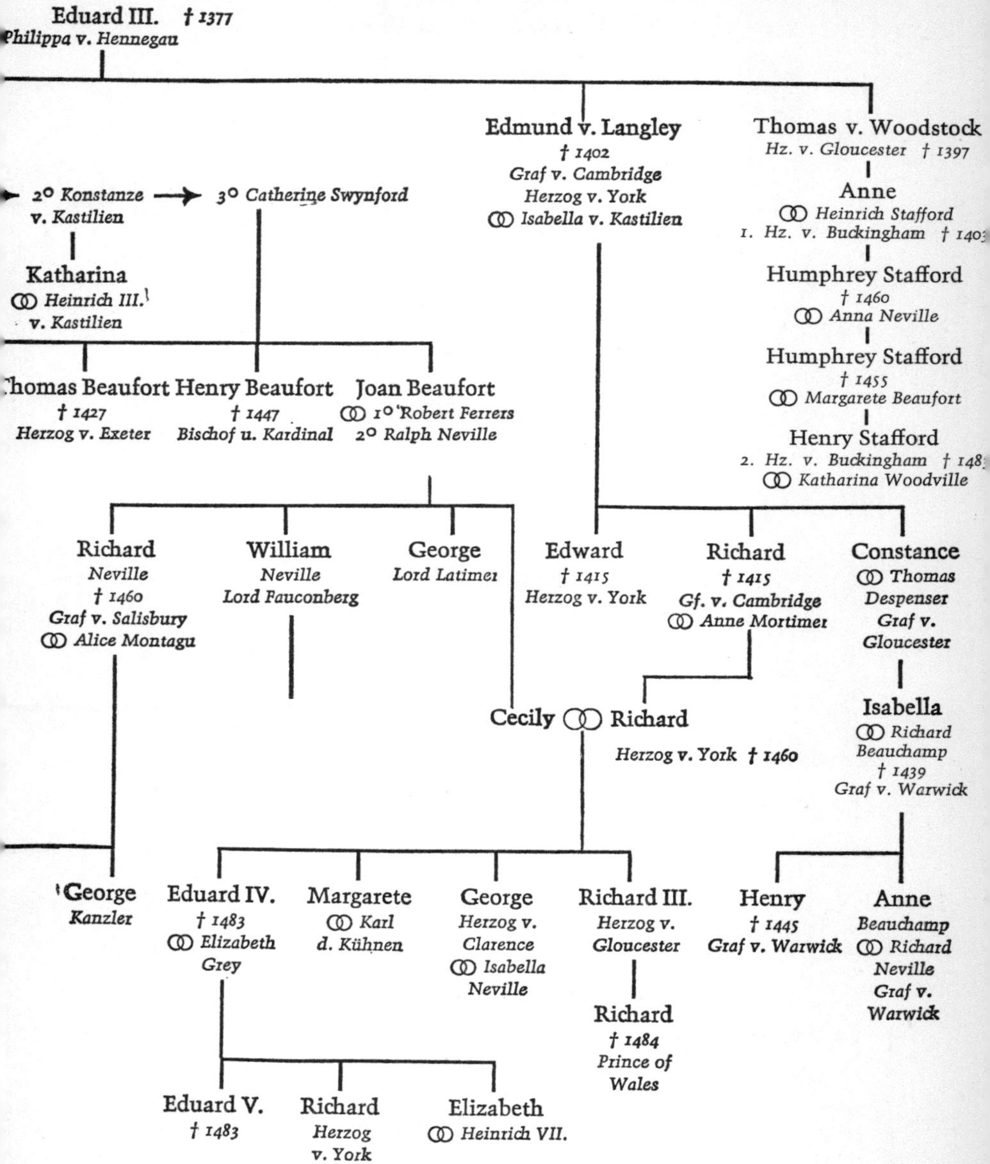
Eduard III. † 1377
Philippa v. Hennegau
2° Konstanze v. Kastilien
3° Catherine Swynford
Katharina
⚭ Heinrich III. v. Kastilien
Thomas Beaufort
† 1427
Herzog v. Exeter
Henry Beaufort
† 1447
Bischof u. Kardinal
Joan Beaufort
⚭ 1° Robert Ferrers
2° Ralph Neville
Richard
Neville
† 1460
Graf v. Salisbury
⚭ Alice Montagu
William
Neville
Lord Fauconberg
George
Lord Latimer
George
Kanzler
Edmund v. Langley
† 1402
Graf v. Cambridge
Herzog v. York
⚭ Isabella v. Kastilien
Thomas v. Woodstock
Hz. v. Gloucester † 1397
Anne
⚭ Heinrich Stafford
1. Hz. v. Buckingham † 140
Humphrey Stafford
† 1460
⚭ Anna Neville
Humphrey Stafford
† 1455
⚭ Margarete Beaufort
Henry Stafford
2. Hz. v. Buckingham † 148
⚭ Katharina Woodville
Edward
† 1415
Herzog v. York
Richard
† 1415
Gf. v. Cambridge
⚭ Anne Mortimer
Constance
⚭ Thomas
Despenser
Graf v.
Gloucester
Cecily ⚭ Richard
Herzog v. York † 1460
Isabella
⚭ Richard
Beauchamp
† 1439
Graf v. Warwick
Eduard IV.
† 1483
⚭ Elizabeth
Grey
Margarete
⚭ Karl
d. Kühnen
George
Herzog v.
Clarence
⚭ Isabella
Neville
Richard III.
Herzog v.
Gloucester
Richard
† 1484
Prince of
Wales
Henry
† 1445
Graf v. Warwick
Anne
Beauchamp
⚭ Richard
Neville
Graf v.
Warwick
Eduard V.
† 1483
Richard
Herzog
v. York
Elizabeth
⚭ Heinrich VII.

BURGUND UND HABSBURG

Johann II.
∞ *Juana Enríquez*

Ferdinand d. Katholische
∞ *Isabella v. Kastilien*

Johanna die Wahnsinnige ⟵ ∞ ⟶

Karl V., Kaiser

Karl d. Kühne
⚭ *Isabella v. Bourbon*

Friedrich III., Kaiser

Maria v. Burgund ← ⚭ → Maximilian, Kaiser

Philipp d. Schöne

ARMAGNAC

- **Johann der Gute**
  † 1364
  König v. Frankreich
  - **Karl V.**
    † 1380
    ⚭ *Johanna v. Bourbon*
    † 1378
    - **Karl VI.**
    - **Ludwig**
      † 1407
      Herzog v. Orléans
      ⚭ *Valentine Visconti*
      † 1408
      - **Karl**
        Herzog v. Orléans
        ⚭ *1° Isabella v. Frankreich*
        2° Bonne v. Armagnac
        3° Maria v. Kleve
        - **Ludwig XII.**
          † 1515
          König v. Frankreich
      - **Philipp**
        Graf v. Vertus
      - **Jean**
        Graf v. Angoulême
  - **Johann**
    † 1416
    Herzog v. Berry
    ⚭ *Johanna v. Armagna*
    - **Bonne v. Berry**
      ⚭ *Amadeus VII. v. Savoyen*
      - (in. 2. Ehe) **Bernhard VII.**
        Graf v. Armagnac
        - **Bonne v. Armagnac**
          † 1435
      - **Amadeus VIII.**
        v. Savoyen
        ⚭ *Maria v. Burgun*
        Tochter Philipps des Kühnen
    - **Jean**
      † 1397
      Graf v. Montpensier
    - **Maria**
      ⚭ *(in 3. Eh*
      Johann I.
      Herzog v.
      Bourbon